Uwe Hunger · Kathrin Kissau (Hrsg.)

Internet und Migration

Medien – Kultur – Kommunikation

Herausgegeben von
Andreas Hepp
Friedrich Krotz
Waldemar Vogelgesang

Kulturen sind heute nicht mehr jenseits von Medien vorstellbar: Ob wir an unsere eigene Kultur oder ‚fremde' Kulturen denken, diese sind umfassend mit Prozessen der Medienkommunikation durchdrungen. Doch welchem Wandel sind Kulturen damit ausgesetzt? In welcher Beziehung stehen verschiedene Medien wie Film, Fernsehen, das Internet oder die Mobilkommunikation zu unterschiedlichen kulturellen Formen? Wie verändert sich Alltag unter dem Einfluss einer zunehmend globalisierten Medienkommunikation? Welche Medienkompetenzen sind notwendig, um sich in Gesellschaften zurecht zu finden, die von Medien durchdrungen sind? Es sind solche auf medialen und kulturellen Wandel und damit verbundene Herausforderungen und Konflikte bezogene Fragen, mit denen sich die Bände der Reihe „Medien – Kultur – Kommunikation" auseinander setzen wollen. Dieses Themenfeld überschreitet dabei die Grenzen verschiedener sozial- und kulturwissenschaftlicher Disziplinen wie der Kommunikations- und Medienwissenschaft, der Soziologie, der Politikwissenschaft, der Anthropologie und der Sprach- und Literaturwissenschaften. Die verschiedenen Bände der Reihe zielen darauf, ausgehend von unterschiedlichen theoretischen und empirischen Zugängen das komplexe Interdependenzverhältnis von Medien, Kultur und Kommunikation in einer breiten sozialwissenschaftlichen Perspektive zu fassen. Dabei soll die Reihe sowohl aktuelle Forschungen als auch Überblicksdarstellungen in diesem Bereich zugänglich machen.

Uwe Hunger
Kathrin Kissau (Hrsg.)

Internet und Migration

Theoretische Zugänge
und empirische Befunde

VS VERLAG FÜR SOZIALWISSENSCHAFTEN

Bibliografische Information der Deutschen Nationalbibliothek
Die Deutsche Nationalbibliothek verzeichnet diese Publikation in der
Deutschen Nationalbibliografie; detaillierte bibliografische Daten sind im Internet über
<http://dnb.d-nb.de> abrufbar.

Wir danken der Fritz-Thyssen-Stiftung für die finanzielle Unterstützung bei der Erstellung
dieses Buches.

1. Auflage 2009

Alle Rechte vorbehalten
© VS Verlag für Sozialwissenschaften | GWV Fachverlage GmbH, Wiesbaden 2009

Lektorat: Barbara Emig-Roller

VS Verlag für Sozialwissenschaften ist Teil der Fachverlagsgruppe
Springer Science+Business Media.
www.vs-verlag.de

Umschlaggestaltung: KünkelLopka Medienentwicklung, Heidelberg
Druck und buchbinderische Verarbeitung: Krips b.v., Meppel
Gedruckt auf säurefreiem und chlorfrei gebleichtem Papier
Printed in the Netherlands

ISBN 978-3-531-16857-9

Inhalt

2 Empirische Befunde

Internet und Migration. Einführung in das Buch

Kathrin Kissau, Uwe Hunger

Die Kommunikation und Interaktion von Migranten findet inzwischen immer stärker über das Internet statt. Dort tauschen sie sich mit Nutzern sowohl im Aufnahmeland als auch in ihren Herkunftsländern aus. Auf Websites, in Foren oder Chats werden soziale, kulturelle und politische Themen beider Länder offen diskutiert, kritisiert und alternative Positionen aufgezeigt. Hierdurch bilden sich zahlreiche neue und zum Teil transnationale Online-Gemeinschaften. Vor diesem Hintergrund übernimmt das Internet eine immer wichtigere Funktion für die gesellschaftliche Teilhabe von Migranten und bietet ihnen gleichzeitig einen neuartigen Raum für soziale Interaktion, Informationsaustausch, Identitätsprozesse und politisches Engagement. Diese Nutzung des Internet durch ethnische Minderheiten ist bisher erst wenig in der Öffentlichkeit thematisiert und von der Wissenschaft untersucht worden. Bestimmend hierfür war der Mangel an aussagekräftigen Nutzungsdaten sowie fehlenden Untersuchungen der Online-Sphären selbst. Die jüngste Sonderbefragung „Migration" des (N)ONLINER Atlas 2008, die Thematisierung des Internet im Nationalen Integrationsplan sowie eine Reihe von aktuellen Forschungsprojekten über die Internetaktivitäten von Migranten läuten nun eine neue Phase ein, die mit diesem Sammelband dokumentiert werden soll.

In dem Band werden sowohl theoretische Zugänge als auch empirische Befunde zu dem noch jungen Forschungsfeld zusammengebracht. Der erste Teil umfasst politikwissenschaftliche, kommunikationswissenschaftliche, soziologische und pädagogische Ansätze. Der erste Aufsatz zum „Long Tail of Politics" von *Kathrin Kissau* und *Uwe Hunger* untersucht die politischen Sphären von Migranten im Internet. Das Internet hat Märkte und ökonomische Mechanismen revolutioniert, wie Chris Anderson im Jahr 2004 mit seinem Long Tail Ansatz aufzeigte. Seine Theorie wird in diesem Beitrag auf die Politik übertragen, um am Beispiel von Migranten das politische Potential des Long Tail im Internet darzustellen. Bietet das Internet besondere Möglichkeiten für die politische Partizipation und gesellschaftliche Teilhabe von Migranten sowohl in Deutschland als auch in den jeweiligen Herkunftsländern? Wodurch zeichnen sich politische

Internetangebote aus, die von Migranten genutzt werden, und welches politische Engagement kann im Internet beobachtet werden?

Der zweite Artikel von *Andreas Hepp* behandelt Vergemeinschaftungsprozesse jenseits nationaler Grenzen. Durch die Verbreitung von Satellitenfernsehen, Internet und anderen digitalen Medientechnologien ist kulturübergreifende Kommunikation Teil unseres Alltags geworden. Gleichzeitig führen verschiedene Beispiele vor Augen, dass diese transkulturelle Kommunikation nicht einfach zu einer einheitlichen weltweiten Kommunikationslandschaft, zu einem „globalen Dorf" oder einer europäischen Öffentlichkeit geführt haben. Prozesse der Transnationalisierung, aber auch der nationalen Segmentierung von Öffentlichkeit verweisen zusätzlich darauf, dass die territoriale vorgestellte Gemeinschaft der Nation nicht unbedingt der alleinige medienvermittelte Sinnhorizont von Identität sein muss, sondern daneben auch deterritoriale vorgestellte Vergemeinschaftungen zunehmend relevante Bezugspunkte von Identität sind.

Die Suche nach Anerkennung und die Vergewisserung von Zugehörigkeit von jungen türkischen Migranten in Online-Communities stehen im Zentrum der Untersuchung von *Kai-Uwe Hugger*. Welche Bedeutung haben die neu entstehenden Sozialräume im Internet für junge Migranten? In den letzten Jahren sind eine Vielzahl von Online-Communities bzw. virtuellen Gemeinschaften entstanden, die sich speziell an die zweite und dritte Einwanderergeneration in Deutschland richten. In diesem Aufsatz wird der Frage nachgegangen, wie sie sich Online-Communities zunutze machen, um dort soziale Anerkennung zu finden und sich ihrer national-ethnisch-kulturellen Zugehörigkeit zu vergewissern.

Im Artikel „Türkisches Satellitenfernsehen: Auf dem Weg zur Entzauberung des Anderswo" von *Asu Aksoy* und *Kevin Robins* werden die Folgen der Globalisierungstendenzen der Medien analysiert. Medienindustrien werden traditionell als nationale Gemeinschaften konzipiert. Wie Aksoy und Robins zeigen, verengt dies jedoch das Verständnis der durch Globalisierung und Migration entstehenden transnationalen Medien. Transnationale Medien stellen die Hegemonie dieser nationalen Räume in Frage, und es ergibt sich ein Potential für einen kritischeren Umgang mit den Medien sowie die Herausbildung neuer Kulturen.

Der Ansatz „Diaspora Wissensnetzwerke" steht im Zentrum des Artikels von *William Turner, Jean-Baptiste Meyer, Paul de Guchteneire* und *Asmaa Azizi*. Transnationale Lebensstile von Migranten bergen Potential für Brain Gain, denn ihre erfolgreiche Integration im Aufnahmeland verhindert nicht den engen Bezug zum Herkunftsland. Im Gegenteil zeigen Resultate der hier dargestellten Untersuchungen, dass es ein „hier" und „dort" nicht länger gibt. Hierbei spielen Informations- und Kommunikationstechnologien eine zentrale Rolle.

Den Abschluss der theoretischen Beiträge bildet der Beitrag von *Thomas Dierschke* zur Frage „Warum eigentlich Gemeinschaft? Überlegungen zum analytischen Potential des Gemeinschaftsbegriffs am Beispiel der politischen Internetnutzung von Migranten". Durch Kommunikation im Internet entstehen vielfach Gemeinschaften von Nutzern oder Communities (Netzgemeinschaft). Doch eine Gemeinschaft definiert sich nicht über die Technik, sondern durch den Inhalt, der sie zusammenführt. In diesem Beitrag wird dem sozialen Phänomen nachgespürt, dass Internetnutzer sich nicht nur aufgrund gemeinsamer Interessen und Aktivitäten, sondern auch aufgrund gleicher ethnischer Herkunft als Gemeinschaft betrachten.

Im zweiten Teil des Bandes werden anhand empirischer Studien zentrale Aspekte der Internetnutzung und Gemeinschaftsbildung von Migranten dargestellt. In dem Beitrag „Internetnutzung von Migrantinnen und Migranten in Deutschland" von *Cornelia Lins* werden die empirischen Ergebnisse aus der Bestandsaufnahme und der Sonderauswertung „Migration" des (N)ONLINER Atlas 2008 vorgestellt. Durch diese repräsentative Erhebung kann erstmals das Internetnutzungsverhalten von verschiedenen Migrantengruppen in Deutschland, seine Charakteristika und Trends aufgezeigt und gleichzeitig Erkenntnisse über den Stand einer möglichen ethnischen digitalen Kluft in Deutschland geliefert werden.

Die Fragen nach Migration und gesellschaftlicher Integration sind gegenwärtig politisch äußerst brisant. Nicht zuletzt sind die Medien ins Zwielicht geraten, weil Satellitenfernsehen und Internet es ermöglichen, dass Migranten in ihrer „fremden" Heimatkultur verhaftet bleiben. Allerdings sind die komplexen Beziehungen zwischen Medien und Migration im Leben von Jugendlichen bislang erst wenig erforscht. Hier setzt die breit angelegte Studie von *Heinz Moser* an, die im dritten Artikel vorgestellt wird. Darin werden sowohl vielfältige empirische Befunde dargestellt als auch weiterführende Perspektiven diskutiert.

Digitale Medien ermöglichen auf einfachere Weise als bisher die kommunikative Vernetzung von Migrantinnen und Migranten sowie auch mit Menschen jeweils anderer Herkunft, was den Einbezug in verschiedene weitere (Kommunikations-) Netzwerke eröffnet. In dem Beitrag von *Andreas Hepp, Laura Suna* und *Stefan Welling* wird dieses Spannungsverhältnis zwischen lokaler und translokaler bzw. interner und externer kommunikativer Vernetzung aufgelöst und die Frage nach dem Integrations- und Segregationspotenzial von digitalen Medien für Migrantinnen und Migranten diskutiert.

Urmila Goel zeigt in ihrem Beitrag die Entwicklung eines Internetportals am Beispiel des Indernet nach. Das Indernet bietet mehrere virtuelle Räume, die die anderen (sowohl virtuellen als auch physischen) Räume, die von ‚InderInnen der zweiten Generation' genutzt werden, ergänzen. Dieser Raum ist ein Ort der

Zuflucht von den permanenten (subtilen) Rassismus- und Otheringserfahrungen in ihrer ‚weiß' dominierten Alltagswelt. Hier können sie sich mit den nach natio-ethno-kulturellen Denkmustern definierten Gleichen über die gemeinsamen Erfahrungen austauschen. Zudem erhalten sie hier Informationen über das ihnen zugeschriebene Herkunftsland ‚Indien', die sie brauchen, um in Herkunftsdialogen bestehen und eine positive Identifikation aufbauen zu können.

Die Entwicklung eines Euro-Islam basiert auf kulturellen Anpassungen, religiösen Reformen, die in Einklang mit den Grundinhalten der kulturellen Moderne (Demokratie, individuelle Menschenrechte, Zivilgesellschaft, Pluralismus) steht und die Werteorientierung des Pluralismus annimmt. Der Beitrag von *Daniela Schlicht* geht der Frage nach, ob das Internet von Muslimen in Europa dazu verwendet wird, eine solche Interpretation des Islam zu entwickeln und diesen so mit Europa zu verbinden sowie eine euro-islamische Brücke herzustellen.

Russische Migranten in Deutschland sind vielfach und seit langem in lokalen russischen Gemeinden integriert, wie etwa in Berlin oder Düsseldorf. Doch Mobiltelefone und Internet haben die Kommunikationsmöglichkeiten von russischen Diasporaangehörigen erweitert, nicht nur vor Ort, sondern innerhalb ganz Deutschland sowie auch ins Herkunftsland Kontakte aufzubauen und zu halten. Der Beitrag von *Caroline Düvel* beschäftigt sich mit diesen persönlichen Netzwerken von Migranten und untersucht, welche weitreichenden kulturellen und sozialen Konsequenzen diese transnational aufgespannten Handlungsräume besitzen.

Im Internet verlaufen Informations- und Kommunikationsströme oftmals jenseits von Nationengrenzen, was teilweise als Bedrohung für das Nationalstaatskonzept gedeutet wird. Doch zeigen vielfache Beispiele, dass auch online abgegrenzte, nationale Gemeinschaften existieren und das Internet gar zur Nationenbildung genutzt wird. *Menderes Candan* und *Uwe Hunger* analysieren in ihrem Beitrag die Nationenbildung der kurdischen Diaspora im Internet. Sie zeigen am Beispiel der Kurden auf, wie sich Minderheitengruppen, deren separatistische Bewegungen offline gescheitert sind, online organisieren und virtuelle Nationen gründen. Langfristig könnte sich dies sogar wieder auf reale Begebenheiten auswirken.

Im anschließenden Artikel von *Uta Lehmann* geht es um die Bedeutung von Weblog Gemeinschaften für die iranische Diaspora. Stellt das durch Webcommunities innerhalb und außerhalb des Irans gebildete weltweite virtuelle Netzwerk lediglich ein Forum für Kulturaustausch dar oder werden dadurch politische Handlungen zur Veränderung des Irans motiviert und organisiert? Die Ergebnisse einer Befragung von Bloggern iranischen Ursprungs in den USA sowie eine Analyse der iranischen Blogosphäre sollen dazu beitragen, die Rolle von Blogs für die Entstehung und den Erfolg einer Diaspora zu klären.

Wie weltoffen sind unsere Kommunen? Dieser Frage gehen *Tina Hentschel*, *Florian Schröder* und *Guido Wiggerink* in ihrem Beitrag nach, in dem sie kommunale Internetangebote für Migranten untersuchen. Auf der Basis einer Inhaltsanalyse der kommunalen Internetauftritte der zehn größten deutschen Städte untersucht der Beitrag, inwieweit die Webauftritte der Kommunen durch relevante Informationsvermittlung zur Integration beitragen. Hierbei zeigt sich, dass noch erhebliches Informations- und Partizpationspotential des Internet ungenutzt ist.

Die Beiträge von Kathrin Kissau, Uwe Hunger und Menderes Candan stammen aus einem Forschungsprojekt zum „Politischen Potential des Internet. Die virtuelle Diaspora von Migranten aus Russland und der Türkei in Deutschland", das 2007-2008 am Institut für Politikwissenschaft der Universität Münster durchgeführt wurde und von der Fritz-Thyssen-Stiftung finanziert wurde. Die Beiträge von Andreas Hepp, Laura Suna, Stefan Welling, Kai-Uwe Hugger, Caroline Düvel sowie von Tina Hentschel, Florian Schröder, Guido Wiggerink und Thomas Dierschke wurden auf einer Projektkonferenz vorgestellt, die wir zusammen mit der Akademie Franz Hitze Haus im Juli 2008 in Münster durchgeführt haben. Die Kontakte zu den anderen Autoren, die ebenfalls an verwandten Fragestellungen arbeiten, entstanden während der Arbeit im Forschungsprojekt. Wir danken allen Autorinnen und Autoren des Bandes für ihre wertvollen Beiträge sowie all unseren Partnern bei der Projektkonferenz und dem Forschungsprojekt insgesamt, insbesondere der Fritz-Thyssen-Stiftung für ihre großzügige Unterstützung.

Lausanne und Münster, im Mai 009   Kathrin Kissau und Uwe Hunger

Teil 1:

Theoretische Zugänge

Im „Long Tail" der Politik: Zum politischen Potential des Internet für Migranten

Kathrin Kissau, Uwe Hunger

1   Einleitung

Der Erfolg des neuen amerikanischen Präsidenten Barack Obama bei den US-Wahlen 2008 hat dem Internet in der Politik endgültig zu einem Durchbruch verholfen. In der innerparteilichen Auseinandersetzung um die Präsidentschaftskandidatur der Demokraten war es dem einstigen politischen Außenseiter Obama vor allem mit Hilfe des Internet gelungen, eine breite Wählerschicht zu mobilisieren und die im amerikanischen Wahlkampf so wichtigen Spendengelder zu akquirieren. Während seine demokratische Widersacherin Hillary Clinton eher auf großzügige Großspender zurückgreifen konnte, war es Obama mit Hilfe des Internet gelungen, viele kleine Spender zu gewinnen, die aber in der Gesamtheit eine größere Summe Geld bereit stellten als Clintons Anhänger.[1] Das Wahlkampfteam von Obama nutzte dabei auch so genannte social networking websites, wie Facebook oder MySpace, um eine massenhafte Unterstützung ihres Kandidaten via Internet zu organisieren. Die meisten Aktivitäten zur Unterstützung Obamas wurden dabei von den Internetnutzern selbstständig organisiert – ohne Zutun der Wahlkampfstrategen. So zählt z.B. die Gruppe „Barack Obama" auf Facebook über eine Million Mitglieder und schreibt über sich selbst „This is the largest Obama facebook Group. We started before the Campaign was official and because of all your help as volunteers, donors, and supporters, Obama was successfully able to win the election!" Auch auf YouTube wurden Videos von Obamas Auftritten von privaten Nutzern schneller und in einer größeren Anzahl und Vielfältigkeit eingestellt, als es das Wahlkampfteam von Obama planen konnte.

Beobachter sprechen daher davon, dass Obama mit seiner Internet-„Grassroots"-Kampagne den amerikanischen Wahlkampf revolutioniert und dabei den

---

[1]   Fast die Hälfte der gesamten Spendengelder von Obama kam durch Kleinspenden von unter 200 US-Dollar und nur 17 Prozent kamen durch Spenden über den Höchstbetrag für individuelle Spender von 2.300 US-Dollar zusammen. Bei Clinton und McCain verhielt es sich genau umgekehrt (vgl. Garcia 2008).

sogenannten „Long Tail of Politics" für sich genutzt hat, d.h. vor allem Nicht-
wähler und bislang eher unpolitische (jüngere) Wähler, die über das Internet
angesprochen wurden (vgl. Garcia 2008). Der Begriff „Long Tail" wurde im
Zusammenhang mit dem Internet von dem amerikanischen Journalisten Chris
Anderson vom „Wired Magazine" geprägt. Anderson beschrieb mit dieser Metapher eine neue Entwicklung in der Ökonomie, bei der sich durch die Einführung
des Internet die Absatzwege und die Nachfragestruktur von Produkten tief greifend verändert haben (vgl. Anderson 2006). So wie das Internet zunächst z.B.
den Musik- und Büchermarkt verändert hat, stellt sich heute die Frage, ob sich in
Folge der wachsenden Internetnutzung auch die Kommunikationswege in der
Politik wandeln werden, wie sich dies in den letzten US-amerikanischen Wahl-
kämpfen angedeutet hat.

In dem vorliegenden Beitrag soll die angesprochene Long-Tail-Theorie von
Anderson auf politische Öffentlichkeiten im Internet übertragen werden. Um die
Auswirkungen der Mechanismen zu veranschaulichen, wird exemplarisch die
politische Öffentlichkeit von Migranten im Internet analysiert, die – wie manche
Wähler Obamas – sich eher im Long Tail der Politik befinden. Anhand dieses
Beispiels soll das politische Potential des Internet, das bisher vor allem theore-
tisch beschrieben wurde (vgl. Geser 1998, Plake/Jansen/Schumacher 2001, Welz
2002, Zurawski 2003), auch empirisch ausgelotet werden (für eine ausführliche
Auseinandersetzung vgl. Kissau/Hunger 2009).

2   Andersons Long-Tail-Theorie der Internetökonomie

Anderson erläutert seine ökonomische Long-Tail-Theorie am Beispiel des Musikmarktes, den das Internet tief greifend verändert hat. Er beginnt seine Theorie
mit dem Verweis auf die Zeiten, in denen (vor dem Internet) Musikhändler aufgrund ihrer begrenzten Regalfläche in der Regel nur CDs anbieten konnten, die
sich gut verkauft haben. Im Normalfall zählten hierzu etwa 200 Alben. Tatsächlich gab es aber immer schon viel mehr Musiktitel auf der Angebotsseite. Für
traditionelle Musikhändler war es jedoch unrentabel, ein größeres Angebot aus-
zustellen. Generell wurde davon ausgegangen, dass ein Einzelhändler von einer
CD mindestens vier Stück pro Jahr verkaufen musste, um die Miete für den entsprechenden Regalplatz (1,7 cm) einzuspielen. Diese 200 ausgestellten Alben
machten aber über 90 Prozent des Umsatzes aus. Aufgrund dieser Konstellation
konzentrierte sich der Verkauf überwiegend auf Hits, die eine breite Kundschaft
ansprachen. Nischenprodukte hatten es dabei schwer, sich auf dem Markt durch-
zusetzen (vgl. Anderson 2006). Anderson veranschaulicht dieses Phänomen in
einem Graphen, bei dem auf der Y-Achse die Verkaufszahlen von Musiktiteln

und auf der X-Achse der jeweilige Verkaufsrang abgetragen werden. Hierbei ergibt sich eine Kurve, die von oben links steil abfällt und nach unten rechts immer flacher wird (siehe Abbildung 1). Wenige Produkte mit hoher Nachfrage (sog. Hits) sind auf den vorderen Verkaufsrängen (links) zu finden. Die Masse der Produkte mit geringer Nachfrage (sog. Nischenprodukte) befinden sich auf den hinteren Verkaufsrängen (rechts). Die Hits (etwa 20 Prozent des Angebots) bilden den „Head" (Kopf) des Marktes, die Masse der Nischenprodukte bildet den Long Tail (Rattenschwanz) des Marktes. Vor dem Internet schafften es in der Regel nur die 20 Prozent der Hits in die Regale der Händler (vgl. Anderson 2006).

Abbildung 1: Der Long Tail des Musikmarktes vor dem Internet

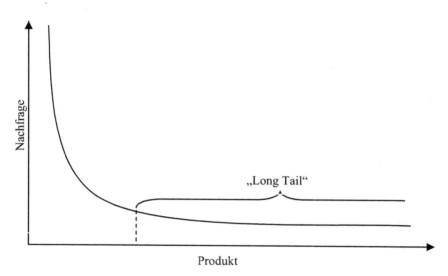

Quelle: Anderson 2006: 22.

Durch das Internet und die neu entstandenen Musikportale, die Musikstücke zum Herunterladen anbieten, sind die Kosten, Musik zum Verkauf anzubieten, rapide gesunken. Das Angebot wird nicht mehr wie früher durch Faktoren, wie die Verkaufsfläche, begrenzt. Für einen Musikportal-Betreiber ist es daher rentabel, eine große Anzahl von Titeln zum Download bereitzuhalten und nicht mehr nur die 200 am häufigsten verkauften Alben. Die vielen hunderttausend Musiktitel im Long Tail des Marktes, die vor dem Internetzeitalter aus mangelnder Rentabilität vom Markt verschwunden wären, sind nun durch das Internet jederzeit verfügbar und finden heute auch alle einen Abnehmer, wenn es auch nur ein einziger pro Jahr ist. Die einzelnen Titel sind weiterhin völlig unbedeutend, zusammen genommen stellt das Angebot im „Rattenschwanz" jedoch einen bedeutenden Markt dar, der nach Andersons Berechnungen bis zu 40 Prozent des Umsatzes eines Musikportals ausmacht (vgl. Anderson 2006: 26). Das Internet hat also dazu beigetragen, neue Märkte zu erschließen, die bisher wirtschaftlich nicht attraktiv waren.

Dieser durch das Internet ausgelöste Trend wird nach Meinung von Anderson tief greifende Auswirkungen auf Kultur und Wirtschaft haben (vgl. Anderson 2006: 59). Dadurch, dass das Internet nun auch vom Mainstream abweichende Nischenprodukte relativ leicht zugänglich macht, müssen sich Konsumenten nicht mehr ausschließlich an Massenprodukten orientieren. Im Long Tail entsteht eine kulturelle Vielfalt, die nicht von wirtschaftlichen Faktoren eingeschränkt wird. Der Massengeschmack wird so differenzierter, und die Vielzahl der Nischenprodukte trägt dazu bei, die Kultur zu individualisieren und damit die Nachfrage zu „demokratisieren". Diese Tendenz wird sich nach Meinung von Anderson durch den weiteren technischen Fortschritt des Internet noch verstärken. Hierfür macht Anderson drei grundlegende Trends, die durch das Internet ausgelöst wurden, verantwortlich (vgl. Anderson 2006: 67):

1. Der technische Fortschritt und das Internet sorgen für eine „*Demokratisierung der Produktionsmittel*". Computer und ausgefeilte Musikprogramme erleichtern es heute Musikstücke zu komponieren, zu spielen und aufzunehmen, was zu einer Steigerung des Angebots führt. Allein von 2004 auf 2005 nahm die Zahl der veröffentlichten Musikalben um 36 Prozent zu, auf dem Portal MySpace fanden sich zu diesem Zeitpunkt 300.000 Musiktitel, die kostenlos herunter geladen werden konnten. Das Angebot wird insgesamt also größer, der Long Tail dementsprechend noch länger (siehe Abbildung 2).

2. Das Internet sorgt für eine „*Demokratisierung des Vertriebs*". Durch die Verbreitung von Computern und den Zugang zum Internet kann nicht nur jeder Musik (oder andere kulturelle Güter) produzieren, durch das Internet kann das entstandene Produkt auch kostengünstig und einfach angeboten werden, wie etwa auf MySpace oder anderen Portalen. Selbst für große Warenhäuser (z.B. Walt-Mart), die es mit einem hohem finanziellen Aufwand geschafft haben, eine riesige Menge von Produkten kostengünstig anzubieten und quasi jeden (amerikanischen) Haushalt zu erreichen, entstehen weiterhin hohe Transport- und Lagerkosten. Im Internet können dagegen

diese Produkte zu vergleichsweise geringen Lagerkosten permanent angeboten werden. Dieser erleichterte Zugang steigert den Umsatz dieser Produkte erheblich, der Long Tail wird also auch dicker (siehe Abbildung 2).

3. Durch das Internet kommt es schließlich auch zu einer verbesserten „*Vermittlung von Angebot und Nachfrage*". Über Suchmaschinen, wie Google, oder Suchfunktionen auf den Internetseiten von Onlinehändlern können Konsumenten schneller zu dem gesuchten Angebot gelangen und sich einen Überblick über das Angebot verschaffen. Millionen von Nutzern geben zusätzlich über das Internet ihr Wissen über ein bestimmtes Produkt weiter. Dadurch wird die Transparenz des Marktes erhöht. Anderson geht davon aus, dass sich dadurch die Nachfrage immer weiter in die Nischenmärkte verlagert (den Long Tail). Der Geschmack der Massen wird dadurch individueller und entfernt sich so mehr und mehr von den Einflüssen von Werbung und Marketing. Durch neu entstehende reale oder virtuelle Gemeinschaften im Long Tail wird der Konsument ermutigt neue Produkte zu suchen, die besser seine Bedürfnisse befriedigen, der Long Tail wird noch dicker. Gleichzeitig verringert sich oder stagniert die Nachfrage nach den Hits (Top 200), der „Kopf" wird kleiner (siehe Abbildung 2).

Diese Trends betreffen nach Meinung von Anderson nicht nur eine kleine Zahl von Märkten, sondern gelten ganz allgemein, da es auf allen Märkten mehr Nischenprodukte gebe als Hits. Die Anzahl von Nischenprodukten werde daher exponentiell steigen, je billiger und leichter Produktion und Vertrieb werden. Im Ergebnis flacht die oben dargestellte Nachfragekurve weiter ab, d.h. die Hits werden weniger populär, dafür steigt im Verhältnis die Nachfrage nach den Nischenprodukten. Diese Kurve nennt Anderson „die natürliche Kurve der Nachfrage", die nicht durch Informationsmängel und Vertriebsengpässe verzerrt wird.

Abbildung 2:   Der Long Tail der Internetökonomie – die natürliche Kurve der
               Nachfrage

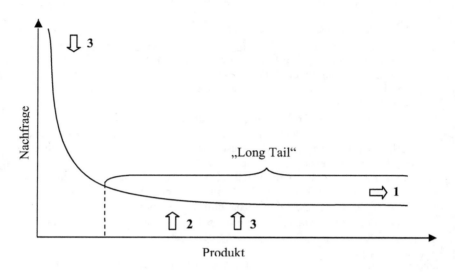

Quelle: Anderson 2006: 22.

3   Ein Long-Tail-Modell der Politik

Das, was bei Anderson im ökonomischen Long-Tail-Modell als Markt konzeptionalisiert wurde, wollen wir im Folgenden in einem politischen Long-Tail-
Modell als Öffentlichkeit interpretieren. So wie es Hits und Bestseller auf einem
Markt gibt, existieren im politischen System zentrale politische Öffentlichkeiten,
auf die sich sehr viele Menschen beziehen. Ein Beispiel hierfür sind die Massenmedien, aus denen die überwiegende Mehrzahl der Bürger ihre Informationen
bezieht und auf deren Basis oftmals politische Urteile gebildet werden. Fernsehen und Qualitätspresse werden dabei als Leitmedien der politischen Information
angesehen, die mitbestimmen, welche politischen Themen die deutsche Öffentlichkeit dominieren. „Insbesondere etablierte Nachrichtenmarken wie ‚Tages-
schau' und ‚heute', ‚F.A.Z.' und ‚Süddeutsche Zeitung' – aber auch die ‚Bild'-
Zeitung, das Nachrichtenmagazin ‚Der Spiegel' und der ‚Deutschlandfunk' geben den Takt vor", schreiben etwa Kramp/Weichert (2008). So wie ein Einzelhändler nur Mainstream-Musik, also die Hits anbietet, können in der 15-minüti-

gen Nachrichtensendung oder auf einer begrenzten Seitenzahl einer Tageszeitung nur die Beiträge veröffentlichlicht werden, die bei der breiten Masse der Zuschauer auf Interesse stoßen (Nachrichtenfaktoren). Wie bei ökonomischen Märkten haben diese Zwänge und Rahmenbedingungen zur Dominanz politischer Massenüberzeugungen geführt, die z.B. Downs in der klassischen politischen Ökonomie mit der Figur des Medianwählers beschrieben hat (vgl. Downs 1957).

Neben den beschriebenen großen politischen Öffentlichkeiten gibt es noch eine Reihe von kleineren, weniger beachteten Öffentlichkeiten, die in den modernen, von Massenmedien dominierten Industriegesellschaften aber kaum eine Rolle spielen (vgl. bereits Habermas 1962). Ähnlich wie die Regalfläche bei den CDs begrenzt ist, ist bei politischen Öffentlichkeiten die Aufmerksamkeit bei Nutzern (Wählern) und Anbietern (Politikern) begrenzt. Die Verteilung von Öffentlichkeiten und deren Aufmerksamkeit (gemessen an der Publikumsgröße) kann daher auch mit einem Long-Tail-Modell beschrieben werden: Im kurzen Kopf des Modells (links) stehen die großen massenmedialen Öffentlichkeiten, im „Rattenschwanz der Politik", dem „Long Tail of Politics", befinden sich die vielen kleineren, relativ unbedeutenden politischen Öffentlichkeiten, wie etwa kleine Parteien, lose Zusammenschlüsse von Bürgern oder Alternativmedien. Ihr gemeinsames Schicksal ist, dass sie kaum wahrgenommen werden, wenig Einfluss haben und in ihrer Existenz sehr flüchtig sind (zur Problematik kleiner Parteien van den Boom 1999).

Mit dem Internet hat sich an dieser Konstellation grundsätzlich etwas geändert, was auch in der aktuellen Forschungsliteratur stark diskutiert wird (vgl. etwa Croteau 2006, Neuberger 2003). So geht man davon aus, dass gerade die kleinen Öffentlichkeiten und vom Mainstream ausgeschlossene Gruppen durch das Internet eine neue Chance erhalten, sichtbarer zu werden und so auch politisch mehr Einfluss zu gewinnen (vgl. etwa Kamps 2007). Entsprechend des Andersonschen Long-Tail-Modells der Ökonomie können folgende Annahmen gemacht werden, welchen Einfluss das Internet auf die Politik haben kann (siehe Abbildung 3).

Abbildung 3:   Ein Long Tail-Modell der Politik

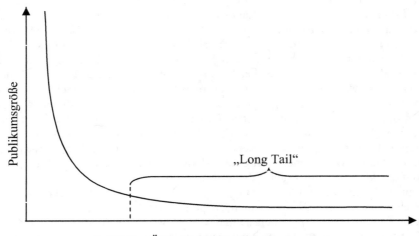

Quelle: Eigene Darstellung (in Anlehnung an Anderson 2006).

1. Man kann davon ausgehen, dass es durch das Internet – vergleichbar mit der
    Demokratisierung der Produktionsmittel in der Internetökonomie – zu einer
    *Demokratisierung bei der Herstellung von politischen Öffentlichkeiten und
    Angeboten* gekommen ist. Durch den PC und die Möglichkeiten des Inter-
    net, insbesondere des Web 2.0, ist es einfacher geworden, Plattformen im
    Internet herzustellen, auf denen unabhängig von den großen Mainstream-
    Medien politische Informationen und Ansichten dargestellt werden und
    Bürger sich sogar „treffen" und über politische Themen diskutieren können.
    Ein Beispiel hierfür ist der populäre „Bildblog", der im Internet Falschmel-
    dungen der Bildzeitung mit den tatsächlichen Sachverhalten kontrastiert und
    damit auf eine einfache Art und Weise eine Art Gegenöffentlichkeit zu dem
    etablierten Medienprodukt herstellt. Durch diese Prozesse nimmt die An-
    zahl der politischen Angebote und Öffentlichkeiten im Internet zu. Der
    Long Tail der Politik wird also länger.

2. Durch das Internet ist es auch zu einer Art Demokratisierung des Vertriebs
    gekommen, nämlich insofern als dass die *Erreichung eines (größe-
    ren/breiteren) Publikums* für die jeweiligen politischen Internet-Öffentlich-

keiten und -Angebote deutlich einfacher geworden ist: Nachrichten müssen z.B. nicht mehr in Form einer Zeitung aufwändig und kostenintensiv vertrieben, sondern können recht einfach online gestellt werden. Versammlungen sind nicht mehr mit hohen Transportkosten und großem Zeitaufwand für die Teilnehmer verbunden, sondern können online von zu Hause aus geschehen. Schließlich hält das Internet auch ein Potential für grenzüberschreitenden Austausch bereit, da räumliche Entfernungen im Internet keine Rolle spielen. Dies hat man etwa beim Protest gegen den letzten G-8-Gipfel gesehen, der hauptsächlich über das Internet (von Greenpeace und Attac) aus den verschiedensten Ländern organisiert wurde. Die erleichterte Kontaktaufnahme mit dem Publikum drückt sich in einem verstärkten Konsum unterschiedlichster politischer Angebote und der Nutzung von Teil-Öffentlichkeiten aus. Der Long Tail der Politik wird also auch dicker.

3. Durch die Suchmaschinen und Linklisten wird es für den Bürger schließlich auch leichter die politische Nische zu finden, die zu ihm passt und auf die er sonst nicht durch Medien oder in seinem unmittelbaren Umfeld gestoßen wäre. Es kommt damit auch zu einer besseren Verbindung von Angebot und Nachfrage, denn mit Hilfe von Suchmaschinen, Linklisten, Empfehlungen und auch Mundpropaganda können nun die Öffentlichkeiten auch zu politischen Randinteressen und vernachlässigten Themen aufgefunden werden, die den Bürger tatsächlich interessieren und an denen er dann auch tatsächlich teilnehmen will. Damit kann es also letztlich auch zu einer *Erhöhung des politischen Partizipationsgrads* kommen. Der Long Tail wird dadurch noch dicker.

Alle drei Mechanismen können, analog zum Long Tail der Internetökonomie, zu tief greifenden Veränderungen der politischen Kultur führen. Durch die stärkere Ausdifferenzierung politischer Öffentlichkeiten im Internet könnten politisch passive Bürger zu mehr Teilnahme animiert werden, da sie ihre politischen Meinungen und Überzeugungen jetzt mit Hilfe des Internet auch bei anderen finden können und somit zum Mitmachen ermutigt werden. Die verschiedenen Öffentlichkeiten können sich miteinander vernetzen und sich zu Online-Gemeinschaften und -Bewegungen weiterentwickeln (vgl. hierzu In der Smitten 2007). Damit könnte, wie oben an der Obama-Kampagne zu sehen war, das Internet dazu beitragen, der viel zitierten „Politikverdrossenheit" entgegenzuwirken und die „verborgene Mehrheit" im Long Tail der Politik zu mobilisieren. Insbesondere für Personen und Themen, die außerhalb des Internet politisch benachteiligt sind, da sie und ihre politischen Interessen in der Mainstream-Öffentlichkeit kaum Beachtung finden, könnte der Long Tail der Politik im

Internet neue Chancen bieten, ihre Positionen in den politischen Diskurs einzubringen und ihre politischen Interessen berücksichtigt zu sehen (vgl. Hagen 1998, Kleinz 2008). In besonderem Maße gilt dies etwa für Migranten.

4   Migranten im Long Tail der Politik

Politische Interessen (und Öffentlichkeiten) von Migranten stellen im Sinne des Long-Tail-Modells aus Sicht der Öffentlichkeit des Aufnahmelandes vielfach ein Nischenprodukt dar. In den großen Mainstream-Medien werden in der Regel Nachrichten für die allgemeine (inländische) Bevölkerungsmehrheit präsentiert, die eine möglichst große Zahl von Menschen interessiert (Head-Nachrichten). Andere Themen fallen aus ökonomischen, organisatorischen und zeitlichen Gründen meistens unter den Tisch. Dies trifft in besonderem Maße auf minderheiten- bzw. ausländerspezifische Themen zu, die auch aufgrund ihrer geringeren wahlpolitischen Relevanz selten von Politikern, Lobbygruppen und somit auch von Medien aufgegriffen oder vertreten werden. Ein Teil der politischen Interessen der Migranten befinden sich somit eher im Long Tail. Ihre spezielle politische „Nachfrage" bezieht sich z.B. auf ihr Herkunftsland, die Beziehung ihres neuen Landes zum alten Herkunftsland oder auf die spezifische Lebenssituation als Migrant. Häufig existiert auch ein Interesse nach politischen Informationen in der Muttersprache der Migranten. Hierauf haben in Deutschland einige öffentlich-rechtliche Rundfunkanstalten reagiert, indem sie gelegentlich Programme für die verschiedenen Migrantengruppen bereitgestellt haben, diese werden aber selten oder zumeist zu ungünstigeren Sendezeiten ausgestrahlt.

Entsprechend des oben entwickelten Modells erhalten diese politischen Informationen, Beiträge und Diskussionen, die nicht dem Mainstream im Aufnahmeland entsprechen, sondern Teil des Long Tails sind, durch das Internet eine neue Chance:

1.   Politische Nachrichten und Kommunikationsräume können mit Hilfe der neuen technischen Möglichkeiten jetzt einfacher selbst von Migranten hergestellt werden (Demokratisierung der Produktionsmittel), wodurch es zu einer *Vergrößerung des Angebots an alternativen, minderheitenspezifischen Themen (Angeboten) und Kommunikationsräumen* kommt. Dies eröffnet gerade für Migranten die Möglichkeit, sich über politische Ereignisse (gegenseitig) zu informieren, die in den klassischen Massenmedien nicht vorkommen. Diese zusätzlichen Angebote tragen zur Pluralisierung der politischen Themen online bei. Das Internet bietet die Möglichkeit virtuelle Plattformen oder Räume zu kreieren, in denen politische Themen diskutiert werden können, die bisher nicht in der Öffentlichkeit vertreten wurden. Es kommt

zu einer Differenzierung bzw. Pluralisierung der politischen Öffentlichkeiten online.

2. Durch die Verbreitung des Internet kann nicht nur potentiell jeder interessierte Migrant Angebote erstellen, sondern diese auch einem großen Publikum zugänglich machen. Das Internet bietet daher die Möglichkeit, das von Migranten selbst Produzierte zu verbreiten und auch einer breiten Öffentlichkeit (auch grenzüberschreitend) anzubieten und damit *ein Publikum für diese minderheitenspezifischen Themen zu erreichen*. Dadurch erlangen die neuen Öffentlichkeiten schnell und relativ einfach eine größere Reichweite, als es mit traditionellen Medien möglich gewesen wäre (Demokratisierung des Vertriebs). Die virtuellen „Migranten-Öffentlichkeiten" im Aufnahmeland können auch dazu genutzt werden, dass sich politisch interessierte Migranten (oder bestehende Migranten-Organisationen) untereinander vernetzten oder sich (virtuellen) Organisationen von Gleichgesinnten anschließen bzw. neue Gemeinschaften gründen.

3. Die neuen politischen Angebote können durch Suchmaschinen, Hinweise von Bekannten, Weiterleitungen von E-Mails oder Linklisten auch schneller aufgefunden werden, so dass die *spezifische Nachfrage* (von Migranten und auch anderen Nutzern) *nach alternativen politischen Informationen und Kommunikationskreisen besser befriedigt* werden kann (bessere Verbindung von Angebot und Nachfrage). Dies bedeutet, dass Migranten jetzt leichter, die sie interessierenden politischen Themen und Partizipationsangebote (bzw. die entsprechenden politischen Öffentlichkeiten) im Internet auffinden können und sich damit auch die Wahrscheinlichkeit der politischen Partizipation erhöht. Denn nur wenn Menschen das Thema interessiert und sie auch das Gefühl haben, dass ihre Stimme gehört wird bzw. zählt, werden sie sich an politischen Auseinandersetzungen beteiligen. Damit erweitert das Internet stärker als die traditionellen Print- und audiovisuellen Medien die Möglichkeit von Migranten zur politischen Partizipation im Aufnahmeland (und auch im Herkunftsland). Gleichzeitig können auch Politiker, staatliche Institutionen oder andere Mitglieder der Aufnahmegesellschaft das Internet dazu nutzen, verstärkt auf minderheitenspezifischen Themen einzugehen und sie so mehr in den politischen Prozess mit einzubeziehen.

Insgesamt können diese drei Wirkmechanismen auch zu einer neuen politischen Kultur von Migranten führen. Durch die Thematisierung von politischen Interessen von Migranten, durch die Schaffung von Teilöffentlichkeiten zum Austausch über politische Themen, durch den Austausch mit anderen Öffentlichkeiten und auch durch die Initiierung von Partizipationsangeboten werden Online-

Strukturen geschaffen, die das offline vorhandene Defizit der politischen Integration ausgleichen können (vgl. D´Amato 2001).

Im Folgenden soll diskutiert werden, inwieweit empirische Befunde der bisherigen Onlineforschung diese theoretischen Annahmen bestätigen und wie sie in den Kontext bisheriger Forschungen zum politischen Potential des Internet für Migranten einzuordnen sind. Entsprechend des Long Tail-Modells der Politik soll es darum gehen, 1) inwieweit das Internet tatsächlich zu einer Differenzierung des politischen Angebots für Migranten geführt hat, 2) inwieweit im Internet tatsächlich ein größeres Publikum erreicht werden kann und 3) inwieweit sich hierdurch tatsächlich die politische Partizipation von Migranten erhöht. Dabei nehmen wir Bezug auf unsere eigenen Daten (vgl. Kissau/Hunger 2009) sowie auf weitere Beobachtungen und empirische Ergebnisse aus diesem Forschungsfeld.

5   Empirische Befunde

5.1 Differenzierung des politischen Angebots durch das Internet

Studien zu diesem Thema, wie auch unsere eigene (vgl. Kissau/Hunger 2009), haben deutlich gemacht, dass im Internet tatsächlich neue politische Informations- und Interaktionsangebote von und für Migranten entstanden sind, welche die Angebotsvielfalt deutlich erhöht haben (vgl. Kanat 2005, Laguerre 2005). Zahlreiche Anbieter, darunter auch Migranten in Deutschland, haben die neuen technischen Möglichkeiten genutzt, um politische Plattformen zu erstellen. Diese Webangebote dienen Migranten vor allem dazu, alternative Informationen über das Herkunfts- und Aufnahmeland bereitzustellen, die in den klassischen Massenmedien nicht zu beziehen sind (vgl. Androutsopoulos 2005, Kissau/Hunger 2009). Sie ergänzen damit die Nachrichtenangebote der den Migranten zugänglichen Massenmedien und gleichen Defizite aus (vgl. Goel 2007), so dass man auch von einer Komplementärfunktion des Internet sprechen kann (vgl. Herrmann 2001: 106).

Dies wird etwa an den Medienangeboten von und für Türken in Deutschland deutlich. So ist festzustellen, dass in Deutschland eine Vielzahl von Medien aus der Türkei konsumiert wird, die vor allem das Herkunftsland thematisieren und oftmals auch in der Türkei herausgegeben oder produziert werden (vgl. Halm 2006). Nur auf einzelnen Seiten oder Sonderbeilagen werden auch deutsche Themen aufgegriffen, doch diese Schwerpunktsetzung entspricht heute nicht mehr den Interessen der Mehrheit türkischstämmiger Migranten in

Deutschland. Dies lässt sich eher an den politischen Internetnetangebote von und für Türken in Deutschland ablesen (vgl. Kissau/Hunger 2009). Diese Onlineangebote sprechen Interessen und Bedürfnisse an, die von Massenmedien offline eher vernachlässigt werden, sich z.B. mehr auf Deutschland beziehen oder ein deutsch-türkisches Selbstverständnis ansprechen. Dies kann als eine Ursache für die sinkenden Auflagen türkischsprachiger Printmedien angesehen werden (vgl. Focus 2008).

Motive zur Entstehung der neuen Angebote im Internet liegen daher in der Thematisierung von Lebenswelten von Migranten in Deutschland sowie der direkten Ansprache von Migranten, was entweder in den klassischen Medien zu wenig stattfindet (wie im Fall der Ethno-Presse aus dem Ausland) oder die (wie im Fall der deutschen Presse) als verzerrend, einseitig oder gar *falsch* von Migranten wahrgenommen wird (vgl. Kissau/Hunger 2009). Außerdem wird von Migranten die deutche Offline-Öffentlichkeit als nicht offen genug empfunden, so dass sich mehr und mehr separate Sphären im Netz entwickelt haben, in denen Migranten selbst die dominierende Mehrheit darstellen (vgl. ebd.). Hier offenbart sich eine mögliche Korrekturfunktion von Onlineangeboten gegenüber offline vorherrschenden Ansichten und Meinungen: Kulturelle Charakteristika, die offline oftmals negativ dargestellt werden, sind in den alternativen Online-Öffentlichkeiten positiv besetzt und werden nicht selten „in der Community [als] das verbindende Element" gesehen (vgl. Şenay 2003: 129).

5.2 Erreichung eines Publikums im Internet

Die politischen Online-Welten von Migranten in Deutschland zeigen auch, dass die neuen politischen Internetangebote ein nicht unbedeutendes Publikum finden, denn viele Webseiten von und für Migranten weisen wachsende Nutzerzahlen auf (vgl. Kissau/Hunger 2009). Vergleicht man etwa die Zugriffsstatistik politischer Webseiten von Migranten mit den Verkaufszahlen traditioneller „Ethnomedien", wird deutlich, welche Reichweite das Internet inzwischen besitzt und was für eine Konkurrenz es dadurch für die klassische Presse darstellt. Nach Angaben von Europress werden in Deutschland pro Tag durchschnittlich 76.647 Exemplare der deutschen Ausgabe der türkischen Zeitung Zaman, 62.890 Exemplare der russischen Posta und 51.887 Exemplare der türkischen Hürriyet verkauft (vgl. Europress 2008). Die deutsch-türkische Webseite Politikcity.de hat demgegenüber nach eigenen Angaben im Durchschnitt über 1.000.000 und das russischsprachige Portal RC-mir 500.000 Pageviews pro Tag. Gleichzeitig gehen die Auflagen von Zeitungen und Zeitschriften in den letzten zehn Jahren auf der ganzen Welt drastisch zurück (vgl. IVW 2007) und auch der Markt fremdsprachiger Medien in Deutschland durchläuft eine ähnliche Entwicklung. Eine Abwanderung insbesondere der jungen Leser, Hörer und Zuschauer ins Internet ist deutlich spürbar. Dort werden vor allem Onlinezeitungen, Nachrichtenportale sowie Foren von Migranten zur politischen Information genutzt (vgl. Kissau/ Hunger 2009).

Dies zeigt, dass aufgrund der Vielzahl der Online-Angebote und deren jeweilige Nutzungshäufigkeit, den klassischen fremdsprachigen Massenmedien in Deutschland eine nicht zu vernachlässigende Konkurrenz um die Aufmerksamkeit der Rezipienten im Internet heranwächst. Gleichzeitig bedeutet dies auch einen Bedeutungsverlust der ethnischen Massenmedien, die nicht wie zuvor die politischen Themen innerhalb ethnischer oder migrantischer Öffentlichkeiten bestimmen (Agendasetting) und darin die Meinungen mitprägen. Dabei ist zu beobachten, dass das Publikum zunehmend international ist. Eine besondere Rolle spielt für Migranten auch die Möglichkeit Internetangebote aus dem Herkunftsland zu nutzen und mit Nutzern aus der alten Heimat zu interagieren.

5.3 Politische Partizipation

Die zusätzlichen politischen Angebote von und für Migranten können auch die politische Partizipation von Migranten erhöhen (vgl. Kissau/Hunger 2009). Dabei üben gerade Aufrufe zur Teilnahme an politischen offline Ereignissen (Proteste, Bürgerinitiativen etc.) einen besonderen Reiz aus, während politische Online-Partizipationsangebote, wie Unterschriftensammlungen oder Online-Abstimmungen, und originäre E-Partizipationsformen (virtuelle Veranstaltung, Netstrikes etc.) (noch) wenig Anwendung finden (vgl. In der Smitten 2007), was zum Teil an dem geringeren Angebot solcher Aktivitäten liegt. Viele Nutzer mit Migrationshintergrund glauben, dass sie im Internet mehr Möglichkeiten haben, politisch etwas zu bewegen und gehört zu werden (vgl. Kissau/Hunger 2009). Dies zeigt, dass interessierende Themen und das Gefühl, dass die eigene Stimme zählt, sich positiv auf die politische Partizipation von Migranten insgesamt auswirken.

Dies könnte langfristig tatsächlich zu einer Veränderung der politischen Partizipationsform von Migranten führen. Vergleicht man die Mitgliederzahlen traditioneller Vereine mit den registrierten Nutzerzahlen von Community-Webseiten, stellt man auch hier fest, dass die Zahlen der Mitglieder von Online-Communities bereits die durchschnittliche Mitgliederzahl von Vereinen übersteigen. Die deutsch-türkische Webseite Politikcity.de beispielsweise verzeichnet über 4.000 und die türkischsprachige Webseite Tgym.de knapp 1.000 registrierte Nutzer, während die durchschnittliche Mitgliederzahl der von der Türkischen

Gemeinde Deutschland (TGD) vertretenen Vereine etwa 500 Personen beträgt (vgl. Vitzthum 2008). Es ist jedoch (noch) keine Entwicklung dahingehend zu beobachten, dass die Onlinepräsenz der klassischen Vereine die Vereinsaktivitäten nachhaltig verändert oder gar dominiert und das offline existierende Vereinsleben letztendlich ersetzt (vgl. Schlicht 2007). Eine wachsende Gruppe von Migranten bevorzugt aber schon heute den virtuellen Raum für flexiblere, vielleicht auch flüchtige, neue Gefüge von politischen Gemeinschaften ohne die starre Rollenverteilung und Bürokratie traditioneller Vereine. Eine spannende Frage wird daher in Zukunft sein, ob sich eine neue Konkurrenz von politischen Gemeinschaften von Migranten im Internet entwickelt, wie dies etwa Parker und Song für Großbritannien erwarten. Ihrer Meinung nach sind die Webseiten „more than new media outlets. By drawing together dispersed users, facilitating social gatherings and encouraging political action, they could become the distinctive social institutions" (2006: 589).

Insgesamt deuten diese Ergebnisse darauf hin, dass das Internet dabei ist, Migranten tatsächlich eine neue Kultur der politischen Partizipation zu ermöglichen (vgl. Kaye/Johnson 2002). Durch die Thematisierung ihrer politischen Interessen, die Schaffung von Öffentlichkeiten zum Austausch über politische Themen sowie die Vernetzung mit anderen Öffentlichkeiten und auch die Initiierung von Partizipationsangeboten werden online Strukturen geschaffen, die dazu beitragen, dass offline vorhandene demokratische Defizit auszugleichen (vgl. Siapera 2005). Dabei stellt sich die Frage, ob diese Ausdifferenzierung des politischen Angebots sowie der individualisierten Nutzung und der Schaffung von neuen Öffentlichkeiten zu einer Fragmentierung der Gesellschaft oder zu einer stärkeren Integration politischer Interessen und Gruppen führt (vgl. Holtz-Bacha 1998). Doch zeigen zumindest die Ergebnisse unserer Untersuchung, dass diese neuen Teil-Öffentlichkeiten nicht abgeschottet und von anderen Öffentlichkeiten isoliert sind. Viel mehr weisen sie unterschiedliche und vielfältige Kontakte zu anderen Online- und Offline-Öffentlichkeiten auf, etwa auch durch die gleichzeitige Teilnahme an verschiedenen Öffentlichkeiten durch einzelne Nutzer (vgl. Kissau/Hunger 2009). Die dem Internet immanente Netzstruktur fördert generell die gesellschaftliche Einbindung, den gegenseitigen Austausch und somit die Vernetzung der Nutzer. Diese Aktivitäten im Long Tail der Politik tragen unseres Erachtens also eher zu einer stärkeren (politischen) Integration von Migranten bei (vgl. hierzu auch Kissau 2008: 91).

Literatur

Anderson, Chris (2006): The Long Tail: Why the Future of Business Is Selling Less of More. New York: Hyperion.

Androutsopoulos, Jannis (2005): Virtuelle Öffentlichkeiten von Migranten. In: Gesellschaft, Institut für Kulturpolitik der Kulturpolitischen (2005): 299-308.

Atilgan, Canan (2002): Türkische politische Organisationen in der Bundesrepublik Deutschland. Materialien für die Arbeit vor Ort 9. St. Augustin: Konrad-Adenauer-Stiftung.

Becker, Jörg/Behnisch, Reinhard (Hrsg.) (2003): Zwischen kultureller Zersplitterung und virtueller Identität – Türkische Medienkultur in Deutschland III. Evangelische Akademie Loccum.

Bernal, Victoria (2006): Diaspora, Cyberspace and Political Imagination: the Eritrean Diaspora Online. In: Global Networks 6.2. 161-179.

Broden, Anne/Mecheril, Paul (2007) (Hrsg.): Re-Präsentationen: Dynamiken der Migrationsgesellschaft. URL: http://bieson.ub.uni-bielefeld.de/frontdoor.php?-sourceopus= 1105 [15.11.2008].

Brouwer, Lenie (2006): Dutch Moroccan Websites: A Transnational Imagery? In: Journal of Ethnic and Migration Studies. 32.7. 1153-1168.

Busch, Brigitta et al. (Hrsg.) (2001): Bewegte Identitäten: Medien in transkulturellen Kontexten. Klagenfurt: Drava.

Croteau, David (2006): Critical Forum. The Growth of Self-Produced Media Content and the Challenge to Media Studies. In: Critical Studies in Media Communication. 23.4. 340-344.

D'Amato, Gianni (2001): Vom Ausländer zum Bürger. Der Streit um die politische Integration von Einwanderern in Deutschland, Frankreich und der Schweiz. Münster: Lit-Verlag.

Downs, Anthony (1957): An Economic Theory of Democracy. New York: Addison Wesley.

Europress (2008): Charakteristika der türkischen Zeitungen. URL: http://www.europress.de/ europress.php/cat/43/title/Tuerkische_Zeitungen [23.04.2008].

Focus (2008): Türkische Medien. Der Döner fürs Hirn? URL: http://www.focus.de/kultur/ medien/tuerkische-medien-der-doener-fuers-hirn_aid_261773.html [23.03.2009].

Garcia, Issac (2008): Barack Obama and the Long Tail of Politics. URL: http://www. techpresident.com/blog/entry/21792/barack_obama_and_the_long_tail_of_politics [15.07. 2008].

Gesellschaft, Institut für Kulturpolitik der Kulturpolitischen (Hrsg.) (2005): Jahrbuch für Kulturpolitik 2005. Essen: Klartext.

Geser, Hans (1998): Auf dem Weg zur Neuerfindung der politischen Öffentlichkeit. Das Internet als Plattform der Medienentwicklung und des sozio-politischen Wandels. URL: http://www.socio.ch/intcom/t_hgeser06.htm [25.11.2008].

Geissler, Rainer/Pöttker, Horst (Hrsg.) (2006): Integration durch Massenmedien: Medien und Migration im internationalen Vergleich. Bielefeld. Transcript Verlag.

Goel, Urmila (2007): (Frei)Räume der zweiten Generation – Wege und Formen von Repräsentation. In: Broden/Mecheril (2007): 203-227.

Habermas, Jürgen (1962): Strukturwandel der Öffentlichkeit. Neuwied: Luchterhand.

Hafez, Kai (2000): Zwischen Parallelgesellschaft, strategischer Ethnisierung und Transkultur. Die türkische Medienkultur in Deutschland. In: Blätter für deutsche und internationale Politik. 25.6. 728-736.

Hagen, Lutz (1998): Nutzung von Online-Medien zur politischen Information. In: Hagen (1998): 7-19.

Hagen, Lutz (Hrsg.) (1998): Online-Medien als Quellen politischer Information. Opladen: Westdeutscher Verlag.

Halm, Dirk (2006): Die Medien der türkischen Bevölkerung in Deutschland. Berichterstattung, Nutzung und Funktion. In: Geissler/Pöttker (2006): 77-92.

Henschel, Tina/Schröder, Florian/Wiggerink, Guido (2009): In diesem Band.

Herrmann, Joachim (2001): Das Internet als Medium der Aktiven Bürgerschaft. In: Meier-Walser/Harth (2001): 106-113.

Holtz-Bacha, Christina (1998): Fragmentierung der Gesellschaft durch das Internet? In: von Korff (1998): 219-226.

In der Smitten, Susanne (2007): Online-Vergemeinschaftung. Potentiale politischen Handelns im Internet. München: Verlag Reinhard Fischer.

IVW (2007): StudiVZ ist die meistgenutzte Seite. URL: http://www.online-marketing-news.de/category/internet [13.11.2007].

Janßen, Andrea/Polat, Ayca (2006): Soziale Netzwerke türkischer Migrantinnen und Migranten. In: Aus Politik und Zeitgeschichte B1-2. 11-17.

Joppke, Christian/Morawska, Ewa (Hrsg.) (2003): Toward Assimilation and Citzenship. Immigrants in Liberal Nation-States. Houndmills: Basingstoke.

Kamps, Klaus (2007): Politisches Kommunikationsmanagement. Grundlagen und Professionalisierung moderner Politikvermittlung. Wiesbaden: VS Verlag.

Kanat, Kilic (2005): Ethnic Media and Politics. The Case of the Use of the Internet by Ugyhur Diaspora. URL: http://www.firstmonday.org/issues/issue10_7/kanat/ [20.11.2007].

Kaye, Barbara/Johnson, Thomas (2002): Online and in the Know: Uses and Gratifications of the Web for Political Information. In: Journal of Broadcasting & Electronic Media. 46.1. 54-71.

Kissau, Kathrin (2008): Das Integrationspotential des Internet für Migranten. Wiesbaden: VS Verlag.

Kissau, Kathrin/Hunger, Uwe (2009): Politische Sphären von Migranten im Internet. Neue Chancen im Long Tail der Politik. Baden-Baden: Nomos.

Kleinz, Thorsten (2008): Tibet. Zensierte Hoffnung. In: Die Zeit vom 01.04.2008. URL: http://www.zeit.de/online/2008/12/tibet-zensur-internet [12.06.2008].

Kramp, Leif/Weichert, Stefan (2008): Von Kanzlermachern und Politikberatern. Oder wer die politische Agenda bestimmt. URL: http://www.medienheft.ch/politik/bibliothek/p08_KrampWeichert.html [03.09.2008].

Laguerre, Michel (2005): Homeland Political Crisis, the Virtual Diasporic Public Sphere, and Diasporic Politics. In: Journal of Latin American Anthropology. 10.1. 206-225.

Matei, Sorin/Ball-Rokeach, Sandra (2002): Belonging in Geographic, Ethnic and Internet Spaces. In: Wellman/Haythornthwaite (2002): 404-427.

Meier-Walser, Reinhardt/Harth, Thilo (Hrsg.) (2001): Politikwelt Internet. Neue demokratische Beteiligungschancen mit dem Internet? Augsburg: Olzog.

Neuberger, Christoph (2003): Google, Blogs & Newsbots. Mediatoren der Internetöffentlichkeit. URL: http://www.bpb.de/veranstaltungen/KRXAAV,0,Google_Blogs_News bots.html [30.01.2008].

Parker, David/Song, Miri (2006): New Ethnicities Online. Reflexive Racialisation and the Internet. In: The Sociological Review. 54.2. 575-594.

Plake, Klaus/Jansen, Daniel/Schuhmacher, Birgit (2001): Öffentlichkeit und Gegenöffentlichkeit im Internet. Politische Potenziale in der Medienentwicklung. Wiesbaden: VS Verlag.

Schlicht, Daniela (2007) Zwischen religiöser Unterweisung und modernem Marketing: Die Websites der türkischen Migrantenselbstorganisationen DITIB und MILLI GÖRÜŞ im Vergleich. PPI Working Paper 2. Universität Münster. URL: http://ppi.uni-muenster.de/Materialien/workingpaper_2.pdf [20.03.2008].

Şenay, Ufuk (2003): Virtuelle Welten für Migranten im World Wide Web. In: Becker/Behnisch (2003): 125-134.

Siapera, Eugenia (2005): Minority Activism on the Web: Between Deliberative Democracy and Multiculturalism. In: Journal of Ethnic and Migration Studies. 31.3. 499-519.

van den Boom, Dirk (1999): Politik diesseits der Macht? Zu Einfluß, Funktion und Stellung von Kleinparteien im politischen System der Bundesrepublik Deutschland. Opladen: Leske + Budrich.

van den Bos, Matthijs (2006): Hyperlinked Dutch-Iranian Cyberspace. In: International Sociology. 21.1. 83-99.

von Korff, Fritz (Hrsg.) (1998): Demokratie im Internet. Baden-Baden: Nomos.

Vertovec, Steven (2005): The Political Importance of Diasporas. URL: http://www.migrationinformation.org/Feature/display.cfm?ID=313 [08.02.2008].

Vitzthum, Thomas (2008): Türkische Gemeinde: „Roland Koch gefährdet nationale Interessen". URL: http://www.welt.de/politik/article1564117/Roland_Koch_gefaehrdet_nationale_Interessen.html [13.04.2008].

Wellman, Barry/Haythornthwaite, Caroline (Hrsg.) (2002): The Internet in Everyday Life. Oxford: Wiley-Blackwell.

Welz, Hans-Georg (2002): Politische Öffentlichkeit und Kommunikation im Internet. In: Aus Politik und Zeitgeschichte. B39-40.

Zurawski, Nils (2003): Internet und virtuelle Ethnizität: Macht, Repräsentation und transnationale Identität. In: Becker/Behnisch (2003): 101-114.

Digitale Medien, Migration und Diaspora: Deterritoriale Vergemeinschaftung jenseits nationaler Integration

Andreas Hepp

1 Einleitung: Ethnische Migrationsgemeinschaften in der ‚Netzwerkgesellschaft'

Betrachtet man die bisherige kommunikations- und medienwissenschaftliche Forschung zu Medien und Migration, so befasst sich diese im Kern mit der Frage, welchen Beitrag Medien als Organisationen, Inhaltsangebote bzw. Nutzungsressourcen für die gesellschaftliche Integration von ‚ethnischen Minderheiten' in Nationalkulturen bzw. Nationalstaaten leisten können. In diesem Artikel möchte ich die These vertreten, dass eine solche Perspektive allein nicht hinreichend ist, wenn man die Aneignung von digitalen Medien in ethnischen Migrationsgemeinschaften fassen möchte. Mit ‚digitalen Medien' bezeichne ich dabei alle Formen einer im erweiterten Sinne zu verstehenden computervermittelten Netzkommunikation, wozu neben WWW, E-Mail, Social Software/Web 2.0 und anderen Kommunikationsformen des Internets auch das Mobiltelefon zählt. Trotz ihrer Unterschiedlichkeit teilen diese die Charaktereigenschaft, dass sie einer wie auch immer gearteten kommunikativen Konnektivität bzw. Vernetzung dienen und dabei besondere Potenziale für Migrationsgemeinschaften bieten. Letztere sind als verschiedene nationale Territorien übergreifende, ethnische Vergemeinschaftsnetzwerke – kurz: als Diasporas – zu verstehen, die in ihrem ‚dispersen Charakter' bestimmter Medien geradezu bedürfen.

Wie ich an anderer Stelle argumentiert habe (vgl. Hepp 2008), macht es für eine Auseinandersetzung mit der Aneignung von digitalen Medien in Diaspora-Gemeinschaften Sinn, Überlegungen von Manuel Castells zur Kommunikation in der Netzwerkgesellschaft aufzugreifen. Über diese wird die Spezifik des Forschungsfelds digitale Medien und Migration deutlich und damit auch die Notwendigkeit, bestehende Ansätze und Paradigmen zu überdenken bzw. weiterzuentwickeln.

Im Kern hebt das Konzept der Netzwerkgesellschaft von Manuel Castells darauf ab, dass sich egozentrierte – also personenbezogene – Netzwerke zunehmend als das zentrale soziokulturelle Organisationsprinzip von Kultur und Gesellschaft etablieren. Zwar ist das Netzwerk im Sinne einer auf eine spezifische Weise strukturierten Beziehung zwischen zwei oder mehreren Personen eine historisch sehr alte Form der Organisation sozialer Beziehungen. Die gesellschaftliche Reichweite dieses Organisationsprinzips war aber durch die Notwendigkeit von physischer Kopräsenz für (kommunikative) Vernetzung bzw. eine eingeschränkte kommunikative Erreichbarkeit unterschiedlicher Personen eines Netzwerks mittels traditioneller Medien deutlich begrenzt. Mit den digitalen Medien konnten diese „historischen Beschränkungen" (vgl. Castells 2006: 4) aufgehoben werden.

Sicherlich ist das Konzept der Netzwerkgesellschaft, wie es Manuel Castells entwickelt, in verschiedener Hinsicht problematisch, beispielsweise wenn er dazu tendiert, ‚Netzwerk' in dem Sinne zu essentialisieren, dass er dieses nicht als eine Analysekategorie betrachtet, sondern als ein Phänomen der Objektebene. Gleichwohl machen uns diese Überlegungen auf wichtige Punkte aufmerksam, die wir im Blick haben müssen, wenn wir uns mit der Aneignung von digitalen Medien in ethnischen Migrationsgemeinschaften befassen möchten: Erstens müssen wir uns Gedanken darüber machen, ob wir Integration und Segregation bei digitalen Medien so einfach auf national(kulturell)e Integration und Segregation beziehen können, wenn das Leben durch eine Vielfalt unterschiedlicher, im Fall von Migrantinnen und Migranten gerade auch staatenübergreifender Netzwerke gekennzeichnet ist. Zweitens müssen wir uns Gedanken darüber machen, was die Bezugspunkte unserer Analyse sind, wenn der Nationalstaat als alleiniger Referenzpunkt problematisch wird. Und drittens schließlich sehen wir uns damit konfrontiert, ein sinnvolles methodisches Vorgehen zu entwickeln, um ‚kommunikative Vernetzung' bzw. ‚kommunikative Konnektivität' zu analysieren.

Solche Überlegungen möchte ich in diesem Artikel in drei Argumentationsschritten darlegen. Zuerst geht es darum, die bestehende kommunikations- und medienwissenschaftliche Forschung zu ethnischen Migrationsgemeinschaften im Hinblick auf deren Übertragbarkeit auf digitale Medien zu reflektieren. Dies führt mich zweitens zu einer Kontextualisierung der Forschung zu (digitalen) Medien und Migration in dem Gesamtrahmen einer Auseinandersetzung mit Prozessen deterritorialer Vergemeinschaftung. Auf dieser Basis werden drittens Ansatzpunkte für eine Neukonzeptionalisierung von Forschung in diesem Feld formuliert. Entstanden sind diese Überlegungen im Kontext eines von der Deutschen Forschungsgemeinschaft (DFG) finanzierten Projekts zum Thema „Integrations- und Segregationspotenziale digitaler Medien am Beispiel der kommunikativen Vernetzung von ethnischen Migrationsgemeinschaften" bzw. eines EU-

Projekts zur Aneignung von Informations- und Kommunikationstechnologien durch Migrantinnen und Migranten.[1]

2 Medien und Migration: Von der ethnischen Minderheit zur Diaspora

Betrachtet man die kommunikations- und medienwissenschaftliche Diskussion um Medien und ethnische Migrationsgemeinschaften, so ist diese – wie einleitend bereits formuliert – klar durch Fragen der nationalen Integration geprägt. Im Fokus der Auseinandersetzung steht die Beschäftigung damit, welchen Beitrag (Massen-)Medien für die Integration von Migranten in Nationalgesellschaften bzw. Nationalkulturen leisten können. In dieser Diskussion lassen sich zwei Pole ausmachen (vgl. überblickend Geißler/Pöttker 2006b, Bonfadelli 2007): Der erste Pol ist der des Beitrags von (Massen-)Medien für eine umfassende kulturelle Integration im Sinne einer „Assimilation" (Esser 2000). Der zweite Pol ist der des Postulats, dass insbesondere „Ethno-Medien" (Weber-Menges 2006) eine fortschreitende Segregation von Gesellschaft voran treiben.[2]

Eine Beschäftigung mit der Frage, welche Medien die Angehörigen von ethnischen Minderheiten wie nutzen, liegt insofern bei einer Auseinandersetzung mit dem nationalen Integrationspotenzial von (Massen-)Medien nahe, als sich erst durch eine Betrachtung der Mediennutzung von ethnischen Minderheitenangehörigen klären lässt, ob sich diese in einem ‚Medien-Getto' befinden oder aber in den Kommunikationsraum der ‚Mehrheitsmedien' integriert sind.

Den Ausgangspunkt bildeten hier anfangs Studien zur Nutzung von speziellen Minderheitenangeboten des öffentlich-rechtlichen Hörfunks und Fernsehens.[3] 1996 wurde dann vom Zentrum für Türkeistudien im Auftrag des Presse- und Informationsdienstes der Bundesrepublik eine Telefonbefragung zur Mediennutzung von türkischen Migranten durchgeführt, die deswegen auch in der öffentlichen Diskussion thematisiert wurde, weil sie die These einer einfachen Gettoisierung widerlegt und vielmehr die Tendenz zu einer Nutzung sowohl deutscher als auch türkischer Medienangebote aufzeigen konnte (vgl. Güntürk 1999, Güntürk 2000). Diese Ergebnisse wurden nochmals bestätigt durch eine Studie von Hans-Jürgen Weiß und Joachim Trebbe (vgl. Weiß/Trebbe 2001,

---

1   Nähere Informationen zu diesen am IMKI, Universität Bremen, realisierten Projekten finden sich auf der Website http://www.imki.uni-bremen.de/, Bereich Forschung.

2   Vgl. zur Dokumentation des gegenwärtigen deutschsprachigen Forschungstands vor allem die Beiträge in Bonfadelli/Moser 2007, Butterwegge/Hentges 2006, Geißler/Pöttker 2006a, Geißler/Pöttker 2005, Schatz et al. 2000.

3   Vgl. zusammenfassend Eckhardt 2000.

Trebbe 2007), die ebenfalls im Auftrag des Presse- und Informationsdienstes der Bundesrepublik realisiert wurde sowie jüngst von der Studie „Migranten und Medien 2007" der ARD/ZDF-Medienkommission (vgl. Simon 2007). Mit russischen Aussiedlern und deren Mediennutzung befasst sich ein von Barbara Pfetsch (1999) realisiertes Forschungsprojekt. Die Untersuchung weist wiederum darauf hin, dass die komplexe Identitätsartikulation der (russischen) Aussiedler mit ihrer formalen staatsbürgerlichen Gleichstellung im Spannungsfeld der Nutzung deutscher, russischer und Minderheiten-Medien erfolgt. In einen solchen Fokus fügen sich auch weitere Studien bzw. Forschungsüberblicke ein,[4] wobei die verschiedenen Arbeiten mit ähnlichen Interpretationsrahmen der Ergebnisse arbeiten: Während es bei einer Nutzung von ‚Heimat-Medien' eher um eine Orientierung über die Geschehnisse in der ‚Herkunfts-Kultur' geht und bei einer Nutzung ‚deutscher Medien' eher um eine Orientierung über die Geschehnisse in der ‚Gast-Kultur', so hat die Nutzung von ‚Minderheiten-Medien' einen vermittelnden Charakter (vgl. auch Müller 2005: 381f.). Wiederum fällt allerdings auf, in welchem Maße Fragen der national(kulturell)en Integration nach wie vor im Fokus der deutschsprachigen kommunikations- und medienwissenschaftlichen Auseinandersetzung stehen.

In Abgrenzung dazu hat in der internationalen Diskussion – und hier werden Forschungen zur Globalisierung der Medienkommunikation und transkulturellen Kommunikation breit aufgegriffen – ein anderer Blickwinkel der Betrachtung von Medien und Migration an Relevanz gewonnen. Bei diesem geht es um die Stabilisierung von Vergemeinschaftungen der Diaspora durch eine Intensivierung von internen Kommunikationsprozessen. Gerade in Bezug auf Medien ist mit dem Konzept der Diaspora eine im Vergleich zur deutschen Forschung grundlegend andere Orientierung bzw. Umorientierung verbunden (vgl. überblickend Dayan 1999, Georgiou 2006: 39-56): Es geht nicht (unproblematisiert) um die Frage, welchen Beitrag Medien zur nationalen Integration von Minderheiten in die jeweilige Gast-Gesellschaft leisten bzw. leisten können, sondern viel offener um die Frage, welche Rolle Medien bei der Artikulation von verschiedenen (transnational bestehenden) Diasporas spielen. Dabei ist auch die Frage nicht unumstritten, inwieweit Diasporas als Vergemeinschaftung zu fassen sind bzw. wird darauf hingewiesen, dass auch bei einer Theoretisierung von Diasporas als vorgestellter Gemeinschaft deren Diversität und Fragmentiertheit zu berücksichtigen ist. Insgesamt wird damit eine ‚klassische' Forderung von Philip Schlesinger (1987) zur kommunikations- und medienwissenschaftlichen Identitätsforschung in Bezug auf ethnische Migrationsgemeinschaften umgesetzt, nämlich

---

4   Vgl. Becker/Calagan 2002, Caglar 2002, Dresbach 2002, Goldberg/Sauer 2003, Hafez 2002, Piga 2007, Schneider/Arnold 2004, Schulte 2002, Sen 2001, Venema/Grimm 2002.

nicht nach der Wirkung von Medien auf Identität zu fragen, sondern die Rolle von Medien bei der Identitätsartikulation zu untersuchen.

In dieser Tradition wurden verschiedene, international einflussreiche Studien realisiert. Diese betreffen eine Auseinandersetzung mit traditionellen Massenmedien wie Film und Fernsehen für die Konstitution und Aufrechterhaltung von Gemeinschaften der Diaspora,[5] aber auch die Relevanz des Internets für die Diaspora-Bildung.[6] Mittlerweile findet das Konzept der Diaspora daneben Eingang in weitere Arbeiten zur Aneignung weiterer digitaler Medien wie bspw. des Mobiltelefons (vgl. Düvel 2006, Hepp 2007, Paragas 2005). Die Frage, die damit im Raum steht, ist die nach diesem begrifflichen Gesamtrahmen, in dem wir eine Forschung zu digitalen Medien und Diaspora einordnen können.

3 Deterritoriale Vergemeinschaftung: Kommunikative Vernetzung jenseits territorialer Kommunikationsräume

Die bisherigen Argumente heben im Kern letztlich darauf ab, Diasporas als eine Form von Vergemeinschaftung zu begreifen, die u.a. durch deren deterritorialen – d. h. verschiedene Territorien übergreifenden – Charakter geprägt ist. Es liegt meines Erachtens nahe, dass mit fortschreitender Globalisierung im Allgemeinen und Globalisierung der Medienkommunikation im Speziellen ein Relevanzgewinn deterritorialer Vergemeinschaftungsformen eingesetzt hat (vgl. Hepp 2006). Translokale Vergemeinschaftungen fügen sich damit gerade zunehmend nicht mehr ausschließlich in territoriale Bezüglichkeiten (Nation, Nationenbund, Region etc.), sondern in deterritoriale Zusammenhänge, die neben diese getreten sind.

---

5   Vgl. beispielsweise Aksoy/Robins 2000, Cunningham/Nguyen 2001, Georgiou 2004, Georgiou 2006, Gillespie 2000, Gillespie 2002, Gungwu/Wah 1996, Karim 2003, Kosnick 2008, Mirzoeff 1999, Naficy 2001, Robins/Aksoy 2001, Silverstone/Georgiou 2005.

6   Vgl. dazu Anderson 1995, Ang 2001, Arnold/Plymire 2004, Ghasarian 1996, Gunkel/Gunkel 1997, Ignacio 2005, Leung 2005, Miller/Slater 2000, Ribeiro 1995, Sreberny 2000.

Abbildung: Territoriale und detrritoriale Vergemeinschaftungen

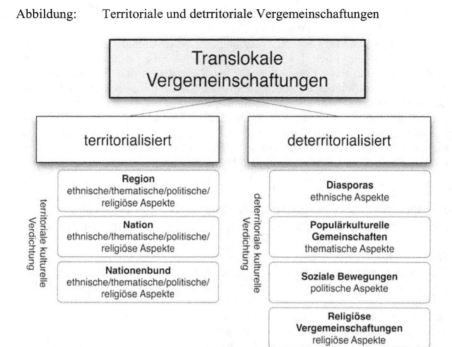

Quelle: Eigene Darstellung.

Entsprechend sind unter deterritorialen Vergemeinschaftungen diejenigen Vergemeinschaftungsformen zu verstehen, die sich als Netzwerk subjektiv gefühlter Zusammengehörigkeit über verschiedene Territorien hinweg erstrecken. Beispiele für solche deterritorialen Vergemeinschaftungen sind neben Jugend-, Freizeit- und Populärkulturen, sozialen Bewegungen oder religiösen Vergemeinschaftungen insbesondere die ethnischen Vergemeinschaftungen der Diaspora. So unterschiedlich diese Formen deterritorialer Vergemeinschaftung auch im Einzelfall sind, analytisch teilen sie folgende drei Aspekte:

1.   *Netzwerke lokaler Gruppen:* Diese deterritorialen Vergemeinschaftungen artikulieren sich zuerst einmal in lokalen Gruppen, die durch eine entsprechende Face-to-Face-Kommunikation gekennzeichnet und im Bereich des Lokalen verwurzelt sind. Diese verschiedenen Gruppen fügen sich zu einem übergreifenden translokalen Netzwerk.

2. *Translokaler Sinnhorizont:* Innerhalb dieses Netzwerkes deterritorialer Vergemeinschaftungen besteht ein translokaler Sinnhorizont, d. h. eine gemeinsame Sinnorientierung, die diese Vergemeinschaftungen als solche begründet. Der translokale Sinnhorizont wird u.a. durch Prozesse medienvermittelter Kommunikation aufrechterhalten, seien dies Medien der personalen Kommunikation (bspw. Chats innerhalb des Netzwerks) oder der Massenkommunikation (bspw. Fanzines der deterritorialen Vergemeinschaftung).

3. *Deterritoriale Erstreckung:* Wie der Begriff „deterritoriale Vergemeinschaftung" schon sagt, erstreckt sich deren translokales Netzwerk nicht einfach über ein spezifisches Territorium. Dies heißt nicht, dass innerhalb von deterritorialen Vergemeinschaftungen keine Nationalisierungen: Es lassen sich in deren Netzwerken durchaus nationale und regionale Verdichtungen ausmachen. Jedoch gehen deterritoriale Vergemeinschaftungen nicht in solchen territorialen Verdichtungen auf, wie auch ihr Sinnhorizont deterritorial besteht.

Sicherlich sind Diaspora-Gemeinschaften historisch gesehen ein „altes" Phänomen deterritorialer Vergemeinschaftung, wofür die jüdische Diaspora ein prominentes Beispiel ist. Bereits für diese zeigt sich aber, welchen Stellenwert „Medien" (in diesem Falle religiöse Texte) für deren Aufrechterhaltung haben. Die zunehmende Globalisierung der Medienkommunikation hat über solche religiöse Traditionen hinaus in Zeiten fortschreitender (Arbeits-)Migration vielfältige Artikulationen von Diaspora-Gemeinschaften gefördert (siehe auch Anderson 2007): Ohne die Möglichkeit, dass verschiedenste mediale Repräsentationen insbesondere durch Satellitenfernsehen und Internet über die territorialen Grenzen von Nationalstaaten hinaus zugänglich sind, wäre die Aufrechterhaltung der gegenwärtigen Vielfalt von Gemeinschaften der Diaspora und ihrer Identitäten kaum denkbar. James Clifford hat auf „zerstreute Völker" aufmerksam gemacht, die früher von ihrem Heimatland durch Ozeane und politische Barrieren getrennt waren und sich zunehmend durch moderne Transport- und Kommunikationstechnologien quasi in einer Grenzbeziehung zu ihrem ehemaligen Land befinden (vgl. Clifford 1994: 304). Ähnlich betonen auch andere Wissenschaftlerinnen und Wissenschaftler, dass diasporische Identifikationen und Konnektivitäten in hohem Maße gestärkt werden durch moderne Kommunikationstechnologien (vgl. beispielsweise Naficy 1993, Dayan 1999, Gillespie 2002: 166, Bromley 2002, Silverstone 2002, Georgiou 2006).

Über die Differenz ihrer vielfältigen Einzelergebnisse hinweg treffen sich solche neueren, am Konzept der Diaspora statt an dem der ethnischen Minderheit ausgerichteten Untersuchungen in dem Punkt, dass sie mit fortschreitender Globalisierung der Medienkommunikation (und damit der Verfügbarkeit von ‚Heimat-Medien' und/oder ‚Ethno-Medien' in verschiedensten Regionen der Welt) bzw. mit fortschreitender Etablierung der digitalen Medien eine Tendenz einer zunehmenden Stabilisierung solcher ethnischen Gemeinschaften ausmachen. Bemerkenswert in diesem Zusammenhang ist nach wie vor eine Studie von Miller und Slater (2000) zur Aneignung des Internets bei den Trinis sowohl in Trinidad als auch in der Diaspora. Die Studie kann zeigen, dass die Etablierung des Internets eher zu einer Präsentation eines ‚Trini-Nationalismus in der Fremde' führte und damit das zuvor verbreitete Alltagskonzept der verschiedene Nationen umfassenden ‚karibischen Diaspora' ablöste. ‚Integration' und ‚Segregation' werden in dieser Studie – und in dieser Hinsicht kann sie als exemplarisch gelten – also nicht einfach in Bezug auf eine ‚aufnehmende Gesellschaft' diskutiert, sondern in dem wesentlich komplexeren Rahmen der Integration in bzw. Segregation von verschiedenen, sich überlappenden Netzwerkbildungen bzw. Vergemeinschaftungen (der Diaspora, der Nation etc.).

In welchem Maße das Konzept der Diaspora neben einem allgemeinen Relevanzgewinn von ‚Ethno-Medien' auf eine fortschreitende Aneignung digitaler Medien in ethnischen Minderheitengemeinschaften verweist, machen auch bestehende Fallstudien im deutschsprachigen Raum deutlich. Hier wird in Bezug auf ethnische Minderheiten-Angebote im Internet explizit von „digitaler Diaspora" (Grassmuck et al. 2000) gesprochen oder es werden Fragen der „virtuellen Ethnizität" (Zurawski 2000) bzw. des „Cyber-Muslims" (Dette 2003) diskutiert. Dabei verweisen diese analytischen Konzepte darauf, dass mit den digitalen Medien eine Intensivierung von Kommunikationsbeziehungen der ethnischen Vergemeinschaftungen verbunden ist bzw. dass damit neue Räume einer Identitätsartikulation entstehen.

Ähnliches gilt für empirische Analysen zu verschiedenen Ethnoportalen im Internet, in denen aus kommunikations- und medienwissenschaftlicher Perspektive aber auch aus anderen Fachperspektiven die Frage diskutiert wird, welchen Stellenwert diese für die Aufrechterhaltung von spezifischen Migrationsgemeinschaften haben (vgl. u.a. Androutsopoulos 2005, Androutsopoulos 2006, Faßler 2001, Hinkelbein 2004, Hugger 2005, Schulte 2003, Senay 2003). Solche zuerst einmal qualitativen Falluntersuchungen werden jüngst von standardisierten Untersuchungen gestützt, wie die Befragung von Beate Schneider und Anne-Katrin Arnold (2006), die das Integrationspotenzial des Internets durch einen Vergleich von deutsch-türkischen Nutzer/-innen und Nicht-Nutzer/-innen erforschen. Dabei kommen sie zu dem Schluss, dass das Internet „ein Medium für Migranten [ist],

die eine Verbindung zu ihrer kulturellen Heimat suchen und ihre eigene kulturelle Identität stärken wollen" (Schneider/Arnold 2006: 113).[7]
Auch hier wird nochmals deutlich, dass digitale Medien wie das WWW oder der Chat einer Intensivierung der kommunikativen Vernetzung von ethnischen Minderheitengemeinschaften (Diasporas) zu dienen scheinen, die dann – in Bezug auf die gesamtdeutsche Gesellschaft – sowohl integrativ als auch segregativ wirken kann.

Gleichwohl handelt es sich bei solchen Studien um Einzelbefunde, die bisher keine abschließende Einschätzung des Integrations- und Segregationspotenzials von digitalen Medien für ethnische Migrationsgemeinschaften ermöglichen. Dies hängt m.E. nicht zuletzt damit zusammen, dass die bisherige Forschung entweder einzelfallanalytisch vorgegangen ist (Forschung zu Medien und Diasporabildung) oder aber für Massenmedien entwickelte Begriffe und Methoden auf die Erforschung von digitalen Medien übertragen hat (Forschung zu Medien und ethnischen Minderheiten).

4 Neuausrichtungen: Integrationsbegriff, Analyseparadigma und Methodik

Nimmt man die bis hierher entwickelte Kontextualisierung der Forschung zu Medien und Migration ernst, so erscheint deren Neuausrichtung im Hinblick auf eine Beschäftigung mit digitalen Medien an zumindest drei Punkten zielführend. Dies betrifft erstens den Integrationsbegriff, zweitens das der Forschung zugrundeliegende Analyseparadigma und drittens eine Erweiterung der angewandten Methodik. Auf dieser Basis gilt es dann über Fallstudien hinaus den Stellenwert von (digitalen) Medien für Diasporas zu untersuchen.

1. *Integrationsbegriff:* Wie meine bisherigen Darlegungen deutlich gemacht haben, ist die kommunikations- und medienwissenschaftliche Forschung zu Medien und ethnischen Minderheiten fest verbunden mit einer Vorstellung von (Massen-)Medien als Vermittlungsinstanzen für eine nationale, gesamtgesellschaftliche Integration (vgl. Maletzke 1980, McQuail 2005, Jäckel 2005). Hierbei lassen sich in der Vielfalt der Argumentationen zumindest zwei Tendenzen erkennen, wie Medien und Integration begrifflich miteinander verknüpft werden: Erstens kann Integration als kommunikative Homogenisierung, zweitens als die Herstellung kommunikativer und damit auch sozialer Relationen verstanden werden. Bei einem Verständnis von In-

---

7 Ähnliches stellen Ingegerd Rydin und Ulrika Sjöberg (2007: 293) für Schweden fest.

tegration als kommunikativer Homogenisierung wird davon ausgegangen, dass eine Integration durch Massenmedien dann zustande kommt, wenn ein möglichst einheitliches Medienangebot möglichst einheitliche Themen verhandelt, möglichst einheitlich genutzt wird und so zur Herstellung eines geteilten Normen- und Wertesystems führt (vgl. bspw. Schulz 2007, Vlasic/Brosius 2002). Bei einem Verständnis von Integration als kommunikativer Relation wird davon ausgegangen, dass das Bestehen wechselseitiger kommunikativer Referenzen und damit von Kommunikationsfähigkeit (vgl. Krotz 1998) entscheidend für gesellschaftliche Beteiligung ist. Dies ist unabhängig davon, ob diese Beteiligung konfliktorientiert (vgl. Weßler 2002) zustande kommt oder sich in inter-systemischen Relationen (vgl. Sutter 2002) ausdrückt. Trotz solcher Differenzen treffen sich beide Grundverständnisse von Integration und darauf aufbauende Untersuchungen gerade in der kommunikations- und medienwissenschaftlichen Forschung zu ethnischen Migrationsgemeinschaften in der Annahme, dass Massenmedien deshalb ein Integrationspotenzial besitzen, weil sie über eine gesamte Gesellschaft und Kultur hinweg Kommunikation eröffnen.

Exakt diese Grundannahme ist für digitale Medien allerdings nicht haltbar:[8] Beide Zugänge einer massenkommunikativ orientierten Kommunikations- und Medienwissenschaft zu Integration erscheinen für eine Auseinandersetzung mit den Integrations- und Segregationspotenzialen *digitaler* Medien für Diasporas nicht hinreichend, da diese Medien prinzipiell nicht auf solche Formen *gesamt*gesellschaftlicher Kommunikation fokussiert sind. Entsprechend liegt es nahe, dass mit der Etablierung der digitalen Medien ein Prozess der Transformation von Formen der kommunikativen Integration und Segregation einhergeht. Um diesen Transformationsprozess angemessen zu fassen, erscheint ein Integrationsbegriff zielführend, der an der Spezifik digitaler Medien ansetzt. So sollte m.E. *(kommunikative) Integration in der ‚Netzwerkgesellschaft' als kommunikative Vernetzung und darauf gründende Beteiligungschancen verstanden werden* (vgl. Hepp 2008b). Als Kriterium lässt sich die empirisch feststellbare Vernetzung der Individuen und deren subjektive und objektive Bewertung verwenden. Ein breites Maß von Integration ergibt sich dann, wenn subjektiv aus der Perspektive der Einzelnen positiv zu bewertende Beteiligungschancen zu verschiedenen und möglichst unterschiedlichen (kommunikativen) Netzwerken

---

8   Es gibt auch vielfältige Argumente, dass sie in dieser Reinform für Massenmedien ebenfalls nicht tragfähig ist. So hat Nick Couldry (2006) darauf hingewiesen, dass in solchen Argumentationen ein funktionalistisches Postulat eines „mediated centre" greifbar wird, d.h. eine Konstruktion eines medial vermittelten Zentrums von Gesellschaft, die es erst einmal kritisch zu analysieren gilt.

bestehen und die digitalen Medien in einer Art genutzt werden, die diese Einbettung erhält bzw. verbreitert. Im Umkehrschluss hierzu ist im Kontext digitaler Medien (kommunikative) Segregation eine Nichtteilnahme an digitalen Vernetzungen, wie es das Konzept der „digitalen Spaltung" (Arnold 2003, Bonfadelli 1994, Kubicek/Welling 2000, Norris 2001) implizit postuliert, oder aber eine Vernetzung mit nur einem oder wenigen und gleichartigen kommunikativen Netzwerken, die insbesondere durch negative Abgrenzung gegenüber anderen Netzwerken gekennzeichnet sind. In beiden Fällen ist jeweils kritisch zu prüfen, auf welche Räume sich solche Integrationsprozesse beziehen (Stadt, Region, Nation, Diaspora, Europa).

2. *Analyseparadigma:* Der hier vorgeschlagene netzwerktheoretisch orientierte Integrationsbegriff macht bereits deutlich, dass damit auch ein erweitertes Analyseparadigma verbunden ist. In der klassischen Forschung zu Medien und Migration steht ein – wie der Begriff der Minderheit schon sagt – klar nationales bzw. nationalkulturelles Analyseparadigma im Vordergrund. Das heißt, mehr oder weniger unproblematisierter Ausgangspunkt ist die Frage der Integration einer ‚Minderheit' in die Nationalgesellschaft resp. Nationalkultur oder deren Segregation von der ‚Mehrheit' derselben. In Abgrenzung dazu ist mit aktueller Migration und bestehenden transkulturellen Kommunikationsmöglichkeiten bzw. deterritorialen Kommunikationsräumen ein solches einfaches Analyseparadigma in der Form ‚Minderheit – Mehrheit' nicht mehr hinreichend.

Vor diesem Hintergrund erscheint *für die Auseinandersetzung mit Medien und ethnischen Migrationsgemeinschaften ein transkulturelles Analyseparadigma zielführend* (vgl. Hepp/Couldry 2009). Während ein nationales bzw. internationales Analyseparadigma dadurch gekennzeichnet ist, dass der (National-)Staat als ein territorialer Container begriffen wird und als Referenzpunkt der Analyse fungiert. im Fall der Forschung zu Medien und Migration als Container der Integration, ist ein transkulturelles Analyseparadigma an dieser Stelle weit offener. Rücken hier Fragen von Kultur ins Zentrum der Betrachtung, so fällt auf, dass einzelne kulturelle Verdichtungen nach wie vor staatsbezogen sind (bspw. Nationalkulturen), andere – und für Zeiten der Globalisierung von Medienkommunikation besonders charakteristische – kulturelle Verdichtungen jedoch nur über Staatsgrenzen hinweg bestehen. Beispiele für solche deterritorialen kulturellen Verdichtungen sind gerade Diasporas. Diese gilt es zuerst einmal in ihrer Spezifik zu fassen und dabei die Relevanz der Aneignung unterschiedlicher Medien empirisch zu untersuchen. Konkret bedeutet dies ein Verfahren in drei Schritten, nämlich erstens die für diese Vergemeinschaftung charakteristischen kulturellen

Muster der Aneignung von Medien zu analysieren, zweitens diese vergleichend zu kontextualisieren und dann drittens in einer kritischen Reflexion bestehende Integrations- und Segregationsprozesse auf verschiedenen Ebenen einzuschätzen (vgl. Hepp 2009). Gerade für eine kommunikations- und medienwissenschaftliche Forschung zu Medien und Migration erscheint dieses Analyseparadigma notwendig, da durch eine strikte Fixierung auf nationalstaatliche Integration die Spezifik bestehender Integrations- und Segregationsprozesse, die zumindest zum Teil ‚quer' zu nationalen Containern liegen, nicht in den Blick gerät.

3. *Methodik:* Wie mehrfach herausgestrichen, wird das Potenzial von digitalen Medien (Internet, Mobiltelefon etc.) dann greifbar, wenn deren Relevanz für Prozesse der kommunikativen Vernetzung in den Fokus der Auseinandersetzung rückt. Geht man von diesen Überlegungen aus, so wird es notwendig, neben den bestehenden Verfahren und Methoden der kommunikationsund medienwissenschaftlichen Forschung zur Mediennutzung und –aneignung auch *Vorgehensweisen der Netzwerkanalyse ernster zu nehmen.* Ansätze hierzu bestehen bereits im Bereich der Forschung zu virtuellen Gruppen und Vergemeinschaftungen (beispielsweise Stegbauer/Jäckel 2007, Stegbauer/Rausch 2006, Thiedeke 2003). Diese gilt es allerdings wesentlich breiter in der kommunikations- und medienwissenschaftlichen Forschung zu digitalen Medien und ethnischen Migrationsgemeinschaften zu verankern.

Eine solche methodische Ausrichtung ist deshalb notwendig, weil – wie gezeigt – die bisherige Forschung einerseits auf Potenziale von digitalen Medien für eine Intensivierung der kommunikativen Vernetzung von Diasporas hinweist, andererseits die eigentlichen Prozesse der kommunikativen Vernetzung selbst aber kaum untersucht. Insbesondere liegen keine hinreichenden kommunikations- und medienwissenschaftlichen Ergebnisse dahingehend vor, *wie* kommunikative Vernetzung mittels digitaler Medien *in der Alltagswelt* von Diasporas vonstatten geht, wie die dabei ablaufenden Prozesse kommunikativer Vernetzung medienübergreifend theoretisch angemessen zu fassen sind und vor allem auch welche spezifischen Segregations- und Integrationspotenziale in Bezug auf welche Kontexte bestehen. Inwieweit die übergreifende Forschung zu diesen Fragen der kommunikativen Konnektivität aber in hohem Maße notwendig ist, wird deutlich, wenn man einbezieht, dass es hierbei nicht mehr nur um eine Auseinandersetzung mit herkömmlichen WWW-Seiten oder Chat geht, sondern für kommunikative Vernetzung zunehmend auch Anwendungen des sogenannten Web 2.0 („social software"-Anwendungen) bzw. Mobilkommunikation zentral sind.

Ein kommunikations- und medienwissenschaftliches Ansetzen bei diesen Zusammenhängen sollte deshalb aktuelle soziologische Methoden und Verfahren, gerade auch qualitativer Netzwerkanalyse, einbeziehen (siehe bspw. Schütze 2006, Scheibelhofer 2006, Kesselring 2006).

All dies macht meines Erachtens deutlich, wie notwendig eine vergleichende empirische Forschung zu digitalen Medien, Migration und Diaspora ist. Diese Forschung sieht sich mit der Herausforderung konfrontiert, auf der einen Seite die bestehenden Ergebnisse zur Nutzung von Massenmedien durch Migrantinnen und Migranten produktiv in die Analyse einzubeziehen, da die Aneignung digitaler Medien im Kontext des weiteren „Medienrepertoires" (Hasebrink/Popp 2006) zu sehen ist. Andererseits wäre es problematisch, die hier entwickelten Konzepte unhinterfragt auf digitale Medien zu beziehen. Meine Hoffnung ist, dass dieser Artikel Anregungen für ein solches, neu reflektiertes Vorgehen liefert.

Literatur

Aksoy, Asu/Robins, Kevin (2000): Thinking Across Spaces. Transnational Television from Turkey. In: European Journal of Cultural Studies. 3 3. 343-365.

Anderson, Benedict (2007): „Es gibt einen Diaspora-Nationalismus" (Interview). In: taz vom 05.08.2007.

Anderson, Jon (1995): ‚Cybarities', Knowledge Workers and New Creoles on the Superhighway. In: Anthropology Today. 11.4. 13-15.

Androutsopoulos, Jannis (2005): Virtuelle Öffentlichkeiten von Migranten. In: Kulturpolitische Gesellschaft e.V. (2005): 299-308.

Androutsopoulos, Jannis (2006): Multilingualism, Diaspora, and the Internet: Codes and Identities on German-based Diaspora Websites. In: Journal of Sociolinguistics. 10.4. 429-450.

Ang, Ien (2001): On Not Speaking Chinese. Living Between Asia and the West. London: Routledge.

Arnold, Ellen L./Plymire, Darcy C. (2004): Continuity within Change: The Cherokee Indians and the Internet. In: Gauntlett/Horsley (2004): 254-264.

Arnold, Katja (2003): Digital Divide. Zugangs- oder Wissenskluft? München: Fischer.

Becker, Jörg/Calagan, Nesrin (2002): Türkische Fernsehnutzung in Herne. In: Becker/Behnisch (2002): 199-228.

Becker, Jörg/Behnisch, Reinhard (Hrsg.) (2002): Zwischen Autonomie und Gängelung: Türkische Medienkultur in Deutschland. Loccum: Loccumer Protokolle.

Becker, Jörg/Behnisch, Reinhard (Hrsg.) (2003): Zwischen kultureller Zersplitterung und virtueller Identität. Türkische Medienkultur in Deutschland III. Loccum: Loccumer Protokolle.

Bonfadelli, Heinz (1994): Die Wissenskluft-Perspektive. Massenmedien und gesellschaftliche Information. Konstanz: Ölschläger.

Bonfadelli, Heinz (2007): Einleitung. In: Bonfadelli/Moser (2007): 7-18.

Bonfadelli, Heinz/Moser, Heinz (Hrsg.) (2007): Medien und Migration. Europa im multi-kulturellen Raum? Wiesbaden: VS Verlag.

Bromley, Roger (2002): Stets im Aufbau: Das Aushandeln von Diasporischen Identitäten. In: Hepp/Löffelholz (2002): 795-818.

Busch, Brigitta/Hipfl, Brigitte/Robins, Keith (Hrsg.) (2001): Bewegte Identitäten. Medien in transkulturellen Kontexten. Klagenfurt: Drava.

Butterwegge, Christoph/Hentges, Gudrun/Sarigöz, Fatma (Hrsg.) (1999): Medien und multikulturelle Gesellschaft. Opladen: Leske + Budrich.

Butterwegge, Christoph/Hentges, Gudrun (Hrsg.) (2006): Massenmedien, Migration und Integration. Herausforderungen für Journalismus und politische Bildung. Wiesba-den: VS Verlag.

Caglar, Ayse (2002): Die Verwicklung des Medienkonsums deutscher Türken. In: Be-cker/Behnisch (2002): 151-159.

Castells, Manuel. (2005): Die Internet-Galaxie. Wiesbaden: VS Verlag.

Castells, Manuel (2006): The Network Society: From Knowledge to Policy. In: Castells/ Cardoso (2006): 3-21.

Castells, Manuel/Cardoso, Gustavo (Hrsg.) (2006): The Network Society: From Knowl-edge to Policy. Washington D.C.: Centre for Transatlantic Relations.

Clifford, James (1994): Diaspora. In: Cultural Anthropology. 9.3. 302-338.

Cottle, Simon (Hrsg.) (2000): Ethnic Minorities and the Media. Buckingham: Open Uni-versity Press.

Couldry, Nick (2006): Transvaluing Media Studies: Or, Beyond the Myth of the Mediated Centre. In: Curran/Morley (2006): 177-194.

Cunningham, Stuart/Nguyen, Tina (2001): Popular Media and the Vietnamese Diaspora. In: Cunningham/Sinclair (2001): 91-135.

Cunningham, Stuart/Sinclair, John (Hrsg.) (2001): Floating Lives. London et al.: Rowman & Littlefield.

Curran, James/Morley, David (Hrsg.) (2006): Media and Cultural Theory. London et al.: Routledge.

Dayan, Daniel (1999): Media and Diasporas. In: Gripsrud (1999): 18-33.

Dette, Cornelia (2003): Der türkische Cybermuslim in Deutschland – türkisch-deutscher Islam im Internet. In: Becker/Behnisch (2003): 135-150.

Dresbach, Bernhard (2002): Mediennutzung und Integration der türkischen Bevölkerung in Deutschland. In: Becker/Behnisch (2002): 161-172.

Düvel, Caroline (2006): Mobilkommunikation in Diasporagemeinschaften: kommunikati-ve Mobilität und Vernetzung junger russischer Migranten in Deutschland. In: Ästhe-tik & Kommunikation. 135.37. 73-80.

Eckhardt, Josef (2000): Mediennutzungsverhalten von Ausländern in Deutschland. In: Schatz/Holtz-Bacha/Nieland (2000): 265-271.

Esser, Hartmut (2000): Assimilation, Integration und ethnische Konflikte. Können sie durch ‚Kommunikation' beeinflusst werden? In: Schatz/Holtz-Bacha/Nieland (2000): 25-37.

Faßler, Manfred (2001): Kulturen ohne Land? ‚Virtual Communities' im Internet als Alternative zu nationalen Kulturen und Identitäten. In: Lang/Voss/Oberndörfer (2001): 61-80.

Gauntlett, David/Horsley, Ross (Hrsg.) (2004): Web.Studies. Rewiring Media Studies for the Digital Age. 2. Auflage. London: Arnold.

Geißler, Rainer/Pöttker, Horst (Hrsg.) (2005): Massenmedien und die Integration ethnischer Minderheiten in Deutschland Bielefeld: transcript.

Geißler, Rainer/Pöttker, Horst (Hrsg.) (2006a): Integration durch Massenmedien/Mass Media-Integration. Bielefeld: transcript.

Geißler, Rainer/Pöttker, Horst (2006b): Mediale Integration von Migranten: Ein Problemaufriss. In: Geißler/Pöttker (2006a): 13-44.

Georgiou, Myria. (2004): Mapping Diasporic Media across the EU: Addressing Cultural Exclusion. URL: http://www.emtel2.org/ [1.6.2004].

Georgiou, Myria (2006): Diaspora, Identity and the Media: Diasporic Transnationalism and Mediated Spatialities. Cresskill: Hampton Press.

Ghasarian, Christian (1996): Inter-Culture-Net: Solitary Transcultural Practices in the Heart of the Global Village. In: Culture. 16.1. 85-93.

Gillespie, Marie (2000): Transnational Communications and Diaspora Communities. In: Cottle (2000): 164-178.

Gillespie, Marie (2002): Transnationale Kommunikation und die Kulturpolitik in der südasiatischen Diaspora. In: Hepp/Löffelholz (2002): 617-643.

Goldberg, Andreas/Sauer, Martina (2003): Perspektiven der Integration der türkischstämmigen Migranten in NRW. Ergebnisse der vierten Mehrthemenbefragung 2002. Münster: Lit.

Grassmuck, Volker/Wahjudi, Claudia /Olszówka, Piotr. (2000): Digitale Diaspora. URL: http://www.mikro.org/Events/20001206/txt.html [16.08.04].

Gripsrud, Jostein (Hrsg.) (1999): Television and Common Knowledge. London/New York: Routledge.

Gungwu, Wang/Wah, Anette Shun (Hrsg.) (1996): Imagining the Chinese Diaspora: Two Australian Perspectives. Canberra: Centre for the Study of the Chinese Southern Diaspora.

Gunkel, David.J./Gunkel, Ann Hetzel (1997): Virtual Geographies. The Worlds of Cyberspace. In: Critical Studies in Mass Communication. 14.2. 123-137.

Güntürk, Reyhan (1999): Mediennutzung der Migranten – mediale Idolation? In: Butterwegge/Hentges/Sarigöz (1999): 136-143.

Güntürk, Reyhan (2000): Mediennutzung der türkischen Migranten. In: Schatz/Holtz-Bacha/Nieland (2000): 272-280.

Hafez, Kai (2002): Türkische Mediennutzung in Deutschland. Hemmnis oder Chance der gesellschaftlichen Integration? Eine qualitative Studie im Auftrag des Presse- und Informationsamtes der Bundesregierung. Hamburg: DOI.

Hasebrink, Uwe/Popp, Jutta (2006): Media Repertoires as a Result of Selective Media Use. A Conceptual Approach to the Analysis of Patterns of Exposure. In: Communications. 31.2. 369-387.

Hepp, Andreas/Löffelholz, Martin (Hrsg.) (2002): Grundlagentexte zur transkulturellen Kommunikation. Konstanz: UVK (UTB).

Hepp, Andreas (2006): Transkulturelle Kommunikation. Konstanz: UVK (UTB).

Hepp, Andreas (2007): Kommunikative Mobilität in der Diaspora: Eine Fallstudie zur kommunikativen Vernetzung der türkischen Minderheiten-Gemeinschaft. In: Merz. 15.4. 36-46.

Hepp, Andreas (2008): Zwischen Integration und Segregation: Die kommunikative Vernetzung von ethnischen Minderheiten-Gemeinschaften in der mediatisierten Netzwerkgesellschaft. In: Raabe/Stöber/Theis-Berglmair/Wied (2008): 267-281.

Hepp, Andreas (2009): Transkulturalität als Perspektive: Überlegungen zu einer vergleichenden empirischen Erforschung von Medienkulturen. In: FQS 10.1. Art. 26. URL: http://nbn-resolving.de/urn:nbn:de:0114-fqs0901267 [15.1.2009].

Hepp, Andreas/Couldry, Nick (2009): What Should Comparative Media Research be Comparing? Towards a Transcultural Approach to 'Media Cultures'. In: Thussu (2009): im Druck.

Hinkelbein, Oliver (2004): Ethnische Minderheiten, neue Medien und die digitale Kluft: Deutschland ein digitales Entwicklungsland? URL: http://www.digitale-chancen.de/transfer/downloads/MD642.pdf [1.7.2005].

Hollstein, Betina/Straus, Florian (Hrsg.) (2006): Qualitative Netzwerkanalyse. Wiesbaden: VS Verlag.

Hugger, Kai-Uwe (2005): Transnationale Soziale Räume von deutsch-türkischen Jugendlichen im Internet. URL: http://www.medienpaed.com/05-2/hugger1.pdf [3.12.2005].

Ignacio, Emily Noelle (2005): Building Diaspora: Filipino Cultural Community Formation on the Internet. New Jersey: Rutgers University Press.

Imhof, Kurt/Jarren, Otfried/Blum, Roger (Hrsg.) (2002): Integration und Medien. Wiesbaden: Westdeutscher Verlag.

Jäckel, Michael (2005) Medien und Integration. In: Jäckel (2005): 219-236.

Jäckel, Michael (Hrsg.) (2005): Mediensoziologie. Grundfragen und Forschungsfelder. Wiesbaden: VS Verlag.

Karim, Karim, H. (2003): The Media of Diaspora. London/New York: Routledge

Kesselring, Sven (2006): Topographien mobiler Möglichkeitsräume. Zur sozio-materiellen Analyse von Mobilitätspionieren. In: Hollstein/Straus (2006): 333-358.

Kosnick, Kira. (2008): Migrant Media: Turkish Broadcasting and Multicultural Politics in Berlin. Bloomington: Indiana University Press.

Krotz, Friedrich (1998) Kultur, Kommunikation und die Medien. In: Saxer (1998): 67-85.

Krotz, Friedrich (2007): Mediatisierung: Fallstudien zum Wandel von Kommunikation. Wiesbaden: VS Verlag.

Kubicek, Herbert/Welling, Stefan (2000): Vor einer digitalen Spaltung in Deutschland? Annäherungen an ein verdecktes Problem von wirtschafts- und gesellschaftspolitischer Brisanz. In: Medien & Kommunikationswissenschaft. 48.4. 497-517.

Kulturpolitische Gesellschaft e.V. (Hrsg.) (2005): Jahrbuch für Kulturpolitik 5. Bonn.

Lang, Tilman/Voss, Friedrich/Oberndörfer, Dieter (Hrsg.) (2001): Medien, Migration, Integration. Elektronische Massenmedien und die Grenzen kultureller Identität. Berlin: Vistas.

Leung, Linda (2005): Virtual Ethnicity: Race, Resistance and the World Wide Web. Burlington, VT: Ashgate.

Maletzke, Gerd (1980): Integration – eine gesellschaftliche Funktion der Massenkommunikation. In: Publizistik. 25.2-3. 199-206.

McQuail, Denis (2005): McQuail's Mass Communication Theory. 5. Auflage. New Delhi et al.: Sage.

Miller, Daniel/Slater, Don (2000): The Internet. An Ethnographic Approach. Oxford: Berg.

Mirzoeff, Nicholas (1999): Diaspora and Visual Culture. London et al.: Routledge.

Müller, Daniel (2005): Die Mediennutzung ethnischer Minderheiten. In: Geißler/Pöttker (2005): 359-387.

Naficy, Hamid (1993): The Making of an Exile Culture. London: University of Minnesota Press.

Naficy, Hamid (2001): An Accented Cinema: Exilic and Diasporic Filmmaking. Princeton: Princeton University Press.

Nyíri, Kristóf (Hrsg.) (2005): A Sense of Place. The Global and the Local in Mobile Communication. Wien: Passagen Verlag.

Norris, Pippa (2001): Digital Divide. Civic Engagement, Information Poverty and the Internet Worldwide. Cambridge: Cambridge University Press.

Paragas, Fernando (2005): Migrant Mobiles. Cellular Telephony, Transnational Spaces and the Filipino Diaspora. In: Nyíri (2005): 241-250.

Pfetsch, Barbara (1999): „In Russia we were Germans, and now we are Russians." – Dilemmas of Identity Formation and Communication among German-Russian Aussiedler. In: Wissenschaftszentrum Berlin für Sozialforschung. FS III: 99-103. Berlin.

Piga, Andrea (2007): Mediennutzung von Migranten: Ein Forschungsüberblick. In: Bonfadelli/Moser (2007): 209-234.

Pöttker, Horst/Meyer, Thomas (Hrsg.) (2004): Kritische Empirie. Lebenschancen in den Sozialwissenschaften. Wiesbaden: VS Verlag.

Pries, Ludger (2008): Die Transnationalisierung der sozialen Welt. Sozialräume jenseits von Nationalgesellschaften. Frankfurt am Main: Suhrkamp.

Raabe, Johannes/Stöber, Rudolf/Theis-Berglmair, Anna M./ Wied, Kristina (Hrsg.) (2008): Medien und Kommunikation in der Wissensgesellschaft. Konstanz: UVK.

Ribeiro, Gustavo L. (1995): On the Internet and the Emergence of an Imagined Transnational Community. In: Sociedad e Estado. 10.1. 181-191.

Robins, Keith/Aksoy, Asu (2001): „Abschied von Phantomen": Transnationalismus am Beispiel des türkischen Fernsehens. In: Busch/Hipfl/Robins (2001): 71-110.

Rydin, Ingegerd/Sjöberg, Ulrika (2007): Identität, Staatsbürgerschaft, kultureller Wandel und das Generationsverhältnis. In: Bonfadelli/Moser (2007): 273-302.

Saxer, Ulrich (Hrsg.) (1998): Medien-Kulturkommunikation. Publizistik Sonderheft 2/1998. Opladen: Westdeutscher Verlag.

Schatz, Heribert/Holtz-Bacha, Christina/Nieland, Jörg-Uwe (Hrsg.) (2000): Migranten und Medien. Neue Herausforderungen an die Integrationsfunktion von Presse und Rundfunk. Opladen: Westdeutscher Verlag.

Scheibelhofer, Elisabeth (2006): Migration, Mobilität und Beziehung im Raum: Egozentrierte Netzwerkzeichnungen als Erhebungsmethode. In: Hollstein/Straus (2006): 311-332.

Schlesinger, Philip (1987): On National Identity. In: Social Science Information. 26.2. 219-264.

Schneider, Beate/Arnold, Anne-Katrin (2004): Mediennutzung und Integration türkischer Migrantinnen in Deutschland. In: Pöttker/Meyer (2004): 489-503.

Schneider, Beate/Arnold, Anne-Katrin (2006): Die Kontroverse um die Mediennutzung von Migranten: Massenmediale Ghettoisierung oder Einheit durch Mainstream? In: Geißler/Pöttker (2006a): 93-119.

Schulte, Joachim (2002): Reichweitenerhebungen für türkische Fernsehsender in Deutschland. In: Becker/Behnisch (2002): 173-197.

Schulte, Joachim (2003): Die Internet-Nutzung von Deutsch-Türken. In: Becker/Behnisch (2003): 115-123.

Schulz, Winfried (2007): Politische Kommunikation. Wiesbaden: VS Verlag.

Schütze, Yvonne (2006): Quantitative und qualitative Veränderungen in den sozialen Netzwerken junger Migranten – Eine Langzeitstudie. In: Hollstein/Straus (2006): 295-310.

Sen, Faruk (2001): Medien, Migration, Integration. Elektronische Massenmedien und die Grenzen kultureller Identität. In: Lang/Voss/Oberndörfer (2001): 101-110.

Senay, Ufuk (2003): Virtuelle Welten für Migranten im World Wide Web. In: Becker/Behnisch (2003): 125-134.

Silverstone, Roger (2002): Eine Stimme finden: Minderheiten, Medien und die globale Allmende. In: Hepp/Löffelholz (2002): 725-749.

Silverstone, Roger/Georgiou, Myria (2005): Editorial Introduction: Media and Minorities in Multicultural Europe. In: Journal of Ethnic and Migration Studies. 31.3. 433-441.

Simon, Erk (2007): Migranten und Medien 2007. Zielsetzung, Konzeption und Basisdaten einer repräsentativen Studie der ARD/ZDF-Medienkommission. In: Media Perspektiven. 11.9. 426-435.

Sreberny, Annabelle (2000): Media and Diasporic Consciousness: An Exploration among Iranians in London. In: Cottle (2000): 179-196.

Stegbauer, Christian/Jäckel, Michael (Hrsg.) (2007): Social Software. Formen der Kooperation in computerbasierten Netzwerken Wiesbaden: VS Verlag.

Stegbauer, Christian/Rausch, Alexander (2006): Strukturalistische Internetforschung. Wiesbaden: VS Verlag.

Sutter, Tilmann (2002): Integration durch Medien als Beziehung struktureller Kopplung. In: Imhof/Jarren/Blum (2002): 122-136.

Thiedeke, Udo (Hrsg.) (2003): Virtuelle Gruppen. Wiesbaden: VS Verlag.

Trebbe, Joachim (2007): Akkulturation und Mediennutzung von türkischen Jugendlichen in Deutschland. In: Bonfadelli/Moser (2007): 183-208.

Venema, Matthias/Grimm, Claus (2002): Situation der ausländischen Arbeitsnehmer und ihrer Familienangehörigen in der Bundesrepublik Deutschland. Repräsentativuntersuchung 2001. 2 Bde. München: Polis.

Vlasic, Andreas/Brosius, Hans-Bernd (2002): „Wetten dass…" – Massenmedien integrieren? Die Integrationsfunktion von Massenmedien. Zur empirischen Beschreibbarkeit eines normativen Paradigmas. In: Imhof/Jarren/Blum (2002): 93-109.

Weber-Menges, Sonja (2006): Die Entwicklung von Ethnomedien in Deutschland. In: Geißler/Pöttker (2006a): 121-145.

Weiß, Hans-Jürgen/Trebbe, Joachim (2001): Mediennutzung und Integration der türkischen Bevölkerung in Deutschland. Ergebnisse einer Umfrage des Presse- und Informationsdienstes der Bundesregierung. Potsdam: GöfaK Medienforschung.

Weßler, Hartmut (2002): Multiple Differenzierung und kommunikative Integration: Symbolische Gemeinschaften und Medien. In: Imhof/Jarren/Blum (2002): 56-76.

Zurawski, Nils (2000): Virtuelle Ethnizität. Studien zu Identität, Kultur und Internet. Frankfurt am Main: Peter Lang.

Suche nach sozialer Anerkennung und Vergewisserung von Zugehörigkeit: Junge Migranten und die Verarbeitung von Hybrididentität im Internet

Kai-Uwe Hugger

Für die Lebenssituation von Kindern und Jugendlichen mit Migrationshintergund ist es heute bestimmend, mit mehreren national-kulturellen Zugehörigkeiten aufzuwachsen. Ihr „prekärer Zugehörigkeitsstatus" (Mecheril 2003) muss allerdings nicht zwangsläufig Identitätsdiffusion zur Folge haben, sondern kann von den Heranwachsenden in vielfältiger Weise produktiv bewältigt werden. Meine These, die ich auf den folgenden Seiten entfalten werde, ist, dass sie – hier am Beispiel von älteren Jugendlichen mit türkischem Migrationshintergrund verdeutlicht – für die Verarbeitung ihrer oft *hybriden Identität* zunehmend auch die neuen Sozialräume des Internets aufsuchen, d.h. Online-Communities, wo sie zusammen mit anderen Personen der Online-Welt Aspekte ihres Selbst reflexiv zur Verhandlung zu bringen versuchen, insbesondere die Suche nach sozialer Anerkennung und die Vergewisserung von Zugehörigkeit. Dies geschieht in *Erweiterung* ihrer Handlungsspielräume in der Offline-Welt.

1   Migration und Identität

Stuart Hall (1992) hat in seinem Aufsatz „The Question of Cultural Identity" die Auswirkungen der Globalisierung auf die kulturelle Identitätsbildung herausgearbeitet. Hall zeigt, dass sich im Zuge der Globalisierung in der Spätmoderne nationale kulturelle Identitäten zunehmend „zerstreuen", mit Folgen in dreifacher Hinsicht: 1) Aufgrund kultureller Homogenisierung erodieren nationale Identitäten. 2) Lokale Identitäten werden gestärkt, und zwar als Widerstand gegen die Globalisierung. Identitätsbildung unter gegenwärtigen Globalisierungsbedingungen folge aber einem verkürzten Verständnis, würde darunter nur die Auflösung von Differenzen (Stichwort: Universalisierung) oder fundamentalistische Bewegungen (Stichwort: Partikularisierung) verstanden. Deshalb sei eine dritte mögliche Folge ebenfalls denkbar: Jenseits von nationalen Identitäten, die sich im Niedergang befinden, würden „neue Identitäten" entstehen – *Hybrididentitäten*. Das Konzept der Hybrididentität versucht, die Ambivalenzen, Brüche und Komplexitäten für die Subjektkonstitution von Migranten unter kulturellen Globalisierungsbedingungen auf den Begriff zu bringen. Sie bricht mit den Entweder-Oder-Zuordnungen des modernen Subjekts und tauscht diese für ein Sowohl-als-auch ein. Galt noch im modernen Paradigma der Identitätsforschung Einzigartigkeit und Ganzheit als Zielpunkt der Persönlichkeitsentwicklung, wird diese essenzialistische Sichtweise von den (postmodernen) Hybridmodellen abgelehnt. Im Gegenzug wird das Uneinheitliche, Mehrdeutige, Differente und Ambivalente positiv anerkannt (kritisch dazu: Ha 2005, Castro Varela/Dhawan 2005). In Frage stehen damit zum einen Begriffe fester Einheiten, wie Nation, Ethnie oder Geschlechter, zum anderen die homogenisierenden Vorstellungen von identisch und authentisch definierten kulturellen Wurzeln oder Traditionen.

Hybridisierungsprozesse lassen sich besonders gut bei Migrantenjugendlichen beobachten, weil sie als Einwanderer der zweiten oder dritten Generation gezwungen sind, mit *mehreren* nationalen, ethnischen wie kulturellen Zugehörigkeiten aufzuwachsen. Die ‚Mehrfachzugehörigkeit' von jungen Migranten steht mit der Frage der Anerkennung in einem konzeptionellen wie empirischen Zusammenhang: Denn mit der Mehrfachzugehörigkeit sind für Migrantenjugendliche Schwierigkeiten der Art verbunden, dass sie sich wegen ihres mehrwertigen Zugehörigkeitsverständnisses nicht in die Einwertigkeit der vorherrschenden Zugehörigkeitsordnung einpassen lassen. Weder im Hinblick auf den einen Zugehörigkeitskontext (z.B. Türkei) noch auf den anderen (z.B. Deutschland) machen sie Erfahrungen, ‚eindeutig' zugehörig zu sein. Den einwertigen Anderen im jeweiligen Zugehörigkeitskontext erscheinen sie als fragwürdig und nicht vollwertig. Sie sind – so Mecheril (2003) – auf „prekäre" Weise zugehörig. Dies bedeutet: Infolge des für prekäre Migranten charakteristischen „Zwischenstatus" kann bei ihnen ein Mangel an persönlicher Anerkennung entstehen: „Staatsbürgerliche Exklusion, ethnozentristisch-rassistische und kulturelle Exklusion durch eine dominante Ein- und Ausschlusswirklichkeit" (ebd., 304) bilden das Missachtungspotenzial für die jungen Migranten, mit dem sie in dem national-ethnisch-kulturell einwertigen Umfeld konfrontiert sind, in dem sie aufwachsen.

Meines Erachtens schaffen Online-Communities als wichtige Sozial- und Bildungsräume des Internets *national-ethnisch-kulturelle Hybrid-Umgebungen der Identitätskonstruktion* für junge Migranten oder zumindest solche Umgebungen, die von den Jugendlichen als solche wahrgenommen werden (vgl. Hugger 2008). Diese identitären Umgebungen unterscheiden sich von solchen im Internet, die (in der Wahrnehmung der Jugendlichen) eher einer *national-ethnisch-kulturellen Fixierung* von Identität förderlich sind. Wenn sie als solche für die

Jugendlichen funktionieren, können national-ethnisch-kulturelle Hybrid-Umgebungen dazu verhelfen, die national-ethnisch-kulturelle ‚Ortlosigkeit' der jungen Migranten zu ‚verorten', d.h. deren „prekäre" Zugehörigkeit und die damit verbundenen Anerkennungsprobleme (produktiv) zu verarbeiten bzw. diese in die eine oder andere Richtung reflexiv auszuhandeln.

2 Migration und Internet

Dass die Online-Welt für die Reflexion des spezifischen Identitätsstatus von jungen Migranten eine wichtige Bedeutung hat, ist bisher zwar vermutet, aber kaum genau untersucht worden. Kann nun die Online-Welt tatsächlich eine sozial-räumliche Rahmung zur Verfügung stellen, die es Migrantenjugendlichen ermöglicht, ihre „prekäre" Zugehörigkeit und die damit verbundenen Anerkennungsprobleme zu verarbeiten bzw. diese in die eine oder andere Richtung reflexiv auszuhandeln? In der sozialwissenschaftlichen Forschung zum Verhältnis von Migration und Internet geraten in den letzten Jahren vor allem zwei Forschungsperspektiven in den Blick:

Die *erste* betrachtet die Internetnutzung von Migranten als Versuch, mithilfe von Online-Communities, Mailinglisten oder Newslettern Formen (alternativer) politischer Öffentlichkeit herzustellen, um auf diese Weise die Zustände im Herkunftsland zu verändern. In diesen Untersuchungen steht die Frage im Mittelpunkt, ob durch Internetseiten von Migranten (Online-Communities, elektronische Kommunikationsforen etc.) neue transnationale bzw. diasporische *politische Öffentlichkeiten* erst ermöglicht werden, die im Herkunftsland unterdrückt werden (z.B. Georgiou 2002, Smith 2002). Die Schaffung solcher Öffentlichkeiten im Netz kann zum Aufbau von „Widerstandsidentitäten" (Castells 2002) beitragen.

Die *zweite* Perspektive besteht darin, den spezifischen Gebrauch des Internets durch Migranten in erster Linie als Versuch zu deuten, ein Gefühl des sozialen Zusammenhangs (wieder-)herzustellen, das auf der Vorstellung gemeinschaftlicher Wurzeln im Herkunftsland beruht. Schwerpunkt dieser Debatte ist die Annahme, durch das Netz könne die *virtuelle Wiedervereinigung* geografisch-global verstreuter Diaspora[1]-Mitglieder verwirklicht werden, um solche

---

1   Die klassische Diaspora-Gemeinschaft zeichnet sich dadurch aus, dass sich ihre Mitglieder zwar sowohl physisch-räumlich wie wirtschaftlich, aber in beiden Hinsichten nur begrenzt sozial in der Ankunftsgesellschaft einrichten. Zugleich halten sie dauerhafte und relativ starke sozial-kulturelle Bindungen zum Herkunftsland aufrecht. Die Migrationserfahrungen dieser Diaspora-Migranten sind vor allem durch Verfolgung und Vertreibung gekennzeichnet. Meist haben die Mitglieder eine gemeinsame Erinnerung an die (verlorene) Heimat oder eine Vorstel-

sozialen Beziehungen und kulturellen Wissensbestände, die noch vor der Migration bestanden haben, nun zu re-konstituieren (vgl. Karim 2002). In der Folge könne eine gemeinsame ,diasporische' Identität entstehen. Die Abgrenzung von Nationalstaaten aufgrund ihrer Territorialität wird dadurch in Frage gestellt; das Internet liefert einen zusätzlichen Beitrag zur Kohäsion und Aufrechterhaltung der kulturellen Gruppe sowie zur Integration ihrer Mitglieder. Dies wird bereits in Ananda Mitras Untersuchung von Postings der indischen Usenet Group soc.culture.indian (sci) im Jahr 1995 deutlich. Wenn sie zu dem Schluss kommt, dass die Mitglieder der indischen Diaspora das Internet zunehmend benutzen, „to re-create a sense of virtual community through a rediscovery of their commonality" (Mitra 1997: 58), dann weist sie darauf hin, dass die sci-group-Mitglieder ein Gemeinschaftsgefühl zum Ausdruck bringen, das auf ihrer Bewusstheit eines gemeinsamen Herkunftslandes Indien basiert. Auch die Forschungsarbeit von Katy Teubener, Henrike Schmidt und Nils Zurawski (2005) über die Identitätsbildung im russischsprachigen Internet lässt sich von der Frage leiten, ob die Nutzung des Internets durch Russen in der Diaspora zu einer „virtual (re)unification" führt. Auf der Basis einer Befragung von Website-Anbietern gelangen sie jedoch zu einem differenzierteren Ergebnis. Das „Internet in Russland" oder das „russische Internet" führte weniger in Richtung einer virtuellen Wiedervereinigung als zur Formung einer „complex matrix of overlapping areas and distinct segments producing constant fractions" (ebd.: 130). Diese Komplexität scheint auch dafür verantwortlich zu sein, dass das Konzept der virtuellen Wiedervereinigung empirisch bisher als nur unzureichend belegt angesehen werden muss.

---

lung von einem imaginierten Heimatland, das erst noch geschaffen werden muss. Dieses Konzept ist in den letzten Jahren durch kritische Kommentare von Ansätzen der Transnationalität erweitert worden. Der Einschätzung, dass das soziale Miteinander von Migranten in bestimmten Ausprägungen nach wie vor als Diaspora-Gemeinschaften im klassischen Verständnis zu beschreiben ist, kann demnach zwar durchaus zugestimmt werden, sie ist aber zu ungenau, wenn auch neue Formen ,transnationaler' sozialer Verbindungen von Migranten einbezogen werden sollen. Im Gegensatz zum ,klassischen' Diaspora-Ansatz, der im Kern nach der Erhaltung von Differenz zum jeweiligen Gastland fragt (vgl. Safran 1991) und sich vor allem auf die Bildung von ethnischen Minderheiten im Einwanderungsland konzentriert, verweist das Paradigma der Transnationalität auf neue Vermischungen und multiple soziale Konstruktionen (vgl. die empirischen Belege zusammenfassend: Gogolin/Pries 2004). Die Form grenzüberschreitender Verbindungen ist immer weniger durch unmittelbare Migrationserfahrungen und abgesteckte territoriale Grenzen festgelegt. Gewissermaßen entstehen *neue* Diaspora-Gemeinschaften, für die entscheidend ist, dass zwischen den beteiligten Personen eine bestimmte Form gemeinsam geteilter Bewusstheit besteht, eine „imaginary coherence" (Hall 1990), die den geeigneten Rahmen für wichtige Identitätsbildungsprozesse darstellt. Solche ,neuen Diasporas' sind ohne die Unterstützung globaler Medienkommunikation kaum denkbar; neben der Satellitentechnologie ist es vor allem das Internet, das die Möglichkeit schafft, Medieninhalte über nationalstaatliche Grenzen zugänglich zu machen.

Beide Forschungsperspektiven liefern jedoch kaum Hinweise dafür, welche Bedeutung die Online-Welt insbesondere für *junge* Migranten hat. In diesem Beitrag stelle ich deshalb einen dritten Ansatz vor, der stärker als die beiden ersten den besonderen, *hybriden* Identitätsstatus der zweiten und dritten Migrantengeneration (in Deutschland) in den Mittelpunkt stellt und die Frage thematisiert, wie dieser in den Sozialräumen des Internets verarbeitet wird. Es geht mir also um eine Perspektive, die stärker als in den beiden anderen Kategorien *die Frage der hybriden Identitätsbildung in Bezug auf einen mehrwertigen Zugehörigkeitskontext* thematisiert bzw. in den Mittelpunkt stellt.

Als einen wichtigen empirischen Vorläufer zähle ich die ethnografische Untersuchung von Daniel Miller und Don Slater (2000) über die Kultur der Menschen in Trinidad und ihrer Diasporagruppen, die allerdings weniger auf den Aspekt des doppel- oder mehrwertigen Kontextes als auf den der Entwicklung eines „neuen" Selbst-Verständnisses mithilfe des Internets abhebt. Miller und Slater fragen nach der Bedeutung, die das Internet bei der Konstruktion und Präsentation dessen hat, was sie als „Trini"-Identität bezeichnen: Trinidad selbst bietet nach Einschätzung der „Trinis" nicht genügend ökonomische Ressourcen und Freiheiten, um das für sie charakteristische und erstrebenswerte Trini-Selbst zu entwickeln, verstanden im Sinne kosmopolitischer und unternehmerischer Eigenschaften. Eine zunächst paradox erscheinende Folge ist deshalb: „you could only become really Trini by going abroad" (ebd.: 12). Es ist das Internet – z.B. Websites von Zeitungen aus Trinidad, Chats oder Kommunikationsdienste wie ICQ –, das den Trinis erst die Möglichkeiten zur Verfügung stellt „Trini zu sein", sowohl denjenigen, die in Trinidad leben, als auch den Diaspora-Trinis. „Being Trini" und „representing Trini" sind die Erfahrungen, die Miller und Slater in fast jeder ihrer über Interviews oder mittels teilnehmender Beobachtung erhobenen Erfahrungen ausmachen konnten. Wird das Internet dazu benutzt, das zu werden, was eine Person gerne sein will, sprechen die Autoren von „expansive realisation", d.h. Trinis gebrauchen das Internet „to make a Trini place" (ebd., 85), einen Ort zu erschaffen, wo die Menschen Trini „sein" können und sich als solche auch ausleben können. Bei den Trinis, die außerhalb von Trinidad leben, kommt dies vor allem darin zum Ausdruck, dass sie mit anderen Trinis über das Internet in Kontakt zu treten versuchen, sich über den Trini-Alltag und Aspekte des Trini-Seins unterhalten wollen sowie „also do Trini things online – to lime, banter, talk music, food, drink and sex" (ebd.). Im Gegensatz zu dieser Erfahrung des „being Trini" basiert das „representing Trini" auf der erhöhten Aufmerksamkeit von Trinis darauf, aufgrund ihrer verstärkten Teilhabe an der Online-Öffentlichkeit verantwortlich dafür zu sein, Trinidad gegenüber anderen angemessen zu repräsentieren. Insbesondere im Hinblick auf die Erfahrung des „being Trini" kann die mithilfe des Internets ausgearbeitete Trini-Identität – im

Gegensatz zu Identitätsannahmen in Forschungsarbeiten der zweiten Kategorie – nicht mehr alleine aus einer Hinwendung zur Herkunftskultur erklärt werden. Es entsteht etwas Neues, Nicht-Homogenes, eine *Mischidentität*, die in einem Set unterschiedlicher nationaler, ethnischer und kultureller Faktoren zu verorten ist. Allerdings reicht es für die Analyse des Zusammenhangs, in dem die sozial-räumliche ‚Verortung' von *jungen* Migranten mit dem Internet steht, nicht aus, alleine die Frage der Mehrfachzugehörigkeit in den Blick zu nehmen. Hinzu kommen muss andererseits, wie ich bereits deutlich zu machen versucht habe, dass die national-ethnisch-kulturelle Mehrfachzugehörigkeit von Migrantenju-gendlichen mit der erfahrenen *Anerkennung* in einem bedeutsamen Verhältnis steht, was sich in einem entsprechenden Untersuchungsdesign systematisch ab-bilden sollte (vgl. Hugger 2009).

3 Online-Communities von Jugendlichen mit türkischem Migrationshintergrund

3.1 Nutzungsaspekte

Für junge Türken in Deutschland ist das Internet in den letzten Jahren zuneh-mend zu einem selbstverständlichen Bestandteil ihrer Medienwelten geworden, womit sich zunächst einmal zeigt, dass sie ebenso wie Nicht-Migranten in die durch die Einführung des Internets mit beeinflussten sozialen Wandlungsprozes-se in unserer Mediengesellschaft eingebunden sind. In empirisch-quantitativer Hinsicht wird die wachsende Bedeutung der Online-Welt für türkische Heran-wachsende in Deutschland besonders durch die Ergebnisse von zwei zentralen, neueren Nutzungsstudien belegt (vgl. bereits Fritzsche 2000):

1. Die Nutzung „heimat- und deutschsprachiger Medien" bei sechs Migranten-gruppen hat die Repräsentativstudie der ARD/ZDF-Medienkommission „Migranten und Medien 2007" untersucht (vgl. Simon 2007). Neben klassi-schen Medien Fernsehen, Radio und Tageszeitung wurde auch das Internet in den Blick genommen. Dabei haben die Forscher aus den Daten die An-zahl der sog. „Stammnutzer" berechnet, der Personen also, die an mindes-tens vier Tagen pro Woche ein bestimmtes Medien- oder Programmangebot nutzten. In den Ergebnissen wird deutlich, dass sich unter den Jugendlichen mit türkischem Migrationshintergrund (14-29 Jahre) 62 % Stammnutzer des Internets befinden. Nimmt man als Maßstab die *gelegentliche* Nutzung des Internets hinzu, die in der Studie nicht eigens ausgewiesen wird, ist also an-

zunehmen, dass der Anteil der Internetnutzer unter den jungen Türken sogar weitaus höher ist und sich vermutlich dem Anteil der Gesamtnutzerschaft der Jugendlichen in Deutschland annähert. Dieser liegt nach Angaben der ARD/ZDF-Online-Studie 2007 (vgl. van Eimeren/Frees 2007) bei etwa 95 % (14-19 Jahre: 95,8 %; 20-29 Jahre: 94,3 %), was nahezu einer Vollversorgung entspricht[2]. Während also die Studie „Migranten und Medien 2007" zur gelegentlichen Nutzung des Internets nur implizit Angaben macht, liefert sie interessante Ergebnisse zur sprachspezifischen Nutzung von Internetseiten. Demnach besuchen die jugendlichen Stammnutzer mit türkischem Migrationshintergrund vor allem „nur deutschsprachige" Internetseiten (42 %), an zweiter Stelle sowohl „deutschsprachige" als auch „türkischsprachige" Internetseiten (16 %) und an dritter Stelle „nur heimatsprachige" Websites (4 %).

2. Die zweite relevante Untersuchung ist in der Markt- und Meinungsforschung angesiedelt, was sich aus dem zunehmenden Interesse von Unternehmen am „Ethno-Marketing" erklären lässt. So stellt Joachim Schulte (2003) in einer Studie des Markt- und Meinungsforschungsinstituts „Data 4U" zur Internetnutzung von Türken in Deutschland fest, befragt wurden insgesamt 1.027 Personen ab 14 Jahren mittels Telefoninterviews, dass von 2001 bis 2003 der Anteil der 14-29-jährigen (mindestens gelegentlichen) türkischen User von 40 % auf etwa 53 % gestiegen ist. Aus den Data 4U-Ergebnissen geht darüber hinaus hervor, dass es 2003 vor allem jüngere, männliche Personen aus Haushalten mit einem gehobenen Einkommen sind, die den Kern der türkischen Online-User darstellen. Bei den genutzten Onlineanwendungen dominieren die kommunikativen Funktionen E-Mail und Chat/Newsgroups. Nachgeordnet rangiert die Suche nach Informationen und Nachrichten.

Obwohl beide Studien zwar die grundsätzlich immer größer werdende Relevanz der Online-Welt bei den türkischen Jugendlichen in Deutschland belegen kön-

---

2   Dies wird durch die Ergebnisse einer Sonderauswertung zum „(N)Onliner Atlas 2008" bestätigt, die sich mit dem Zusammenhang von Internetnutzung und Migrationshintergrund beschäftigt. Die Studie der Initiative D21, durchgeführt von TNS Infratest, kommt zu dem Resultat, dass bei den 14 bis 29-jährigen Personen mit und ohne Migrationshintergrund der Unterschied bei der Internetnutzung gering ist: Während der Anteil der Internetnutzer bei den jungen Menschen „ohne Migrationshintergrund" 92,7 % beträgt, liegt dieser Anteil bei den Personen dieser Altersgruppe, deren Eltern über eine Migrationserfahrung verfügen, bei 90,4 %. Der Migrationshintergrund alleine, so die Autoren der Untersuchung, sei deshalb kein Merkmal digitaler Spaltung. Alter – und darüber hinaus Bildungsabschluss sowie Einkommen – würde in ähnlicher Weise auf die Nutzung des Internets wirken wie bei der Bevölkerung ohne Migrationshintergrund (Initiative D21 2008).

nen, ist die Aussagekraft ihrer Ergebnisse für die Fragestellung dieses Beitrages doch eher beschränkt: Erstens, weil die quantitativen Daten kaum eine Antwort auf das Warum der Mediennutzung liefern. Dazu ist (zusätzlich) die Verwendung qualitativer Verfahren notwendig. Ein Beispiel dafür werde ich im folgenden Abschnitt darstellen. Zweitens liefert vor allem die Untersuchung der ARD/ZDF-Medienkommission keinerlei Ergebnisse zu denjenigen Online-Angeboten, die bei den Jugendlichen zwischen 14 und 29 Jahren besonders große Aufmerksamkeit hervorrufen, d.h. die Sozialräume im Internet (vgl. allgemein zu deren Nutzung durch Jugendliche: Eimeren/Frees 2007), die in dieser Untersuchung im Mittelpunkt stehen: Online-Communities, die sich speziell an junge türkische Migranten in Deutschland richten, von einigen Autoren auch „Ethnoportale" oder „Multikulti-Portale" (Azrak 2002) genannt. Ich habe bereits sichtbar zu machen versucht, dass sich diese Portale meines Erachtens für die Jugendlichen als ‚natio-ethno-kulturelle Hybridumgebungen' konkretisieren. Nach den Marktforschungsdaten der Data 4U-Erhebung werden solche Online-Communities von fast 60 % aller deutsch-türkischen Onliner genutzt, insbesondere den Jugendlichen. Allerdings unterlaufen diese Angebote die Klassifizierung der ARD/ZDF-Studie, die ausschließlich nach einem deutsch- und heimatsprachigen Internet unterteilt. Wie sich auf den folgenden Seiten noch detaillierter zeigen soll, ist diese Trennung sowohl aus der Perspektive der Angebots- wie der Nutzerseite problematisch: Auf der Angebotsseite zeigt sich etwa bei Vaybee.de, dass die redaktionellen Inhalte teils in deutscher, teils in türkischer Sprache präsentiert werden. Der User hat hier sogar die Möglichkeit, seine favorisierte Sprache auszuwählen. Aber auch im Hinblick auf einen weiteren Aspekt scheint mir die Trennung von deutsch- und heimatsprachigem Internet wenig zielführend zu sein, um auf dieser Basis geeignete Schlüsse für das „Integrationspotenzial" des Internets zu ziehen, so wie es die Studie versucht. Denn schaut man auf die Kommunikation der jungen Türken untereinander, also die Inhalte, die die Mitglieder der Online-Community eigenständig veröffentlichen, zeigt sich, dass diese oft durch Sprachwechsel, also dem Wechsel zwischen dem Türkischen und dem Deutschen gekennzeichnet ist (vgl. Androutsopoulos 2006). Eine Unterteilung zwischen deutsch- und heimatsprachigen Websites bleibt auch hier unangemessen, weil sie das Angebot nicht treffsicher zu erfassen vermag.

Dieser eindimensional verengte Blick auf Internetangebote bzw. Sozialräume im Internet für Jugendliche mit (nicht nur) *türkischem* Migrationshintergrund, zeigt beispielhaft, dass in der (empirischen) Medienforschung in Deutschland der Zusammenhang von transnationaler Migration, hybrider Identität und Internet bisher noch zu wenig fruchtbar gemacht wird. Dies gilt freilich nicht nur für die Medien- sondern in anderer Weise auch für die Migrationsforschung, die, wenn sie die Mediennutzung (junger) Türken untersucht, vor allem die Massenmedien Fernsehen, Radio und Print berücksichtigt, die zunehmende Bedeutung des Internets jedoch noch weitgehend unberücksichtigt lässt (vgl. Hafez 2003: 2005, Geißler/Pöttker 2006, Sauer/Goldberg 2006, Halm 2007).

3.2 Vergewisserung von Zugehörigkeit und Suche nach Anerkennung

Um tiefergehende empirische Hinweise darüber zu erhalten, ob bzw. in welcher Art und Weise die Verarbeitung hybrider Identitäten von jungen Migranten in der Online-Welt erfolgt, habe ich im Jahr 2005 eine face-to-face-Befragung von 20 jungen Türken der zweiten Migrantengeneration in Deutschland durchgeführt. Bei diesen Jugendlichen bzw. jungen Erwachsenen handelt es sich um Mitglieder der Online-Communities Vaybee.de, Bizimalem.de und Aleviler.de, die sich dort aktiv am kommunikativen Austausch in den asynchronen Diskussionsforen beteiligt haben (vgl. zur Beschreibung dieser Communities auch Hugger 2007).

3.2.1 Vergewisserung von „prekärer" Zugehörigkeit

Online-Communities wie Vaybee.de, Aleviler.de oder Bizimalem.de stellen für die türkischen Migrantenjugendlichen Orte dar, dies wird in den Ergebnissen meiner Untersuchung deutlich, in denen sie ihre „prekäre" Zugehörigkeit insofern ‚verarbeiten' können, als sie sich dort ihrer gemeinschaftlichen wie biografischen Wurzeln vor dem Hintergrund national-ethnisch-kultureller Hybridität vergewissern können. Obwohl junge Migranten, wie Mecheril (2003:314) feststellt, „zunächst keine öffentlichen Orte der Darstellung ihres natio-ethno-kulturellen Status und ihrer natio-ethno-kulturellen Ortlosigkeit" vorfinden, kann ihr Agieren in den national-ethnisch-kulturellen Hybridumgebungen des Internets als *sozial-räumlicher Rahmungsversuch* interpretiert werden, der es ihnen ermöglicht, ihre „prekäre" Zugehörigkeit zu ‚verorten'. Insgesamt werden bei den Befragten unterschiedliche *Muster der Vergewisserung* national-ethnisch-kultureller Zugehörigkeit in den Online-Communities sichtbar, m.a.W. zeigt sich eine Vielfalt unterschiedlicher Verarbeitungsweisen „prekärer" Zugehörigkeit:

1. Der Versuch, erst mithilfe des Agierens in der Online-Community biografische wie gemeinschaftliche türkische Wurzeln zu *entdecken*. Dieses Muster wird bei Hasan[3] deutlich, für die Bizimalem.de die Funktion eines Türöffners zum türkischen Zugehörigkeitskontext hat, wodurch es ihm gelingt „Berührungsängste" gegenüber dem Türkischen und den Türken abzubauen, somit die seines Erachtens vernachlässigte Seite seines mehrwertigen Zu-

---

3   Die in diesem Beitrag genannten Namen der Interviewten sind anonymisiert.

gehörigkeitsverständnisses fruchtbar zu machen. Dies unternimmt er freilich nicht mit dem Ziel, Mehrwertigkeit durch Einwertigkeit zu ersetzen, sondern Mehrwertigkeit *auszubalancieren*.

2. Der Versuch, „prekäre" Zugehörigkeit mithilfe der Vergewisserung biografischer wie gemeinschaftlicher Wurzeln im Rahmen der Online-Community zu *vereindeutigen*. Dieses Muster zeigt sich bei Haluk, dem es Probleme bereitet, Mehrfachzugehörigkeit in seinem Selbstverständnis aufrechtzuerhalten. Für eine sinntragende Zukunftsperspektive sieht er sich dazu gezwungen, sich für den einen oder anderen national-ethnisch-kulturellen Kontext zu entscheiden und damit die Frage nach seiner Zugehörigkeit idealtypisch zu einer Entweder-oder-Entscheidung zu machen.

3. Der Versuch, mithilfe des Agierens in der Online-Community biografische wie gemeinschaftliche türkische Wurzeln zu *bewahren*. Dieses Muster wird bei Ildiz sichtbar, der sich seiner Mehrfachzugehörigkeit bewusst ist, der aber zugleich aufgrund des von ihm beobachteten gesellschaftlichen Enttraditionalisierungsprozesses das Überleben seiner türkischen, genauer ausgedrückt, alevitisch-kurdischen Wurzeln gefährdet sieht. Mithilfe seines Agierens in der Online-Community will er deshalb vor allem die alevitischen Traditionen späteren Generationen zur Aufbewahrung weiter geben.

4. Der Versuch, mithilfe der Vergewisserung biografischer wie gemeinschaftlicher Wurzeln in der Online-Community „prekäre" Zugehörigkeit zu *festigen und anderen zu vermitteln*. Dieses Muster zeigt sich vor allem bei Ünay. Sie anerkennt sich im spezifischen biografischen So-geworden-sein ihres hybriden national-ethnisch-kulturellen Zugehörigkeitsverständnisses und will die positiven wie negativen Zugehörigkeitserfahrungen, die sie gesammelt hat, anderen vermitteln, weil sie davon überzeugt ist, anderen türkischen Jugendlichen, die unter einer „prekären" Zugehörigkeit zu leiden haben, helfen zu können.

5. Der Versuch, mithilfe der Vergewisserung biografischer wie gemeinschaftlicher türkischer Wurzeln im Rahmen der Online-Community *biografische Kontinuität herzustellen*. Dieses Muster zeigt sich verstärkt bei Duru, für die das Agieren in der Online-Community den sozial-räumlichen Rahmen zur biografischen Reflexion zur Verfügung stellt, und zwar indem sie immer wieder einen Zusammenhang herstellt zwischen den „Mischkultur"-Themen in den Diskussionsforen der Vaybee.de-Community und ihren eigenen Kindheitserfahrungen. Dadurch erinnert sie sich aber nicht nur ihrer Wur-

zeln, sondern kann auf dieser Basis überprüfen, inwieweit diese mit ihrem heutigen hybriden Selbstverständnis in Passung zu bringen sind.

Jenseits aller Unterschiede, die sich in den verschiedenen Verarbeitungsweisen „prekärer" Zugehörigkeit widerspiegeln, können – die Ergebnisse der Einzelfallanalysen sind an anderer Stelle thematisiert worden (vgl. Hugger 2009) – zwei *übergreifende* Aspekte entdeckt werden, die die Vergewisserung von Zugehörigkeit in den Communities des Internets zu strukturieren scheinen:

1. Die Frage, ob die Vergewisserung oder anders ausgedrückt, *Reflexionsarbeit* der jungen Türken gelingt, nur episodisch gelingt oder gar scheitert, ist offen. Dass die sozial-räumlichen Rahmungsversuche für das Individuum nicht zufriedenstellend verlaufen *müssen*, mithin die national-ethnisch-kulturellen Hybridumgebungen des Internets kein Erfolgsgarant zur Selbst-Findung junger Türken in Deutschland sind, kann als wichtiges Ergebnis festgehalten werden. Dieser Aspekt relativiert aber nicht nur ein vorschnelles Feiern der türkischen Online-Communities und ihrer Bedeutung für das Ausleben von Hybridität. Zugleich ist dieses Ergebnis ein Hinweis darauf, dass die Kritik an einem naiven Verständnis von national-ethnisch-kultureller Hybridität durchaus Berechtigung hat, wenn darunter verstanden wird, dass junge Migranten grundsätzlich und immer souverän mit ihrem mehrwertigen Selbstverständnis umzugehen in der Lage sind.

2. Im Rahmen der Vergewisserung von Zugehörigkeit in den national-ethnisch-kulturellen Hybridumgebungen des Internets lassen sich sowohl *synchrone* als auch *diachrone* Orientierungsformate wiederfinden (vgl. Marotzki 2007). Neben die Betrachtung der Identitätsbildung von jungen Migranten im Hier und Jetzt (synchrone Perspektive) tritt die des *historischen* Sinnbildungsprozesses (diachrone Perspektive), in dessen Rahmen sich der Einzelne zum einen seiner individuellen, biografischen und zum anderen seiner gruppenorientierten Wurzeln vergewissert. Im Hinblick auf die diachrone Seite vermischt sich die Suche nach biografischen und gemeinschaftsorientierten Wurzeln des Einzelnen. In den individuellen Verarbeitungsweisen „prekärer" Zugehörigkeit werden in der Regel beide Elemente sichtbar und können nur analytisch voneinander getrennt werden. Dies bedeutet: Wenn die Personen über die Frage kollektiver Eigenschaften in historischer und gegenwärtiger Perspektive zusammen mit anderen reflektieren, dann kann dies nicht unabhängig von ihren ganz persönlichen Zugehörigkeitserfahrungen und deren Verarbeitungsweisen derselben betrachtet werden. Um auf die Frage der Vergewisserung „prekärer" Zugehörigkeit im

Internet eine Antwort zu finden, müssen also – dies offenbart sich in den
Selbsterzählungen der jungen Türken – sowohl kulturelle wie persönliche
Aspekte von Identität berücksichtigt werden.

3.2.2 Suche nach Anerkennung

Der anfangs aufgezeigte Zusammenhang zwischen der national-ethnisch-kulturellen Mehrfachzugehörigkeit der jungen (türkischen) Migranten und der Frage
der Anerkennung (vgl. auch Stojanov 2006) kann im Hinblick auf das Agieren in
Online-Communities auch empirisch fruchtbar entfaltet werden. Ich hatte darauf
hingewiesen, dass durch die mit dem „prekären" Zugehörigkeitsstatus verbundenen Schwierigkeiten, sich nicht bruchlos in die Einwertigkeit des vorherrschenden gesellschaftlichen Zugehörigkeitsverständnisses einpassen zu lassen, die
Migrantenjugendlichen einen *Mangel an persönlicher Anerkennung* erleben
können, d.h., dass ihnen zumindest im Kontext der (deutschen) Mehrheitsgesellschaft die Möglichkeit vorenthalten zu werden scheint, ihren eigenen durch national-ethnisch-kulturelle Hybridität gekennzeichneten Orientierungen und biografischen Leistungen einen sozialen Wert beizumessen und diesen intersubjektiv zum Ausdruck zu bringen. Vor diesem Hintergrund machen die Einzelfallanalysen auf Folgendes aufmerksam: Die national-ethnisch-kulturellen Hybridumgebungen des Internets bieten den jungen Türken einen sozial-räumlichen
Rahmen, in dem sie jenseits des einwertigen deutschen, aber auch des einwertigen türkischen Zugehörigkeitskontextes Bestätigung durch andere Personen
erfahren können, die ebenfalls über einen „prekären" Zugehörigkeitsstatus verfügen und damit über ähnliche Alltagserfahrungen (z.B. mit verwehrter Anerkennung im deutschen oder türkischen Kontext) wie biografische Hintergründe
verfügen. Dies muss freilich nicht notwendigerweise bedeuten, dass dieser Rahmen für die Suche nach Anerkennung in jedem Fall auch ‚erfolgreich' genutzt
werden muss. Über die unterschiedlichen Muster der Anerkennungssuche in den
Online-Communities hinaus, die die jungen Türken auf der Basis ihrer Selbst-
zählungen zum Ausdruck bringen, werden zwei übergreifende Aspekte sichtbar:

1. Verwehrte Anerkennung in Form von *Rassismuserfahrungen* in Deutschland ist ein zentraler Antriebsfaktor für den Versuch der jungen Türken, ihre
   „prekäre" Zugehörigkeit im Rahmen national-ethnisch-kultureller Hybridumgebungen im Internet zusammen mit anderen zu verarbeiten. Missachtungserfahrungen aufgrund von Rassismus sind ein bestimmendes Struk-
   turmuster der Anerkennungssuche von Migrantenjugendlichen, also nicht
   nur in der Offline-Welt, sondern auch im Netz. Dies wird beispielhaft bei
   Hasan deutlich, der von persönlichen und institutionellen Rassismuserfah-

rungen – offline wie online – erzählt. Hasan versucht, diese zu vermeiden, indem er sich verstärkt seinem türkischen Kontext zuwendet, der ihm durch das soziale Miteinander bei Bizimalem.de eröffnet wird: „Bei Bizimalem habe ich mich viel wohler gefühlt, einfach, weil niemand sagen konnte 'Scheißtürke'. Das war für mich sehr wichtig" (Hasan[4], 233-234). Da die Mitglieder von Bizimalem.de ebenfalls einen türkischen Migrationshintergund haben, kann sich Hasan sicher sein, dort nicht mit der Beschimpfung „Scheißtürke" konfrontiert und erniedrigt zu werden. Insofern ist seine Mitgliedschaft in der türkischen Online-Community eine *Reaktion* auf im deutschen Kontext verwehrte Anerkennung. Die durch alltäglichen Rassismus erzwungene permanente Vergegenwärtigung, nicht fraglos dem deutschen Kontext zugehörig zu sein, scheint hier zu entfallen. Dieses Muster lässt sich in der einen oder anderen Weise in allen Einzelfallanalysen entdecken, wenngleich die Rassismuserfahrungen nicht unbedingt so unmittelbar als wichtiges Motiv für das Agieren in den ‚türkischen' Online-Communities formuliert sein müssen, wie dies bei Hasan der Fall ist. Rassismuserfahrungen können auch *imaginären* Charakter haben, dennoch wirksam für das Subjekt sein und somit als wichtiger Antriebsfaktor für eine Mitgliedschaft in Frage kommen. Dies wird an Durus Beispiel sichtbar, wenn sie die Rezeption eines „türkischen Macho-Typen" im Fernsehen und die daraus von ihr abgeleiteten negativen Folgen im deutschen Alltag thematisiert: Duru befürchtet nicht einfach nur, dass die deutsche Mehrheitsgesellschaft das Verhalten des türkischen Machos mit dem der türkischen Hybriden gleichsetzen könnte, zu denen sie sich zählt. Sie befürchtet vor allem, von *den Deutschen* mit Missachtung bestraft zu werden („jetzt werden alle normal denkenden Deutschen in Deutschland sich das angucken und sich denken ‚oh Gott, nein, Hilfe, was ist das für eine Einstellung'" (Duru, 94-96). Die mögliche Missachtung, die die Rezeption des türkischen „Macho-Typen" im Fernsehen für sie zur Folge haben könnte, würde für sie einen Entzug von Anerkennung bedeuten, zu der sie im biografischen Prozess erst schwer hat finden müssen. Insgesamt wird bei den jungen Türken im Netz ein Muster der Erwartung von Anerkennung durch andere aus dem deutschen Zugehörigkeitskontext deutlich, das durch *Fragilität* gekennzeichnet ist. Dies bedeutet am Beispiel von Duru: Sie kann sich nicht in selbstverständlicher Weise sicher sein, dass ihr von den „normal denkenden Deutschen in Deutschland" Wohlwollen

---

4   Die Zahlen hinter der Namensgebung geben die Zeilennummer im Transkript des Interviews an. Das vorliegende Zitat befindet sich also im Transkript des Interviews mit Hasan von Zeile 233 bis Zeile 234.

entgegengebracht wird. In solchen Situationen wird Duru die Unsicherheit bewusst, bei der Suche nach sozialer Anerkennung kaum dem deutschen Zugehörigkeitskontext vertrauen zu können – im Gegensatz zu der erwarteten Bestätigung durch andere, von der sie prinzipiell im Rahmen der türkischen Online-Community ausgeht.

2. Die Anerkennungssuche der türkischen Migrantenjugendlichen im Rahmen der national-ethnisch-kulturellen Hybridumgebungen des Internets kann als Prozess rekonstruiert werden, der idealtypisch vier Phasen umfasst: Entdeckung, Bestätigung/Missachtung, Prüfung, Konsolidierung. Dieser Prozess und die mit ihm verbundenen Phasen haben einen dynamischen und variablen Charakter, d.h. obwohl sie zwar als Ablaufmuster in – mehr oder weniger – allen analysierten Fällen zu finden sind, können die einzelnen Phasen a) für das Subjekt unterschiedlich stark ausgeprägt sein (Intensität, Zeitdauer etc.), b) in veränderter oder erweiterter Reihenfolge zum Ausdruck kommen oder c) sich miteinander vermischen.

So kann nach der Konsolidierungsphase eine erneute Prüfung vorgenommen werden, die Phasen Bestätigung/Missachtung und Prüfung fallen zusammen usf. Solange aber die Person in der Online-Community aktiv ist, kann auch die dortige Anerkennungssuche fortdauern. Zudem ist darauf hinzuweisen, dass die rekonstruierten Phasen nicht als ‚Erfolgsmodell' misszuverstehen sind. Am Ende des Prozesses, sofern er in den Selbsterzählungen der Jugendlichen als ‚abgeschlossen' erkennbar wird, muss für den Einzelnen nicht Anerkennung stehen, vielmehr kann ihm diese auch von anderen vorenthalten werden.

Entdeckungsphase

Diese Phase steht am Beginn des Anerkennungsprozesses in den natio-ethno-kulturellen Hybridumgebungen des Internets. Sie ist in der Regel dadurch geprägt, dass der Jugendliche zwar von der Annahme ausgeht, dass er in der Online-Community diejenige Bestätigung als Individuum mit „prekärer" Zugehörigkeit erhält, die ihm im einwertigen deutschen bzw. einwertigen türkischen Zugehörigkeitskontext außerhalb der Community verwehrt wird. Allerdings ist sein Verhalten noch durch Unsicherheit darüber gekennzeichnet, ob sich seine Annahme im sozialen Miteinander bewahrheitet. Als Neu-Mitglied verfügt er zu diesem Zeitpunkt noch nicht über Erfahrungen, wie die anderen Mitglieder der Community auf eigene kommunikative Äußerungen in Postings reagieren werden, ob positiv oder negativ oder gleichgültig.

Bestätigungs-/Missachtungsphase

Kennzeichnend für diese Phase ist die Reflexion der Migrantenjugendlichen, wie die Reaktionen der Anderen nicht nur, aber insbesondere auf das erste Posting zu bewerten sind. Dies ist insofern für die Verarbeitung „prekärer" Zugehörigkeit relevant, als der erste Beitrag von den Jugendlichen auch immer – ob implizit oder explizit – als persönliche Positionierung oder gar Offenbarung im Hinblick auf das Thema der national-ethnisch-kulturellen Hybridität verstanden wird. Und aus diesem Grund werden die Reaktionen der Anderen als eine Art Gradmesser hinsichtlich der Frage interpretiert, ob man als Hybrid willkommen ist, ob die Annahme, hier tatsächlich soziale Anerkennung erfahren zu können, berechtigt war oder nicht. Fallen die Rückmeldungen der Anderen positiv aus, kann dies bei der Person ein Gefühl der sozialen Wertschätzung hinterlassen. Fallen die Rückmeldungen negativ aus, kann dies bei der Person ein Gefühl fehlender sozialer Wertschätzung bzw. Missachtung hinterlassen.

Prüfungsphase

Diese Phase im Anerkennungsprozess ist dadurch charakterisiert, dass die Migrantenjugendlichen den Sinn und Zweck ihres Agierens in der jeweiligen national-ethnisch-kulturellen Hybridumgebung des Internets für sich und ihr Selbst kritisch in Frage stellen. Zugleich überprüfen sie damit, ob es ihnen hier gelungen ist, sich mit ihrem „prekären" Zugehörigkeitsstatus Geltung zu verschaffen. Somit hat diese Phase den Charakter einer Bestandsaufnahme, in der die bisherigen Online-Erfahrungen zur Reflexion kommen. Verläuft die Prüfungsphase für die Jugendlichen positiv, d.h. können sie für sich insgesamt festhalten, sich in der jeweiligen national-ethnisch-kulturellen Hybridumgebung des Internets mit ihrem „prekären" Zugehörigkeitsstatus Geltung verschafft zu haben, leitet dies über in die *Konsolidierungsphase*. Verläuft die Prüfungsphase dagegen negativ, stellt die Person also fest, dass sie sich alles in allem keine Geltung verschaffen konnte, kann dies einerseits zur Beendigung der Mitgliedschaft in der Online-Community führen bzw. zum vorzeitigen Abschluss des dort mit der Entdeckungsphase begonnenen Anerkennungsprozesses, oder es kann andererseits zum Versuch eines *Neubeginns* dieses Prozesses mithilfe eines veränderten Identitätsprofils führen.

Konsolidierungsphase

Für diese Phase des Anerkennungsprozesses ist Voraussetzung, wie bereits angeklungen ist, dass für den einzelnen die Prüfungsphase positiv verläuft und er für sich festhalten kann, sich insgesamt in der jeweiligen national-ethnisch-kulturellen Hybridumgebung des Internets mit seinem „prekären" Zugehörigkeitsstatus Geltung verschafft zu haben. Kennzeichnend für diese Phase ist die *Festigung* des persönlichen Agierens in der Online-Community, indem die Person beschließt, Mitglied zu bleiben und das eigene Engagement vielleicht sogar zu verstärken, obwohl im Anerkennungsprozess durchaus Missachtungserfahrungen aufgetreten sein können.

4   Fazit

Vergewisserung von Zugehörigkeit und Suche nach Anerkennung sind in der gegenwärtigen, durch kulturelle Globalisierungsbedingungen gekennzeichneten Gesellschaftsformation ein schwieriges Unterfangen, weil sie offenbar immer weniger durch gesellschaftliche Normen und begrenzte nationale, ethnische wie kulturelle Bezüge geregelt werden. Mit der *Individualisierung der Anerkennung* muss der Einzelne seine Leistung zwar nicht mehr „einem ganzen Kollektiv" (Honneth 2003: 209) zurechnen, vielmehr kann er sie positiv der eigenen Person gutschreiben. Da aber die Normen gesellschaftlicher Instanzen gegenwärtig weniger wirksam sind, bedeutet dies zugleich, dass das Subjekt selbst erhöhte Anstrengungen unternehmen muss, um Anerkennung zu erhalten und sich seiner Zugehörigkeit zu vergewissern. Die Vermittlungsformen für Anerkennung verändern sich. Diese waren in früheren Zeiten an die *Traditionen* von Kollektiven, Gruppen oder Gemeinschaften gebunden – Kulte, Rituale und Bräuche, die in einer „posttraditionalen Gesellschaft" (Giddens 1996) nicht mehr auf traditionelle Art und Weise bewahrt werden können. Mit der Analyse von Anthony Giddens (2001) zum Zusammenhang von Tradition und Globalisierung wird sichtbar, dass traditionelle Praxen dem Einzelnen Handlungsrahmen zur Verfügung stellen, die in hohem Maße unbezweifelt bleiben, eine Art Wahrheit darstellen, aufgrund deren dieser auch gar nicht nach Alternativen suchen muss. Unter dem Einfluss der Globalisierung kommt es zu einer gesellschaftlichen Enttraditionalisierung, durch die auch unser Alltagsleben dem Einfluss der Tradition entzogen wird. Dadurch verschwindet die Tradition nicht, sondern sie muss auf nicht-traditionelle Weise aufrechterhalten werden. Dies bedeutet für das von der traditionellen Funktion der Tradition befreite Selbst nichts anderes, als das es seine Identität – und damit auch Anerkennung – auf einer aktiveren Grundlage mit anderen, gewissermaßen *aushandelnd* finden muss. Mit dem Verlust angestammter, unbezweifelter Vermittlungsformen von Anerkennung werden *offene, dialogische* Vermittlungsrahmen entscheidend. Was bedeutet dies für das *hybride* Subjekt? Es ist nun viel mehr auf sein soziales Netzwerk „mit jeweils unterschiedlichen Anerkennungsklaviaturen angewiesen. Das Spiel auf einer dermaßen individualisierten Anerkennungsklaviatur ist anspruchsvoller bzw. erfordert weit mehr beziehungsorientierte Aushandlungskompetenzen als in modernen Zeiten" (Keupp u.a. 1999: 260).

Junge Türken der zweiten und dritten Migrantengeneration in Deutschland sind in diesen Prozess gesellschaftlichen Wandels fest eingebunden, was sich am Zusammenhang aufzeigen lässt, in dem ihre natio-ethno-kulturelle Mehrfachzugehörigkeit mit der Suche nach Anerkennung steht. Die von mir untersuchten Online-Communities stellen für diese Jugendlichen einen neuen Sozialraum dar, im dem das Spielen-Können auf der individualisierten Anerkennungsklaviatur offenbar zunehmend bedeutsamer wird.

Literatur

Androutsopoulos, Jannis (2006): Mehrsprachigkeit im deutschen Internet: Sprachwahl und Sprachwechsel in Ethnoportalen. In: Schlobinski (2006): 172-196.

Azrak, Attila (2002): Links zum Leben und Überleben. In: medien concret. 1. 10-11.

Beck, Ulrich/Giddens, Anthony./Lash, Scott (1996): Reflexive Modernisierung. Eine Kontroverse. Frankfurt am Main: Suhrkamp.

Becker, Jörg/Behnisch, Reinhard (Hrsg.) (2003): Zwischen kultureller Zersplitterung und virtueller Identität. Türkische Medienkultur in Deutschland III. Rehburg-Loccum: Ev. Akademie Loccum.

Castells, Manuel (2002): Die Macht der Identität. Das Informationszeitalter. Teil 2. Opladen: Leske + Budrich.

Castro Varela, María do Mar/Dhawan, Nikita (2005): Postkoloniale Theorie. Eine kritische Einführung. Bielefeld: transcript.

Eimeren, Birgit van/Frees, Beate (2007): Internetnutzung zwischen Pragmatismus und YouTube-Euphorie. ARD/ZDF-Online-Studie 2007. In: Media Perspektiven. 8. 362-378

Fischer, Arthur/Fritzsche, Yvonne/Fuchs-Heinritz, Werner/Münchmeier, Richard: Jugend 2000. 13. Shell Jugendstudie. Opladen: Leske + Budrich.

Fritzsche, Yvonne (2000): Modernes Leben. Gewandelt, vernetzt, verkabelt. In: Fischer/ Fritzsche/Fuchs-Heinritz/Münchmeier (2000): 181-219.

Geißler, Rainer/Pöttker, Horst (2006) (Hrsg.): Integration durch Massenmedien. Medien und Migration im internationalen Vergleich. Bielefeld: transcript.

Georgiou, Myria (2002): Diasporic Communities On-Line: A Bottom Up Experience of Transnationalism. In: Hommes et Migrations. 1240. 10-18.

Giddens, Anthony (1996): Leben in einer posttraditionalen Gesellschaft. In: Beck/Giddens/Lash (1996): 113-194.

Giddens, Anthony (2001): Entfesselte Welt. Wie die Globalisierung unserer Welt verändert. Franfurt am Main: Suhrkamp.

Gogolin, Ingrid/Pries, Ludger (2004): Stichwort: Transmigration und Bildung. In: Zeitschrift für Erziehungswissenschaft. 7.1. 5-19.

Ha, Kien Nghi (2005): Hype um Hybridität. Kultureller Differenzkonsum und postmoderne Verwertungstechniken im Spätkapitalismus. Bielefeld: transcript.

Hafez, Kai (2003): Türkische Mediennutzung in Deutschland: Hemmnis oder Chance der gesellschaftlichen Integration? Eine qualitative Studie im Auftrag des Presse- und Informationsamtes der Bundesregierung. Hamburg/Berlin: Presse- und Informationsamt der Bundesregierung.

Hafez, Kai (2005): Mythos Globalisierung. Warum die Medien nicht grenzenlos sind. Wiesbaden: VS Verlag.

Hall, Stuart (1990): Cultural Identity and Diaspora. In: Rutherford, (1997): 222-237.

Hall, Stuart (1992):The Question of Cultural Identity. In: Hall et. al. (1992): 273-316.

Hall, Stuart/Held, David/McGrew, Tony (Hrsg.) (1992): Modernity and its Futures. Milton Keynes: Polity Press/The Open University.

Halm, Dirk (2007): Freizeit, Medien und kulturelle Orientierungen junger Türkeistämmiger in Deutschland. In: Wensierski/Lübcke (2007): 101-113.

Honneth, A. (2003): Kampf um Anerkennung. Zur moralischen Grammatik sozialer Konflikte. Mit einem neuen Nachwort. Frankfurt am Main: Suhrkamp.

Hugger, Kai-Uwe (2007): Verortung der Ortlosigkeit. Hybride Identität, Jugend und Internet. In: Villányi/Witte/Sander (2007): 173-184.

Hugger, Kai-Uwe (2008): Das Internet als transnationaler Bildungsraum für junge Migranten. In: Hunner-Kreisel/Schäfer/Witte (2008): 113- 128.

Hugger, Kai-Uwe (2009): Junge Migranten online. Suche nach sozialer Anerkennung und Vergewisserung von Zugehörigkeit. Wiesbaden: VS Verlag.

Hunner-Kreisel, Christine/Schäfer, Arne/Witte, Matthias D. (2008) (Hrsg.): Jugend, Bildung und Globalisierung. Sozialwissenschaftliche Reflexionen in internationaler Perspektive. Weinheim/München: Juventa.

Initiative D21 (2008): Internetnutzung und Migrationshintergrund in Deutschland. Eine Sonderauswertung zum (N)Onliner Atlas 2008. Berlin: Initiative D21.

Jones, Steven G. (Hrsg.) (1997): Virtual Culture. Identity and Communication in Cybersociety. London u.a.: Sage.

Karim, Karim H. (2002): Diasporas and their Communication Networks: Exploring the Broader Context of Transnational Narrowcasting. URL: http://www.nautilus.org/gps/virtual-diasporas/paper/Karim.html [19.12.2008].

Keupp, Heiner u.a. (1999): Identitätskonstruktionen. Das Patchwork der Identitäten in der Spätmoderne. Reinbek: Rowohlt.

Kompetenzzentrum Informelle Bildung (Hrsg.) (2007): Grenzenlose Cyberwelt? Zum Verhältnis von digitaler Ungleichheit und neuen Bildungszugängen für Jugendliche. Wiesbaden: VS Verlag.

Marotzki, Winfried (2007): Erinnerungskulturen im Internet. In: Kompetenzzentrum Informelle Bildung (2007): 93-103.

Mecheril, Paul (2003): Prekäre Verhältnisse. Über natio-ethno-kulturelle (Mehrfach-) Zugehörigkeit. Münster: Waxmann.

Miller, Daniel/Slater, Don (2000): Internet. An Ethnographic Approach. Oxford: Berg.

Mitra, Ananda (1997): Virtual Commonality: Looking for India on the Internet. In: Jones (1997): 55-79.

Rutherford, Jonathan (Hrsg.) (1997): Identity: Community, Culture, Difference. London: Lawrence & Wishart.

Safran, William (1991): Diasporas in Modern Societies: Myths of Homeland and Return. In: Diaspora. 1.1. 83-99.

Sauer, Martina/Goldberg, Andreas (2006): Türkeistämmige Migranten in Nordrhein-Westfalen. Ergebnisse der siebten Mehrthemenbefragung. Essen: Stiftung Zentrum für Türkeistudien.

Schlobinski, Peter (Hrsg.) (2006): Von *hdl* bis *cul8r*. Sprache und Kommunikation in den Neuen Medien. Mannheim: Dudenverlag.

Schulte, Joachim (2003): Die Internet-Nutzung von Deutsch-Türken. In: Becker/Behnisch (2003): 115-123.

Simon, Erk (2007): Migranten und Medien 2007. Zielsetzung, Konzeption und Basisdaten einer repräsentativen Studie der ARD/ZDF-Medienkommission. In: Media Perspektiven. 11.9. 426-435.

Smith, Robert (2002): Actual and Possible Uses of Cyberspace by and among States, Diasporas and Migrants. URL: http://www.nautilus.org/gps/virtual-diasporas/paper/SmithPaper.html [19.04.2008].

Stojanov, Krassimir (2006): Bildung und Anerkennung. Soziale Voraussetzungen von Selbst-Entwicklung und Welt-Erschließung. Wiesbaden: VS Verlag.

Teubener, Katy/ Schmidt, Henrike/ Zurawski, Nils (2005): Virtual Reunification? Diasporic Culture(s) on the Russian Internet. In: Media Studies. 23. 120-146.

Villányi, Dirk/Witte, Matthias D./Sander, Uwe (Hrsg.) (2007): Globale Jugend und Jugendkulturen. Aufwachsen im Zeitalter der Globalisierung. Weinheim/München: Juventa.

Wensierski, Hans-Jürgen von/Lübcke, Claudia (Hrsg.): Junge Muslime in Deutschland. Lebenslagen, Aufwachsprozesse und Jugendkulturen. Opladen/Farmington Hills: Verlag Barbara Budrich.

Türkisches Satellitenfernsehen: Auf dem Weg zur Entzauberung des Anderswo[1]

Asu Aksoy, Kevin Robins

1 Einleitung

In ganz Europa nutzen türkisch sprechende Migranten neue Medien, vor allem das Internet und die zahlreichen Satellitensender, die jetzt von Ankara und Istanbul aus ganz leicht zu empfangen sind. Wie andere Migrantengruppen – z.b. Maghrebiner, Araber, Chinesen, Inder, Afro-Karibianer und viele andere – nutzen sie diese Medien vor allem um die neuen transnationalen Kommunikationsmöglichkeiten auszuschöpfen. Dies ist ein vollkommen neues Phänomen, das sich erst in den letzten zehn Jahren entwickelt hat und das darauf Einfluss hat, wie Migranten ihr Leben gestalten und wie sie ihre Situation empfinden. Wir würden sogar sagen, dass die Möglichkeit, ganz leicht mit anderen in Europa lebenden Türken zu kommunizieren und Fernsehen aus der Türkei zu empfangen und dadurch in engem Kontakt mit dem Alltagsleben und den Geschehnissen in der Türkei, dem für türkische Migranten wichtige Anderswo, zu stehen, das Leben türkischer Migranten substantiell verändert hat. Vor allem die Möglichkeit, türkisches Fernsehen, und hierauf wollen wir uns in diesen Beitrag vor allem konzentrieren, in Europa zu empfangen, hat das Leben türkischer Migranten in Europa in unseren Augen entscheidend verändert.

Aber wie genau haben die neuen Kommunikationsmedien das Leben von Migranten verändert? Wie genau nutzen türkische Migranten die neuen transnationalen Medien? Was sind die sozialen, kulturellen und alltäglichen Auswirkungen davon, dass türkische Migranten nun Programme aus ihrem Herkunftsland empfangen können? Auf der Basis unserer Forschungen zu türkisch sprechenden Migrantengruppen in London wollen wir im Folgenden zeigen, wie sich die Beziehungen der Migranten durch die neuen Medien zu ihrem „Anderswo" bzw. ihren „Anderswos" verändert haben. Hierbei ist es zunächst wichtig festzustellen, dass in den Sozial- und Kulturwissenschaften die Beziehung von Mig-

---

1 Aus dem Englischen übersetzt von Sascha Krannich und Uwe Hunger. Der englische Begriff des „Elsewhere" wurde in diesem Beitrag im Sinne von „Anderswo" übersetzt.

rantengruppen zum „Anderswo" zumeist auf die „Heimat" beschränkt wird. Dabei gilt das „Heimatland", das sie hinter sich gelassen haben, immer als der wichtigste – und manchmal auch als der einzige – Bezugspunkt im Leben von Migranten. Hierbei wird davon ausgegangen, dass Migranten eine Art Mangel bzw. Verlust empfinden und sich wünschen, wieder eine Beziehung zu ihrem weit entfernten Herkunftsland aufzubauen (insbesondere diese Annahme soll im Folgenden aber in Frage gestellt werden). In Wirklichkeit ist die Situation heutiger Migranten nämlich viel komplizierter, als es die bisherigen Konzepte von Heimatland, Entfremdung und nationaler Zugehörigkeiten nahe legen. Wir gehen davon aus, dass Migranten sich vielmehr in einer neuen und viel komplexeren Verhandlungsposition zwischen nationalen und transnationalen Kontexten befinden. Um ihre komplexen Beziehungen sowohl zu ihrer näheren als auch entfernteren Umgebung zu verstehen, bedarf es eines intensiveren Nachdenkens und auch, wie wir glauben, eine Revision alter Denkvorstellungen.

Deutscher In der neueren Medien- und Kulturforschung gibt es ein wachsendes Interesse an den neuen Medien und der Konstruktion sog. elektronischer Räume, die auch elektronische Anderswos umfassen. Das Interesse gilt aber vor allem der Frage, wie die neuen Technologien dazu beitragen, die Brüche, die durch (physisches) Getrenntsein entstehen, zu überwinden und eine neue Art von Begegnung und Interaktion über große Entfernungen hinweg aufzubauen. Im Folgenden möchten wir diese Vorstellung jedoch mit ein paar Fragezeichen versehen. Wir wollen zwei kurze Einwände gegen diese Vorstellungen einbringen, wobei wir uns insbesondere auf unsere eigenen Fallstudien zum Ungang mit transnationalen Medien beziehen. Zum einen wollen wir darauf hinweisen, dass das Satellitenfernsehen zwar wichtig für die Beziehung von Türken zu ihrem Heimatland ist, dass es aber die neue Medienrealität nicht alleine ist, welche die türkische Bevölkerung in Europa näher an die Türkei rücken lässt und ihnen eine Vorstellung vermittelt, was die Türkei heute tatsächlich ausmacht. Auch die Entstehung neuer Kommunikationsformen und das Sinken der Transportkosten (insbesondere für Flüge) hat dazu beigetragen, dass die Migranten häufiger ihre Verwandte in der Türkei besuchen oder auch einfach Urlaub in der Türkei machen. Hierdurch haben sie ein direkteres und unvermitteltes Bild des Landes bekommen (und zwar nicht nur von der Türkei, sondern auch von anderen europäischen Ländern, in die sie vermehrt reisen, um Verwandte und Freunde zu besuchen). Die elektronischen Anderswos sind daher nur ein Teilaspekt der sehr unterschiedlichen und komplexen Erfahrungen der Türken mit dem Anderswo. Aber vielleicht ist dieser Einwand nur marginal.

Unser zweiter Einwand zielt dagegen auf einen in unseren Augen viel wichtigen Punkt, der den elektronischen Bias in vielen aktuellen Forschungsarbeiten in den Medien- und Kulturwissenschaften modifiziert. Wie wir noch sehen wer-

den, hängt der Umgang der türkischen Migranten mit ihrem „woanders sein" (als
in der Türkei oder anderen europäischen Ländern) nicht in erster Linie mit den
technologischen Neuerungen zusammen, sondern vielmehr mit dem sich verändernden Charakter ihrer gesellschaftlichen Wirklichkeit. Wir wollen uns also
eher aus einer sozialen als aus einer technologischen Perspektive dem sich verändernden Verständnis des Anderswo nähern. Unsere Forschungsergebnisse
folgen dabei den Erkenntnissen eines Zweiges der Migrationsforschung, der die
Herausbildung neuer „transnationaler Gemeinschaften" betrachtet (Portes 1999,
Portes/Guarnizo/Landolt 1999). Transnationale Gemeinschaften bestehen aus
einer „growing number of persons who live dual lives, speaking two languages,
having homes in two countries, and making a living through continuous regular
contact across national borders", wie Portes/Guarnizo/Landolt (1999: 217)
schreiben. Diese Migranten – oder Transmigranten (Glick-Schiller/Basch/Szan-
ton Blanc 1995: 52) – erleben eine neue Art der transnationalen Mobilität und
Vernetzung, aus der sich neue transkulturelle Vorstellungen entwickeln, die die
alten (nationalgebundenen) Modelle von Minderheitenintegration und transnationaler Diaspora in Frage stellen. Transnationale Migranten sind in vielschichtige Verflechtungen eingebunden, und auch ihre Lebensgrundlage und Lebensfüh-
rung hängt mehr und mehr von diesen Verflechtungen und Netzwerken ab. Infolgedessen haben die meisten Migranten auch eine Vielzahl von unterschiedlichen Zugehörigkeiten. Ihre Interessen und Bedürfnisse können nicht mehr allein
von einem einzelnen Nationalstaat befriedigt werden. Deshalb haben sie auch
keinen Grund mehr, dass sie ihre Interessen und Bindungen nur noch auf eine
nationale Gemeinschaft beziehen, sei es die „zu Hause" oder die „im Aufnahmeland". Es liegt vielmehr in ihrem Interesse, die Vorteile sowohl der Aufnahme-
als auch der Herkunftsgesellschaft zu nutzen. Gerade durch dieses strategische
Nicht-Assimilieren können Migranten ihren Lebensunterhalt erfolgreich bestrei-
ten und einen neuen Lebensraum für sich aufbauen.

Migranten können heute ohne große Mühe transnationale Gemeinschaften
aufbauen, die über zwei oder mehrere kulturelle Räume hinweg existieren. Wir
können demzufolge von einer Erweiterung des Lebensraums von Migranten
sprechen, was eben auch die Möglichkeit einschließt, Lebenswelten mitzuerle-
ben, die „woanders" angesiedelt sind. Im Folgenden wollen wir darauf eingehen,
wie diese neuen Formen der transnationalen oder transkulturellen Netzwerke und
Mobilitäten die Art der Erfahrungen und des Denkens von Migranten verändern.
Wir hoffen damit, zu einer größeren Klarheit und zu einem besseres Verständnis
dessen beizutragen, was kollektive Identitäten in Wirklichkeit sind, und wie sich
das Verhältnis von Migranten zum Thema Identität und auch ihr Denken über
ihre Beziehung zu kollektiven Gemeinschaften, Verpflichtungen, Schicksalen
usw. verändert, ganz gleich, wo sie sich aufhalten. Wir glauben, dass man den

sich verändernden Umgang von Migranten mit Begriffen wie „Heimat", „Heimatland" und „Anderswo" nur so verstehen kann, und nicht als bloße Folge technologischer Innovationen. Dies wollen wir die progressive Entzauberung des Anderswo nennen.

2   Das Diaspora-Paradigma und das trügerische Anderswo

Bevor wir uns dem zuwenden, was türkische Migranten zum Verständnis der sich ändernden Soziologie und Phänomenologie des Anderswo beitragen, wollen wir zuerst klären, inwiefern uns ihre Erfahrungen und Einsichten weiter bringen, was an ihnen progressiv (ein schwieriger Begriff heutzutage) sein soll. Progressiv in welchem Sinne? Progressiv in Bezug auf was? Worauf beziehen wir uns? Wir schlagen vor, dass wir uns auf das beziehen sollten, was bisher zumeist das Denken über Migranten und ihre Anderswos bestimmt hat, das Diaspora-Paradigma. Das Diaspora-Konzept findet heute in den Sozial- und Kulturwissenschaften mehr und mehr Anwendung (vgl. Cohen 1997), ist aber (aufgrund seiner fast inflationären Nutzung) zunehmend problematisch geworden. Es zeichnet sich dadurch aus, dass es das Leben und die Motivationen von Migranten sehr stark deterministisch auffasst, deterministisch in dem Sinne, als dass es mehr oder weniger von festen Zugehörigkeiten von Migranten zu einer bestimmten kollektiven (meist nationalen) Kultur und den zusammenhängenden Implikationen und Konsequenzen ausgeht. Die „Diaspora" ist in erster Linie ein nationales Konzept. Es ist ein Konzept, das, wie Anthony Cohen es ausgedrückt hat, die Vorstellung in den Vordergrund rückt, dass das Individuum „eine Nation im Kleinen" ist; es wird von der gleichen Logik und den gleichen Werten geprägt wie das vorgestellte nationale Kollektiv (vgl. Cohen 1994).

Dieses Verständnis von Diaspora kann man, um dies hier schon einmal kurz anzudeuten, bevor wir noch einige Anmerkungen zu den Cultural Studies machen wollen, im türkischen Fernsehen beobachten, wenn auch in einer einfachen, vortheoretischen Form. Der staatliche Rundfunksender TRT z.B. fasst die in Europa lebende türkische Bevölkerung als „Auslands"-Bürger auf, und ein Ziel des TRT-Auslandsengagements ist es, die Bevölkerung der türkischen Migranten in Europa wieder in die Vorstellungswelt einer gemeinsamen türkischen Nation einzubinden. Ein TRT-Mitarbeiter drückte dies uns gegenüber folgendermaßen aus:

„When the Turkish population living abroad began to grow, then the fear that we might lose them came to the forefront. In Europe, and especially in Germany, it was felt that the new generation was drifting away from Turkey. In response to this, in order to strengthen people's ties with Turkey, more programs were made in the early nineties that targeted them, those living abroad."[2]

Die sich durchgängige Annahme ist, dass die türkische Bevölkerung in Europa ein fester – und insbesondere loyaler – Bestandteil des nationalen Projektes bleibt. Man geht davon aus, dass die Türkei für die Migranten sozusagen das einzige Anderswo ist, das für sie von Bedeutung ist. In der türkischen Rundfunkkultur wird generell davon ausgegangen (und diese Ansicht teilt sie mit vielen anderen Rundfunkkulturen), dass die in Europa lebenden Türken sich die Satellitenkanäle aus der Türkei deswegen anschauen, weil sie in die Kultur ihres „Heimatlandes" eintauchen wollen. Die kommerziellen türkischen Medien scheinen ebenfalls zu glauben, dass es genau diese Art von Dienstleistung ist, die sie anbieten. So sprach etwa ein kommerzieller Marktforschungsbericht zum Konsumentenverhalten der Türken in Deutschland von einer starken Affinität zu „heimatlichen Programmen und Werbung im türkischen Fernsehen" (IT/Turkmedia 1996: 7), und eine Marketingbroschüre von EuroD (die 4,5 Millionen türkische Leser in Europa erreicht) behauptet in Bezug auf die europäischen Türken, dass das europäische Fernsehen sie dort lasse, wo sie sind, während das türkische Fernsehen sie nach Hause holt. In Deutschland, so der Bericht weiter,

„[…] nearly a million televisions are turned [sic] into Turkish television by satellite during prime time every night. Turkish viewers overwhelmingly choose Turkish broadcasts whether not to forget Turkish or because they love Turkish pop-music or they find Turkish programming more meaningful. From politics to comedy, the Turks of Europe keep in touch with their roots by satellite, the only broadcast where you can really communicate with them. These viewers value Turkish television entertainment and they are willing and able to buy satellite dishes. In fact, survey results show that the loyalty of European Turks to Turkish broadcasting is unshakeable. "

Der Diskurs dreht sich ganz um die Bedeutung nationaler Zugehörigkeit. Es erscheint so als, ob die Zugehörigkeit zu einer vorgestellten Gemeinschaft – in diesem Fall die vorgestellte Gemeinschaft der Türken – der einzig sinnvolle Grund sein kann, warum es eine transnationale Medienkultur überhaupt gibt. Der Nutzen der türkischen Medien für die türkischen Zuschauer besteht darin, so die Reklamebroschüre weiter, sie wieder mit ihrem Heimatland in Kontakt zu bringen. Das Heimatland wird automatisch und wie selbstverständlich als das einzige Anderswo postuliert, das für sie von Bedeutung ist.

Hierbei handelt es sicher um ein eher einfaches (und vielleicht auch nicht ganz so bedeutendes) Konzept von Diaspora, das ganz deutlich von einem unreflektierten nationalen Bias geprägt ist. Wissenschaftliche Studien zur Diaspora in der heutigen Medien- und Kulturforschung sind ohne Zweifel theoretisch ausgereifter. Aber auch diesen anspruchsvolleren theoretischen Diskursen liegen, wie

---

2   Interview, Ankara, 26. November 1999.

wir noch zeigen wollen, die gleichen (nationalen) Grundvorstellungen über den vorgestellten Ort und die Beschaffenheit des Anderswo der Migranten zu Grunde. Auch die theoretischen Beiträge beschäftigen zumeist nur mit der Frage, welchen Einfluss Diaspora-Medien auf einen sog. „Long-distance Nationalismus" (bzw. eine Long-distance Imagined Community) haben. Dabei gehen sie zumeist davon aus, dass Migrantengemeinschaften die neuen transnationalen Medien dazu nutzen, um das „Wir-Gefühl" in Bezug zum „Heimatland" aufrechtzuerhalten. Die neuen Kommunikationstechnologien werden also in erster Linie daraufhin untersucht (und bewertet), inwieweit sie dazu beitragen, kulturellen Zusammenhalt und Solidarität, was die Stützen der vorgestellten Gemeinschaft sind, über große Distanzen hinweg aufrecht zu erhalten. Genauso wie bei den türkischen Fernsehsendern, wenngleich in einem völlig anderem Zusammenhang, geht es auch hier zumeist nur um die Frage, wie neue Medientechnologien dazu beitragen können, Gemeinsamkeiten über große Entfernungen hinweg aufrechtzuerhalten, „transnationale Bindungen" oder sogar „Transnationen" zu schaffen. Der Fokus liegt fast ausschließlich auf der Leistungsfähigkeit der neuen Medientechnologien, Migranten mit ihrem ursprünglichen Anderswo zu verbinden.[3]

Wir wollen im Folgenden nur auf eine Variante des kulturellen Diaspora-Verständnisses eingehen. Es handelt sich dabei um einen Ansatz, der auf den ersten Blick in einem völligen Widerspruch zu den nationalen (und manchmal auch nationalistischen) Diskursen der türkischen Fernsehsender steht. Er bietet eine bestimmte Sichtweise auf die Bedingungen des Lebens in der Diaspora aus der Perspektive der Migranten. Dieser Ansatz geht von der Beobachtung aus, dass Migration und die Übersiedlung von einem Land zu einem anderen, sei es als Arbeitsmigration oder Asylmigration, immer mit einer Erfahrung der Trennung einhergeht, bei der der Migrant unvermeidlich sein zu Hause, seine Verwandten, Freunde, seine gewohnte Umgebung und seinen Alltag hinter sich lassen muss. In den aktuellen Beiträgen der Kultur- und Migrationforschung ebenso wie bei postkolonialen Studien haben wir es dann immer mit einer ganz dezidierten Vorstellung von Migration zu tun, bei der das Drama der Trennung und der Pathos der Distanz zum Heimatland ins Zentrum gerückt wird. Migration wird dabei vor allem mit den Begriffen Exil, Verlust und Sehnsucht verknüpft.

Dies ist im Wesentlichen eine Vorstellung von Migration als Entfremdung, wie Sara Ahmed deutlich macht. Migration kann, wie sie sagt, aufgefasst werden „as a process of estrangement, a process of becoming estranged from that which was inhabited at home [...] It [involves] a process of transition, a movement

---

3   Für eine ausführliche Diskussion von Diaspora-Medien aus Perspektive der Cultural Studies vgl. Robins/Aksoy 2004: 179-206.

from one register to another" (Ahmed 1999: 343). Migration umfasst dann beides: eine „räumliche Trennung" und eine „zeitliche Trennung": Es geht um das
Getrenntsein und die Distanz zum Heimatland, aber auch um Erfahrungen der
Diskontinuität von Vergangenheit und Gegenwart. Es wird angenommen, dass
durch den Prozess der Migration ein radikaler Einschnitt stattfindet, der mit einer
Art Unbehagen in Verbindung gebracht wird, was mit „the failure to fully inhabit
the present or present space" (ebd.) zusammenhängt. Ahmed verdeutlicht, dass
es Wege gibt, das Gefühl der Entfremdung zu überwinden und die verlorene
Gemeinschaft zu ersetzen. Aber es scheint so, als ob diese Art der Bewältigung
immer unvollständig bleiben muss, und dass das ursprüngliche Zuhause immer
der Hauptbezugspunkt im Leben der Migranten bleiben wird. Migration bedeutet
immer, so Ahmed, „a splitting of home as place of origin and home as the sen-
sory world of everyday experience" (Ahmed 1999: 341).

Aus einer etwas anderen Perspektive – nämlich aus Sicht einer Gruppenana-
lytikerin, die mit türkisch sprechenden Migranten in London gearbeitet hat –
entwickelt Seda Şengün ein ähnliches Argument. Auch sie fasst Migration als
einen Prozess der Entfremdung auf, der verbunden ist mit einer Trennung von
der Mutterkultur („separation from the mother culture"), wie sie sich ausdrückt
(Şengün 2001: 68). Şengün sagt: „For the immigrant things once thought to be
objectively perceived are no longer so. There is a completely different reality.
The language one always spoke does not make sense to others. [...] Everyday
things which are taken for granted are either not there any more or strongly ques-
tioned" (Şengün 2001: 65-66). Die Erfahrung der kulturellen Entwurzelung wird
wieder als eine Erfahrung des Unbehagens verstanden (möglicherweise handelt
es sich dabei sogar um eine „traumatische Erfahrung", wie uns gesagt wird) (vgl.
Şengün 2001: 76). Wie Ahmed glaubt auch Şengün, dass es zwar Bewältigungsstrategien gibt, um mit der „anxiety of separation" umzugehen, aber auch hier
finden wir wieder das Gefühl eines tief zugrunde liegenden Gegensatzes von
„mother culture" und „new culture" (Şengün 2001: 68). Şengün sagt dazu:
„Sometimes the conflict between the new and the old culture and experiences
becomes so intense and unbearable that, as a defense, strong splitting occurs"
(Şengün 2001: 69). Auch hier wird wieder ein Bild der Trennung – diesmal in
einem explizit psychotherapeutischen oder psychoanalytischen Sinn – verwendet, um die Situation der Migranten „zwischen den Kulturen" zu beschreiben.

Die Entfremdung von der „Mutterkultur", die Distanz zum Herkunftsort,
vielfältige Formen von Trennung, inklusive einer Idealisierung und einer Nostalgie für das „Heimatland", sind zu bekannten (wenn nicht zu allzu bekannten)
Themen und Motiven geworden. Obwohl Ahmed und Şengün aus theoretisch
unterschiedlichen Kontexten und theoretischen Orientierungen stammen – die
eine von den Cultural Studies, die andere aus der transkulturellen Psychotherapie

– sind ihre Ansätze doch bemerkenswert ähnlich. Beide legen auf unterschiedliche Art und Weise ihren Schwerpunkt auf das Gefühl des Verlusts und der daraus resultierenden Sehnsucht. Beides ist für sie ein untrennbarer Teil der Migrationserfahrung. Beide machen das allgegenwärtige Verlangen aufmerksam, die Kultur des „Heimatlandes" gutzuheißen und oftmals auch zu idealisieren. Dies geschieht oft einfach so und ist nahezu alltäglich. Şengün erzählt uns weiter, dass die „eigene" Kultur wie ein „Teddybär" funktionieren kann, wenn die Mutter einmal nicht da ist: „Familiar tastes, smells, tunes and gestures provide containment and comfort, reducing the anxiety of separation. When a migrant eats food which is specific to his original country, or listens to a song in his own language, he is immediately linked to his past and his own culture" (Şengün 2001: 68). Zu anderen Gelegenheiten, in anderen Zusammenhängen kann das Festhalten an der verlorenen Kultur eine noch größere Epik und Dramatik annehmen und die Beschwörung einer „mystischen Vergangenheit" („mythic past") beinhalten, wie Ahmed sich ausdrückt (Ahmed 1999: 342). Diese Tendenz der Mythologisierung wird z.B. in Eva Hoffmans berühmter Autobiografie *Lost in Translation* deutlich, in der die Erfahrung der Trennung als eine Art Vertreibung aus dem Paradies dargestellt wird. Hoffman schreibt: „Loss is a magical preservative. Time stops at the point of severance, and no subsequent impressions muddy the water you have in mind. The house, the garden, the country you have lost remain forever as you remember them. Nostalgia – that most lyrical of feelings – crystallizes around these images like amber" (Hoffman 1991: 115). Heimweh ist, wie Vladimir Jankélévitch schreibt, eine Art Melancholie, die bewirkt durch "awareness of something other, awareness of somewhere else, awareness of a contrast between past and present, and between present and future – and migrations have created the conditions for its most intense and elaborated forms of expression" (Jankélévitch 1974: 346).

Damit sind in aller Kürze eine ganze Reihe von recht unterschiedlichen Diasporakonzeptionen angesprochen worden, die natürlich in ihrer Ausgestaltung große Unterschiede aufweisen, insbesondere zwischen den türkischen Mediendiskursen und den Kulturanalytiken wie Ahmed und Şengün. Dennoch weisen sie auch erstaunliche Gemeinsamkeiten auf, die in ihrer Bedeutung nicht unterschätzt werden sollten und die wir deshalb hier auch nebeneinander gestellt haben. Alle Konzepte haben letztlich eine Vorstellung von Diaspora gemein, die von der Existenz von vorgestellten Gemeinschaften, Kulturen und Identitäten geprägt ist. Aus dieser Vorstellung entsteht zwangsläufig ein spezielles Modell von Migrantenkultur und der Migrationssituation. Wie Roger Rouse gesagt hat, tun sie damit nichts anderes als „asserting and organizing around either revalorized versions of ascribed identities or new ones that the (im)migrants develop for themselves." Aus dieser Perspektive werden Individuen als sozial und kulturell abgeleitet und angetrieben angesehen, was dazu beiträgt, die Annahme aufrecht-tzuerhalten „that the possession of identities and processes of identity formation are universal aspects of human experience" (Rouse 1995: 356). Ganz gleich, ob es in einer schlichten Form (wie bei den Äußerungen der türkischen Fernsehma-cher) oder eher in einer romantisierten kulturellen Form mit dem Verweis auf die Besonderheit des Exils daher kommt, in beiden Fällen diasporischer Denkweise werden Migranten als kulturell determiniert, als abhängige Variable ihres „kol-lektiven Kulturerbes" gesehen. Er oder sie „gehört" zu der vorgestellten Gemein-schaft, welche der zentrale Bezugspunkt im Leben und von fundamentalem Interesse ist und bleiben wird.

Und diese *Scheinvorstellung* von Diaspora wirkt sich eindeutig darauf aus, was Migranten unter Anderswo, dem zentralen Begriff unseres Beitrags, verste-hen. Wir wollen insbesondere auf zwei Punkte aufmerksam machen, die mit einem solchen Verständnis des Anderswo verbunden sind. Erstens folgt daraus, dass das Anderswo, das für den Migranten eine maßgebliche Bedeutung hat, immer das „Heimatland" ist und es auch immer sein wird. Damit ist das An-derswo immer ein Ort der kollektiven, mit anderen Menschen geteilten Identifi-kation und Vorstellung. Jacques Rancière schreibt: „Only individual humans are real; they alone have a will and an intelligence, and the totality of the order that subjects them to humankind, to social laws and to diverse authorities, is only a creation of the imagination" (Rancière 1991: 81). Die Idee von Diaspora unters-tützt diese vorgestellte Ordnung (und sie ist auch tatsächlich nicht mehr als eine *vorgestellte Ordnung*). Zweitens, existiert das Anderswo, das Heimatland, als ein Ort und als eine Gemeinschaft (das einzig wahre Anderswo), aus der der Migrant herausgelöst wurde. Trennung wird damit zu einem zentralen Wesenszug der Migration. Der Migrant ist dazu verurteilt oder vom Schicksal bestimmt, aus etwas herausgerissen zu werden, zu dem er oder sie wirklich „gehört", und er oder sie muss schmerzlich erfahren, wie weit das „Dort" von dem „Hier" entfernt ist bzw. wie viel Zeit schon vergangen ist zwischen dem „Damals" und dem „Jetzt". Die Idealisierung des Heimatlandes und das Gefühl des Nichtmehr-daseins bzw. des Verlusts führt, so glauben wir, zu einer höchst problematischen Beziehung (des Migranten) zum Anderswo. Sowohl die Vorstellung von Diaspo-ra in seiner nationalistischen als auch in seiner Exil-Variante verstärkt eine Illu-sion des Anderswo, wie wir es nennen wollen. Dieses Anderswo der Diaspora-Forschung ist in Wirklichkeit ein völlig irreales, trügerisches Anderswo.

3   Eine andere Beziehung zum Anderswo

Wir haben die Konzeption des Anderswo in der Diaspora-Forschung kritisiert, weil wir glauben, dass es einen Mythos von Heimat und Heimatland aufrechterhält. Es bringt Migranten dazu, weiter in der Fiktion einer erfundenen Gemeinschaft zu leben – gedanklich, in ihren Hoffnungen und emotional. Diesem Konzept liegt maßgebliche die Vorstellung dieses irrealen Anderswos zugrunde. Aber wie kann man diese verengte Sichtweise überwinden? Wir wollen im Folgenden keine theoretische und konzeptionelle Kritik üben, sondern einige neue Entwicklungen in den Migrantenkulturen betrachten, die im Rahmen des skizzierten Konzepts von Diaspora kaum verstanden werden können (und sogar einige Grundannahmen dieser Konzeption in Frage stellen). So werden wir neue Entwicklungen in den Blick nehmen, die einen alternativen und möglicherweise kreativeren und komplexeren Umgang mit dem Anderswo ermöglichen.

Hierfür ziehen wir die Ergebnisse unserer türkischen Fallstudie heran. Türkische Migrantengruppen in Europa sind ein sehr gutes Beispiel für die neuen Entwicklungen, die Portes und andere als neue transnationale Migrationsformen beschreiben. Die relative Nähe der Türkei zu Westeuropa, preisgünstige und regelmäßige Flugverbindungen sowie die Verbreitung von neuen Mediendienstleistungen und Kommunikationsverbindungen haben zu einer neuen transkulturellen Mobilität von in Europa lebenden Türken geführt. Insbesondere die Möglichkeit, türkisches Fernsehen zu empfangen und dadurch in einem engeren Kontakt mit dem Alltagsleben und den Ereignissen in der Türkei zu stehen, hat in unseren Augen das Leben von türkischen Migranten in Europa nachhaltig verändert. Im Folgenden wollen wir dies genauer erörtern. Dabei wollen wir uns fragen, was genau das Leben der Migranten verändert hat. Wie wir im Folgenden zeigen wollen, hat der Konsum dieser transnationalen Medien auch zu neuen Bewältigungsstrategien der Erfahrungen des Getrenntwerdens und des Entferntseins geführt. Wie gesagt, geht es uns hier nicht darum, eine neue Variante eines technologischen Determinismus auszubreiten. Vielmehr wollen wir zeigen, dass etwas Bedeutsames durch die Entstehung von transnationalen Migrationskulturen und -erfahrungen passiert (und insofern reiht sich unser Ansatz auch in die Forschungsarbeiten zu den „transnationalen Gemeinschaften" ein). Die neuen Kommunikationsmedien haben einen entscheidenden Raum geschaffen, in dem dieses Bedeutsame artikuliert und ausgelebt werden kann.

Deswegen wollen wir im Folgenden den Medienkonsum von türkischen Migranten genauer untersuchen. Wir wollen etwas über die Art der Veränderungen der Migrationserfahrungen herausfinden, das möglicherweise ihre Einstellung zu ihrem jetzigen Alltagsleben und den (verschiedenen) Anderswos, zu denen sie Zugang haben, verändert. Es versteht sich von selbst, dass es in den

Fernsehgewohnheiten der Migranten immer auch unreflektierte Aspekte gibt. Insgesamt bewirkt dies jedoch, dass sich die Zuschauer permanent zwischen verschiedenen Kulturen hin- und herbewegen. Sie bauen zu dem, was sie im Fernsehen sehen, eine Distanz auf, da sie gleichzeitig mit der Kultur und dem Alltagsleben in ihrem Aufnahmeland konfrontiert sind, und doch zur gleichen Zeit mit der Türkei verbunden sind. Dies führt zwangsläufig dazu, dass auch die Gedanken zwischen dem „Hier" und den „Anderswos" hin und her wandern.

4 Fantasie und Nostalgie – Ambivalenz und Reflexivität

Worin manifestiert sich diese Art des „mobilen" Denkens? Im Zuge unserer Forschung, die wir in London durchgeführt haben, konnten wir beobachten, wie Migranten ihre falschen Vorstellungen, die sie über ihr „Heimatland" haben, reflektieren, wie sie ihre Enttäuschungen verarbeiten, wie sie das Hin und Her zwischen ihren spontanen Hoffnungen und reflektierten Einschätzungen empfinden und sich mit ihren komplexen, teilweise widersprüchlichen Gedanken über ihre permanent ambivalente Beziehung zur türkischen (Fernseh)Kultur auseinandersetzen. Eine Art, wie die Migranten über ihre Beziehung zur türkischen Kultur nachdenken, lässt sich tatsächlich mit den Begriffen „Fantasie" und „Nostalgie" beschreiben (und hieran lässt sich auch ganz gut das mit Melancholie durchzogene Konzept von Diaspora analysieren). Die türkischen Migranten können heute aus verschiedenen Programmen wählen, die jeweils ein Idealbild der Türkei und des „Türkischseins" transportieren. „I love old Turkish films on television", sagte uns z.B. ein Studentteilnehmer, der Ende dreißig war: "They take me back to Turkey."[4] Ein anderer Studentteilnehmer drückte es so aus:

„I sometimes ask myself. What does a person outside his country miss the most? We go out for picnics occasionally—if you can call it a picnic, since we can't find trees to sit under and we can't start our grill. It is at these moments that I start thinking about our meadows at home, our pine trees, our water. I'm from the Black Sea region and I remember our cool water falls, our sea. I wish my children could see the plateaux, the summer feasts, and learn about our customs and traditions […] I wish these were on Turkish television.[5]

Immer und immer wieder äußerten die Befragten unserer Studie ihr Verlangen, eine Türkei sehen zu wollen, die positive Gefühle in ihnen auslöst, sei es durch Landschaftsbilder, Kindheitserinnerungen oder einfach durch Filme aus den „guten alten Tagen". Sie erwarten auch vom Fernsehen, dass es ihnen Idealbilder

---

4   Studiengruppe, London, 3. März 2000.
5   Studiengruppe, London, 29. April 1999.

über die Türkei liefern soll, Bilder von einer Türkei, die liebenswert ist, die so ist, wie man sie sich wünschen und wie man sie vermissen würde.

Hier und da können auch Fragmente dieses Wunschbildes von einer idealen Türkei in alten Filmen gefunden werden oder in Sendungen über besondere Ereignisse, die das türkische Bewusstsein geprägt haben. Was die Migranten dabei anspricht, ist vor allem die scheinbare Reinheit und Einheit, die Darstellungen von einer Welt, die noch nicht dem Verfall geweiht schien. Eine junge Frau, die mit sieben Jahren nach Großbritannien kam, erzählte uns, wie diese Art von Sendungen sie in eine „rosarote Welt" eintauchen lassen. Sie hätten es ihr ermöglicht, sagte sie „to become lost in dreams, imaginings [...] it gives you a very sweet sense."[6] Eine weitere Frau mittleren Alters, die aus der Schwarzmeerregion nach Großbritannien eingewandert ist und seit mehr als einem Jahrzehnt in London lebt, schaut sogar, obwohl sie eigentlich überzeugte Laizistin ist, regelmäßig den islamisch orientierten Kanal 7 an, nur um türkische Volksmusik hören zu können: „When I listen to the regional tunes I am absorbed, lost in my old days. I wish the other channels would reflect our culture. Then everybody would be happy [...] I sit for hours watching, absorbed in my dreams."[7] Eine andere Studienteilnehmerin sagte uns ganz ähnlich: „We expect Turkish television to reflect those life styles that belong to our childhood [...]"[8] Die Fernsehprogramme werden in dieser Hinsicht kaum hinterfragt. Es gibt viele wichtige Gründe, an dem Idealbild der Türkei festzuhalten.

Diese Idealisierungen gehören mittlerweile tatsächlich zum Alltag von Migranten. Man kann sich leicht vorstellen, welche Macht diese Bilder auch in bestimmten Situationen haben können. Aber in den Gesprächen mit türkischen Migranten haben wir auch immer bemerkt, dass den Migranten, auch wenn sie diesen Idealisierungen anheimfielen, dies normalerweise bewusst war und sie dies reflektierten. Sie waren sich darüber im Klaren, dass es sich dabei um eine Art Ersatzmechanismus handelte und dass ihre Idealisierungen in der Vergangenheit wurzelten, die unwiederbringlich hinter ihnen lag.

Sogar wenn sie ihren Traumvorstellungen nachhingen, so *dachten* sie gleichzeitig auch und reflektierten ihre Träume kritisch. Sie waren also immer in der Lage, eine kritische Distanz zu ihren Träumen einzunehmen, und sie waren auch in der Lage, über die Bedeutung dieser Wunschvorstellungen nachzudenken und über diesen (Teil)Aspekt ihres Daseins zu reflektieren. Von Zeit zu Zeit waren sie sogar auch ganz glücklich Teil einer Traumwelt mit Fantasie-Identitäten zu sein. Aber ihnen war zugleich auch klar, dass es sich dabei um Idealisierungen und Wunschvorstellungen handelte und dass es auch eine türkische

---

6   Studiengruppe, London, 3. November 1999.
7   Studiengruppe, London, 10. Februar 2000.
8   Studiengruppe, London, 10. Februar 2000.

Wirklichkeit gab. Dabei war ihnen natürlich auch bewusst, dass das Idealbild der Türkei, dem sie manchmal nachhingen, nichts mit der Türkei zu tun hatte, die sie aus ihren eigenen persönlichen Erfahrungen kannten. Dies bedeutete auch immer eine Art von Enttäuschung. „After three years being away, when I went back to Turkey I realized that it was definitely not the place that I left behind. I saw that it was not the place that I carried in my head, in my brain. [...] [I]t is not a place that I would search for, where I would desire to be [...]"[9] Wir wollen an dieser Stelle noch einmal darauf hinweisen, dass die türkischen Migranten ihre Eindrücke von der Türkei, wie sie heute ist, natürlich nicht nur durch das Fernsehen und die Medien bekommen. Durch die Vielfältigkeit der Kommunikationsmöglichkeiten und die Möglichkeit, günstig in die Türkei zu reisen, ist, wie gesagt, der Kontakt zur Türkei deutlich enger geworden. Die Leute telefonieren mehr, Verwandte werden häufiger besucht und es wird auch häufiger Urlaub in der Türkei gemacht. Die Migranten haben dadurch eine viel direktere Wahrnehmung von der Türkei. Paradoxerweise kann dies auch dazu führen, dass sich die Türken stärker von der Türkei ablösen. „I feel like a foreigner in Turkey," sagte uns etwa eine junge Frau, die vor zehn Jahren, im Alter von siebzehn Jahren, nach Großbritannien kam. „I can't recognize the money, I find shopping very different—in other words I find everything different there. For this reason I'm glad to be here [in London]. I feel I've grown up here. I wouldn't think of going back. I would go for visits, but not for good."[10] Gerade Migranten der ersten Generation, ebenso wie jüngere Migranten, tragen diese Angst mit sich, dass sie bei einer Rückkehr in die Türkei nicht mehr so recht dazu gehören würden, dass sie mit all den Veränderungen, die in dem Land passiert sind seit sie es verlassen haben, nicht mehr so recht fertig werden könnten. Genauso, wie die Beziehung der Migranten zur Türkei eine irreale Dimension hat, ist sie also auch von einem starken Realitätsbezug geprägt. Die Migranten machen immer neue Erfahrungen und reflektieren diese.

Durch das Satellitenfernsehen haben diese Migranten die Möglichkeit, Bilder einer idealisierten Türkei aufzunehmen und gleichzeitig darüber nachzudenken, was diese idealisierten und nostalgischen Darstellungen bei ihnen auslösen. Natürlich setzen sich türkische Migranten während sie fernsehen nicht nur mit den Traumbildern und nostalgischen Darstellungen auseinander. Es werden auch andere Sendungen geguckt, und es gibt noch eine Reihe anderer Beziehungen, die mit der komplizierten Welt des Fernsehens eingegangen werden. Es ist aber wichtig herauszustellen, dass türkische Migranten zwar ein Verlangen nach Traumwelten haben, sie sich aber noch stärker für die Wirklichkeit, für Nachrichten, für das Tagesgeschehen interessieren, wobei es auf der Hand liegt, dass

---

9   Studiengruppe, London, 10. Februar 2000.
10   Studiengruppe, London, 18. Mai 1999.

auch der über Medien vermittelte Zugang zu türkischen Nachrichten und zum türkischen Alltagsgeschehen weit davon entfernt ist, eine unmittelbare Erfahrung zu sein (darauf wird hier aber nicht näher eingegangen). Unter dem Strich kann man also festhalten, dass die Türkei der türkischen Migranten alles andere als das idealisierte Heimatland ist, wie es in den landläufigen Diaspora-Konzepten gern dargestellt wird. Wir haben es mit weitaus komplexeren und zwiespältigen Gefühlen und Gedanken zu tun. Es gibt zwar eine intellektuelle und emotionale Beziehung zur Türkei, die ist aber sehr viel reflektierter als zumeist angenommen.[11]Dadurch, dass die türkischen Migranten sich über die Medien mit der Türkei auseinandersetzen und das hier transportierte Türkeibild mit ihren eigenen, unvermittelten Erfahrungen vergleichen, werden sie (im positiven Winnicottischen Sinne des Wortes) desillusioniert. Es kommt also zu einer Desillusionierung ihrer Beziehung zum Anderswo. An die Stelle von Fantasie und Nostalgie, tritt ein Gefühl von Ambivalenz und ein Zustand von Reflexivität.

5   Die Entzauberung von Getrennt- und Entferntsein

Wir kommen nun zu einer weiteren Form, wie türkische Migranten damit umgehen, vom „Heimatland" getrennt zu sein und weit entfernt vom „Heimatland" leben zu müssen. Türkisches Fernsehen scheint dabei auf den ersten Blick zu ermöglichen, wieder „dort sein" zu können, wieder mit dem türkischen Alltag und der türkischen Wirklichkeit in Verbindung zu stehen. Wie wir gesehen haben, wurde vor allem im Rahmen der Diaspora-Forschung, wie sie in den Kultur- und Medienwissenschaften betrieben wird, die Idee entwickelt, dass die neuen Mediensysteme dazu genutzt werden können, globale Distanzen zu überbrücken und auch über große Entfernungen hinweg Verbindungen zum „Heimatland" aufrechtzuerhalten. Auf eine Art scheint die Vorstellung, dass man über elektronische Medien eine Verbindung zum Anderswo aufrechterhalten kann, auch einleuchtend und überzeugend. Aber kann man wirklich sagen, dass das Satellitenfernsehen die Diaspora zurück nach Hause bringt? Ist es wirklich der Fall, dass Migranten durch das Fernsehen mit den überall auf der Welt verstreuten, weit entfernten Anderswos verbunden werden? Im Folgenden wollen wir uns diese kaum hinterfragte Vorstellung von Raum- und Zeittranszendenz einmal näher anschauen.

Auf der Basis unserer eigenen Forschung würden wir das, was hier tatsächlich vor sich geht, anders charakterisieren. Hören wir zu, was türkische Migranten selbst zu sagen haben. Ein türkisch-zypriotischer Mann erklärte uns etwa: "It

---

11   Zum Konsum von Nachrichtensendungen vgl. Aksoy/Robins 2000: 343-365.

[satellite television] gives you more freedom, because you don't feel so far away, because it's only six foot away from you, you don't feel so far away from it. Cyprus is like one switch of a button away, or Turkey even, mainland Turkey, you are there, aren't you?"[12] Selbst eine junge Frau, die noch sehr jung war, als sie auswanderte, und die die Türkei daher kaum aus eigener Anschauung kennt, hat das Gefühl, durch das Fernsehen näher an der Wirklichkeit der Türkei zu sein. Sie findet es gut, Satellitenfernsehen sehen zu können, „because you too can see what's been going on in Turkey, the news [...] I used to think that Turkey was a different kind of place. It's bringing it [Turkey] closer."[13] Der entscheidende Begriff in der Aussage dieser Frau ist Nähe. Das Fernsehen bedeutet den Menschen deswegen so viel, weil es in seiner Natur liegt, in der Natur des Mediums Fernsehen liegt, (türkische) Dinge dem Zuschauer *näher* zu bringen. Im Kern geht es daher immer darum, wie transnationale Medien türkische Kulturprodukte und Dienstleistungen näher zu den in London lebenden Migranten bringen können und wie ihnen damit die „Türkei" näher gebracht werden kann.

Zwei weitere Frauen drückten dies ganz ähnlich aus. Sie erklären uns, wie es ihnen das Satellitenfernsehen ermöglicht, am Leben in der Türkei teilzuhaben: „Most certainly [Turkish] television is useful for us," sagt die eine. „It's almost as if we're living in Turkey, as if nothing has really changed for us." Die andere bestätigt dies: „When you're home, you feel as if you are in Turkey. Our homes are already decorated Turkish style, everything about me is Turkish, and when I'm watching television too [...]"[14] Im Kern geht es hier um die Bedeutung des Gefühls, dass sich nichts wirklich verändert habe („nothing has really changed for us.") Im Kontext der Diaspora-Forschung würde das Gefühl, dass man durch das Satellitenfernsehen an dem Leben in der Türkei teilhat, als Bestätigung dafür gesehen werden, dass die neuen Medien dazu beitrügen, dass Migranten Verbindungen zu ihrem Heimatland (auch über große Distanzen hinweg) aufrecht erhalten könnten. Wir sind aber der Meinung, dass man hierin nichts weiter sehen sollte, als dass ganz einfach nur eine weitere Sache aus der Türkei dazu gekommen ist, die man jetzt auch in London haben bzw. nutzen kann. Mit den neuen Fernsehprogrammen ist also nur eine weitere Sache hinzugekommen, die man jetzt in London konsumieren kann, so wie es vorher schon mit Nahrungsmitteln, Kleidung oder Möbelstücken aus der Türkei der Fall war. „Nothing has really changed", verweist damit auch nicht auf eine ethnisch-kulturelle Wieder-Anbindung an das vorgestellte „Heimatland", sondern verweist lediglich auf die Möglichkeit, heutzutage in London Zugang zu allen möglichen türkischen Konsumgütern zu haben und damit insgesamt Teil der türkischen Konsumkultur zu

---

12   Studiengruppe, Enfield, 21. April 2000.
13   Studiengruppe, Islington, London, 29. März 1999.
14   Studiengruppe, Hackney, London, 7. Dezember 1999.

sein. Auch die Aussage „es ist fast so, als würde man in der Türkei leben" („it is almost as if we're living in Turkey"), ist in diesem Sinne zu verstehen, nämlich, dass man ganz einfach in der Lage ist, in London türkisch zu sein, und dies heißt nicht, dass man dadurch wieder „zu Hause" wäre.

Uns geht es also vielmehr darum, dass das Fernsehen auch eine realistische Sichtweise vom Leben darstellen kann, wodurch auf ganz banale Art und Weise der abstrakten Nostalgie, wie es in der geschilderten Diaspora-Vorstellung vorherrscht, Schritt für Schritt die Basis entzogen wird. Das Fernsehen bringt die gewöhnliche, banale Realität des türkischen Lebens zu den in London lebenden Migranten. Der Schlüssel zum Verständnis des transnationalen türkischen Fernsehens liegt also in seiner Verbindung zur Banalität. Jankélévitch hat beschrieben, wie Menschen im Exil das Gefühl haben, eine Art Doppelleben zu führen: Auf der einen Seite hören sie ihre innere Stimme aus der Vergangenheit und der fernen Heimat, „the voices of the past and of the distant city," auf der anderen Seite müssen sie zur gleichen Zeit ihr Alltagsleben meistern, „the banal and turbulent life of everyday action" (Jankélévitch 1974: 346). Dies ist genau die Art und Weise, wie die Zerissenheit der Migranten entsteht: Die negativen Seiten und das Unbehagen über das „Hier und Jetzt" lösen nostalgische Träume und Wunschvorstellungen über das „Dort und Damals" aus. Was aber jetzt das transnationale Fernsehens leistet, ist, dass es die banale Alltagsrealität der Türkei „näher" zu den Migranten im Ausland bringt und ihnen damit hilft, die einfache und falsche Schwarz-Weiss-Logik des „Hier und Jetzt" und „Dort und Damals" zu überwinden. Die „Hier und Jetzt"-Realität der türkischen Medienkultur stört die Vorstellung einer „Dort und Damals"-Türkei. Dies wirkt einer Romantisierung der Diaspora als Exil und einer falschen Idealisierung des „Heimatlandes" entgegen. Damit können wir sagen, dass das transnationale türkische Fernsehen zu einer kulturellen Entmythologisierung beiträgt – der Entmythologisierung des Anderswo. Die Welt des türkischen Fernsehens ist eine ganz normale Welt, und seine eigentliche Bedeutung hängt auch mit der Fähigkeit zusammen, diese ganz normale, banale und alltägliche Realität darzustellen. Hierin unterscheidet sie sich auch nicht von zahllosen anderen Fernsehwelten. Wie Mariscal Milikowski beobachtet, hilft das türkische Satellitenfernsehen türkischen Migranten und besonders ihren Kindern dabei, „to liberate themselves from certain outdated and culturally imprisoning notions of Turkishness, which had survived in the isolation of migration" (Milikowski 2000: 444).

Der entscheidende Punkt ist also, dass die türkische Kultur durch das Fernsehen entzaubert und auf ein Normalmaß zurückgeführt wird. Es geht dabei also weniger um Identitätsbildung und die Beibehaltung der alten Identität, wie es noch vor der Einführung des Satellitenfernsehens der Fall zu sein schien. Die Migranten werden vielmehr davon befreit, sich an einer ‚verlorenen' geglaubten

Kultur und Identität orientieren zu müssen. Die Möglichkeit, türkische Medien zu empfangen, bringt eine neue Erfahrung der kulturellen Freiheit mit sich. Migranten können wieder wie normale Menschen sein und einfach ihr Leben leben. Sie können die türkische Kultur einfach so nehmen, wie sie ist und sich einfach mit anderen Dingen beschäftigen. Und wenn die Migranten nicht mehr das Gefühl haben, von der türkischen Kultur getrennt zu sein, oder sich ihrer beraubt fühlen, können sie auch ganz unbefangen mit den neuen Möglichkeiten der Medienwelt umgehen. Das Satellitenfernsehen ermöglichen es ihnen sozusagen noch einmal von vorne ganz frei zu entscheiden, welche Art von Sendungen und welche Art von Nachrichten sie sehen wollen, es gibt ihnen das Gefühl, dass sie selbst die Kontrolle darüber haben, welche Entscheidungen sie treffen. Sie sagen ja selbst: „sie vergleichen, reflektieren, kritisieren, verstehen, kombinieren" das, was sie im türkischen und britischen Fernsehen sehen.

Wenn in den Cultural Studies gesagt wird, dass die Migranten die transnationalen Medien dazu nutzen würden, wieder eine Verbindung zu ihrem Heimatland, ihrem Anderswo, aufzunehmen, dann wird dies zumeist im Zusammenhang von Identitätsbildungsprozessen gesehen. Hierbei wird, wie wir schon gesehen haben, den neuen transnationalen Medientechnologien, und insbesondere dem Satellitenfernsehen, eine besondere Rolle zugeschrieben, da sie in besonderem Maße dazu in der Lage seien, Identitätsbeziehungen auch über große Distanzen hinweg am Leben zu halten, wenn man so will die Fesseln zu einer nur vorgestellten Gemeinschaft. Eine solche Form der Identitätsbildung wird als Folge des Gefühls der Migranten verstanden, räumlich und zeitlich „getrennt" zu sein, und es wird der Eindruck erweckt, dass die neuen transnationalen Medien eine Art Reparaturbetrieb für dieses Gefühl des Getrenntseins darstellen könnten. Den transnationalen Medien wird dabei die Fähigkeit zugeschrieben, die Zerissenheit zwischen dem „home as place of origin" und dem „home as the world of everyday experience", wie Sara Ahmed es genannt hat (Ahmed 1999: 341), überwinden zu können, zumindest teilweise. Sie scheinen dazu beitragen zu können, dass die zwei Welten von dem „Damals" und „Jetzt" bzw. dem „Dort" und „Hier", die eigentlich völlig unvereinbar zu sein scheinen, wieder miteinander versöhnt werden.

Wir würden aber sagen, dass das, was in den Migranten tatsächlich vor sich geht, sehr viel komplexer und pragmatischerer Natur ist, als es diese eher statischen Szenarien nahe legen. Um diese höhere Komplexität des Medienkonsums von Migranten besser zu verstehen, ist es unseres Erachtens notwendig, sich von der Vorstellung zu verabschieden, dass Medienkonsum etwas mit Identitätsbildung zu tun haben muss. Stattdessen sollte der Medienkonsum von Migranten eher unter rationalen Gesichtspunkten betrachtet und eher mit Begriffen, wie ‚Geist' (‚Mind') und ‚Auffassungsvermögen' (‚Intelligence'), in Zusammenhang gebracht werden, die im Leben von Menschen viel wichtiger sind (hierbei handelt es sich um eine Art über-rationalistisches Model; uns ist klar, dass das Auffassungsvermögen auch aus einer Vielzahl des Denkens, Vorstellens und Fühlens besteht). Denn, wie John Dewey einst schrieb: „Mind in its individual aspect is shown to be the method of change and progress in the significance and values attached to things" (Dewey 1958: xiv). In diesem Sinne betrachten wir das Satellitenfernsehen und andere Fernsehangebote einfach nur als wichtige Informationsquellen für Migranten, die es ihnen ermöglichen, Nachrichten aus bzw. über die verschiedenen „Anderswos" in der Welt zu beziehen, die für sie von Bedeutung sind. Interessant ist dabei vor allem, was und wie Migranten denken, wenn sie ihre Fernsehprogramme auswählen. Was sind die Gründe für ihre Entscheidungen? Welche Auswirkungen hat ihr Fernsehverhalten auf ihre Wahrnehmung und Beurteilung dessen, für das sie sich interessieren?

Klar zu sein scheint, dass türkische Migranten möglichst viele Informationen über die Geschehnisse, die für sie von Interesse sind, haben wollen. Dies wird etwa bei der Aussage eines 17-jährigen Mannes deutlich, der seit elf Jahren in Großbritannien lebt. Er sagt:

„For me it is important to know what's going on in the world, and Turkey is part of the world. [When you watch Turkish television] you know what's going on in Turkey, and you know what's going on around the world. If you just watch English television—because there is a lot of things which they don't tell you about abroad – they do, but they tell you the main stories, but they hardly ever occur in Turkey... I find it interesting [to watch Turkish television] because you know what is going on in Turkey, and you get informed about stuff that is going on abroad."[15]

Ein Migrant aus dem türkischen Teil Zyperns, der ebenfalls seit langem in Großbritannien lebt, bringt ebenfalls zum Ausdruck, wie wichtig es ihm ist, aus verschiedenen Programmen auswählen zu können und eine möglichst breite Palette an Informationsquellen zu haben. Dies würde es ihm ermöglichen, gerade die Nachrichten zu finden, die ihn auch interessieren: „First we watch the English news, then we listen to the news about our homeland, and then, when we are bored with them, we switch over to the French or German stations, or to CNN."[16] Gerade die Tatsache, dass die Migranten aus Programmen aus verschiedenen Ländern – und nicht nur aus türkischen – auswählen können, ermöglicht es ihnen, auch Nachrichten zu erhalten, die im britischen Fernsehen möglicherweise nicht zu erhalten wären, Informationen, die möglicherweise differenzierter sind und internationale Geschehnisse aus anderen Blickwinkeln betrachten.

---

15   Studiengruppe, Hackney, London, 11. Dezember 1999.
16   Studiengruppe, Enfield, 18. Mai 1999.

Gerade in Krisenzeiten, wie z.B. in der Zeit nach dem 11. September 2001, wächst das Bedürfnis, möglichst gut unterrichtet zu sein. Gerade dann sucht man nach alternativen und vertrauenswürdigen Informationen, auch wenn dies gerade in Krisenzeiten nicht immer einfach ist. Ein Befragter (dessen Satellitenschüssel zu der Zeit der Untersuchung nicht funktionierte) drückte dies folgendermaßen aus:

„When there's a news item about a world event, we always look at British television as well. We compare them both [British and Turkish]. If our satellite dish were working, we would have done the same. We would have watched the news on both, to see who says what; a bit of curiosity, a desire to catch a bit more detail about something. We think that they all report in a biased way. Maybe we're mistaken, maybe what they're reporting is correct, but we're not satisfied... That's why we change channels, move across different channels, to have more knowledge, to be reassured, to be better informed... As long as I'm not satisfied, I look at other channels, to see what this one is saying, what that one is saying... It's a kind of a small-scale research on our part".[17]

Dadurch, dass die Migranten über eine Vielzahl von Fernsehkanälen verfügen, versuchen sie, sich ihr eigenes Bild aus den verschiedenen Sendern und Sendungen zusammenzusetzen. Dies ist meist umfassender als die Berichte eines einzelnen Fernsehsenders. In einer Diskussion über die Ereignisse des 11. Septembers machte ein kurdischer Studienteilnehmer deutlich, wie wichtig er es findet, möglichst verschiedenartige Nachrichten zu erhalten und miteinander zu vergleichen:

„Of course there is difference [between different television stations]. Medya TV [the main Kurdish station] concentrated on the implications of these events for the Kurds. If you wanted to see things live, then you had to watch the English media, because they are more technologically advanced. They can show things at the same time as they are happening, and they could show things from different sides. This is true for channels like CNN. If you are interested in the implications of all this for us, for Turks and Kurds, then you watch Medya TV".[18]

Gerade im Zusammenhang mit den Ereignissen des 11. September wurden immer wieder verschiedene Fernsehsender und Nachrichtensendungen miteinander verglichen. Die Migranten filterten aus den Nachrichten, die ihnen zur Verfügung standen, immer wieder einzelne Informationen heraus, verglichen sie mit anderen Nachrichtenkanälen und bewerteten die Nachrichtensendungen etwa im Hinblick auf ihrer Ausgewogenheit, Seriosität, die Einbeziehung von historischen Perspektiven, politische Standpunkte, Vorurteile, Zensur usw.

Dadurch, dass sie, aus verschiedenen Medienangebote auswählen und sie miteinander vergleichen konnten, wurden ihnen bewusst, wie eng die Grenzen objektiver Berichterstattung gesteckt sind. Dies hat auch dazu geführt. dass gera-

---

17   Studiengruppe, Islington, London, 5. Februar 2002.
18   Studiengruppe, Hackney, London, 15. März 2002.

de Türken und Kurden besonders sensibel für Vorurteile und Manipulation in den Medien sind. So sagte etwa eine von uns befragte Kurdin:

„In general, when you look at the news, they are literally propagating views. In Turkey the media are extremely controlled. This is so clear. Maybe it's because we are looking at it from afar, from the outside. I sometimes feel I am going to explode from frustration. They [Turkish media] manipulate things."[19]

Ein anderer Teilnehmer in der gleichen Gruppendiskussion sagte: „English media do it more professionally, more unnoticed, in ways we don't understand. In fact we are influenced by it, but we don't realize [...] very smooth. The Turkish ones are more blatant."[20] Dies zeigt, dass es eine generelle Skepsis und Vorsicht allen Medien gegenüber gibt, die sie alle auf die eine oder andere Art als politisch voreingenommen wahrnehmen. Da sie das Gefühl haben, keinem Fernsehkanal wirklich vertrauen zu können, wird ihnen bewusst, dass sie das Denken eben selbst übernehmen müssen. Eine politisch engagierte junge Kurdin sagte in diesem Zusammenhang:

„When we watch [television] [...] we don't just accept what they're telling us. The news that we get, we evaluate in our own heads. We don't think in the way things are presented to us."[21]

Ein streng gläubiger Moslem brachte es noch deutlicher auf dem Punkt. Er sagte (in Bezug auf türkische Medien): „I ask you to take this message, write this down. There are many people who think like us. When they broadcast, they shouldn't insult us. They shouldn't try to direct us or influence us when they are presenting the news. We will decide ourselves."[22] Diese transnationalen Migranten möchten es auch nicht mehr missen, in der Position zu sein, ihre eigenen Interpretationen und Schlussfolgerungen aus dem Nachrichtengeschehen zu ziehen, weil sie auch das Gefühl haben, in dieser Position sein zu *müssen*.

Was wir damit sagen wollen, ist, dass türkische und kurdische Migranten sich gerade inmitten eines Prozesses befinden, in dem sie ihre Wahrnehmung und ihren Umgang mit Nachrichten und dem von ihnen vermittelten Wissen verändern. Da sie jetzt in einem transnationalen Kontext leben, ist für sie die nationale Gemeinschaft – sei es die britische oder die türkische – auch nicht mehr der alleinige und unhinterfragte Bezugsrahmen ihres Lebens. Sonia Livingstone (1999: 96) macht einen Vorschlag, wie die Beziehung zwischen gesellschaftlichem Wissen und dem Publikum im Hinblick auf die Entstehung einer „interpretativen Gemeinschaft" verstanden werden kann. In ihrem Modell wer-

---

19   Studiengruppe, Hackney, London, 15. März 2002.
20   Studiengruppe, Hackney, London, 15. März 2002.
21   Studiengruppe, Hackney, London, 15. März 2002.
22   Studiengruppe, Hackney, London, 16. Dezember 1999.

den die Medien als eine Ressource verstanden „by which, almost irrespective of their institutional purposes, meanings are circulated and reproduced according to the contextualized interests of the public. Public knowledge [...] becomes the *habitus*, the shared representations, the lived understandings of the community." Livingstone macht deutlich, dass es bei dem von Medien vermittelten Wissen nicht nur um die Wahrnehmung des Vertrauten und Bekannten geht, sondern auch immer um die Entdeckung von Neuem. Aber auch in Bezug auf das Neue und Unbekannte kommt es immer darauf an „to understand such knowledge in terms of local meanings and shared assumptions" (Livingstone 1999: 96-97).

Die transnationalen Migranten „gehören" daher auch nicht mehr automatisch irgendeiner „interpretativen Gemeinschaft" an – weder der britischen noch der türkischen. D.h. die Idee von „der Öffentlichkeit" und "der Gemeinschaft" kann nicht länger als gegeben vorausgesetzt werden. Migranten glauben schon längst nicht mehr – und wollen es auch nicht – an einen gemeinsamen „set of assumptions and understandings of everyday life" (Livingstone 1999: 97), die die Grundlage für nationale Wissensgemeinschaften bilden.

Türkische Migranten in Europa können sich nicht einfach einem einzelnen nationalen Wissensraum zuordnen. Ihre Gedanken gehen über nationale Grenzen hinaus und bewegen sich dabei in verschiedenen Kultur- und Werträumen. Sie befinden sich in einer Situation, in der sie Vergleiche zwischen den verschiedenen Kultursystemen, in denen sie leben, ziehen müssen. Und solange sie Vergleiche ziehen, wird ihnen fast automatisch die Konstruiertheit, Willkürlichkeit und Vorläufigkeit dieser Systeme bewusst. Ihnen wird noch stärker als anderen die Rhetorik ebenso wie die zugrunde liegenden Ideologien und Vorurteile der verschiedenen Mediensysteme bewusst.

Die Komplexität der Perspektive, die für viele türkische Migranten charakteristisch ist, resultiert vor allem daraus, dass sie sich mit zwei (oder mehreren) Kulturen auseinandersetzen müssen. Entscheidend ist dabei aber, so glauben wir, die spezifische Art und Weise, wie sie sich mit den verschiedenen Kulturen auseinandersetzen, nämlich dass sie sich intellektuell und emotional sowohl von der türkischen als auch von der britischen Kultur distanzieren. Und in dem Maße, wie sie sich intellektuell und emotional von den Welten nationaler (britischer und türkischer) Gewissheiten ablösen, bauen sie auch eine Distanz gegenüber beiden Kulturen auf. Sie nehmen eine Außenseiterrolle ein. Wenn diese Distanzierung bzw. Ironisierung, wie James Fernandez und Mary Taylor sagen, etwas mit der „Hinterfragung der etablierten Kategorien von Inklusion und Exklusion" zu tun hat, dann könnte man sagen, dass unsere türkisch sprechenden Zuschauer aus einer Position ironischer Distanz denken und urteilen (Fernandez/Tayer Huber 2001: 9).

Transnationale Medien dienen also keinesfalls dazu, türkische Migranten mit ihrem Heimatland, ihrem Anderswo, zu verbinden. Es scheint hier etwas sehr viel Komplexeres – und Interessanteres – vor sich zu gehen. Die Verbreitung des Satellitenfernsehens hat zu einer vielschichtigeren und vielseitigeren transnationalen Medienkultur, einer pluralisierten Medienkultur, geführt, die Migranten in eine Position gebracht hat, in der sie die verschiedenen neuen Medienangebote miteinander vergleichen müssen. Dies erinnert an das, was Ulrich Beck „dialogic imagination" genannt hat, bei der „rival ways of life in the individual experience [...] make it a matter of fate to [...] make it a matter of fate to compare, reflect, criticize, understand, combine contradictory certainties" (Beck 2002: 18). Die Notwendigkeit, vergleichen zu müssen, führt dazu, dass man eine nachdenkliche und distanzierte Haltung annimmt. Entscheidend ist dabei, dass die Migranten sich in diesem Prozess der Konstruiertheit – und infolgedessen auch immer der Willkürlichkeit und Vorläufigkeit – ihrer „Heimatkultur" bewusst werden (dies gilt natürlich auch für die britische und andere Kulturen). Daraus folgt, dass die Bedeutung des „Heimatlandes", das geografisch weit entfernt – irgendwo anders – liegt, besser eingeordnet und relativiert werden kann. Hierbei verliert es viel von seinem symbolischen und emotionalen Impetus. Hieraus könnte man intuitiv schlussfolgern, dass sich türkische Migranten dann ja gleichzeitig in zwei (Medien)Räumen (im türkischen und britischen) „zu Hause" fühlen könnten. Oder man könnte sagen, dass sie in keinem der beiden Räume mehr „zu Hause" fühlen, bzw. dass sie sich sogar wünschen, weder hier noch dort „zu Hause" zu sein. Dies würde türkischen Migranten sogar eine gewisse Sonderstellung geben, da sie ja zur gleichen Zeit in zwei Orten nicht zu Hause sind. Es ist genau die Erfahrung, sich von beiden Vorstellungen gelöst zu haben, die es Migranten erlaubt, über Grenzen und unterschiedliche Räume, in denen sich ihr Leben abspielt, hinweg zu denken.

6   Schlussfolgerung: Neue Freiräume im Denken?

In diesem Beitrag haben wir uns vorwiegend auf die Erfahrungen von Migranten im Umgang mit dem Satellitenfernsehen konzentriert. Wir haben gezeigt, wie die neuen Medienangebote Beziehungen von Migranten zu ihrem Anderswo beeinflussen, hier zu den „Anderswos" von türkischen Migranten in Europa. Unsere Überlegungen und Schlussfolgerungen können auch auf andere Medien, und insbesondere auf das Internet, übertragen werden. „Anderswos" sind für das Leben aller Menschen wichtig. Sie sind ein wichtiger Aspekt für die Vorstellungswelt der Menschen. Man könnte ein ganzes Buch darüber schreiben, wie Gesellschaften es ausgenutzt haben, dass es immer noch ein Anderswo gegeben haben soll. Ein wichtiges Kapitel in einem solchen Buch müsste sich mit den problematischen Folgen daraus beschäftigen, etwa im Hinblick auf die Wahrnehmung der ehemaligen Kolonien oder des Orient im allgemeinen, aber auch im Hinblick dessen, was heute der „Touristenblick" genannt wird. In diesem Artikel wollten wir deutlich machen, dass die Vorstellung von Diaspora auch eine problematische Beziehung zum „Anderswo" nach sich ziehen kann. Problematisch ist vor allem die Art und Weise, wie hierdurch verschiedene Ideale, Wunschvorstellungen, Illusionen und Bedürfnisse in Bezug auf das Anderssein und des Anderswo geweckt werden. Das Anderswo wird dabei zu einem Zufluchtsort in den Köpfen der Menschen und ist letztendlich als nichts anderes als eine Art Projektionsfläche, auf die die Wünsche und Hoffnungen der Menschen geworfen werden. Dies führt allerdings zu einer eher unproduktiven, weil auf Wunschvorstellungen basierenden Beziehung zum Anderswo. Eine solche Vorstellung von Diaspora führt dazu, dass das Anderswo mit dem Gefühl von Verlorensein, Ferne, Heimweh, Melancholie usw. verbunden wird.

Ein anderes, vielleicht weniger bedeutendes Kapitel in dem Buch über das Anderswo könnte aber auch darüber handeln, wie das Konzept des Anderswo produktiv und kreativ genutzt werden kann. Um eine produktive Beziehung zum Anderswo aufzubauen, sollte man nichts in den Begriff hineinprojizieren. Man sollte es hingegen als einen neuen Freiraum begreifen. Wie wir in der Diskussion über transnationale türkische Migranten und ihren Konsum des Satellitenfernsehens gesehen haben, lassen sich heute bereits Elemente eines anderen, wenn man so will, nicht-diasporischen Umgangs mit Medien erkennen. Wie wir gesehen haben, hatte Jankélévitch die Melancholie und Heimweh von Migranten auf ihre unverrückbare Lebenssituation in der Diaspora zurückgeführt. Im Fall der transnationalen Migranten, zumindest der türkischen, sehen wir aber ein permanentes Hin- und Herpendeln zwischen Europa und der Türkei, was für eine deutlich weniger dramatische Sichtweise von dem zeugt, was in der Migration auf dem Spiel steht. Die Möglichkeit, Fernsehen aus dem Ausland zu empfangen, hat damit auch zu einer Entzauberung des Heimatlandes, das für Migranten bedeutungsvolle Anderswo, beigetragen. In dem Maße, wie die türkische Medienkultur Teil des Alltags von Migranten geworden ist und sie dadurch immer näher an die türkische Wirklichkeit herangerückt sind, haben sich die Zuschauer intellektuell und emotional immer stärker von der Türkei abgelöst und haben eine immer kritischere Haltung eingenommen. Das türkische „Anderswo" ist Teil ihrer ganz normalen und banalen Alltagsrealität geworden. Viele türkische Migranten entwickelten daraufhin eine neue Beziehung zu ihrem Anderswo, die nicht mehr nur von übertriebenen, unrealistischen Wunschvorstellungen geprägt ist. Wir haben dies im Sinne einer Art vergleichenden Kulturwahrnehmung der türkischen und britischen Wirklichkeit interpretiert, einer Wahrnehmung, die einen reflexiven und distanzierten Umgang mit Medien fördert. Statt einer Idealisierung des Heimatlandes, wie sie im beschriebenen Verständnis von Diaspora vorherrscht, geht es uns eher um eine Klärung des Verhältnisses zum Heimaltland, was auch ambivalente Gefühle und Einstellungen gegenüber anderen Anderswos (und Hiers) mit einschließt. Wir würden daher abschließend sagen, dass ein Potential der neuen transnationalen Medienkultur, nicht zuletzt darin besteht, dass sie zusammen mit den neuen Möglichkeiten transnationaler Migration wesentlich zu einer Entzauberung des Anderswo beiträgt.

Literatur

Ahmed, Sara (1999): Home and Away: Narratives of Migration and Estrangement. In: International Journal of Cultural Studies. 2.3. 329-347.

Aksoy, Asu/Robins, Kevin (2000): Thinking Across Spaces: Transnational Television from Turkey. In: European Journal of Cultural Studies. 3. 3. 343-365.

Beck, Ulrich (2002): The Cosmopolitan Society and its Enemies. In: Theory, Culture and Society. 19. 1-2. 17-44.

Cohen, Anthony P. (1994): Self Consciousness: an Alternative Anthropology of Identity. London: Routledge.

Cohen, Robin (1997): Global Diasporas: An Introduction. London: UCL Press.

Dewey, John (1958) [1929]: Experience and Nature. New York: Dover.

Fernandez, James W./Taylor Huber, Mary (2001): The Anthropology of Irony. In: Fernandez/Taylor Huber (2001): 1-40.

Fernandez, James W./Taylor Huber, Mary (Hrsg.) (2001): Irony in Action: Anthropology, Practice, and the Moral Imagination. Chicago: University of Chicago Press.

Friedman, Jonathan/Randeria, Shalini (Hrsg.) (2004): Worlds on the Move: Globalisation, Migration, and Cultural Security. London: I.B. Tauris.

Glick-Schiller, Nina/Basch, Linda/Szanton Blanc, Cristina (1995): From Immigrant to Transmigrant: Theorising Transnational Migration. In: Anthropological Quarterly. 68.1. 48-63.

Gripsrud, Jostein (Hrsg.) (1999): Television and Common Knowledge. London: Routledge.

Hoffman, Eva (1991): Lost in Translation: Life in a New Language. London: Minerva.

IP/Turkmedia (1996): Türken in Deutschland. Kronberg: IP Deutschland/TMM-Turkmedia.

Jankélévitch, Vladimir (1974): L'Irréversible et la Nostalgie. Paris: Flammarion.

Livingstone, Sonia (1999): Mediated Knowledge: Recognition of the Familiar, Discovery of the New. In: Gripsrud (1999): 96-97.

Milikowski, Marisca (2000): Exploring a Model of De-Ethnicisation. The Case of Turkish Television in the Netherlands. In: European Journal of Communication. 15.4. 443-468.

Portes, Alejandro (1999): Conclusion: Towards a New World – the Origins and Effectiveness of Transnational Activities. In: Ethnic and Racial Studies. 22.2: 463-477.

Portes, Alejandro/Guarnizo, Luis E./Landolt, Patricia (1999): The Study of Transnationalism: Pitfalls and Promise of an Emergent Research Field. In: Ethnic and Racial Studies. 22.2. 217-237.

Rancière, Jacques (1991): The Ignorant Schoolmaster: Five Lessons in Intellectual Emancipation. Stanford: Stanford University Press.

Robins, Kevin/Aksoy, Asu (2004): Parting from Phantoms: What is at Issue in the Development of Transnational Television from Turkey. In: Friedman/Randeria (2004): 179-206.

Rouse, Roger (1995): Questions of Identity: Personhood and Collectivity in Transnational Migration to the United States. In: Critique of Anthropology. 15.4. 351-380.

Şengün, Seda (2001): Migration as a Transitional Space and Group Analysis. In: Group Analysis. 34.1. 65-78.

Diaspora Wissensnetzwerke[1]

William Turner, Jean-Baptiste Meyer, Paul de Guchteneire,
Asmaa Azizi

1 Einleitung

„Capacity-building" für das 21. Jahrhundert, also das Zugänglichmachen von Informationen und Kenntnissen, ist ein Konzept, das im UNESCO-Zusammenhang darauf abzielt, Wissensgesellschaften zu entwickeln. Das „Diaspora Knowledge Network Projekt", das in diesem Kapitel vorgestellt wird, wurde als Beitrag zu diesem UNESCO-Ziel initiiert. Generell sind Diaspora-Wissensnetzwerke soziale Strukturen, die Fähigkeiten und Wissen identifizieren, erfassen und mobilisieren können, die in einem Kontext erworben wurden, um sie in einem anderen Kontext anzuwenden und zu nutzen. Diese Art von Vorhaben ist keinesfalls offensichtlich. Im Gegenteil, Menschen, die in unterschiedlichen Umgebungen arbeiten, haben im Allgemeinen wenig Gelegenheit sich im normalen Arbeitsablauf zu treffen. Und wenn sie dies tun, müssen sie oftmals einige Unterschiede im Zeitrahmen, in dem sie arbeiten, der Sprache, die sie verwenden, um ihre Erfahrungen und Bedürfnisse zu beschreiben, und bei den Ansichten, die sie darüber haben, was wichtig und was unwichtig ist, überwinden. Dafür bedarf es einer Phase der Eingewöhnung, die in Anbetracht der möglichen Probleme, soziale Beziehungen über größere Distanzen aufzubauen und zu erhalten, lang und ungewiss sein kann. Aus dieser Perspektive ist der Aufbau von Fähigkeiten ein empirisches Problem: es bedeutet, Bedingungen trotz unterschiedlicher Arbeitsweisen, Perspektiven und Sprachen zu schaffen, um sich kennen zu lernen und zu kooperieren. Hoch qualifizierte, wissenschaftliche und technologische Auswanderer versuchen schon seit langem bottom-up Formen der institutionellen Kooperation mit ihren Herkunftsländern zu organisieren. Aber zunehmend werden auch systematischere Ansätze von Regierungen verfolgt, ihre Diaspora in Entwicklungsprojekte im Herkunftsland mit einzubeziehen. In diesem Kapitel werden Möglichkeiten diskutiert, wie Computer die Konstruktion von Interaktionsräumen im Internet unterstützen können, um bot-

---

1   Aus dem Englischen übersetzt von Kathrin Kissau.

tom-up und top-down Initiativen zu gliedern, und so die sozialen Prozesse einer Wissensgesellschaft zu stärken. [2]

2   Diaspora Wissensnetzwerke

Die Definition der Wissensgesellschaft ist immer noch eine recht offene Frage. Jedoch scheint eine Mindestanforderung zu sein, dass in einer Wissensgesellschaft Forschungsergebnisse von Regierungen für ihre ökonomische, soziale und technologische Politik genutzt werden, und dass gleichzeitig Bürger Zugang zu den gleichen Ergebnissen haben, Unterstützung beim Verstehen dieser erhalten und sie nutzen, um Politik zu bewerten, zu evaluieren und über deren Legitimität zu debattieren. Um dieser Anforderung gerecht zu werden, benötigen wir eine Möglichkeit Rahmenbedingungen zu schaffen, wie über die Grenzen unterschiedlich strukturierter sozialer und kognitiver Aktivitäten (Forschung und Politik) hinweg zusammengearbeitet werden kann.

Vor über 60 Jahren prägte Robert Merton die Idee eines sozialen Systems der Wissenschaften, das sich um eine Reihe von universellen Normen und Praktiken, die nationale Grenzen überschreiten, herum organisiert (vgl. Merton 1942). Heute wird davon ausgegangen, dass hoch qualifizierte wissenschaftliche und technologische Diasporamitglieder die Fähigkeit besitzen, weltweit verteilte Kenntnisse und Wissen einzufangen und zu mobilisieren. Die Perspektive hat sich dadurch umgedreht: Merton ging davon aus, dass das Wissenschaftssystem eine objektive soziale Realität darstellt und strebte danach dessen unterliegende normative Struktur zu beschreiben, um dessen institutionelle Stabilität zu erklären. Jetzt hat sich die Frage dahin gehend verändert, wie institutionelle Stabilität durch kooperative Aktivitäten erreicht werden kann. Dieser Perspektivwechsel hat die Denkweisen verändert, wie wissenschaftliche Ergebnisse identifiziert, mobilisiert und für ökonomische oder soziale Entwicklungen verwendet werden. Institutionelle Strukturen werden nicht länger als gegeben hingenommen, vielmehr entwickeln sie sich aus Entscheidungen, die durch Menschen getroffen werden, wenn sie versuchen, über Grenzen hinweg zu kooperieren. Das "brain gain"-Argument geht davon aus, dass Mobilität ein Faktor ist, der Menschen

---

2   Das DKN Projekt wurde gefördert vom International Committee for Social Science Information and Documentation. Wir möchten uns insbesondere bei Arnaud Marks, General Secretary des ICSSD, für die Unterstützung bei der Organisation und Durchführung dieser Studie bedanken. Diese Arbeit wäre auch ohne die Kooperation des Observatoire des Métiers et de l'Emploi Scientifique der Personalabteilung des CNRS nicht möglich gewesen. Unser besonderer Dank gilt deshalb Florence Egloff und Florence Bouyer sowie Olivier und Mathilde de Saint Leger, deren Arbeit über die Terminologie-Arbeitsplätze in diesem Text vorgestellt wird.

dazu bewegt, diese Versuche zu unternehmen. Sie wissen, wie es ist, „dort" in den sozialen, ökonomischen und politischen Kontexten der Aufnahmeländer zu sein und sie wissen ebenfalls wie es ist, „hier" zu sein und mit den ökonomischen, politischen und sozialen Herausforderungen der Entwicklung der Heimatländer konfrontiert zu sein. Deshalb können sie als Vermittler, Intermediäre agieren, fähig kooperative Lösungen vorzuschlagen und auszuarbeiten, wie etwas gemeinsam trotz geographischer und kultureller Distanzen getan werden kann.

Diese positive Interpretation von Mobilität als ein Faktor für die Entwicklung der Heimatländer profitiert auch von einer neuen Interpretation der Rolle, die von der globalen Informationsinfrastruktur (GII) im Zusammenhang mit „brain gain" gespielt wird. Die GII bezieht sich auf eine zunehmende Konvergenz von Internet, World Wide Web und ausgedehnten drahtlosen, mobilen Satelliten-Telekommunikationssystemen. In der Diasporaliteratur wurde der Migrant in der Vergangenheit oftmals als Ikon eines Exilanten dargestellt, als Person, die von ihren Liebsten abgeschnitten und alleine ohne die Unterstützung der Gemeinschaft ist. Heute zeigen jedoch empirische Belege, dass Migranten durch Blogs, Foren, Mobiltelefone, E-Mail, Chats und Satellitenverbindungen mit den Zurückgelassenen verbunden sind. Dana Diminescu hat das Konzept des "connected migrant" entwickelt, um diese neue Realität einzufangen (Diminescu 2008). Der vernetzte Migrant ist eine Ikone für Menschen in Bewegung: diese Personen verlieren ihre Gemeinschaftsverbindungen nicht, wenn sie woanders hingehen. Sie vergrößern diese, um jene Personen aufzunehmen, die sie unterwegs getroffen haben. Mit anderen Worten: die GII hat einen Einfluss darauf, wie die Beziehung zwischen Mobilität und der Dynamik kollektiver Aktivität gesehen wird. Auswanderer werden nicht mehr als Personen angesehen, deren sozio-kulturelle Identität durch ihren Geburtsort determiniert ist und deren Loyalität zu ihren Wurzeln daher kommt, dass sie kontinuierlich in der Gesellschaft, in der sie leben, an ihr Anders-Sein erinnert werden. Identitätskonstruktion ist Nach-Vorne-Blicken genauso wie es das Ergebnis von Erinnerung und Tradition ist. Es ist das, was Jean-Baptiste Meyer „projective" nennt, in dem Sinne, dass anhaltende Aktivitäten im Aufnahmeland mit Entwicklungsprojekten für das Herkunftsland oder die Herkunftsregion verbunden werden (vgl. Meyer 2004).

Schließlich scheinen auch Regierungen pragmatisch zu akzeptieren, was Soziologen theoretisch bestätigen, dass nämlich Mobilität charakteristisch für die heutige Welt ist, mehr noch als stabile Strukturen und Organisationen (vgl. Urry 2000). Im Diaspora-Bereich haben Rücküberweisungen in letzter Zeit am meisten Aufmerksamkeit erhalten. Das Volumen von Rücküberweisungen stellt die zweitwichtigste Finanzquelle für Entwicklungsländer nach ausländischen Direktinvestitionen dar und ist gleichzeitig aber höher als die Gesamthöhe öffentlicher

Entwicklungshilfen. Das meiste Geld fließt direkt von Migranten zu ihren Familien, die es zur Steigerung ihres Wohlbefindens nutzen und es etwa in Bildung, Gesundheit oder in lokale wirtschaftliche Aktivitäten investieren. Aber öffentliche Behörden versuchen nun diese Geldströme in kollektive Entwicklungsprojekte zu kanalisieren. Zum Beispiel werden in Mexico für jeden von Migrantenorganisationen in kollektive Projekte investierten Dollar drei Dollar durch staatliche, regionale oder lokale Regierungen hinzugefügt (Pécoud/de Guchteneire 2006).

Das Beispiel von Rücküberweisungen ist nur eines von vielen, das zeigt, dass Regierungen zunehmend bemüht sind, bottom-up und top-down Initiativen optimal zu koordinieren, um Strukturen kollektiver Aktivität zu stabilisieren. Die Idee, dass diese Stabilität aus dauerhaften Entscheidungen erwächst, lässt die Frage nach den Formen dieser Abläufe aufkommen, die benötigt werden, um den Prozess am Laufen zu halten. Offensichtlich hat einer dieser Prozesse mit Informationsmanagement zu tun. Öffentliche Behörden haben keinen panoptischen Blick auf zwischenmenschliche Beziehungen, um zentral Kontrolle über die Strukturen und Organisationen von bottom-up Aktivitäten für die Entwicklung des Herkunftslandes auszuüben. Es konnte auch gezeigt werden, dass Versuche, einen solchen Blick zu erhaschen, auf Misstrauen und Abneigung stoßen und öffentliche Behörden von einer reichhaltigen und hoch motivierten Quelle Humankapitals für die Umsetzung von nationalen Entwicklungsprojekten abschneiden (vgl. Brinkerhoff 2008). Am anderen Ende des Spektrums stehen Ressourcenverteilung und die Rechte der Akteure mit zu entscheiden, wie vorhandene Ressourcen auf die verschiedenen Projekte verteilt werden. Das wird im Allgemeinen als eine der zentralen Schwachpunkte von Versuchen angesehen, wie kollektive Ziele durch Kanalisierung der vielfachen Kontakte in zwischenmenschlichen Netzwerken erreicht werden können (vgl. Lowell/Gerova 2004). Wer ist der Sprecher für diese Art der Netzwerke? Wer hat die Macht zu entscheiden? Oftmals sind die sozialen Strukturen, die um sich entwickelnde bottom-up Projekte herum entstehen, von dem freiwilligen Engagement von denen abhängig, die sie unterstützen. Doch wenn davon ausgegangen wird, dass diese Strukturen aus temporären Gruppen von höchst mobilen Einzelnen bestehen, ist dann die Mitgliedschaft stabil genug, um deren Nachhaltigkeit auf Dauer zu gewährleisten (vgl. Lema 2003, Chapparo et al. 2004)? Öffentliche Behörden, die im Entwicklungssektor arbeiten, haben manchmal Probleme mit der Diaspora-Option. Die Idee, dass Auswanderer natürliche Verbündete sind, die deshalb eingeladen werden sollten, um in der Ressourcenverteilung in Bezug auf ihr Herkunftsland mitzuwirken, ist in der Theorie gut begründet. Doch in der Praxis stellt sich die Frage: Wer sollte tatsächlich eingeladen werden, an diesen Diskussionen teilzuhaben (vgl. Barré et al. 2003)?

Dies sind die Umstände des Diaspora Knowledge Network (DKN) Projekts. DKNs sind die Verbindungen, durch die Fähigkeiten und Kenntnisse im Ausland durch Auswanderer identifiziert und mobilisiert werden können, um Ziele kollektiven Wohlbefindens in ihrem Herkunftsland zu erreichen. Ihre Existenz beweist die Funktionsfähigkeit der Diaspora Option – die Idee, dass Mobilität nicht mit dem endgültigen Verlust von Humankapital gleichzusetzen ist, sondern vielmehr eine Möglichkeit für die Entwicklung des Herkunftslandes darstellt (vgl. Meyer et al. 1997). Diese Möglichkeit bedeutet mehr als Interaktion auf Distanz. Sie beinhaltet Zusammenarbeit, um gemeinsame Ziele zu erreichen. In soziologischen Begriffen existiert ein Unterschied zwischen interagieren und tatsächlich mit anderen zu agieren, um Sachen gemeinsam zu tun. Letzteres beruht unter anderem auf gegenseitigem Vertrauen, einer gemeinsamen Sprache sowie kollektiven Abläufen des Verstehens und der Konfliktbeilegung. Sozialinformatik, ein Forschungsfeld innerhalb der Informatik, untersucht, wie Computeranwendungen entwickelt werden können, um Arenen im Web zu schaffen, wo Menschen vertrauensvoll miteinander agieren können (vgl. Turner 2007). Das Modell, das aus dieser Forschung entnommen ist, um die soziale Dynamik von DKN Entwicklungen zu fassen, ist in Abbildung 1 zu sehen:

Abbildung 1: Forschungsachsen für Computer unterstützte Diaspora Knowledge Networks

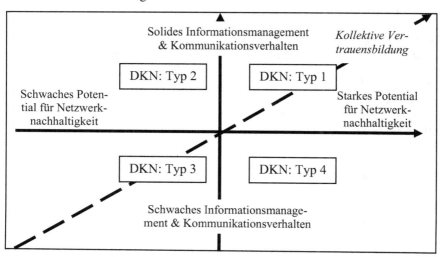

Quelle: Eigene Darstellung.

Dieses Modell ist ein Vorhersagemodell, insofern als wir erwarten, dass kollektive Vertrauensbildung eine Funktion davon ist, das DKNs nachhaltig und in soliden Informationsmanagementprozessen verankert sind (Typ 1). Das Modell versucht selbstverstärkende Dynamiken zu erfassen: je mehr das Vertrauen wächst, desto eher werden Personen den Erfolg ihrer kollektiven Aktivität antizipieren und dauerhaft versuchen, die Informationsverarbeitungsprozesse zu verbessern (Übergang von einer Typ 3 zu einer Typ 1 Situation). Abgesehen davon werden die sozialen Prozesse der Nachhaltigkeitsverstärkung und der Erklärung von Informationsaustausch und Interpretationsverfahren nicht unbedingt artikuliert: manchmal können starke Verbindungen auch in einem Netzwerk ohne angemessene Informations- und Kommunikationsinfrastruktur zur Aufrechterhaltung dieser Verbindungen existieren (Typ 4): Manchmal investieren Netzwerke auch intensiv in den Ausbau ihrer Informations- und Kommunikationsinfrastruktur ohne ausreichende Überlegungen anzustellen, wie diese Investitionen zur Stärkung der sozialen Beziehungen beitragen können (Typ 2). Unsere Hypothese ist, dass Typ 2 und Typ 4 DKNs Gefahr laufen in der näheren oder ferneren Zukunft zu verschwinden. Es besteht ein Risiko darin, dass soziale Kontakte auf Missverständnissen und Unverständnis aufgebaut werden, da Personen der Entwicklung einer gemeinsamen Sprache nicht genug Aufmerksamkeit schenken (Typ 2). Das andere Risiko besteht darin, dass interagieren – der Austausch von Nachrichten und Informationen – mit zusammen agieren verwechselt wird, was wie oben angesprochen zwei distinkte Konzepte sind.

Wir werden versuchen, diese unterschiedlichen Punkten in den folgenden Abschnitten zu veranschaulichen: Im Abschnitt 2 werden die Bedingungen zum Aufbau eines nachhaltigen Wissensnetzwerkes untersucht: in Abschnitt 3 werden Informationsmanagement und Kommunikationsverhalten in Verbindung mit der Konsolidierung sozialer Dynamiken eines DKNs betrachtet: und zuletzt, wird im Abschnitt 3 die empirische Arbeit präsentiert, die wir durchgeführt haben, um zu untersuchen, wie Computer die Vertrauensbildung in nachhaltigen DKNs unterstützen können.

3   Nachhaltigkeit von Wissensnetzwerken

Die Diskussion in diesem Abschnitt betrifft die horizontale Achse von Abbildung 1, die soziale Netzwerke mit schwachem Potential für Netzwerknachhaltigkeit jenen mit starkem Potential gegenüberstellt. Das konzeptionelle Werkzeug zur Behandlung dieser Nachhaltigkeitsthemen wurde der Sozialkapitalliteratur entnommen. Allgemein gesagt, bezieht sich Sozialkapital auf die Ressourcen, die durch Beziehungen zwischen Personen angesammelt werden (vgl. Coleman

1990). Diese können mit Hilfe von drei unterschiedlichen analytischen Kategorien analysiert werden: Die erste Kategorie betrifft „latente" soziale Beziehungen, welche virtuelle Möglichkeiten der Zusammenarbeit darstellen, die jedoch noch nicht aktiviert wurden, um ihr Potential auszuschöpfen (vgl. Ellison et al. 2007). Die zweite Kategorie umfasst „bridging" soziale Beziehungen, welche lose Verbindungen zwischen Individuen – schwache Kontakte – darstellen, die möglicherweise nützliche Informationen bereitstellen oder neue Perspektiven eröffnen können aber typischerweise keine emotionale Unterstützung bieten (vgl. Granovetter 1982). Zuletzt betrifft die dritte Kategorie „bonding" soziale Beziehungen, welche zwischen Individuen in engmaschigen, emotional engen Beziehungen, wie Familien oder engen Freunden vorkommen (vgl. Putnam 2000). Das übergeordnete Ziel von durch Computer unterstützte Sozialkapitalentstehung und –vermehrung in einem DKN ist es, die sozialen Normen der gegenseitigen Wahrnehmung, Reziprozität und Solidarität zu stärken, um Vertrauen für die Aufnahme gemeinsamer Aktivitäten aufzubauen (vgl. Turner 2007). Um dieses Ziel zu erreichen, müssen wir die sozialen Dynamiken verstehen, die erklären warum Möglichkeiten für Zusammenarbeit – die latenten Beziehungen – unter bestimmten Bedingungen aktiviert werden, um bridging und bonding soziale Beziehungen zu schaffen, die Diasporagemeinschaften ermutigen, sich in Projekte für die Entwicklung ihres Heimatlandes zu engagieren. Um dies zu verstehen, können zwei Modelle betrachtet werden: Das eine Modell ist in der Argumentationsweise der neoklassischen Ökonomie verankert, während das andere einem systemischen Ansatz des Durchdenkens der drei oben angesprochenen Beziehungstypen entstammt (vgl. de Haas 2007).

3.1 Latente soziale Beziehungen

Das ökonomische Modell basiert auf der direkten Beobachtung, dass Auswanderer häufig den Wunsch äußern, ihrem Heimatland zu helfen, aber nicht wissen wie, da ihnen Informationen über Projekte, Akteure, Finanzierungsmöglichkeiten, Partner etc. fehlen. Gleichermaßen suchen inzwischen Herkunftsländer den Kontakt zu ausgewanderten Wissenschaftlern, Ingenieuren oder Geschäftsmännern, ohne zu wissen, wer was wo macht. In diesem Kontext dienen geeignete Informationsinfrastrukturen der Verstärkung der gegenseitigen Wahrnehmung von Möglichkeiten der Zusammenarbeit, indem latente Beziehungen zwischen ähnlichen Interessen sichtbar gemacht werden. Tabelle 1 zeigt ein Beispiel institutioneller Bemühungen in Kolumbien einen „Marktplatz" aufzubauen, um Angebot- und Nachfrageentwicklungen in Bezug zur Konstruktion von DKNs aufeinander abzustimmen (vgl. Castro-Sardi 2006).

Tabelle 1:   Vielfältige Akteure tragen zum Aufbau einer
              Informationsinfrastruktur für die Wiederaufnahme von
              Verbindungen von Auswanderern mit ihren Herkunftsländern bei

Name	Zweck	URL	Institut
Red Scientific Competitive Intelligence – Colombia	Freie Software Plattform (Datenbank) zur Sammlung aller wissenschaftlichen und technologischen Entwicklungen in Kolumbien. (Ursprünglich in Brasilien entwickelt und in allen LAC Staaten repliziert.) Sie umfasst mehr als 31000 Lebensläufen von Wissenschaftlern und Fachkräften aus Forschung & Entwicklung.	http://pamplonit a.colciencias.go v.co:8081/scient i/html/index.htm l	Colciencias Universidad Nacional de Colombia
Mapas – International Cooperation in Science and Technology	Online Informationswerkzeug mit Informationen über Finanzierungsquellen, Programmen, Institutionen weltweit und Kooperationsvereinbarungen in Wissenschaft und Technologie.	http://www.colci en-cias.gov.co/map as	Colciencias
Conexión Colombia	Vom Wochenmagazin „Semana" initiiert, informiert dieses Portal über die kolumbianische Diaspora und bietet Möglichkeiten wie sie ihren Landsleuten finanziell helfen können.	www.conexionc olombia.com	Revista Semana
Colombia Nos Une – Portal	Vom Außenministerium geschaffen, versucht dieses Programm die Verbindung zu kolumbianischen Gemeinden im Ausland zu festigen. Dadurch wird ihre Bedeutung als zentrale Akteure für die Entwicklung des Landes anerkannt und sie als Zielgruppe der Politik deutlich..	http://www.colo mbianosu-ne.com/colombi anosune	Ministry of Foreign Affairs
Network of Colombian Students Abroad	Durch das Colombia Nos Une Program des Außenministeriums ins Leben gerufene Seite. Es gibt eine mailing list redestudiantescolom-bianos@yahoogroups.com sowie Foren und FAQs für studentische Nutzer.	Group mailing list: Redestudi-antescolombi-anos@yahoogro ups.com	Ministry of Foreign Affairs Ministry of Education
Colfuturo	Gemeinnützige Gesellschaft mit dem Ziel Möglichkeiten für kolumbianische Studenten zu schaffen, im Ausland durch eine Stipendium oder ein Darlehen zu studieren.	http://www.colf utu-ro.com/index.ph p?page=1	Colfuturo

Quelle: Castro-Sardi 2006.

Fast alle Staaten auf der Welt bauen nun Informationsinfrastrukturen auf, um Auswanderer wieder mit ihrem Herkunftsland in Verbindung zu setzen. Der Erfolg dieser Maßnahmen hängt davon ob, ob Fähigkeiten, Finanzierungsquellen, institutionelle Unterstützung, Rat und Hilfeleistungen identifiziert werden. Tabelle 1 zeigt die Bemühungen eine solche Informationsinfrastruktur aufzubauen, die all diese verschiedenen Hebel zur Kooperation beinhaltet. Die Informationsinfrastruktur von Afghanistan zum Beispiel enthält andere Elemente, die unmittelbar mit der nationalen Situation in Verbindung stehen: zum Beispiel die Internetseiten internationaler Gremien wie die Afghanistan Directory of Expertise der Weltbank; die Internetseiten nationaler Gremien zur Förderung des Engagements der afghanischen Diaspora zum Wiederaufbau Afghanistans und zuletzt zivilgesellschaftliche Internetseiten, die Kontakte zum Heimatland aufrechterhalten, wie das Afghan Civil Society Forum. Ein drittes Beispiel ist INDEV, das India Development Information Network, das Informationen über Projekte und Programme sammelt und verteilt, die von bilateralen und multilateralen Spendengebern, der Regierung und einigen nationalen Nichtregierungsorganisationen in Indien durchgeführt werden. SANSA ist noch ein Beispiel. Das South African Network of Skills Abroad hat 2.500 Staatsbürger in über 65 Ländern im Ausland identifiziert und informiert sie mit Hilfe einer Vielzahl von Informationsmaßnahmen und Dienstleistungen, die auf der SANSA Internetseite angeboten werden, über Möglichkeiten der Kooperation in südafrikanischen Entwicklungsprojekten (vgl. Brown 2003). Weiter unten werden wir noch marokkanische und französische Datenbanken ansprechen. Ungeachtet der Vielzahl der hier aufgeführten Beispiel kann eine generelle Idee festgehalten werden: Die Idee dieser Infrastrukturen ist es, ein Forum zu schaffen, um latente soziale Beziehungen in aktive umzuwandeln.

Die Beziehung zwischen Information und gemeinsamen Engagement kann auf zwei Ebenen von der neoklassischen ökonomischen Perspektive analysiert werden. Auf einer technischen Ebene zeigt Tabelle 1 die Vielfalt an Informationsquellen, die für die Beteiligung an der Konstruktion von einem DKN benötigt werden. In diesem Situationstyp werden die involvierten Kosten diese Informationen zu nutzen, in Anbetracht der benötigten Zeit und dem Aufwand, deren Bedeutung zu interpretieren und anzupassen, hoch sein. Bemühungen sollten deshalb unternommen werden, diese Kosten zu reduzieren. Wir werden auf diesen Punkt in Abschnitt 4 zurückkommen, wo wir verschiedene Informationsmanagementprozeduren für diesen Zweck vorstellen. Auf einer eher theoretischen Ebene wird die Beziehung zwischen Information und gemeinsamen Engagement meist als gegeben angenommen. Die neoklassische Argumentationsweise lautet so: Haben Personen Informationen über Kooperationsmöglichkeiten, werden sie in Anbetracht ihrer persönlichen Bewertung von Kosten und Nutzen entscheiden, ob sie sich beteiligen wollen oder nicht. Dieses Modell geht davon aus, dass Menschen rational sind und nach ihren besten Interessen handeln. Beste Interessen können von verschiedenen Blickpunkten erfasst werden: im Diaspora-Kontext zum Beispiel können sich Personen moralisch verpflichtet fühlen, ihrem Herkunftsland etwas zurückzugeben, da es ihnen einen Start ins Leben ermöglicht hat. Sie können auf ein Konstrukt von Anreizen und Belohnungen reagieren; oder sie können opportunistisch kalkulieren, wie ihre soziale Beziehungen zum Herkunftsland aktiviert werden können, um ihre persönlichen Ziele zu erreichen (Berthomière/Chivallon 2006). Was jedoch für das Modell zählt, ist, dass sie latente soziale Beziehungen in aktive umwandeln und die Angebotskurve nach oben verlagern, um die stetig anwachsende Nachfrage nach spezifischen Kenntnissen und Fähigkeiten zu befriedigen. Dies kommt der Nachhaltigkeit von einem bestimmten Typ von Wissensnetzwerk zu Gute. Die Demonstration ist schematisch: je mehr Menschen Zeit und Aufwand in die Stärkung eines bestimmten Handlungsablaufs investieren, desto eher werden andere das Gleiche tun. Es wird davon ausgegangen, dass sie wissen, wie die Abläufe zur Kooperationen über Grenzen hinweg in verschiedenen ökonomischen, sozialen und politischen Systemen zu entwickeln sind. Die Existenz oder das Fehlen dieses „Know hows" wird im Marktmodell nicht analysiert Es wird als gegeben angenommen. In der Sozialkapitalliteratur, auf der anderen Seite, wird die Überlegung, wie Menschen latente soziale Beziehungen in aktive umwandeln, als zentrale theoretische Frage aufgefasst. Aus diesem Grund verwenden wir den systemischen Ansatz um über latente, bridging und bonding Beziehungen nachzudenken.

Latente Beziehungen können auf der linken Seite der horizontalen Achse in Abbildung 1 platziert werden: d.h. wir gehen davon aus, dass sie eine DKN Situation beschreiben, die von der Bereitschaft der Interaktion charakterisiert wird, es jedoch noch am Vertrauen in die Möglichkeiten der gemeinsamen Aktivität mangelt. Unsere Hypothese ist, dass Menschen Zeit brauchen, um sich gegenseitig kennen zu lernen, bevor sie die sozialen Normen der gegenseitigen Wahrnehmung, Reziprozität und Solidarität als Gegeben annehmen. Während dieser Zeit versuchen sie das Entgegenkommen ihrer zukünftigen Kooperationspartner zu bestimmen, um sicher zu gehen, dass ihre Anliegen konstruktiv beantwortet werden und dass Missverständnisse, Meinungsverschiedenheiten und konzeptionelle Mehrdeutigkeiten gelöst werden können. Menschen benötigen einen Beweis für Wohlwollen und die Durchführung eines Experiments. Ob etwas gemeinsam ausgeführt werden kann, ist eine Möglichkeit, diesen Beweis zu erhalten. Demzufolge akzeptieren wir das neoklassische Argument, um zu erklären, wie latente soziale Beziehungen aktiv werden: Wenn Menschen Information über Möglichkeiten des gemeinsamen Engagements erhalten, werden sie sich engagieren, falls es innerhalb ihrer Möglichkeiten liegt. Jedoch dienen diese Kontakte der Kalkulation von Kosten und Nutzen des Engagements. Sie erklären an sich noch nicht die eigentliche Entscheidung, Zeit und Energie in gemeinsame Aktivitäten zu investieren. Diese Entscheidung wird erst nach einiger Zeit, je nach Ergebnis der wiederholten Experimente, welche die Stabilität der sozialen Beziehungen testen, gefällt.

3.2 Differenzen zu überbrücken lernen

Der Marktplatz ist ein nützliches Modell, um zu erklären, wie Menschen aus unterschiedlichen ökonomischen, sozialen, politischen und wissenschaftlichen Umgebungen sich treffen und – trotz ihrer Differenzen – gemeinsam für die Entwicklung des Heimatlandes aktiv werden. Aber ein Marktplatz erklärt noch nicht, wie diese Projekte sich entwickeln: wie schwache soziale Beziehungen zwischen Menschen, welche die Idee teilen, dass etwas getan werden muss, in ein kohärentes System kollektiver Aktivität umgeformt werden. Die Frage dabei ist, wie Nachhaltigkeit aufgebaut wird. Dies hat sich zu einem wichtigen empirischen Forschungsgebiet in Verbindung mit dem Aufkommen von DKNS entwickelt (vgl. Meyer 2007). Die Begriffe „bridging" und „bonding" Sozialkapital sind nützlich, um die dabei involvierten sozialen Prozesse zu erfassen. Menschen lernen, ihre Unterschiede zu überwinden, indem sie interagieren. Erst nach dem Aufbau der Brücken werden sie sich – angesichts ihrer Fähigkeit tatsächlich etwas gemeinsam zu bewirken – wohl fühlen. Wie zuvor gesagt, ist eine Phase des Austestens von Nöten bevor Menschen über die Stabilität eines Projektes zu einem Schluss kommen und sich entscheiden, sich daran zu beteiligen (oder nicht).

Welche Form nehmen solche Experimente an? Im Zusammenhang mit Computer-unterstützten Diaspora Wissensnetzwerken gibt es fünf Vorgehen:

- Erhaltung der Wahrnehmung von Interaktionsmöglichkeiten (*Informationsaustausch*)

- Gemeinsam die Bedeutung laufender Aktivitäten konstruieren (*Sinn-Aufbau*)

- Aufbau von Vertrauen in die Fähigkeiten der Gruppe gemeinsame Ziele zu erreichen (*Vertrauensaufbau*)

- Aufbau eines gemeinsamen Verständnisses von Themen und Interpretationen (*gemeinsame Sprache*)

- Wissensteilung durch Diskussionen und Verhandlungen bewerkstelligen (*sozio-kognitives Konfliktmanagement*)

Empirische Studien, die in einem Band von Hinds und Kiesler (2002) gesammelt wurden, haben für jeden dieser Punkte gezeigt, dass Technologie-vermittelte Interaktionen weniger wirksam sind als persönliche, face-to-face Interaktionen, um starke soziale Beziehungen aufzubauen. Angesichts dieser Beobachtung, argumentieren Turner et al. (2003), dass Interaktionsräume von DKNs im Internet Computerapplikationen enthalten sollten, um Informationen über den gemachten Fortschritt zu erfassen und auszuwerten. Der Zweck dieses Vorschlags war es, ein vertieftes Verständnis zu erlangen, welche Lernprozesse im Sinne von „learning-how" ablaufen. Die Hypothese dabei ist, dass Menschen durch sukzessive Annäherungen lernen, wie sie gemeinsam etwas erreichen können. Zuerst unternehmen sie zweckmäßige und reflexive Aktivitäten, um eine der fünf oben aufgeführten Vorgehen zu erkunden. Das daraus erhaltene Feedback ermöglicht es ihnen, den kognitiven, physischen und sozialen Kontext, in dem sie sich befinden, zu analysieren und ihr Verhalten demnach anzupassen (Orlikowski 2002). Zuletzt wird dieser Anpassungsprozess dazu beitragen, dass sie ihr Angebot an Fähigkeiten und Dienstleistungen verändern, um besser in das kollektive Vorgehen zu passen. Sobald dies der Fall ist, werden die Normen der Reziprozität, des gegenseitigen Respekts und der Solidarität bestätigt werden. Abgesehen davon besteht auch die Möglichkeit der Abweichung während des Anpassungsprozesses. In diesem Fall wird das kollektive Vorgehen von Konflikt, Missverständnissen und einem generellen Fehlen einer gemeinsamen Sprache gekennzeichnet sein. Es muss nicht davon ausgegangen werden, dass Menschen sich unbedingt einfügen möchten. Ihr Ziel kann es durchaus sein, andere zum Umdenken zu bewegen. Während eines von der UNESCO im Jahr 2006 gesponserten Workshops wurden Computerprogramme präsentiert, welche die Lernprozesse, die den fünf genannten Vorgehen zugrunde liegen, sichtbar machen (vgl. Turner et al. 2006). Im Abschnitt 4 dieses Kapitels werden wir den Fokus stärker auf die Zunahme der Wahrnehmung von Interaktionsmöglichkeiten legen, die durch die computerunterstützte Konstruktion einer gemeinsamen Sprache entstehen.

Die Unterschiede zwischen dem „know-how" Prozess des Marktmodels und den „learn-how" Prozess, das im Sozialkapital-Modell postuliert wird, sind nützlich, um die Ergebnisse zu verstehen, die Jean-Baptiste Meyer in seinen empirischen Studien von DKNs erhalten hat, und die in Tabelle 2 präsentiert werden.

Tabelle 2: Übersicht von DKNs nach Weltregionen (Herkunftsregionen)

Diasporas/ Regionen	Nach 1999 identifizierte Netzwerke	In 2005 aktive Netzwerke	Zahl der Herkunftsländer
Lateinamerika	25	15	9
Afrika	51	27	11
Asien	82	56	18
Gesamt	158	98	38

Quelle: Meyer 2007.

Eine Interpretation der Zahlen in dieser Tabelle ist, dass die Nachhaltigkeit von DKNs anfechtbar ist, da im Verlauf von 7 Jahren (von 1999 bis 20005) 60 Netzwerke verschwunden sind (vgl. Lucas 2004, Lowell/Gerova 2004). Jedoch glauben wir, dass diese Interpretation an der Sache vorbei geht: DKNs sind Foren des Lernens, wie man sich an der systematischen, anhaltenden Ausnutzung von Interaktionsmöglichkeiten beteiligen kann. Diese Idee kann anhand von Statistiken über die Anzahl von Start-up-Unternehmen in den USA veranschaulicht werden (vgl. Meyer 2007). Diese Zahlen zeigen, dass durchschnittlich 3 aus 5 Unternehmen innerhalb der ersten 5 Jahre in den USA scheitern. Das wird jedoch nicht als Indikator für die Instabilität gewertet sondern vielmehr für Vitalität. Zusätzlich tragen ständig aktualisierte Listen von Best Practices, die auf Gründen für Erfolg oder Scheitern basieren, dazu bei, gemeinsam die Managementabläufe für Innovationen zu verbessern. Die Sache ist folgende: DKNs können die gleiche Rolle in Bezug zur Diaspora-Option spielen wie Start-ups in Bezug zu Innovationen. Das Problem, wie Diaspora Mitglieder in die Entwicklungen ihrer Heimatländer involviert werden können, ist eine empirische ebenso wie eine theoretische Frage. DKNs liefern uns Vergleichsdaten, um zu verstehen, wie Aktivitäten, die darauf abzielen die Diaspora-Option zu unterstützen, unternommen werden müssen.

3.3 „Bonded" soziale Beziehungen

Wir können nun beschreiben, wie DKNs funktionieren, wenn sie durch engmaschige, auf Empathie basierten Beziehungen gekennzeichnet sind. Diese DKNs sind dafür ausgestattet über Grenzen hinweg zu arbeiten, da ihre Mitglieder eine gemeinsame Sprache besitzen und Prozeduren der Konfliktbewältigung entwickelt haben (Meilensteine, Informationsverarbeitungsprotokolle, Aufgabenverantwortlichkeiten etc.). Außerdem zeigen sie die anhaltende Entschlossenheit zur Kooperation, indem Ereignisse, die aus ihrem direkten Umfeld heraus entstehen und die Entwicklung der gemeinsamen Aktivität beeinflussen könnten als bedeutsam bewertet werden. Sie besitzen Beobachtungsmittel und –verfahren, um solche Ereignisse zu entdecken, und sie sind meist zuversichtlich, dass sie zusammen durch ihr gemeinsames Bezugssystem angemessene Schlüsse ziehen können. Aus all diesen Gründen sind Menschen bereit Zeit und Anstrengungen zu investieren, da ihnen versichert wurde, dass die Belohnung ihrer Investition die Freude sein wird, auf gemeinsamer Basis mit Anderen an Projekten zu arbeiten, die alle als wichtig empfinden (vgl. Dupuy 1993).

Diese gemeinsame Basis ist jedoch nicht selbstverständlich; sie ist das Ergebnis des oben beschriebenen "learning-how" Prozesses. Das Paradoxe daran ist, dass an einem bestimmten Zeitpunkt in diesem Lernprozess weniger auf andere zugegangen wird, um Brücken über Differenzen zu bauen, sondern Ausschlussprozesse einsetzen. Diese Dynamik führt zum Abschluss von in-group Ressourcen (vgl. Dreze/Sen 1999). „Bonded" soziale Gruppen werden in ihren Routinen und Interpretationsrahmen eingeschlossen, was es für die Mitglieder schwierig macht, die Notwendigkeit von Veränderungen zu erkennen. Unumkehrbarkeit setzt ein (vgl. Callon 1998). Abgesehen davon kann ein Anpassungsprozess, wie oben betrachtet, sowohl konvergieren als auch divergieren. In unserem systemischen Ansatz gehen wir davon aus, dass eine dauerhafte Spannung existiert zwischen Bemühungen, Brücken über Differenzen zu bauen, und solchen, die das Gegenteil tun, nämlich Differenzen betonen. Diese Spannung lässt sich gut an einem Beispiel aufzeigen, dass von Pablo Kreimer und Juan Pablo Zabala dargestellt wurde, das die Chagas-Krankheit betrifft (vgl. 2007).

Die Chagas-Krankheit kommt nur in Latein Amerika vor und wurde nach einem brasilianischen Arzt benannt, der diese im Jahr 1909 entdeckte. Die Chagas-Krankheit wurde als Gefahr für die Gesundheit der Bevölkerung in den 1950er Jahren erkannt und viele internationale Forschungsprogramme haben seit dem versucht, Medikamente für ihre Bekämpfung zu entwickeln. Überraschenderweise wird diese Krankheit, an der etwa 8 Millionen Menschen infiziert und etwa 100 Millionen in Zentral und Südamerika gefährdet sind, von der Medikamentenindustrie vernachlässigt.[3] Kreimer und Zabala erklären sich diese Vernachlässigung anhand der Einstellungen der lateinamerikanischen Labors, die in diesem Bereich arbeiten. Diese neigen dazu, den verantwortlichen Parasiten als biologisches Modell zu verwenden, und kümmern sich wenig um klinische Forschung. Diese Forschungsrichtung ermöglicht es ihnen, sich im Zentrum der internationalen Forschung als Modellbauer zu positionieren, mit Labors im Norden durch die Mobilität von Doktoranden und Post-docs zu kooperieren und in

---

3   Siehe die Aufstellung der „Drugs for Neglected Diseases Initiative" (http://www.dndi.org).

angesehenen internationalen Zeitschriften zu veröffentlichen. Ihre internationalen Kontakte sind meist stärker und entwickelter als ihre lokalen. Die Integration ihres lokalen Umfeldes durch den Aufbau einer Sprache, um die Ergebnisse in durch die Industrie zu verstehende Therapieansätze umzuwandeln, hat für sie keine Priorität. In diesem Wissensnetzwerk fehlt die Verbindung von der Forschung zur Industrie.

Die Gefahr von „bonded" Beziehungen, die hier veranschaulicht wird, könnte missbräuchlich als Opposition zwischen Menschen in der Grundlagenforschung und denen in der angewandten Forschung vereinfacht und beschrieben werden. Tatsächlich zeigt sich jedoch die Notwendigkeit eines Interaktionsräumen, der zur Zusammenarbeit über intellektuelle Grenzen hinweg anregt. Zum Beispiel existieren in diesem Zusammenhang eine Reihe von latenten Beziehungen zwischen Assoziationen, die Opfer der Krankheit verteidigen, Laboren, die klinische Forschung betreiben (denn nicht alle Forschung in diesem Bereich ist theoretisch) sowie industriellen, öffentlichen Gesundheits- und anderen Interessen. Dabei kann nicht von einer goldenen Regel ausgegangen werden, wie etwas gemeinsam getan werden kann. Im Gegenteil haben wir durch unsere Diskussion in diesem Abschnitt gezeigt, dass es zumindest drei mögliche Ergebnisse dieser Lernprozesse beim Verstärken sozialer Beziehungen gibt: ein Interaktionsprozess, der in Richtung Konvergenz und Stabilität tendiert; ein Interaktionsprozess, der im Gegenteil in Richtung Divergenz und Instabilität tendiert; und ein Interaktionsprozess, der zur Aufteilung des Interaktionsraumes in eine Reihe heterogener Gruppen tendiert, die ihre spezielle Sichtweisen verteidigen, also die Balkanisierung des Interaktionsraums. Informationsmanagement und Kommunikationsverhalten beeinflussen wie eine DKN sich in Richtung dieser verschiedenen Ergebnisse entwickelt.

4   Informationsmanagement und Kommunikationsverhalten

Die vertikale Achse von Abbildung 1 stellt ein solides Informationsmanagement und Kommunikationsverhalten einem schwachen gegenüber. Die Frage hierbei lautet, wie die Unterstützung, die Computeranwendungen der Strukturierung von gemeinsamen Aktivitäten bieten, konzipiert werden können (vgl. Turner et al. 2006). Je weiter wir uns auf der Skala von schwach zu soliden Anwendungen bewegen, desto wichtiger wird die Bedeutung des Computers in der Organisation von Informations- und Kommunikationsverhalten. Diese Rolle wird durch die Notwendigkeit, große Mengen an Dokumenten im Interaktionsraum zu verwalten, gerechtfertigt. Räumlich voneinander entfernte Personen – Menschen in Bewegung, die „dort" im Aufnahmeland sind aber auch in Kontakt mit Men-

schen „hier" im Heimatland bleiben wollen – interagieren notwendigerweise
durch elektronische Dokumente, die aus einer Informatikperspektive interaktive
Materialien verschiedener Medien wie Text, Video, Ton, Bild und Animation
beinhalten. Unser Interesse gilt hier lediglich dem Text und der Tatsache, dass
Computerformalismus möglicherweise nützlich für die Nachverfolgung von
Dokumentenbewegungen und für die Alarmierung über Risiken von Missverständnissen und konzeptionellen Ungenauigkeiten sein kann, die für die Konstruktion vertrauensvoller sozialer Beziehungen fatal sind. Für diese Diskussion
werden wir zunächst eine Reihe von Minimalanforderungen für den Aufbau von
schwach strukturieren Informations- und Kommunikationsinfrastrukturen definieren. Dann werden wir unsere theoretische Perspektive vorstellen, wie doku-
mentenvermittelte Informationsflüsse erfasst werden können. Schließlich werden
wir diesen Abschnitt mit einer Diskussion von Ontologien für die Unterstützung
von Vertrauensbildungsprozessen in DKNs beenden. Ontologien sind repräsentative Instrumente, die es Maschinen und Menschen ermöglichen, auf einem vorgeschriebenen Weg zu kooperieren, um Dokumente im Internet herzustellen.

4.1 Computerunterstützung von Marktplatzprozessen

Wie wir gesehen haben, versuchen Regierungen weltweit Informationsinfrastrukturen zu entwickeln, um Marktplätze für Diasporakenntnisse und –fähigkeiten
aufzubauen. Die Mindestanforderungen dafür sind vielfältig: den Überblick über
erhältliche Veröffentlichungen, Berichte oder andere Informationen über Entwicklungsprojekte und –programme sowie Finanzierungsmöglichkeiten behal-
ten, Formate zur Codierung dieser Information für die elektronischen Unterstützung zu Harmonisieren, Dokumentenklassifikationsschemata sowie Sprachen zur
Repräsentation von Inhalten harmonisieren und Zugang normalisieren; angemessene Visualisierungstechniken und Oberflächen zur Unterstützung des Informa-
tionszugangs durch die Nutzer spezifizieren, und zuletzt angemessene Informati-
onsverteilungsstrategien identifizieren, um Nutzer über aktuelle Entwicklungen
zu informieren. Viele technische Kenntnisse sind notwendig, um latente soziale
Beziehungen, die zwischen Diasporagemeinschaften und Herkunftsländern existieren, sichtbar zu machen.

Von besonderem Interesse für die folgende Diskussion ist es, auf die darstellerische Sprache aufmerksam zu machen, die Informationsfachleute entwickelt haben, um die Verständlichkeit von Dokumenten zu erhalten, indem Dop-
peldeutigkeiten in natürlichen Sprachen beseitigt werden – die Tatsache, dass das
selbe Wort zwei unterschiedliche Objekte bezeichnen kann oder ein Objekt
durch zwei unterschiedliche Worte. So wird zum Beispiel „thesauri" oder „sub-

ject heading lists" von Bibliotheken verwendet, um zu standardisieren, wie der thematische Inhalt von Büchern, Zeitschriftenartikeln, Filmen oder andere Formen gespeicherten Wissens dargestellt wird. In „thesauri" werden weitere, engere und verwandte Begriffe genutzt, um semantische Beziehungen zwischen Konzepten aufzuzeigen, während eine hierarchische Struktur hierfür in Klassifikationsschemata verwendet wird. Metadata (Informationen über den Autor, Verlag, Veröffentlichungsdatum, Adresse des Autors etc.) werden durch die Verwendung eines separaten Vokabulars wie z.b. MARC, ein Standard *MA*chine *Re*adable *C*ataloguing, standardisiert. Die Erklärung für den Aufbau dieser unterschiedlichen Standardisierungsschemata ist es, eine explizite Konzeptionalisierung eines bestimmten Bereiches menschlicher Aktivität zu entwickeln, das eine autorisierte Interpretation dieser Aktivität *a priori* vorschreibt. Die gleiche Argumentation wird auch in Bezug auf die Entwicklung des semantischen Internet verwendet, wie wir gleich sehen werden.

Das ist also der erste Satz an Werkzeugen, die entwickelt und aufgebaut werden müssen, um die Dokumentenbewegungen, die den Interaktionsraum im Internet kennzeichnen, zu organisieren. Techniken und Prozeduren sind notwendig, um die Heterogenität zu bewältigen: Formate müssen standardisiert, Klassifikationsschemata normalisiert werden; Sprachen zur Indizierung stabilisiert und Dokumentenzugang sowie Visualisierungsprotokolle entwickelt werden. Beispiele für die erhältlichen Normen und Standards für diesen Zweck sind in den *Web Accessibility Guidelines* enthalten, die vom World Wide Web Konsortium veröffentlicht werden. Wir gehen davon aus, dass diese Richtlinien zunehmend bei Bemühungen zum Aufbau von nationalen Marktplätzen für Diasporakenntnisse und –fähigkeiten eingehalten werden. Im Moment gibt es jedoch viele lokale und institutionenspezifische Variationen dieser Normen. Wir haben versucht ein konzeptionelles Gerüst zu entwickeln, um mit diesen Variationen umzugehen, die zunehmend an die internationalen Richtlinien angepasst werden. Wir werden im nächsten Abschnitt anhand der Analyse von Informationsinfrastrukturen, die marokkanischen und französischen Marktplätze unterstützen, zeigen, welche Fortschritte wir hierbei gemacht haben.

4.2 Die Verwendung natürlicher Sprachverarbeitungstechniken für die Beobachtung von dokumentvermittelten Interaktionen

Wir haben oben darauf hingewiesen, dass Menschen, die in verschiedenen Kontexten jenseits der Grenzen lokaler ökonomischer, sozialer oder technischer Zwänge arbeiten, möglicherweise Probleme haben werden zu kommunizieren; dass ihre sozialen Beziehungen durch Missverständnisse oder konzeptionelle

Ungenauigkeiten mangels einer gemeinsamen Sprache belastet werden. Gleichzeitig kann davon ausgegangen werden, dass das Gegenteil nicht automatisch
zutrifft, dass also Menschen in ähnlichen Situationen eine gemeinsame Sprache
haben, die sie zur problemlosen Kommunikation untereinander benötigen. Aber
was genau bedeutet es, in einer ähnlichen Situation zu sein? Theoretisch ist jede
Situation extrem komplex: sie kann in eine unendliche Zahl von Objekten aufge-
teilt werden, die alle auf zahllose Art und Weisen miteinander kombiniert werden können. Dies lässt eine extrem heterogene Struktur von Beziehungen entstehen, die dabei noch von verschiedenen Standpunkten beschrieben werden können. Angesichts dieser Unendlichkeit stellt sich die Frage, wie Situationen repräsentiert und interpretiert werden können, wie Menschen hier eine gemeinsame
Basis finden? Gibt es dafür Regeln? Ludwig Wittgenstein hat diese Frage ver-
neint (vgl. Wittgenstein 1961). Er wies auf, was er das Paradox über Regeln
nannte, hin: Die Tatsache, dass die Artikulation einer Regel keine Informationen
darüber enthält, wie diese in einer bestimmten Situation angewandt werden sollte. Er argumentierte, dass angesichts dieses Paradoxons, was auch immer man tut
– je nach Interpretation – mit dieser Regel vereinbar sein wird (vgl. ebd., Abschnitt 198). Das impliziert, dass Regeln unser Verhalten nicht bestimmen. Angesichts davon, dass es dann keine logische Erklärung unseres Verhaltens gibt,
ist eine Alternative, Verhalten als Ausdruck von institutionalisierten sozialen
Praktiken zu begreifen. Und dies ist exakt Wittgensteins Argument: für ihn liegt
die Macht der Sprache in ihrer Fähigkeit, das soziale Verhalten zu kodieren,
indem sie Menschen befähigt, die Bewegungen von anderen im Sprachspiel,
welches sie in verschiedenen Lebensformen spielen, vorwegzunehmen. Sprach-
spiele werden anhand sozialer Konventionen organisiert: z.B. wenn ein Schach-
spieler die Spielregeln nicht befolgt, spielt er kein Schach; er spielt ein anderes
Spiel. Wittgenstein löst das Paradox über die Regel so auf: wenn Menschen in
der Welt agieren, denken sie oft, dass sie sich an die Regeln halten – Regeln, die
ihnen durch ihre Partizipation in einer Lebensform wie z.B. das genannte
Schachspiel auferlegt sind. Tatsächlich aber, folgen sie den Konventionen und
entscheiden sich für eine Vorgehensweise aufgrund von Traditionen und frühern
Entscheidungen und nicht aufgrund der Welt um sie herum. Für ihn ist unser
persönliches Verständnis der Welt sozial konstruiert, eine Idee die er zusammen-
fasst, in dem er sagt, dass der Kern der Dinge dadurch ausgedrückt wird, wie
entsprechende Worte benutzt werden (vgl. ebd., Abschnitt 371).

Wenn wir zum Beispiel eine darstellerische Sprache entwickeln wollten, die
es Maschinen ermöglicht in der Beobachtung von Information im Internet über
die brain gain/brain drain Debatte teilzuhaben, müssten wir Kategorien aufbauen,
die es der Maschine möglich macht, Dokumente in verschiedene Ordner einzuordnen – restriktive Politik, anreizende Politik, kompensierende Politik, Rück-

kehroptionen, Diasporaoptionen etc. – Wörterbücher von Konzepten zu erstellen, die den Inhalt jedes Ordners beschreiben, und zuletzt, sicher zu stellen, dass eine Liste der *entsprechenden* Worte existiert, die identifizieren können, was in den Dokumenten den Gegenständen in jedem Ordner entspricht. „Entsprechend" hat hier eine technische Bedeutung: zwei Worte können nicht dazu benutzt werden das Gleiche zu beschreiben: zwei unterschiedliche Sachen können nicht durch das gleiche Wort beschrieben werden. Das Ergebnis ist ein formales Modell, dass eine Reihe formaler Objekte *G*, eine Reihe von formalen Eigenschaften *M* und eine Beziehung *I* zwischen *G* und *M* enthält, das auf verschiedene Weisen von Menschen und Maschinen verwendet werden kann. Ein aktiver Forschungszweig der Informatik beschäftigt sich mit der Entwicklung verschiedener Strategien und Algorithmen, nicht nur für den Aufbau solcher Informationsstrukturen durch direkte Verarbeitung von Dokumenten, sondern auch für deren Nutzung für die Entdeckung, Selektion und Klassifikation von Dokumenten im Internet.

Dies ist der zweite Satz an Werkzeugen, die entwickelt und aufgebaut werden müssen, um die Konstruktion einer gemeinsamen Sprache für DKNs zu steuern. Wir haben diese Arbeit um einen Terminologie-Arbeitsplatz herum organisiert, wie wir im folgenden Abschnitt zeigen werden. Die zwei Funktionen eines Terminologie-Arbeitsplatzes sind erstens, die Extension von Konzepten festzulegen – in der Semantik ist ein Konzept eine Aussage darüber, ob ein Objekt Teil des Konzepts ist oder nicht – und zweitens, die Intension eines Konzeptes festzulegen – damit ein Objekt zu einer Gruppe von anderen Objekten klassifiziert werden kann, muss es irgendwie ähnlich zu diesen Objekten sein.

Wie wir oben gesehen haben, können diese beiden Klassifikationsprobleme nur arbiträr durch eine *a priori* Definition gelöst werden oder durch die Annahme einer sozialen Übereinkunft. Das Ziel eines Terminologie-Arbeitsplatzes ist es, Terminologen zu ermöglichen und zu kontrollieren, wie Worte momentan genutzt werden (in Anlehnung an Wittgenstein), um die letzte Lösung – eine soziale Übereinkunft – zur Festlegung ihrer Bedeutung vorzuschlagen. Der Terminologie-Arbeitsplatz ist eine Anwendung, die es uns mit der Zeit ermöglichen wird, unser letztes Informationsmanagement- und Kommunikationsziel zu erreichen, nämlich jenes der Entwicklung von Ontologien zur Anwendung im semantischen Internet.

4.3 Ontologien zur Unterstützung der Vertrauensbildung von DKNs

Ontologien zur Anwendung im semantischen Internet zu entwickeln, ist ein langfristiges Ziel, an dem wir im DKN Projekt noch nicht arbeiten, aber mit unserer Arbeit, die wir im Abschnitt 4 vorstellen, vorbereiten.

Das Konzept eines „semantischen Internet" bezeichnet eine große momentane Anstrengung der Informatik, Informationen im Internet für Maschinen verständlich zu machen, indem Ontologien konstruiert werden. Ontologien tragen Wissen auf eine Art zusammen, die vorschreibt wie Maschinen durch dessen Verarbeitung effektiv und effizient mit Menschen kooperieren können. Nach N. Guarino (1998) müssen drei Ebenen unterschieden werde, um ein kohärentes System zur Darstellung von Wissen zu schaffen. „Top-level" Ontologien beschreiben generelle Konzepte wie Raum, Zeit, Materie, Objekte, Ereignisse, Aktivitäten etc; „domain" und „task" Ontologien beschreiben dementsprechend das Vokabular, dass mit einem generischen Wissensgebiet (wie Medizin oder PKWs) oder einer generischen Aufgabe oder Aktivität (Diagnostizieren, Verkaufen) verknüpft ist, indem die Begriffe spezialisiert werden, die in der „top-level" Ontologie eingeführt wurden; und „application" Ontologien beschreiben Konzepte je nach bestimmten Wissensgebieten und Aufgaben, die oftmals Spezialisierungen der beiden verwandten Ontologien sind.

Unser Argument für die Entwicklung von Ontologien entstammt der Idee, dass Menschen sich verstehen, nicht weil sie sich in ähnlichen Situationen befinden, sondern weil sie an Aktivitäten zur Konstruktion einer gemeinsamen Basis beteiligt sind, die es ihnen erlaubt über die Restriktionen ihrer unterschiedlichen Situation hinweg zu arbeiten. Die gemeinsame Basis wird im Marktmodell durch Preis-Mechanismen geschaffen, die es Personen ermöglicht übereinzukommen, wie sie ein Produkt oder eine Dienstleistung austauschen wollen. Theoretisch gesehen bieten Preis-Mechanismen zwei Personen einen externen Referenzpunkt für ihre Interaktion miteinander. Sie nutzen den Preis zur Triangulation. Auf gleiche Weise dienen bekannte Objekte in der Landschaft Seeleuten der Orientierung und helfen ihnen ihre Schiffe sicher in den Hafen zu bringen. Der Preis eines Produktes oder einer Dienstleistung hilft Menschen dabei, sich im Hinblick auf eine bestimmte Umgebung (der Marktplatz, auf dem ähnliche Produkte und Dienstleistungen erhältlich sind) zu positionieren und zu beurteilen, wie sie das erreichen können, was sie anstreben. Die Nützlichkeit von Preisstrukturen, um Messpunkte zu setzen, die es Menschen ermöglicht zu triangulieren, – d.h. miteinander eine Zusammenhang herzustellen, indem ein dritter Punkt zur Berechnung des Abstandes verwendet wird – hängt natürlich von der Genauigkeit des Indexes auf dem Messstab ab. Viele Überlegungen spielen dabei eine Rolle, wenn es darum geht, das Vertrauen in die Preissetzung zu sichern, etwa durch die Vermeidung von Monopolen, dem offenen Zugang zu relevanten Informationen, der gesetzlichen Geltendmachung von Vertragsvereinbarungen etc.

Was ist demnach der externe Referenzpunkt, der Menschen dazu dient, ihre Position im Sozialkapitalmodell, das wir in diesem Kapitel benutzt haben, zueinander zu berechnen? Unsere Antwort zu dieser Frage ist die Ontologie, verstanden als (idealer Weise) die Versachlichung von Übereinkünften, wie menschliche Aktivität konzeptionalisiert werden kann. Diese Übereinkunft ist selbst nur temporär, da kollektive Aktivität sich weiterentwickelt und die Intension und Extension von Konzepten sich verändern, was unsere Wahrnehmung einer angemessenen Darstellung beeinflusst. Eine Ontologie wird dauerhaft aktualisiert, wobei diese Aktualisierungen periodisch stattfinden, so dass zwischen diesen Perioden ein externer Referenzpunkt existiert, der zur Triangulation und zur Bestimmung sozialer Beziehungen verwendet werden kann. Aus der Sicht einer künstlichen Intelligenz wird diese Informationsquelle dazu verwendet, die Natur von Mensch-Maschinen-Beziehungen festzulegen. Wo liegt dabei die Nützlichkeit, wenn es um zwischenmenschliche Beziehungen geht (vgl. Schmidt/Simone 1996)? Wir haben argumentiert, dass Menschen interagieren, um ihre gegenseitige Bereitschaft zur Kooperation zu testen, aber diese Interaktionen werden generell unbefriedigend sein, wenn sie durch Unverständnis oder Missverständnis belastet werden. Ontologien bereiten nicht nur eine gemeinsame Basis, sie stellen auch eine Konzeptionalisierung von menschlicher Aktivität dar, die kritisiert, aktualisiert und komplett überarbeitet werden kann. Sie werden so zu Referenzpunkten, die Menschen benutzen können, um sich selbst in Bezug zu anderen zu positionieren (vgl. Bowker et al. 1997). Im Prozess der Veränderung der eigenen Position, um anderen entgegenzukommen, können Menschen soziale Kenntnisse und Fähigkeiten bewerten – nämlich das individuelle Festhalten an Normen des gegenseitigen Respekts, der Solidarität und der Reziprozität. Wir vermuten, dass die Existenz von Ontologien die Zeit verringern wird, die benötigt wird, um sich gegenseitig kennen zu lernen, was die Empathie verbessert und emotional enge Beziehungen fördert.

5 Soziale Dynamiken der Vertrauensbildung unterstützen

Wir beenden dieses Kapitel mit einer kurzen Darstellung der momentanen Arbeit in jedem der drei oben beschriebenen Bereiche. Diese Bereiche der Informationsverarbeitung und Kommunikation wurden auf folgende Weise mit dem allgemeinen Problem des Aufbaus von nachhaltigen sozialen Netzwerken beschrieben:

Tabelle 3:   Umsetzung des Modells für Computer unterstützte DKNs

In Richtung solider Informations-management und Kommunikations-prozesse	In Richtung stabiler Netzwerke mit Nachhaltigkeitspotential
Computerunterstütze Marktplatzprozesse	Sichtbarmachen von latenten sozialen Beziehungen
Beobachtung Dokument-vermittelter Interaktion	Gemeinsame Sprache zum Bau von Brücken
Ontologien für das semantische Internet	Förderung emotional enger Beziehungen

Quelle: Eigene Darstellung.

Wir haben uns mit drei Schnittstellen zwischen den beiden Spalten der Aktivität in Tabelle 3 beschäftigt, um

- die latenten sozialen Beziehungen von computerunterstützen Marktplatzprozessen sichtbar zu machen;

- die dokument-vermittelten Interaktionen zu beobachten, die eine Möglichkeit für die Entwicklung einer gemeinsamen Sprache zum Bau von Brücken darstellen;

- die Nutzung von vorgeschriebenen Massnahmen zur Förderung emotional enger Beziehungen zu testen.

Diese Arbeit zielt darauf ab, mit Hilfe des Computers die Interaktionsdynamiken von „learn-how" Prozessen durch die Nutzung der globalen Informationsinfrastruktur zu unterstützen. Die Diskussion basiert auf Daten, die von Asmae Azizi gesammelt wurden, einer marokkanischen Studentin, die ein Praktikum in Frankreich absolviert hat. Sie hat daran gearbeitet, einen Interaktionsraum zur Verbindung von marokkanischen und französischen Forschern aufzubauen, die im Bereicht der Wissenschaft und Technologie von Information und Kommunikation (STIC) arbeiten. Dafür nutzte sie die Datenbanken des *Moroccan Institute for Scientific and Technical Information* (IMIST) und der Personalabteilung (MPCI) des Nationalen Französischen Forschungszentrums (CNRS). Beide Datenbanken sind Verzeichnisse, die wir nutzten, um diese um Marktplatzstrukturen für Wissen und Kenntnisse von marokkanischen Forschern auf der einen Seite und von französischen Forschern des CNRS auf der anderen aufzubauen. 500 Dokumente wurden für Marokko gesammelt, 1700 Dokumente für das CNRS. Jedes dieser 2200 Dokumente hatte ein ähnliches Format: bestimmte Felder enthielten Meta-

Daten über die Autoren des Dokuments, ihren Bildungsstand, ihren Abschluss, ihre private Adresse und E-Mail-Adresse; andere Felder enthielten in natürlicher Sprache Beschreibungen von aktuellen Projekten, Interessen und Fähigkeiten.

Das erste Ziel dieser Untersuchung war es, die latenten sozialen Beziehungen zwischen marokkanischen und CNRS Forschern im Bereich des STIC sichtbar zu machen. Natürliche Sprachverarbeitungsprozesse wurden dazu verwendet, direkt aus den Dokumenten der Datensätze zwei Wortlisten zu extrahieren, die zur Identifikation und zum Vergleich von Forschungsinteressen der zwei Populationen genutzt werden konnten. Jedoch stellte sich diese Aufgabe des Vergleichs der Forschungsinteressen aufgrund mangelnder Datenhomogenität als schwieriger dar, als ursprünglich erwartet. Abbildung 2 zeigt, was wir unternommen haben, um dieses Problem zu lösen. Wir nutzen eine top-down, hierarchische Repräsentation des STIC Bereichs, was vorrangig von Guarinos drei Ebenen System inspiriert wurde. Dieses unterscheidet – wie oben beschrieben – zwischen „top-level", „domain/task" und „application" Ontologien. Auch wenn wir momentan noch nicht in der Phase unserer Arbeit sind, in der wir Ontologien aufbauen, ist es unser Ziel, dies mit unserer jetzigen Arbeit vorzubereiten. Das bedeutet auch, dass wir innerhalb der *Web Accessibility Guidelines* des World Wide Web Konsortium arbeiten.

Wie die nachfolgende Abbildung 2 zeigt, wurde der Kern von Guarinos Repräsentation übernommen, indem zwischen Kategorien, Konzepten und Begriffen, die Themeninteressen beschreiben, unterschieden wurde. Kategorien wie STIC sind hochgradige Kennzeichen wissenschaftlicher Aktivität, für die leicht eine generelle Zustimmung über ihre Wichtigkeit erhältlich ist; andere Kategorien wären z.B. Chemie, Physik, Biologie etc. Dagegen ist es schwieriger Zustimmung für die Konzepte zu erhalten, die auf der zweiten Ebene aufgeführt werden. Generell ist ein Konzept über Grenzen von Wissenschaftssystemen hinweg relevant, aber tatsächlich müssen Konzepte nicht die gleiche Extension und Intension in verschiedenen Kontexten enthalten. Folglich ist ihre Bedeutung oft mehrdeutig im internationalen Vergleich. Gleichzeitig haben die Forscher in verschiedenen Wissenschaftssystemen oftmals unterschiedliche Schwerpunkte. Die Zahlen in Abbildung 2 belegen empirisch, dass einige Dokumente von CNRS und IMIST ein gemeinsames Interesse für STIC-bezogene Fragen im Bereich der Informatik und Mathematik besitzen. Was die Abbildung jedoch nicht zeigt, ist, dass ein Teilbereich der Dokumente für das CNRS spezifisch ist, insbesondere jene die sich mit Sprache, Kommunikation, Neurowissenschaft und Philosophie beschäftigen, genauso wie eine Bereich spezifisch ist für marokkanische Interessen von STIC Anwendungen in der Geologie und Botanik.

Abbildung 2:   Aktuelle Forschung in verschiedenen Institutionen

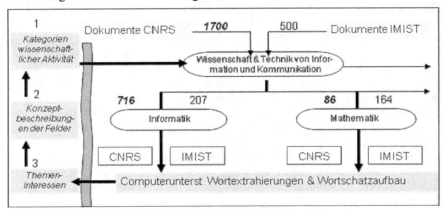

Quelle: Eigene Darstellung.

Wir sehen darin einen Hinweis für wissenschaftliche Arbeitsteilung: Die Verteilung von Dokumenten über verschiedene Konzepte hinweg zeigt unterschiedliche Forschungsschwerpunkte. Die Anzahl der Dokumente in jedem Teilbereich
kann dazu genutzt werden, die Wichtigkeit dieses Konzepts zu messen. Die Anzahl stellt auch ein Maß dafür dar, wie wissenschaftliche Arbeit über verschiedene Forschungsthemen verteilt ist. Diese Analyse wird iterativ durchgeführt: Dokumente, die zu einem Zeitpunkt einem bestimmten Konzept zugeteilt werden,
können später einem anderen zugeteilt werden, wenn sich die Terminologiepro-
duktion durch die Anwendung natürlicher Sprachprozesse und -klassifikationen
verbessert hat. Je mehr sich die Qualität des Vokabulars verbessert, desto besser
passen Dokumente und Konzepte zusammen. Wir haben versucht diese Idee
durch die Pfeile auf der linken Seite von Abbildung 2 darzustellen, die von Wor-
textrahierungen zu Konzeptionalisierungen von Wissenschaftspraktiken zeigen.

   In Abbildung 3 zeigen wir einen zuvor erwähnten Terminologie-Arbeitsplatz. Dieser wird zur Standardisierung von Technologien verwendet, d.h. für die
Entwicklung eines beschreibenden Wortschatzes für wissenschaftliche Arbeiten,
der empirisch sowohl von Computern als auch von Menschen zur Beobachtung
des Internet verwendet werden kann. Das Rohmaterial, das mit Hilfe dieses Terminologie-Arbeitsplatzes bearbeitet wird, ist eine Liste von Worten, die automatisch mit Hilfe natürlicher Wortverarbeitungstechniken aus Dokumenten extra-
hiert werden. Dafür stehen verschiedene statistische, syntaktische und semantische Techniken zur Verfügung. Es gibt keinen goldenen Weg, um dieses Rohmaterial, welches standardisiert werden soll, zu produzieren. Wir erwarten, dass

Terminologen mit verschiedenen Wortextrahierungstechniken experimentieren möchten und die Ergebnisse vergleichen, oder dass sie die Ergebnisse vergleichen möchten, die mit der gleichen Methode von verschiedenen Wissenschafts-populationen produziert wurden. Wie in Abbildung 3 gezeigt wurde, ermöglicht ein Terminologie-Arbeitsplatz beide Vergleiche.

Abbildung 3:   Ein Terminologie-Arbeitsplatz

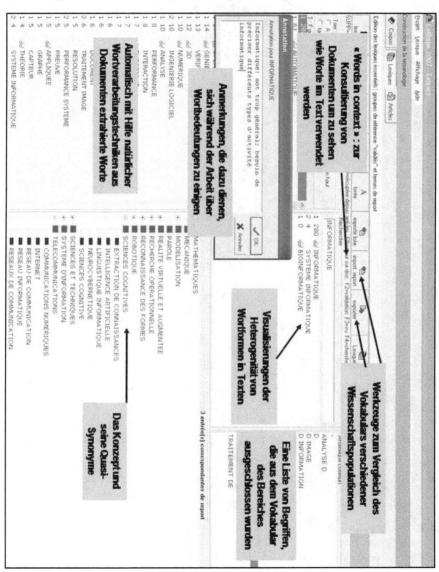

Quelle: Eigene Darstellung.

In Bezug auf die Extension von Konzepten stellen wir uns einen kollektiven Arbeitsprozess vor, der auf Anmerkungen zur Einigung über Wortbedeutungen basiert. Wie oben erklärt ist diese Bedeutung nicht vorgegeben. Sie ist sozial konstruiert und wird sich mit der Zeit in Abhängigkeit davon verändern, wie Worte in unterschiedlichen Kontexten verwendet werden. Drei Funktionen wurden in Zusammenhang mit dieser Idee entwickelt: Die erste ist, dass der Arbeitsplatz es Terminologen ermöglicht, Dokumenten aufzurufen, um zu untersuchen, wie Worte von verschiedenen Autoren in verschiedenen Kontexten verwendet werden. Die zweite Funktion bezieht sich auf das Fenster, das die Heterogenität der Wortformen aufzeigt. Methoden werden gerade dafür entwickelt, um hinter diesem Fenster Terminologen dabei zu unterstützen, angemessene Normalisierungsstrategien für Wortformen anzuwenden (vgl. Jacquemin 2001). Zuletzt betrifft die dritte Idee das Anmerkungsfenster, das es Informationsprofis ermöglicht, ihre eigene Interpretation der Relevanz von bestimmten Worten in bestimmten Kontexten anderen zugänglich zu machen. Die Dynamik dieses Anmerkungsprozesses trägt dazu bei, kognitive Interaktionen sichtbar zu machen, die zur Übereinkunft über die Extension eines Konzeptes führen. In Bezug zum Intensionsthema werden zwei intellektuelle Prozesse durch den Computer unterstützt: der erste betrifft die Bestimmung einer Liste von Quasi-Synonymen, die Worte enthält, die zu einem Konzept gehören. Der zweite bezieht sich auf eine Liste von ausgeschlossenen Begriffen, die – aus übereingekommenen Gründen – nicht zum Vokabular eines Bereiches gehören.

Der letzte hier thematisierte Aktivitätstyp betrifft unsere Bemühungen mit der Nützlichkeit von vorschreibenden Werkzeugen zu experimentieren, die für die Triangulation zwischenmenschlicher Beziehungen genutzt werden können. Wir versuchen diese Mittel zu nutzen, um den dauerhaften Dialog zwischen Vertretern von bottom-up und top-down Interessen im STIC Bereich zu strukturieren. Mit der Zeit werden Ontologien dazu dienen, Interaktionen zwischen Forschern und Politikern in Marokko und Frankreich zu gestalten. Momentan nutzen wir jedoch Technologien, die in den 1990ern entwickelt wurden (vgl. Callon et al. 1991, de Saint Leger 1997), um mit einer anderen Form von Referenzpunkt zu experimentieren, eine Form, welche die Verteilung von Forschungsinteressen über verschiedene Themen aufzeigt, die als etablierte, periphere oder überbrückende Bereiche klassifiziert werden.

Tabelle 4:   Verschiedene Perspektiven von Wissenschaftssystemen über die Wichtigkeit von Themenbereichen

Marokko / CNRS	Etablierte Bereiche	Periphere Bereiche	Überbrückende Bereiche
Etablierte Bereiche	0,32 — 1	0,46 — 2	0,02 — 3
Periphere Bereiche	0,21 — 4	0,18 — 5	0,13 — 6
Überbrückende Bereiche	0,08 — 7	0,12 — 8	0,07 — 9

Quelle: Eigene Darstellung.

Tabelle 4 zeigt durch die Verwendung eines normalisierten Indexes, der den Bereich von 0 und 1 umfasst, dass was im Bereich STIC für CNRS etabliert ist, für Marokko peripher ist. Die Bedeutung dieser Art von Beobachtungen für die Politik muss noch diskutiert werden. Die Idee dabei ist, dass solche Debatten das Festhalten an den sozialen Normen des gegenseitigen Respekts und der Solidarität testen. Tabelle 4 verweist auf ein zentrales Thema, wenn es um die Festlegung von Forschungsprioritäten in einer globalisierten Wirtschaft geht: Wie kann ein Mittelweg zwischen internationaler Kooperation und Wettbewerb gefunden werden? Zeigen die Ergebnisse von Tabelle 4 eine akzeptable Arbeitsteilung von wissenschaftlicher Arbeit, die durch Kooperationsvereinbarungen, welche die Besonderheiten jedes Wissenschaftssystem respektieren, verstärkt werden kann und sollte? Oder zeigt die Tabelle im Gegenteil die Notwendigkeit für beide Wissenschaftssysteme mehr in die Bereiche zu investieren, in denen sie schwach sind, um international wettbewerbsfähig zu werden?

Wir gehen davon aus, dass Mitglieder der marokkanischen Diaspora in Frankreich besonders geeignet sind, diese Art von Fragen zu beantworten. Und weil sie das sind, sollten sie nicht nur gebeten werden, an Diskussionen um Ressourcenverteilungen teilzunehmen, sondern auch ermutigt werden, die Entwicklung von DKNs als Strukturen, die diese Entscheidungen erlassen können, zu betonen. Sie sind „dort" in Frankreich, aber gleichzeitig sind ihnen auch die Herausforderungen „hier" im Wissenschaftssystem in Marokko bewusst. Diese Mitgliedschaft in zwei distinkten Netzwerken ermöglicht ihnen eine besonders relevante Perspektive einzunehmen, wie Kooperation und Wettbewerb zwischen ihrem Aufnahmeland und ihrem Herkunftsland organisiert werden kann.

Wie dieses Beispiel zeigt, sind vorschreibende Mittel, wie Interaktionsräume von DKNS genutzt werden können, dazu da, um durch den Computer Lernprozesse und Kennenlernprozesse im Internet zu unterstützen. Wir haben im Abschnitt 2 argumentiert, dass diese Prozesse drei verschiedene Ergebnisse erzielen können: starke soziale Beziehungen, welche die Nachhaltigkeit der Diaspora-Option bestärken; eine instabile Situation, die von Konflikt und fehlender gemeinsamer Sprache gekennzeichnet ist und die Diaspora-Option untergräbt; und zuletzt eine Ansammlung von heterogenen Gruppen in einem balkanisierten Interationsraum, in dem die Diaspora-Option auf „picking the winner" reduziert wird. Unser Ziel in diesem Abschnitt war es, zu schauen, wie vom Computer unterstützte Informations- und Kommunikationspraktiken diese Ergebnisse beeinflussen können.

6   Generelle Schlussfolgerungen

In diesem Kapitel haben wir Diaspora Wissensnetzwerke allgemein als soziale Strukturen bezeichnet, welche Fähigkeiten und Wissen, die in einem Kontext entstanden sind, identifizieren, greifen und mobilisieren können, um diese in einem anderen Kontext anzuwenden. Die Mobilität von hoch qualifizierten Fachleuten auf dem internationalen Jobmarkt versetzt sie in die Lage, diese Strukturen für ihre Herkunftsländer schaffen zu können. Sie gehören zu einer wachsenden Gruppe von Menschen in Bewegung, welche die Informations- und Kommunikationstechnologien benutzen, um mit ihrem Herkunftsnetzwerken verbunden zu bleiben. Um aber Kanäle zu organisieren, durch die Wissen und Fähigkeiten von einem Ort zum anderen transferiert werden, sind Kontakte alleine nicht ausreichend. Es gibt einen wichtigen konzeptionellen Unterschied zwischen interagieren und mit anderen agieren: gemeinsames Agieren setzt gegenseitiges Vertrauen, eine gemeinsame Sprache, kollektiven Abläufen des Verstehens sowie der Konfliktbeilegung voraus. Dieser Text verwendet einen konzeptionellen

Rahmen, der gerade in der Informatik, genauer in der Sozialinformatik entwickelt wird, um zu bestimmen, wie Computeranwendungen entwickelt werden können, um soziale Prozesse der Vertrauensbildung zu unterstützen. Abschließend wird ein Beispiel aufgeführt, wie diese Herangehensweise dazu verwendet werden kann, Migranten bei der Unterstützung ihres Herkunftslandes zu helfen, ohne unbedingt permanent zurückkehren zu müssen.

Literatur

Barré, Remy/Hernandez, Valeria/Meyer, Jean-Baptiste/Vinck, Dominique (2003): Diasporas scientifiques/Scientific Diasporas. Paris: IRD Editions.

Berthomière, William/Chivallon Christine (Hrsg.) (2006): Les Diasporas dans le Monde Contemporain. Paris: Karthala-MSHA.

Bowker, Geoffrey/Star, Susan L./Turner William A./Gasser, Les (Eds.) (1997): Social Science, Technical Systems and Cooperative Work: Beyond the Great Divide. New Jersey: Lawrence Erlbaum Associates.

Brinkerhoff, Jennifer M. (Hrsg.) (2008): Diasporas and Development: Exploring the Potential, Boulder, CO: Lynne Rienner Publishers.

Brossaud, Claire/Reber, Bernard (Hrsg.) (2007): Humanités numériques 2: Socio-informatique et démocratie cognitive. Paris: Hermès.

Brown, Mercy (2003): The South African Network of Skills Abroad: the South African Experience. In: Barré et al. (2003): Chapter 8.

Callon, Michel/Courtial, Jean-Pierre/Turner, William (1991): La méthode Leximappe: un outil pour l'analyse stratégique du développement scientifique et technique". In: Vinck (1991): 207-277.

Callon, Michel (1998): An Essay on Framing and Overflowing: Economic Externalities Revisited by Sociology. In: Callon (1998): 244-269.

Callon, Michel (Hrsg.) (1998): The Laws of the Markets. Oxford and Keele: Blackwell and the Sociological Review.

Castro-Sardi, Ximena (2006): Institutional Incentives for Brain Gain in Colombia. Paper presented at the UNESCO Workshop "Computer Supporting Diaspora Knowledge Networks" (coordinated by William Turner). Paris: October, 3-5.

Chaparro, Fernando/Jaramillo, Hernán/Quintero, Vladimir (2004): Aprovechamiento de la Diaspora e Insercion en Redes Globales de Conocimiento: El Caso de la Red Caldas. Bogota: World Bank.

Coleman, James (1990): Foundations of Social Theory. Cambridge, MA: Belknap Press of Harvard University Press.

de Haas, Hein (2007): Migration and Development: A Theoretical Perspective. Bielefeld: COMCAD (Working Papers – Center on Migration, Citizenship and Development 29).

de Saint Leger, Mathilde (1997): Modélisation des flux d'information scientifique et technique pour un suivi de l'évolution des domaines de connaissances, Thèse de Doctorat d'Université, CERESI/CNRS-CNAM.

Diminescu, Dana (2008): The Connected Migrant: an Epistemological Manifesto. In: Social Science Information. 47: 565-579.

Dreze, Jean/Sen, Armatya (1995): India: Economic Development and Social Opportunity. New York: Oxford University Press.

Dupuy, Jean-Pierre (1992): Logique des phénomènes collectifs. Paris: Ecole Polytechnique, Ellipses.

Ellison, Nicole/Steinfield, Charles/Lampe, Cliff (2007): The Benefits of Facebook "Friends": Social Capital and College Students' Use of Online Social Network Sites. In: Journal of Computer-Mediated Communication 12.4. 1143-1168.

Granovetter, Mark (1982): The Strength of Weak Ties: a Network Theory Revisted. In: Marsden/Lin (1982): 105-130.

Guarino, Nicola (1998): Formal Ontology and Information Systems. In: Guarino (1998): 3-15.

Guarino, Nicola (Hrsg.) (1998): Formal Ontology in Information Systems. Amsterdam: IOS Press.

Hinds, Pamela J./Kiesler, Sara (2002): Distributed Work. Cambridge, MA: MIT Press.

Jacquemin, Christian (2001): Spotting and Discovering Terms through NLP. Cambridge, MA: MIT Press.

Kreimer Pablo/Zabala, Juan Pablo (2007): Chagas Disease in Argentina: Reciprocal Construction of Social and Scientific Problems. In: Science Technology & Society. 12.1: 49-72.

Lema, Fernando (2003): Professional Migration from Latin America and the Caribbean: from NGO to Multilateral Organisation and Government Involvement: Three Case Studies. In: Barré et al. (2003): Chapter 10.

Lowell, Lindsay B./Gerova, Stefka G. (2004): Diasporas and Economic Development: State of Knowledge. Washington DC: World Bank.

Lucas Robert (2004): International Migration Regimes and Economic Development. Stockholm: EGDI.

Marsden, Peter V./Lin, Nan (Eds.) (1982): Social Structure and Network Analysis. Thousand Oaks, CA: Sage Publications.

Merton, Robert K. (1942): The Normative Structure of Science. In: Merton (1973): 267-278.

Merton, Robert K. (Hrsg.) (1973): The Sociology of Science: Theoretical and Empirical Investigations. Chicago: University of Chicago Press.

Meyer, Jean-Baptiste et al. (1997): Turning Brain Drain into Brain Gain: the Colombian Experience of the Diaspora Option. In: Science, Technology and Society. 2.2: 285-317.

Meyer, Jean-Baptiste (2004): Savoirs, diasporas et identités projectives. In: Hermès 40. 350-354.

Meyer, Jean-Baptiste (2007): Building Sustainability: The New Frontier of Diaspora Knowledge Networks. Bielefeld: COMCAD (Working Papers – Center on Migration, Citizenship and Development 35).

Orlikowski, Wanda (2002) Knowing in Practice: Enacting a Collective Capability in Distributed Organizing. In: Organisation Science. 13. 3: 249-273.

Pécoud, Antoine/de Guchteneire, Paul (2006): Migrations Internationales: Chaînon manquant de la mondialisation. Special Issue of Courrier de la Planète 81-82 (published by UNESCO).

Putnam, Robert D. (2000): Bowling Alone: The Collapse and Revival of American Community. New York: Simon and Schuster.

Schmidt, Kjeld/Simone, Carla (1996): Coordination Mechanisms: Towards a Conceptual Foundation of CSCW Systems Design. In: Computer Supported Cooperative Work: The Journal of Collaborative Computing. 5.2-3: 155-200.

Turner, William A./Henry, Claude/Gueye, Mamadou (2003): Diasporas, Development and ICTs. In: Barré et al. (2003): Chapter 12.

Turner, William A./Bowker, Geoffrey/Gasser, Les/Zacklad, Manuel (Hrsg.) (2006): Infrastructures for Distributed Collective Practices. Special Issue of the Journal of Computer Supported Cooperative Work. 15.2-3.

Turner, William A. (2007): Elements pour une socio-informatique. In: Brossaud/Reber (2007): 131-145.

Urry, John (2000): Sociology Beyond Societies: Mobilities for the Twenty-first Century. London: Routledge.

Vinck, Dominique (Hrsg.) (1991): Gestion de la Recherche, nouveaux problèmes nouveaux outils. Bruxelles: De Boeck.

Wittgenstein, Ludwig (1961): Investigations philosophiques. Paris: Librarie Gallimard, NRF.

Warum eigentlich Gemeinschaft?
Überlegungen zum analytischen Potential des Gemeinschaftsbegriffs am Beispiel der politischen Internetnutzung von Migranten

Thomas Dierschke[1]

1 Einleitung

Beschäftigt man sich mit der Bedeutung virtueller Gemeinschaften für die politische Partizipation von Migrantinnen und Migranten, sollte auch danach gefragt werden, warum man hier eigentlich von Gemeinschaft spricht. Was ist in diesem Zusammenhang genau mit Gemeinschaft gemeint? Könnte sich hinter dem Begriff der Gemeinschaft etwas verbergen, das im Hinblick auf Form und Folge politischer Partizipation von Bedeutung ist? Diese Fragen stellen sich, wenn man den Begriff der Gemeinschaft nicht einfach als Setzung aus dem zu untersuchenden Feld betrachtet, sondern als sozialwissenschaftlichen Terminus technicus, als analytisches Werkzeug zur differenzierten Untersuchung sozialer Realitäten.

Doch leider lässt sich unter Gemeinschaft vieles verstehen, die Trennung zwischen Gemeinschaft als Begriff der Alltagssprache und Gemeinschaft als spezifisch sozialwissenschaftlichem Begriff ist oft undeutlich. Bedauerlicherweise erscheint die Anwendung sozialwissenschaftlicher Gemeinschaftsdefinitionen daher häufig eher umständlich als nützlich, was nicht selten dazu führt, dass man es bei einer unspezifischen Verwendung des Begriffs belässt.

Mit diesem Artikel soll der kurze Versuch unternommen werden, die Grundzüge eines analytischen[2] Gemeinschaftskonzepts zu verdeutlichen und auf dessen Anwendungsmöglichkeiten hinzuweisen. Die erste Fragestellung die hier diskutiert werden soll, ist demnach die, wie ein solches analytisches Konzept

1   Ich möchte mich bei Julia Simoleit, Stephan Drucks, Alexander Yendell und Sebastian Knoth bedanken, die mir während der Arbeit an diesem Artikel wichtige Anregungen und Hinweise gegeben haben.
2   Als analytisch soll ein Begriff gelten, der die systematische Untersuchung eines Sachverhalts, mittels Differenzierung einzelner Elemente und Hypothesen über deren Zusammenspiel, erlaubt.

aussehen kann. Die zweite Frage ist die nach der Verwendungsmöglichkeit eines solchen Konzeptes zur theoretischen Analyse der politischen Potentiale der Internetnutzung von Migranten.

Im Anschluss daran gliedern sich die folgenden Ausführungen in drei Abschnitte. Zunächst wird es darum gehen, die verschiedenen Intentionen der Verwendung des Gemeinschaftsbegriffs zu differenzieren. Der zweite Abschnitt beschäftigt sich dann mit der Unterscheidung der verschiedenen Bezugspunkte sozialwissenschaftlicher Gemeinschaftskonzepte und stellt diese am Beispiel vier verschiedener Gemeinschaftskonzepte klassischer und zeitgenössischer Soziologen dar.[3] Aus der Zusammenschau dieser Darstellungen ergibt sich dann ein Vorschlag für ein analytisches Gemeinschaftskonzept, mit dem im dritten Abschnitt dieses Artikels das politische Potential der Internetnutzung von Migranten kursorisch analysiert und schließlich das analytische Potential des dargestellten Gemeinschaftsbegriffs zusammenfassend beurteilt werden soll.

2   Intention

Die erste Differenzierung zwischen verschiedenen Formen der Verwendung von Gemeinschaftsbegriffen, die hier getroffen werden soll, bezieht sich auf deren Intentionen. Die Frage, die hier gestellt werden muss, ist also die nach der Absicht oder auch dem Interesse, das mit dem Gebrauch des Gemeinschaftsbegriffs verbunden ist. Mein Vorschlag ist es, hier zwischen einer idealtypischen, einer angewandten und einer bewertenden Verwendung zu unterscheiden. Diese Differenzierung ist sicher nicht erschöpfend,[4] reicht jedoch aus, um auf die mit den verschiedenen Intentionen verbundenen Möglichkeiten der analytischen Verwendung des Gemeinschaftsbegriffs zu verweisen.

Zunächst ist jedoch festzustellen, dass in der Verwendung des Gemeinschaftsbegriffs häufig verschiedene Intentionen miteinander verwoben sind. So

---

3   Es handelt sich dabei um die Gemeinschaftskonzepte von Ferdinand Tönnies (1991), Max Weber (1985), Jochen Gläser (2006) und Helmut Wiesenthal (2005). Damit werden zwei Vertreter der klassischen Soziologie angeführt, die im Zuge einer allgemeinen soziologischen Kategorienlehre ein Konzept von Gemeinschaft entwickeln, nämlich Tönnies und Weber. Gläser und Wiesenthal entwickeln ihre Konzepte hingegen in Auseinandersetzung mit konkreteren Problemstellungen im Bereich der Koordination von Produktions- und Entscheidungsprozessen. Bei allen vier Konzepten beschränkt sich die Darstellung und Analyse auf die Kernelemente der einzelnen Definitionen und geht nicht auf weitere Differenzierungen ein, die in den Konzepten zum Teil enthalten sind.

4   Insbesondere im Hinblick auf die Beschreibung von Modernisierungsprozessen wäre hier auch noch auch auf die geschichtsphilosophische Verwendung zu verweisen, wie sie z. B. bei Ferdinand Tönnies eine Rolle spielt (vgl. Drucks 2006: 44, 47f, Opielka 2006: 35f, Lichtblau 2000: 427).

sind „Virtuelle Gemeinschaften", ausgehend von Howard Rheingolds Publikation "Virtuelle Gemeinschaft. Soziale Beziehungen im Zeitalter des Computers"
(Rheingold 1994) eine Sammelkategorie geworden, über deren inhaltlichen Ge-
halt intensiv diskutiert wird[5] und deren Verwendung durch Forscher, Journalisten und Marketingstrategen mit jeweils unterschiedlichen Intentionen verbunden
ist (vgl. Deterding 2008: 117). Dies führt nicht selten dazu, dass das Interesse,
welches mit der Nutzung des Begriffs in einem bestimmten Verwendungszu-
sammenhang verbunden ist, unreflektiert auch in andere Verwendungszusam-
menhänge transferiert wird. So kann sich das Versprechen, dass virtuelle Gemeinschaften emotionale Nähe und soziale Unterstützung bieten, schnell in die
Annahme verändern, dass etwas eine virtuelle Gemeinschaft ist, wenn sie so
etwas auch wirklich bietet. Durch solche Prozesse der undurchsichtigen Ver-
mengung von Intentionen wird letztlich die analytische Qualität von Gemeinschaftsbegriffen, die auf einem solchen Fundament fußen, stark eingeschränkt.
Aber auch bei „realen" Sozialräumen wie Gemeinden und Quartieren oder mit-
telbaren Formen sozialer Bezugnahme wie Ethnien oder Nationen (vgl. Anderson 1996) ist die Verwendung des Gemeinschaftsbegriffs mit ähnlichen Problemen verbunden. Ein Blick auf die für das Thema dieses Artikels relevanten ethnischen Gemeinschaften kann dies verdeutlichen. Solche Formen sozialer Kollektivität, die in der deutschen Diskussion häufig mit der Bezeichnung „Parallelgesellschaft" belegt sind, werden nicht selten gleichzeitig als Hinweis für die
missglückte Integration sowie als Bezeichnung von territorialen und sozialen
Räumen genutzt. Aus einer solchen undifferenzierten Verwendung des Gemeinschaftsbegriffs heraus ist es kaum möglich, das als ethnische Gemeinschaft bezeichnete Phänomen differenziert zu erfassen und seine Bedeutung im Prozess
von Migration und Integration analytisch zu erfassen, wie dies z. B. Bade (vgl.
2006: 6) tut.

Zur Entwirrung und Vermeidung solcher Intentionsvermengungen kann auf
die drei zu Beginn dieses Abschnittes vorgeschlagenen Intentionen der Verwen-

---

5 Anschließend an diese Praxis der Bezeichnung haben sich eine ganze Reihe sozialwissenschaftlicher Forschungsarbeiten mit der Untersuchung der Entwicklung, Strukturen, Bedingungen und Folgen dieser Gemeinschaften beschäftigt und nicht selten implizit nach der Gemeinschaftlichkeit dieser Gemeinschaften gefragt. (vgl. Stegbauer 2001, Wellman 2004, Thiedeke
   2008) Christian Stegbauer beschäftigt sich im Rahmen seiner Publikation „Grenzen virtueller
   Gemeinschaften" (vgl. Stegbauer 2001) mit Möglichkeiten der Vergemeinschaftung in den
   vermeintlich entstrukturierten Kommunikationsräumen des Internet. Barry Wellman beschäftigt sich in seiner Arbeit unter anderem mit dem Verhältnis von Online- und Offlinekommunikation und den daraus entstehenden Mustern sozialer Beziehungen. (vgl. Wellman 2004). Udo
   Thiedeke diskutiert die Folgen der Veralltäglichung virtueller Kommunikation für Vergemeinschaftungsprozesse (vgl. Thiedeke 2008).

dung des Gemeinschaftsbegriffs zurückgegriffen werden. Deren Inhalt soll im Folgenden kurz umrissen werden.

An erster Stelle soll dabei die Verwendung des Gemeinschaftsbegriffs als idealtypischer Begriff stehen. Dies meint, dass Gemeinschaft hier ein theoretisches, reines Konzept ist, in dem sich das Ideal der dargestellten Idee klar erkennen lässt. Auf dieser Ebene ist darauf zu achten, dass ein solches abstraktes Konzept der Gemeinschaft nicht in genau dieser Form empirisch zu identifizieren ist. Seine Übertragung vom Theoretischen ins Empirische macht nur dann Sinn, wenn der idealtypische Gemeinschaftsbegriff als Vergleichsfolie benutzt wird, um zu erkennen, in welchen "Anteilen und Verhältnissen [Gemeinschaft] in konkreten Gesellungsformen" (Drucks 2006: 45) enthalten ist. Damit schließt diese Verwendungsebene an Max Webers Begriff des Idealtyps und seine soziologische Kategorienlehre (vgl. Weber 1985) sowie an Tönnies' Formulierung soziologischer Grundbegriffe in seiner reinen Soziologie an (vgl. Tönnies 1991).

Gemeinschaft als angewandter Begriff ist die zweite Unterscheidung, die hier erläutert werden soll. Mit Anwendung ist dabei die Benennung von empirischen Phänomenen als Gemeinschaft gemeint. Bezeichnet man die Teilnehmer einer Newsgroup, türkische Migranten, die Fans eines Fußballvereins oder ein Dorf als Gemeinschaft, so handelt es sich in der hier vorgeschlagenen Terminologie um einen angewandten Gemeinschaftsbegriff. Mit Blick auf die analytische Verwendung des Gemeinschaftsbegriffs nimmt dieser eine zentrale Stellung ein. Schließlich spiegelt sich in ihm die Übertragung abstrakter Vorstellungen von Gemeinschaft auf empirische Phänomene wider. In welchem Maße eine solche Anwendung des Gemeinschaftsbegriffs analytisch ist, hängt letztlich davon ab, in wie weit die als Referenz für die Anwendung verwendeten Gemeinschaftskonzeptionen Potential für eine systematische und differenzierte Identifizierung gemeinschaftlicher Aspekte der beobachteten empirischen Gegebenheiten bieten. Fehlt den eingesetzten Konzepten eine solche systematische Differenzierung, ist letzten Endes nicht nachvollziehbar, warum etwas als Gemeinschaft bezeichnet wird und was sich daraus ableiten lässt. So kann es dazu kommen, dass soziale Kollektive als Gemeinschaft bezeichnet werden, ohne dass erkenntlich ist, was an ihnen Gemeinschaft ist und was dies für die beteiligten Individuen und ihre Handlungsmöglichkeiten bedeutet. Daher ist es für die analytische Anwendung des Gemeinschaftsbegriffs erforderlich, auf systematisch differenzierte Gemeinschaftskonzepte zurückzugreifen, und darüber hinaus an manchen Stellen angebracht, die Bezeichnung Gemeinschaft für empirische Kollektive zu vermeiden, um genauer erkennen zu können, wo sich welche Anteile von Gemeinschaft in diesen identifizieren lassen (vgl. Wiesenthal 2005: 249).

Die bewertende Verwendung des Gemeinschaftsbegriffs stellt die dritte Differenzierung dar. Diese bezieht sich auf eine positive und negative Beurteilung von als Gemeinschaft erfassten Phänomenen, die mitunter zu einer normativen Aufladung des Gemeinschaftsbegriffs führen kann. Solche Bewertungen beziehen sich im positiven Fall häufig auf Vertrauen schaffende Aspekte (vgl. Wiesenthal 2005: 241ff), die bisweilen mit Attributen wie Menschlichkeit, Nähe und Wärme verbunden werden und einen Kontrast zu den als kalt und entfremdet wahrgenommenen Institutionen moderner Gesellschaften bilden können, wie dies z. B. Helmuth Plessner in den "Grenzen der Gemeinschaft" herausarbeitet (vgl. Plessner 2002: 25f). Ein Beispiel der positiven Aufladung des Gemeinschaftsbegriffs wurde mit den virtuellen Gemeinschaften bereits beschrieben. Dort werden positive Attribute zuweilen als Versprechen formuliert, die sich nach dem Beitritt zur Gemeinschaft erfüllen, oder als Ziele, welche durch gemeinsames Engagement erreicht werden sollen. Negative Bewertungen beziehen sich zumeist auf Abschottungstendenzen und die damit verbundene Wahrnehmung der Umwelt als riskant und bedrohlich (vgl. Wiesenthal 2005: 246f.). Solche negativen Konnotationen von Gemeinschaft können im Kontext politischer Diskussionen zur Migration beobachtet werden. Hier sei nochmals auf das Schlagwort der Parallelgesellschaft verwiesen, mit dem die Wahrnehmung von räumlichen, kulturellen und sozialen Grenzen zwischen nach Ethnie oder Nationalität differenzierten Einwanderergruppen und der Aufnahmegesellschaft thematisiert wird. Solche bewertenden Aussagen werden dann zu einem Problem für einen analytischen Einsatz des Gemeinschaftsbegriffs, wenn die Bewertung die Sicht auf die zu analysierenden Tatbestände versperrt oder wenn Bewertungen normativ werden und keinen Raum für eine Reflexion der Urteilsbildung lassen.

Aus diesen Skizzen der Intentionen, die mit der Verwendung von Gemeinschaftsbegriffen verbunden sein können, lassen sich nun Ansprüche an eine analytische Verwendung des Gemeinschaftsbegriffs ableiten. Basis einer solchen ist dabei die idealtypische Verwendung des Begriffs. Durch sie lassen sich die jeweiligen Merkmale der Gemeinschaft trennscharf darstellen und begründen. Aufbauend darauf ist dann auch eine differenzierte Anwendung möglich, die erklären kann, welche Anteile des jeweiligen Gemeinschaftskonzepts in den beobachteten Phänomenen enthalten sind. Diese Unterscheidungen sollten auch bei der Benennung der entsprechenden Phänomene beachtet werden. Schließlich gilt es die mit der Verwendung von Gemeinschaftskonzepten verbundene Bewertung so zu gestalten, dass erkennbar bleibt, worauf sie sich bezieht und in welchem Kontext sie ihre Gültigkeit erlangt.

3   Bezugspunkte

Die zweite Differenzierung der Verwendung von Gemeinschaftsbegriffen bezieht sich auf deren Inhalt. Hier muss also danach gefragt werden, was mit Gemeinschaftskonzepten überhaupt erfasst werden soll. Welcher Ausschnitt des Sozialen ist Bezugspunkt von Gemeinschaftskonzepten? Was soll mit ihnen beschrieben oder erklärt werden?

Hier bietet sich meiner Auffassung nach eine Differenzierung in drei Bezugspunkte an, nämlich in Identität, Handlung und Kollektiv. Da sich diese Bezugspunkte nur konzeptionell voneinander trennen lassen, sei hier kurz auf ihre Überschneidungen hingewiesen. Innerhalb dieser Dreiteilung nimmt der Bezugspunkt der Handlung eine vermittelnde Stellung ein, da sich von ihm aus die Gleichzeitigkeit des Bezugs zur Mikroebene, hier dargestellt durch die Identität, sowie zur Makroebene, hier dargestellt durch das Kollektiv, am besten erfassen lässt. Gemeinschaft, so fasst es Grundmann anschaulich zusammen, oszilliert demnach zwischen Individualität und Kollektivität (vgl. Grundmann 2006: 15).

Identität als Bezugspunkt des Gemeinschaftsbegriffs rückt das identitätsstiftende Potential von Gemeinschaft für den einzelnen Akteur in den Vordergrund (vgl. John 2008: 288). Damit beschreibt diese Ebene zugleich die Abhängigkeit des Einzelnen von der Gemeinschaft, die ihm diese Identität gibt, sowie die mit der Identität verbundenen Werte und Normen als Basis gemeinschaftlicher Handlungen. Gerade der letzte Punkt findet sich in der Willenslehre, die das Fundament des Gemeinschaftskonzepts von Tönnies bildet (vgl. Dierschke 2006: 77). Mit welchem Willen, welcher Intention, welcher Orientierung eine Interaktion durchgeführt wird, beeinflusst ihre "Gemeinschaftlichkeit" und im nächsten Schritt die "Gemeinschaftlichkeit" der aus den Interaktionen entstehenden sozialen Strukturen. Neben den schon angeführten Verbindungen zu Tönnies wird sich dieser Bezugspunkt auch in den Ansätzen von Gläser und Wiesenthal, die später noch dargestellt werden, erkennen lassen.

Ziel einer auf Handlung bezogenen Fassung des Gemeinschaftsbegriffs ist die "Untersuchung der Interaktionssituation einer begrenzten Zahl von Akteuren" (Münch 2007: 9). Dies ist beispielsweise bei den Gemeinschaftskonzepten von Weber und wiederum Tönnies der Fall, die für ihre Begriffsbildung die handlungstheoretische Ebene wählen und darüber scharf konturierte Gemeinschaftsbegriffe erhalten, über die sie vielfältige Aspekte sozialer Verbundenheit erfassen können (vgl. Drucks 2006: 44). Aufbauend auf der Erklärung von Interaktionssituationen können sie dann den Schritt auf die Mikroebene, hin zum einzelnen Akteur und dessen Motiven und Handlungsmöglichkeiten, vollziehen. Aber auch der Schritt aufwärts zur Makroebene, zur Betrachtung größerer Formen und Strukturen des Sozialen, lässt sich vom Ausgangspunkt der Handlung durchführen (vgl. Lichtblau 2000: 427).

Auf der Ebene des Kollektivs geht es schließlich um die Erfassung größerer Formen und Strukturen sozialer Verbundenheit, die sich auf Gemeinschaft als identitätstheoretisches oder handlungstheoretisches Konzept zurückführen lassen und eine Selbst- oder Fremdzuschreibung der Mitgliedschaft in diesen erlauben (vgl. John 2008: 64). Als Beispiele lassen sich hier neben Nationen als vorgestellte Gemeinschaften (vgl. Anderson 1996) vor allem auch Szenen, Ethnien oder Milieus als stark lebensstilgeprägte Formationen anführen, die einen engen Bezug zur Identität ihrer "Mitglieder" haben.

Nach dieser kurzen Einführung der drei Bezugspunkte soll im Folgenden deren Bedeutung anhand klassischer und neuerer Gemeinschaftsentwürfe aus den Sozialwissenschaften umrissen werden. Dabei handelt es sich auf Seiten der klassischen Gemeinschaftskonzepte um die Entwürfe von Ferdinand Tönnies und Max Weber, auf der Seite der neueren Konzepte um die Entwürfe von Jochen Gläser und Helmut Wiesenthal.[6]

3.1 Ferdinand Tönnies: Gemeinschaft und Gesellschaft

Ferdinand Tönnies entwickelt seinen Gemeinschaftsbegriff im Rahmen des Werkes "Gemeinschaft und Gesellschaft. Grundbegriffe der reinen Soziologie", das er 1887 zum ersten Mal veröffentlicht. Der dort dargestellte Gemeinschaftsbegriff ist zu einer Grundkategorie der Soziologie geworden, auf die sich zahlreiche weitere soziologische Gemeinschaftskonzepte beziehen (vgl. Opielka 2006). Daher scheint es mir sinnvoll, ihn an die erste Stelle der folgenden Ausführungen zu setzen. Da sich Tönnies' Gemeinschaftsbegriff nicht als einzelne Definition darstellen lässt, sondern ein mehrstufiges Konzept bildet, soll er hier auch ausführlicher besprochen werden. Wobei zumindest zu Beginn auch der der Gemeinschaft entgegengesetzte Begriff der Gesellschaft mit einbezogen werden muss, um den Einstieg in Tönnies' Begriffswelt zu erleichtern.

Was versteht Tönnies nun aber genau unter Gemeinschaft und Gesellschaft? Im Grunde genommen werden damit soziale Beziehungen anhand einer dichotomen Unterscheidung beschrieben und eine allgemeine Charakterisierung des Sozialen vorgenommen. Gemeinschaft und Gesellschaft stellen in Tönnies´ Kon-

---

6   Diese Gemeinschaftskonzepte wurden ausgewählt, weil sie sich entweder durch ihren großen Einfluss auf die sozialwissenschaftliche Begriffsgeschichte auszeichnen oder ein Beispiel für eine prägnante und aktuelle Gemeinschaftskonzeption sind. Ersteres trifft auf die Konzepte von Ferdinand Tönnies und Max Weber zu, letzteres auf die Konzepte von Jochen Gläser und Helmut Wiesenthal.

zeption die beiden Formen sozialen Handelns dar, aus denen sich alle Formen sozialer Beziehungen ableiten lassen. Der eigentliche Ausgangspunkt der Konzeption von Gemeinschaft und Gesellschaft liegt dabei im Willen des Einzelnen, der vor der eigentlichen Handlung, die schließlich die soziale Beziehung konstituiert, liegt. Entsprechend der Begriffe Gemeinschaft und Gesellschaft auf der Ebene der Beziehung, bildet Tönnies auf der Ebene des Willens die zugehörigen Begriffe des Wesenwillens und des Kürwillens (vgl. Ott 2004: 36). Der der Gemeinschaft zugrunde liegende Wesenwillen lässt sich als ein „teilweise ererbt[es] und tradiert[es] [...] psychologisches Äquivalent des menschlichen Leibes" (Ott 2004: 46) denken. Der Wesenwille gründet auf der Vergangenheit und äußert sich für den Handelnden in dem Gefühl, dass das, was er gerade tut, auch das ist, wonach ihm zumute ist (vgl. Tönnies 1991: 73, 84f.). Er steht also mit seinem „Wesen" im Einklang. Die Beziehungen, die auf der Grundlage des Wesenwillens bestehen, nämlich die Gemeinschaften, sind demnach lebendige, organisch gewachsene Beziehungen, die auf eine gemeinsame Vergangenheit zurückblicken können. Die Beteiligten haben ein umfassendes gemeinsames Verständnis von dem, was sie tun (vgl. Tönnies 1991: 3f, Ott 2004: 37). Gemeinschaftliche Beziehungen gründen somit auf einer Sinnvorstellung, die von allen Beteiligten geteilt wird und Gültigkeit für eine Vielzahl ihrer Handlungen hat. Es herrscht Einverständnis darüber, dass man sich gemeinsam im Handeln an diesem Sinn orientiert. Die Beteiligen sind also im Wesentlichen vereint.

Die der Gesellschaft zugehörige Willensform ist der Kürwille. Dieser stellt die Grundlage eines auf einen bestimmten Zweck gerichteten Handelns unter der Nutzung bestimmter Mittel dar (vgl. Tönnies 1991: 172). Ausgehend von der Trias Bedacht, Beschluss und Begriff, mit der Tönnies die Leitlinien des Kürwillens beschreibt, ist das von ihm angestoßene Handeln auf die Zukunft gerichtet und entwirft Projekte, Pläne und Ziele (vgl. Bickel 1990: 18, Ott 2004: 47). Gesellschaftliche Beziehungen, die aus solch kürwillenhaften Handlungen entstehen, fokussieren zweckrational auf die Erreichung eines bestimmten Ziels. Benötigt ein Akteur zur Realisierung dieses Ziels die Hilfe eines anderen Akteurs, so versucht er, diese Hilfe durch Tausch zu erhalten. Die gesellschaftlichen Beziehungen beruhen also auf Leistung und Gegenleistung. Individuen in gesellschaftlichen Beziehungen sind somit nur im Speziellen vereint, bleiben aber im Wesentlichen getrennt (vgl. Tönnies 1991: 34, 153).

Tönnies' Gemeinschaftsbegriff, wie er hier dargestellt wurde, lässt sich auf der intentionalen Ebene als idealtypischer Begriff fassen (vgl. Dierschke 2006: 79). Er bietet damit ein Konzept zur Interpretation und Analyse sozialer Prozesse und Phänomene an, welches jedoch nicht direkt auf diese übertragbar ist. Auch wenn an dieser Stelle nicht darauf eingegangen wurde, gehört zu Tönnies' Gemeinschaftskonzeption auch eine geschichtsphilosophische Dimension.

Diese erklärt sich daraus, dass Tönnies seine soziologischen Grundbegriffe in Auseinandersetzung mit gesellschaftlichen Modernisierungsprozessen entwickelt (vgl. Drucks 2006: 44). Ausgehend von der Überlegung, dass Zentralisierung und Industrialisierung gesellschaftliche Handlungsmuster fördern und gemeinschaftliche Handlungsmuster zurückdrängen, formuliert er die Vermutung, dass die Moderne sich von einem Zeitalter der Gemeinschaft über ein Zeitalter der Gesellschaft zu einer zukünftigen Epoche der „höheren Gemeinschaft" entwickelt (vgl. Drucks 2006: 47f).

Auf Ebene der Bezugspunkte blickt Tönnies zunächst auf Handlungen, verknüpft dies aber eng mit Identität und Kollektivität. Handlungen werden dann als gemeinschaftlich verstanden, wenn sie in Übereinstimmung mit den Überzeugungen und der Identität der Handelnden stattfinden. Bezugspunkt der Handlung ist in diesem Fall also nicht der Verstand, sondern das Gefühl der Akteure. Dieses Gefühl stellt die Verbindung zur Identitätsebene der Gemeinschaftskonzeption dar. Die mit dem Begriff des Wesenwillen bezeichnete Identität der Handelnden wird dabei als sozial geerbt und eng mit der Psyche des Akteurs verbunden, fast schon als körperlicher Bestandteil des Akteurs, erfasst. Auf Ebene der Kollektivität besteht Gemeinschaft in dieser Konzeption aus der Verortung in Handlungszusammenhängen, die sich auf geteilte Identitäten und gefühlte Übereinstimmungen beziehen.

3.2 Max Weber: Vergemeinschaftung

Auch bei Max Weber gehört Gemeinschaft zu einem der Grundbegriffe, die er in seiner verstehenden Soziologie entwickelt und in der Kategorienlehre von "Wirtschaft und Gesellschaft" (Weber 1985) definiert. Er spricht dabei jedoch nicht von Gemeinschaft, sondern benutzt den Begriff der Vergemeinschaftung, die er als eine Form sozialer Beziehungen wie folgt darstellt (vgl. Lichtblau 2000: 437)

„§ 9. ‚Vergemeinschaftung' soll eine soziale Beziehung heißen, wenn und soweit die Einstellung des sozialen Handelns – im Einzelfall oder im Durchschnitt oder im reinen Typus – auf subjektiv gefühlter (affektueller oder traditionaler) Zusammengehörigkeit der Beteiligten beruht. [...] Vergemeinschaftung kann auf jede Art von affektueller oder emotionaler oder aber traditionaler Grundlage ruhen: eine pneumatische Brüdergemeinde, eine erotische Beziehung, ein Pietätsverhältnis, eine 'nationale' Gemeinschaft, eine kameradschaftlich zusammenhaltende Truppe. Den Typus gibt am bequemsten die Familiengemeinschaft ab. Die große Mehrzahl sozialer Beziehungen aber hat teils den Charakter der Vergemeinschaftung, teils den der Vergesellschaftung" (Weber 1985: 21f.).

Auch Webers Gemeinschaftskonzept ist ein idealtypisches Konzept, das in unterschiedlichen Formen sozialer Beziehungen und in diesen in unterschiedlichen Anteilen identifiziert werden kann. Besonders deutlich wird dies, wenn Weber darauf hinweist, dass "die große Mehrzahl sozialer Beziehungen [...] teils den Charakter der Vergemeinschaftung, teils den der Vergesellschaftung" (Weber 1985: 22) hat. Mit Blick auf die Bezugspunkte des Gemeinschaftsbegriffs lassen sich auch hier Handlungen als zentral herausstellen. Zwar wird Vergemeinschaftung als eine Form sozialer Beziehungen eingeordnet, doch wird unter sozialer Beziehung eine wechselseitige, sinnhafte Bezugnahme des Handelns zweier Personen verstanden (vgl. Lichtblau 2000: 437). Grundlage dieser Bezugnahme ist im Fall der Gemeinschaft ein Gefühl der Zusammengehörigkeit, welches auf Tradition und Affekt beruht und dadurch von den Akteuren nur schwer zu reflektieren ist. Ausgehend von dieser handlungstheoretischen Ebene lassen sich jedoch auch Bezüge in Richtung einer auf Kollektivität bezogenen Konzeption des Begriffes finden. Wobei diese nur in den Hinweisen auf die durch die Vergemeinschaftung erzeugte Kollektivität nationaler Gemeinschaften oder kameradschaftlicher Truppen zu erkennen sind.

3.3 Jochen Gläser: Produktionsgemeinschaften

Jochen Gläsers Gemeinschaftskonzept, das hier als erstes der beiden neueren Gemeinschaftskonzepte vorgestellt wird, ist im Rahmen einer Untersuchung der sozialen Ordnung wissenschaftlicher Produktionsprozesse entstanden (vgl. Gläser 2006). In Ergänzung zu wissenschaftlichen Produktionsgemeinschaften, den scientific communities, widmet Gläser sich dabei auch der Analyse anderer Gemeinschaften (vgl. Gläser 2006: 260ff) und entwirft zu diesem Zweck die folgende Gemeinschaftsdefinition:

> „Gemeinschaften sind Akteurskonstellationen, deren Zusammenhang durch eine auf ein gemeinsames Merkmal bezogene kollektive Identität und deren soziale Ordnung durch identitätsgeleitetes Handeln hergestellt wird" (Gläser 2006: 310).

Aus dieser Definition ergeben sich, durch die mögliche Varianz des gemeinsamen Merkmals, das für den Zusammenhalt der Gemeinschaft sorgt, unterschiedliche Gemeinschaftstypen, die Gläser als „Subtypen von Gemeinschaft" (Gläser 2005: 59) beschreibt. Exemplarisch verweist Gläser auf Religionsgemeinschaften, deren gemeinsames Merkmal geteilte Annahmen sind, Familien und örtliche Gemeinschaften, die sich durch gemeinsame soziale Beziehungen auszeichnen oder auch Fangemeinschaften und soziale Bewegungen, deren kollektive Identität sich auf geteilte Interessen bezieht (vgl. Gläser 2005: 60). Jeder dieser Subtypen der Gemeinschaft tritt wiederum in mannigfaltiger Weise in der empirischen Realität auf.

Ordnet man Gläsers Gemeinschaftskonzept den verschiedenen Intentionen der Verwendung zu, fällt zunächst auf, dass es sich sowohl um einen angewandten als auch um einen idealtypischen Begriff handelt. Im Gegensatz zu den Begriffen von Tönnies und Weber liegt die Absicht dieses Gemeinschaftsbegriffs darin, Akteurskonstellationen anhand der Merkmale kollektive Identität und Herstellung sozialer Ordnung durch identitätsgeleitetes Handeln als Gemeinschaften zu identifizieren.

Auch auf der Ebene der Bezugspunkte unterscheidet sich Gläsers Gemeinschaftskonzept von den zuvor vorgestellten Konzepten. Gemeinschaften werden von ihm als Kollektive mit gemeinsamen Merkmalen bezeichnet. Diese gemeinsamen Merkmale ermöglichen sowohl eine Zuordnung von Individuen zu bestimmten Gemeinschaften als auch eine Grenzziehung zwischen den Gemeinschaften, aus der sich dann eine auf Zugehörigkeit und Ausgrenzung beruhende Kollektivität ergibt. Jedoch ist auch Gläsers Gemeinschaftskonzept eng mit den Bezugspunkten Handlung und Identität verbunden. Das gemeinsame Merkmal, auf dem Gemeinschaft basiert, wird erst durch die Einbettung in die kollektive Identität der Beteiligten zur Klammer der Gemeinschaft. Das Bindeglied zwischen kollektiver Identität und Kollektiv bilden dann abermals Handlungen, die sich auf den Inhalt eben dieser Identität beziehen.

3.4 Helmut Wiesenthal: Gemeinschaft als Verfahren sozialer Koordination

Der letzte Gemeinschaftsentwurf, der an dieser Stelle vorgestellt wird, modelliert Gemeinschaft über die Beschreibung von Verfahren sozialer Koordination. Dabei werden neben Gemeinschaft als "bestimmter Form sozialer Interaktion, die koordinierenden Charakter besitzt" (Wiesenthal 2005: 223) auch Markt und Organisation als weitere Verfahren sozialer Koordination angeführt und in ihrer Funktion diskutiert (vgl. Wiesenthal 2005: 223). Die Überlegung, die Wiesenthal in seinem Aufsatz "Markt, Organisation und Gemeinschaft als 'zweitbeste' Verfahren sozialer Koordination" darstellt, ist, Gemeinschaft, Markt und Organisation nicht als singuläre Koordinationsmechanismen zu fassen, sondern auf die Kombination aller drei Mechanismen in Form komplexer Koordinationsweise hinzuweisen, die sich in vielen gesellschaftlichen Bereichen finden lässt (vgl. Wiesenthal 2005: 251). In diesem Rahmen fasst Wiesenthal Gemeinschaft wie folgt:

„Die distinkten Eigenschaften des Koordinationsmechanismus ‚Gemeinschaft' resultieren aus dem besonderen [...] Verhältnis der sachlichen, zeitlichen und sozialen Selektivität. Dabei scheint der Mechanismus, da an Physis und Psyche von Personen anknüpft, auch ohne spezifizierbare Themen

fungibel. [...] Die ‚medientypischen‘ Interaktionen sind nur mit einer begrenzten Zahl wohldefinierter Partner möglich. Deren Mitgliedschaft in der Gemeinschaft steht in der Regel weder in zeitlicher
noch in personeller Hinsicht zur Disposition (vgl. Ben-Porath 1980). Die Mitgliedschaft ist an individuelle Identitätsmerkmale gebunden und stets eindeutig. Die Identität der Gemeinschaft als ‚einfaches‘ Sozialsystem ist zum einen durch ihre Geschichte bestimmt, das heißt durch die in der Vergangenheit erbrachten Selektionsleistungen (Luhmann 1972: 57). Zum anderen definiert sich die Ge-
meinsamkeit durch die Grenzziehung zur Außenwelt, die in der Innenperspektive fremd bleibt und
unter Umständen bedrohlich wirkt. Im Selbstverständnis des Kollektivs und seiner Projektionen
gewinnen die Mitglieder ihre personale Identität und wechselseitige Berechenbarkeit (Berger/Kellner
1965): Die Gemeinschaft ist Medium und Form der sinnhaften Konstruktion von Wirklichkeit (Ber-
ger/Luckmann 1970)" (Wiesenthal 2005: 241f).

Zentraler Bezugspunkt von Wiesenthals Gemeinschaftskonzeption ist demnach
die einzelne Person als Träger einer Identität, welche sich im Kontext einer spezifischen, kleinräumigen Bezugsgruppe entwickelt. Die in dieser Gruppe geteilte
Identität ist das Merkmal, anhand dessen zwischen innen und außen, zwischen
bekannt und fremd, zwischen berechenbar und unberechenbar unterschieden
wird. Gemeinschaften bilden hier also soziale Kollektive, deren Basis die Identität der Beteiligten ist und die deren Umwelt in Handlungsbereiche mit hohen und
Handlungsbereiche mit niedrigen Transaktionskosten unterteilen.

Betrachtet man dieses Konzept durch das hier vorgestellte Analyseraster,
lässt sich feststellen, dass es sich in erster Linie um einen idealtypischen Gemeinschaftsbegriff handelt, der jedoch auch Aspekte eines angewandten und
eines bewertenden Gemeinschaftsbegriffs enthält. Die idealtypische Verwendung
des Begriffs erklärt sich aus dem Ziel des Autors, soziale Koordinationsmechanismen nicht als reine Formen der vorgestellten Mechanismen Markt, Gemeinschaft und Organisation zu erfassen, sondern als Mischformen, in denen Elemente aller drei Koordinationsformen zu unterschiedlichen Anteilen enthalten sind.
Es lassen sich in der Realität demnach keine reinen Gemeinschaften identifizieren (vgl. Wiesenthal 2005: 251). Wiesenthals Ausführungen sind an einigen
Stellen jedoch unentschieden, so dass sich auch Anteile einer angewandten Be-
griffsverwendung erkennen lassen. Dies gilt insbesondere für das Merkmal der
begrenzten Anzahl wohldefinierter Partner, welches Gemeinschaft als eine klar
abgrenzbare Personengruppe modelliert, die sich dann auch empirisch erfassen
lässt. Schließlich schwingt in Wiesenthals Konzeption der Gemeinschaft als
Verfahren sozialer Koordination auch eine bewertende Verwendung mit. Diese
ergibt sich aus der Zielsetzung Wiesenthals, Einschätzungen über die Vor- und
Nachteile einzelner Koordinierungsverfahren zu entwickeln, die in die praktische
Gestaltung politischer Reformprozesse einfließen sollen (vgl. Wiesenthal 2005:
224). Auch wenn dies in der oben vorgestellten Gemeinschaftsbeschreibung
nicht direkt angesprochen wird, weist die Darstellung der Leistungscharakteristi-
ka (vgl. Wiesenthal 2005: 241f), Defizite und Funktionsrisiken (vgl. Wiesenthal

2005: 249f) des Koordinationsmechanismus Gemeinschaft an anderer Stelle deutlich darauf hin.

Wechselt man auf die Ebene der Bezugspunkte, stehen hier Identität und Kollektivität in Zentrum der Betrachtung, wobei beide Perspektiven eng miteinander verwoben sind. Ausgangspunkt des Gemeinschaftskonzepts ist die Identität der beteiligten Personen, die sich auf individueller Ebene als eng an die einzelnen Personen gebunden präsentiert und sich auf kollektiver Ebene als Produkt einer auf Ähnlichkeit der Identität beruhenden Selektion der Mitglieder sowie einer gemeinsamen Geschichte und Entwicklung dieser Identität zu einer kollektiven Identität darstellt. Diese Identitäten sind wiederum Referenzpunkt für eine Grenzziehung zwischen dem Wir der Gemeinschaft und dem Anderen, welches nicht zur Gemeinschaft gehört. Aus dieser Differenzierung ergibt sich schließlich Kollektivität auf der Basis von Identität. Auch wenn Wiesenthals Gemeinschaftskonzeption als Element einer Theorie sozialer Koordination auf einen spezifischen Modus sozialer Interaktion verweist, lässt sich kein direkter Bezug zur Handlungsperspektive erkennen (vgl. Wiesenthal 2005: 223). Wiesenthal konzentriert sich auf die durch Identität und Kollektivität gegebenen Bedingungen, nicht auf die Handlungen, die darin vollzogen werden.

3.5 Zusammenfassung

Nachdem auf der Ebene der Intention der Verwendung des Gemeinschaftsbegriffs bereits auf die zentrale Bedeutung der idealtypischen Verwendungen hingewiesen wurde, soll hier nun der Versuch unternommen werden, die Umrisse eines solchen idealtypischen Gemeinschaftskonzeptes darzustellen. Ziel dieses Versuchs ist nicht die Entwicklung einer Gemeinschaftsdefinition, sondern die Zusammenfassung der zentralen inhaltlichen Merkmale sozialwissenschaftlicher Gemeinschaftsbegriffe, geordnet nach den zuvor vorgestellten Bezugspunkten Identität, Handlung und Kollektiv. Grundlage dieser Zusammenfassung sind die vier eben analysierten Gemeinschaftskonzepte.

Identität kann als Basis der Konzeption von Gemeinschaft angesehen werden. Dabei muss Identität hier als eine enge, fast schon körperliche Eigenschaft der Akteure begriffen werden, deren Einfluss auf die Erfassung der sozialen Umwelt auf Gefühlen beruht und deren Entwicklung auf einer gemeinsamen Geschichte mit spezifischen Anderen fußt. Die Zugehörigkeit zu Gemeinschaft oder die Möglichkeit der Vergemeinschaftung ist davon abhängig, dass sich die beteiligten Akteure auf eine geteilte und in diesem Sinne kollektive Identität beziehen können.

Handlungen lassen sich dann als Gemeinschaft betrachten, wenn sie in Übereinstimmung mit der Identität der Handelnden stattfinden. Gemeinschaftshandeln referiert auf Gefühl, Affekt oder Tradition der Beteiligten und vermittelt Sicherheit auf der Grundlage einer gemeinsamen Dependenz gegenüber der kollektiven Identität der Akteure. Ein solches Handeln ist dabei als Bindeglied zwischen der Ebene der Identität und der Ebene des Kollektivs zu sehen.

Kollektive erscheinen dann als Gemeinschaft, wenn sich die Unterscheidung zwischen dem Kreis der Mitglieder und denjenigen, die nicht dazu gehören, zwischen dem Eigenen und dem Fremden, zwischen dem Wir und den Anderen auf eine geteilte Identität bezieht, die für den wirklichen oder den vorgestellten Zusammenhalt des Kollektivs von Bedeutung ist. Oder kurz gesagt: Gemeinschaft ist Kollektivität auf der Basis von Identität.

4   Migration, Internet, Gemeinschaft und Politik?

Warum eigentlich Gemeinschaft? Diese Frage aus der Überschrift wurde bis jetzt noch nicht beantwortet. Dazu reicht die Diskussion und Präzisierung der Verwendungsmöglichkeiten und Inhalte sozialwissenschaftlicher Gemeinschaftsbegriffe alleine noch nicht aus. Deshalb soll an dieser Stelle der Versuch unternommen werden, mit Hilfe der bisher entwickelten Gemeinschaftskonzeption, einen kursorischen Blick auf die Felder Migration und Internet zu werfen, sie nach Möglichkeiten für Gemeinschaft zu durchleuchten und die daraus folgenden Implikationen der politischen Partizipation zu diskutieren. Die Frage nach dem Warum der Gemeinschaft, nach dem Sinn der Verwendung eines analytischen Gemeinschaftsbegriffs kann im Anschluss daran vielleicht nicht abschließend beantwortet werden, aber zumindest kann das Potential eines analytischen Gemeinschaftsbegriffs verdeutlicht werden.

Möchte man sich auf die Suche nach der Gemeinschaft im Feld der Migration machen, stellt der Begriff der Fremdheit einen guten Ausgangspunkt dar. Fremdheit, so soll hier angenommen werden, kann eine zentrale Charakteristik des Migrationsfeldes knapp und zumindest einigermaßen passend beschreiben. Doch was lässt sich ausgehend von dieser Annahme über die Situation von Migranten sagen? Was bedeutet dies im Hinblick auf die Relevanz von Gemeinschaft in diesem Feld? Vielleicht können die folgenden Überlegungen Hinweise für die Beantwortung dieser Fragen geben.

Fremdheit bedeutet mit Blick auf die Selbstwahrnehmung des Individuums, schnell die eigene Differenz zu den Anderen zu erfahren. Umgekehrt führt Fremdheit auch dazu, schnell auf die Gemeinsamkeiten mit denen, die genauso fremd sind wie man selbst, verwiesen zu werden. Identität kann so zu einer intensiven Erfahrung werden und steht im Kontext des Kollektivs derjenigen, die gemeinsam fremd sind. Fremdheit ruft auch Unsicherheit hervor. Unsicherheit, die die eigene Handlungsfähigkeit einschränkt. Ökonomisch gesprochen heißt dies, dass durch Fremdheit die Transaktionskosten für Interaktionen steigen. Dem Fremden fehlen Erfahrungen darüber, was für einen Nutzen er von den Interaktionen in der Fremde erwarten kann. Also scheint es gewinnbringender zu sein, Interaktionen mit denen zu pflegen, die einem nicht fremd sind. Diese Folgen der Fremdheit führen schließlich zu einer klaren Wahrnehmung der Grenze zwischen dem Wir derjenigen, die auf eine spezifische Weise fremd sind, und den Anderen, die genau dies nicht sind. Die Erfahrung von Fremdheit, so legen diese Überlegungen nahe, führen zu einer stärkeren Betonung der Anteile der Identität, die spezifische Migrantengruppen miteinander teilen (siehe Beiträge von Goel sowie Düvel in diesem Band). Diese werden zum Referenzpunkt individueller und kollektiver Identitäten und bilden die Basis vertrauensvoller Interaktionen. Unter dem Blickwinkel der Fremdheit erscheinen damit Identität, Handlung und Kollektivität im Feld der Migration eng mit der zuvor vorgestellten Gemeinschaftskonzeption verbunden zu sein.

Untersucht man das Internet auf seine Gemeinschaftlichkeit, so scheinen hier zwei Punkt von besonderer Bedeutung zu sein. Zum einen bildet das Internet einen Kommunikationsraum, der vielfältige Möglichkeiten zur Rezeption, Diskussion und Konstruktion von Identität bietet (siehe Beiträge von Hugger sowie Moser in diesem Band). Zum anderen stellt es eine Art Organisationsreservoir dar (vgl. Shirky 2008), das Angebote zur Schaffung von Öffentlichkeit bereithält (siehe Beiträge von Candan/Hunger sowie Lehmann in diesem Band). Mit Blick auf den ersten Punkt lässt sich annehmen, dass hier eine Erweiterung der Repräsentations- und Kommunikationsmöglichkeiten von Gemeinschaft entstanden ist. Identitätsbezogene Kommunikation, die nicht selten flüchtig ist, wird im Internet oft dokumentiert und konserviert (vgl. Deterding 2008: 127). Die Darstellung von Identität kann im Internet häufig freier und pointierter gestaltet werden, als dies in anderen Kommunikationskontexten möglich ist. Schließlich stellt das Internet einen deterritorialisierten Kommunikationsraum dar, in dem auch über große Entfernungen hinweg Verbindungen zu identitätsprägenden Referenten gehalten werden können (siehe Beitrag von Hepp in diesem Band). Der zweite Punkt verweist somit auf eine Ausweitung der Handlungsmöglichkeiten von Gemeinschaft, insbesondere im Hinblick auf die Schaffung von Öffentlichkeit. Damit soll hier auf die potentielle Erreichbarkeit einer großen Menge von Rezipienten verwiesen werden (siehe Beitrag von Kissau/Hunger in diesem Band). Die notwendigen organisatorischen Leistungen dafür müssen dabei nicht mehr von den Akteuren selber erbracht werden. Diese können die Ebene gemeinschaftlicher Handlungen beibehalten und müssen diese nicht in das zweckrationale Gerüst einer eigenen Organisation einzwängen. Das Internet bietet, so lassen die angeführten Erwägungen vermuten, einen Kommunikationsraum für Gemeinschaft, der Reichweite und Form von Gemeinschaftshandeln erweitern kann.

Aus der Zusammenschau der Überlegungen zur Migration und zum Internet kann nun gefolgert werden, dass das Internet nicht nur ein Kommunikationsraum ist, der an die auf Identität bezogenen Handlungsbedürfnisse von Migranten anknüpft, sondern auch deren Reichweite und Sichtbarkeit vergrößern kann. Dies bedeutet im Hinblick auf die Möglichkeiten der politischen Beteiligung von Migranten, dass Kernelemente des auf der Erfahrung von Fremdheit beruhenden gemeinschaftlichen Handlungsmodus von Migranten nicht mehr von der Öffentlichkeit abgekapselt sein müssen. Es bieten sich Gelegenheiten, diese gemeinschaftliche Handlungs- und Erfahrungswelt zu einem gewissen Grad zu veröffentlichen und damit auch Anknüpfungspunkte an politische Diskurse und öffentliche Meinungen zu etablieren. Die auf Formen der Gemeinschaft beruhende Internetnutzung von Migranten enthält somit ein gewisses politisches Potential, das jedoch nicht an institutionalisierte politische Felder anknüpfen kann, sondern auf der Ebene informeller politischer Kommunikation seine Wirkung entfaltet. Es ist jedoch anzunehmen, dass eine solche Veröffentlichung gemeinschaftlich geprägter Handlungs- und Erfahrungswelten prekär bleibt und von Migranten im Hinblick auf die Sicherung vertrauter Handlungsräume vor fremdem Einfluss auch abgelehnt werden kann.

Nach dieser zugegebenermaßen nur ausschnittweisen Analyse der politischen Möglichkeiten der Internetnutzung von Migranten gilt es nun noch, die Frage nach dem Nutzen der Verwendung des vorgestellten analytischen Gemeinschaftskonzepts zu beantworten. Das grundlegende Potential des hier entwickelten Gemeinschaftskonzepts liegt in den vorgeschlagenen Differenzierungen der inhaltlichen und der intentionalen Ebene. Diese bilden einen Werkzeugkasten, mit dem sowohl die Einordnung theoretischer Gemeinschaftskonzepte möglich ist, als auch die Analyse empirischer Phänomene. Ziel ist dabei nicht die eindeutige Identifikation von Gemeinschaften, sondern die Erfassung gemeinschaftlicher Anteile sozialer Realitäten. Auf dieser Grundlage lassen sich dann auch Hypothesen über die Auswirkungen dieser Gemeinschaftlichkeit formulieren. Durch den zentralen Bezugspunkt der Identität und dessen Verortung auf individueller Ebene, kollektiver Ebene und Handlungsebene scheint der Gemeinschaftsbegriff insbesondere zur Analyse solcher Phänomene geeignet, die in eben diesem Spannungsfeld verortet sind, das beständig zwischen individueller und kollektiver Identität oszilliert.

Literatur

Anderson, Benedict (1996): Die Erfindung der Nation. Zur Karriere eines folgenreichen Konzepts. Frankfurt am Main: Campus.

Bade, Klaus J. (2006): Integration und Politik – aus der Geschichte lernen? In: Aus Politik und Zeitgeschichte. B 40-41. 3-6.

Ben-Porath, Yoram (1980): The F-Connection: Families, Friends and Firms and the Organization of Exchange. In: Population and Developement Review. 6.1. 1-30.

Berger, Peter L./Keller, Hansfried (1965): Die Ehe und die Konstruktion der Wirklichkeit. Eine Abhandlung zur Mikrosoziologie des Wissens. In: Soziale Welt. 16.3. 220-235.

Berger, Peter L./Luckmann, Thomas (1970): Die gesellschaftliche Konstruktion der Wirklichkeit. Eine Theorie der Wissenssoziologie. Frankfurt am Main: Fischer.

Bickel, Cornelius (1990): Gemeinschaft als kritischer Begriff bei Tönnies. In: Schlüter et. al. (1990): 17-46.

Deterding, Sebastian (2008): Virtual Communities. In: Hitzler et. al. (2008): 115-131.

Dierschke, Thomas (2006): Organisation und Gemeinschaft. Eine Untersuchung der Organisationsstrukturen Intentionaler Gemeinschaften im Hinblick auf Tönnies' Gemeinschaftsbegriff. In: Grundmann et. al. (2006): 75-99.

Drucks, Stephan (2006): Vormodern oder voll modern? Kommune als Irritation der Moderne. In: Grundmann et. al. (2006): 43-62.

Gläser, Jochen (2005): Neue Begriffe, alte Schwächen: Virtuelle Gemeinschaften. In: Jäckel et. al. (2005): 51-72.

Gläser, Jochen (2006): Wissenschaftliche Produktionsgemeinschaften. Die soziale Ordnung der Forschung. Frankfurt am Main: Campus.

Grundmann, Matthias (2006): Soziale Gemeinschaften: Zugänge zu einem vernachlässigten soziologischen Forschungsfeld. In: Grundmann et. al. (2006): 9-29.

Grundmann, Matthias et. al. (Hrsg.) (2006): Soziale Gemeinschaften. Experimentierfelder für kollektive Lebensformen. Münster: Lit.

Hitzler, Ronald et. al. (Hrsg.) (2008): Posttraditionale Gemeinschaften: Theoretische und ethnografische Bestimmungen. Wiesbaden: VS Verlag.

Jäckel, Michael et. al. (2005): Online-Vergesellschaftung? Mediensoziologische Perspektiven auf neue Kommunikationstechnologien. Wiesbaden: VS Verlag.

John, René (2008): Die Modernität der Gemeinschaft: Soziologische Beobachtungen zur Oderflut 1997. Bielefeld: Transcript.

Lichtblau, Klaus (2000): Vergemeinschaftung und Vergesellschaftung bei Max Weber: Eine Rekonstruktion seines Sprachgebrauchs. In: Zeitschrift für Soziologie. 29.6. 423-443.

Luhmann, Niklas (1972): Einfache Sozialsysteme. In: Zeitschrift für Soziologie. 1.1. 51-65.

Merz-Benz, Peter-Ulrich (1990): Die Entstehung der sozialen Gemeinschaft als Entnaturalisierung der Natur – ein Aspekt der Begriffstheorie von Ferdinand Tönnies. In: Schlüter et. al (1990): 47-63.

Münch, Richard (2007): Soziologische Theorie. Band 2: Handlungstheorien. Frankfurt am Main: Campus.

Opielka, Michael (2004): Gemeinschaft in Gesellschaft. Soziologie nach Hegel und Parsons. Wiesbaden: VS Verlag.

Ott, Konrad (2004): Ferdinand Tönnies und die moderne Sehnsucht nach Gemeinschaft. In: Tönnies-Forum. 13.2. 32-53.

Plessner, Helmuth (2002): Grenzen der Gemeinschaft. Eine Kritik des sozialen Radikalismus. Frankfurt am Main: Suhrkamp.

Rheingold, Howard (1994): Virtuelle Gemeinschaft. Soziale Beziehungen im Zeitalter des Computers. Bonn: Addison-Wesley.

Schimank, Uwe/Jäger, Wieland (Hrsg.) (2005): Organisationsgesellschaft. Facetten und Perspektiven. Wiesbaden: VS Verlag.

Schlüter, Carsten/Clausen, Lars (Hrsg.) (1990): Renaissance der Gemeinschaft? Stabile Theorie und neue Theoreme. Berlin: Duncker & Humblot.

Shirky, Clay (2008). Here Comes Everybody. The Power of Organizing without Organizations. London: Allen Lane.

Stegbauer, Christian (2001): Grenzen virtueller Gemeinschaft. Opladen: Westdeutscher Verlag.

Thiedeke, Udo (2008): Die Gemeinschaft der Eigensinnigen. Interaktionsmediale Kommunikationsbedingungen und virtuelle Gemeinschaften. In: von Gross et. al. (2008): 45-73.

Tönnies, Ferdinand (1991): Gemeinschaft und Gesellschaft. Grundbegriffe der reinen Soziologie. Darmstadt: Wissenschaftliche Buchgesellschaft.

von Gross, Friederike et. al. (Hrsg.) (2008): Internet-Bildung-Gemeinschaft. Wiesbaden: VS Verlag.

Weber, Max (1985): Wirtschaft und Gesellschaft. Grundriss der verstehenden Soziologie. Tübingen: J. C. B. Mohr.

Wellman, Barry (2004): Connecting Communities: on and offline. In: Contexts. 3.4. 22-28.

Wiesenthal, Helmut (2005): Markt, Organisation und Gemeinschaft als zweitbeste Verfahren sozialer Koordination. In: Schimank et. al. (2005): 223-264.

Teil 2:

Empirische Befunde

Internetnutzung von Migrantinnen und Migranten in Deutschland. Ergebnisse der Sonderauswertung des (N)ONLINER Atlas 2008

Cornelia Lins

1 Einleitung

Für die Beschaffung von Informationen und die Organisation von Alltag und Beruf wird das Internet heute immer wichtiger. Gleichzeitig bietet es eine Plattform für gesellschaftliche und politische Partizipation. Im Jahr 2008 gelten rund 60 Prozent der Bevölkerung über 14 Jahre als Internetnutzende. Nach wie vor zählen deutlich mehr Männer als Frauen dazu, Jüngere sind stärker im Netz vertreten als Ältere ebenso Personen in Haushalten mit hohem Einkommen und Bildungsniveau. Und mehr als 20 Millionen Bundesbürger haben derzeit keine Absicht, sich mit den technischen Möglichkeiten der Informationsgesellschaft auseinanderzusetzen. Für diejenigen, die bereits zu den Nutzern zählen, eröffnen sich unter dem Stichwort Web 2.0 neue Chancen der gesellschaftlichen Teilhabe.

Die Lebenssituation und Zukunftschancen von über 15 Millionen Menschen mit Migrationshintergrund in Deutschland stehen seit der Neuausrichtung der Integrationspolitik im Bund und den Ländern ganz oben auf der politischen Agenda. Für die Fragestellungen der Digitalen Integration rückt damit ein Personenkreis in den Fokus, der erst seit dem Mikrozensus 2005 überhaupt hinreichend definitorisch erfassbar ist. Das Bundesministerium für Familie, Senioren, Frauen und Jugend 2007 das Projekt „Online-Kompetenz für Migrantinnen und Migranten in Deutschland" gemeinsam mit der Initiative D21 gestartet, um im Rahmen einer Bestandsaufnahme und -analyse der vorliegenden Studien und Forschungsergebnisse die wesentlichen Bestimmungsfaktoren der Internetnutzung und Nichtnutzung zu ermitteln.[1]

---

[1] Eine Primärerhebung ermittelte darüber hinaus über 80 Projekte und Initiativen, die Maßnahmen für Migrantinnen und Migranten entwickelt und erprobt haben. Bei der Analyse der umfangreichen Antworten wurden außerdem die Erfolgsfaktoren bisheriger Angebote identifiziert. Zur vertiefenden Analyse der Ergebnisse kamen im September 2008 ausgewählte Expertinnen

In diesem Zusammenhang wurde auch eine Sonderauswertung „Internetnutzung und Migrationshintergrund" des (N)ONLINER Atlas 2008 durchgeführt. Die Initiative D21 erstellt jährlich in der größten Untersuchung zur Nutzung und Nichtnutzung des Internet eine Topografie des digitalen Grabens durch Deutschland. Als Partnerin des Projekts hat die Initiative D21 das Untersuchungsdesign des (N)ONLINER Atlas im Jahr 2008 um Fragen zum Migrationshintergrund erweitert und damit erstmals Daten für spezifische Analysen zum Zusammenhang von Internetnutzung und Migrationshintergrund der deutschsprachigen Bevölkerung ab 14 Jahren vorgelegt. Unterstützt wurde die Sonderauswertung „Internetnutzung und Migrationshintergrund in Deutschland" von der Beauftragten der Bundesregierung für Migration, Flüchtlinge und Integration, vom Bundesministerium für Wirtschaft und Technologie, von der Deutschen Telekom AG und vom Bundesministerium für Familie, Senioren, Frauen und Jugend. Die Studie wurde von TNS Infratest durchgeführt. Ziel des Projekts ist es, Perspektiven für zukünftige Angebote zur Stärkung des Internetnutzungsinteresses von Frauen und Männern mit Migrationshintergrund in Deutschland zu entwickeln.[2] Im Folgenden sollen die wichtigen Ergebnisse der Sonderauswertung dargestellt werden.

2   Methodische Eckdaten zur Sonderauswertung des (N)ONLINER Atlas 2008: Internetnutzung und Migrationshintergrund

Der (N)ONLINER Atlas ist mit über 50.000 Befragten die größte Studie zur Internetnutzung in Deutschland. Seit dem Jahr 2001 wird jährlich im Frühjahr die Frage gestellt, ob in den letzten zwölf Monaten das Internet genutzt wurde bzw. falls nicht, ob die Absicht besteht, dies in den nächsten zwölf Monaten zu tun. Mit den umfangreichen soziografischen Daten, die von den Befragten erhoben werden, ist eine Analyse der Internetnutzung, -nichtnutzung und -nutzungsplanung nach Alter, Geschlecht, Bildungsabschluss, Beschäftigung, Ortsgröße u.a.m. bis in die Ebene der Regierungsbezirke hinein möglich. Zusätzlich wurden ab dem Jahr 2006 mit kleineren Stichproben Sonderbefragungen zur den

---

und Experten aus Wissenschaft und Praxis in Berlin zu einer Fachtagung zusammen und führten erstmals einen interdisziplinären Dialog zu den Perspektiven und Potenzialen der Internetnutzung von Migrantinnen und Migranten in Deutschland.

2   Der Projektbeirat, der sich nach der Fachtagung konstituiert hat, erarbeitet aus den vorliegenden Erkenntnissen Handlungsempfehlungen für Wirtschaft, Gesellschaft und Politik. Die Zwischenergebnisse des Projekts werden zeitnah im Internet veröffentlicht: http://www.kompetenzz.de/Digitale-Integration.

Themen „Sicher Surfen", „Online Banking" und „Altersgerecht Surfen" durchgeführt.

Im Jahr 2008 legte die Initiative D21 mit der Sonderauswertung „Internetnutzung und Migrationshintergrund in Deutschland" nach der ARD/ZDF-Studie „Migranten und Medien 2007" die zweite Untersuchung zur Internetnutzung von Migrantinnen und Migranten nach der Definition des Mikrozensus 2005/2006 vor.[3] Mit der gewählten Fragestellung war die Identifizierung von drei Bevölkerungsgruppen möglich: Personen ohne Migrationshintergrund, Personen mit Migrationshintergrund aufgrund eigener Zuwanderungserfahrung und Personen mit Migrationshintergrund durch die Zuwanderungserfahrung mindestens eines Elternteils. Die beiden Gruppen mit Migrationshintergrund werden als Migrantinnen und Migranten bezeichnet und zur besseren Verständlichkeit nach erster und zweiter Generation Zugewanderter unterschieden

In der Sonderauswertung 2008 wurden insgesamt 52.503 deutschsprachige Personen ab 14 Jahren mit Festnetzanschluss befragt. Der potentielle Migrationshintergrund wurde durch folgende Fragen ermittelt:

• Wurden Sie selbst in einem anderen Land als Deutschland geboren?

• Wurde mindestens eines Ihrer Elternteile in einem anderen Land als Deutschland geboren?

• Wenn ja, welche/r Elternteil/e und in welchem Land?

Fast 85 Prozent und damit 44.492 deutschsprachige Personen gaben keinen Migrationshintergrund an. Von den insgesamt 15,3 Prozent bzw. 8.011 Personen mit Migrationshintergrund gehören 9,1 Prozent der ersten und 6,2 Prozent der zweiten Generation Zugewanderter an (vgl. Abbildung 1).

Im Vergleich dazu ermittelte der Mikrozensus 2006 18,4 Prozent Personen mit Migrationshintergrund, darunter 12,6 Prozent der ersten und 5,7 Prozent der zweiten Generation. Die Personen mit Migrationshintergrund, die nicht über ausreichende Sprachkenntnisse verfügen, um einem Telefoninterview in deutscher Sprache zu folgen, sind in der Stichprobe des (N)ONLINER Atlas 2008 nicht enthalten. Daher ist es plausibel, dass der Wert in der Stichprobe um 3,1 Prozentpunkte unter dem des Mikrozensus 2006 liegt.

---

3   Nach der Definition des Statistischem Bundesamts gehören zur Bevölkerungsgruppe „Menschen mit Migrationshintergrund" folgende Gruppen: zugewanderte, eingebürgerte und in Deutschland geborene Ausländerinnen und Ausländer, Spätaussiedlerinnen und Spätaussiedler sowie Kinder mit mindestens einem Elternteil, das eins der genannten Merkmale in zweiter oder dritter Generation erfüllt.

Abbildung: Zusammensetzung der Stichprobe nach Migrationshintergrund
                 (deutschsprachige Personen ab 14 Jahren)

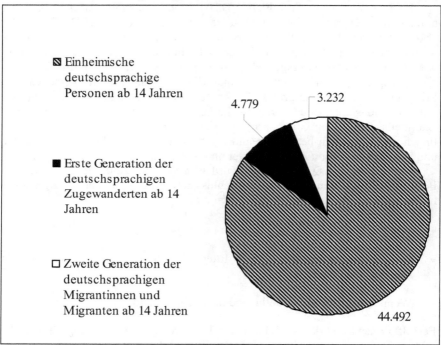

Quelle: Sonderauswertung Migrationshintergrund des (N)ONLINER Atlas 2008.

3   Ergebnisse der Sonderauswertung

Durchschnittlich sind 65,1 Prozent der Bevölkerung in Deutschland online. Der
Wert für Personen mit Migrationshintergrund liegt über dem Durchschnitt, der
Personen ohne Migrationshintergrund darunter. Mit 75,3 Prozent ist die zweite
Generation der Zugewanderten am stärksten im Internet vertreten, gefolgt von
der ersten Generation, die zu 67 Prozent online sind. Personen ohne Migrations-
hintergrund bilden mit 64,3 Prozent das Schlusslicht.

Tabelle 1:   Internetnutzung nach Migrationshintergrund

	Online	Planung	Offline
Erste Generation	66,8	8,1	25,1
Zweite Generation	75,3	6,5	18,2
Ohne Migrationshintergrund	64,3	4,5	31,2

Quelle: Sonderauswertung Migrationshintergrund des (N)ONLINER Atlas 2008 (N= 52.503; Angaben in %).

Dieses auf den ersten Blick überraschende Ergebnis ist auf die Altersstruktur der Migrantinnen und Migranten zurückzuführen. So sind Migrantinnen und Migranten im Durchschnitt um zehn Jahre jünger als Personen ohne Migrationshintergrund, und Jüngere besitzen eine höhere Internetaffinität als Ältere.[4] Der Anteil der Personen, der in den nächsten zwölf Monaten plant, das Internet zu nutzen, schwankt zwischen 4,5 und 8,1 Prozent. Die meisten, die planen das Internet in den nächsten 12 Monaten zu nutzen, sind Zugewanderte der ersten Generation. Der niedrigste Offline-Anteil ist mit 18,2 Prozent in der zweiten Generation der Zugewanderten zu finden. Den höchsten Offline-Anteil haben Personen ohne Migrationshintergrund mit 31,2 Prozent.

3.1 Internetnutzung nach Alter

Das Alter ist ein entscheidendes Merkmal der digitalen Spaltung und dies trifft unabhängig vom Migrationshintergrund zu. Für alle Bevölkerungsgruppen gilt: Je jünger, desto höher ist die Internetnutzung und je älter, desto mehr nimmt die Nutzung des Internet ab.

Obwohl die jüngere Altersstruktur bei Migrantinnen und Migranten dafür verantwortlich ist, dass sie das Internet stärker als Personen ohne Migrationshintergrund nutzen, so heißt dies nicht dass Migrantinnen und Migranten innerhalb der Alterssegmente auch höhere Nutzungsanteile aufweisen. So ist in den Altersstufen „14-29" und „30-49" Jahre die häufigste Internetnutzung nicht bei Migrantinnen und Migranten zu finden, sondern bei Personen ohne Migrationshintergrund. Bei den Älteren über 50 Jahre nutzt die zweite Generation der Zugewanderten das Internet allerdings am stärksten.

---

4   Das Durchschnittsalter der Personen der ersten Generation der Zugewanderten ist 39,5 Jahre, der zweiten Generation der Zugewanderten 38,4 Jahre, der Personen ohne Migrationshintergrund 48,9 Jahre.

Tabelle 2:   Internetnutzung nach Migrationshintergrund und Alter

	Online	Planung	Offline
14 – 29-Jährige (n= 11.005)			
Erste Generation	85,9	7,9	6,2
Zweite Generation	90,4	6,1	3,4
Ohne Migrationshintergrund	92,7	3,3	4,1
30 – 49-Jährige (n= 18.066)			
Erste Generation	73,5	10,9	15,6
Zweite Generation	80,0	6,5	13,5
Ohne Migrationshintergrund	82,5	4,9	12,6
50-Jährige u. älter (n= 23.432)			
Erste Generation	33,0	5,0	62,0
Zweite Generation	48,4	6,9	44,7
Ohne Migrationshintergrund	40,5	4,6	54,9

Quelle: Sonderauswertung Migrationshintergrund des (N)ONLINER Atlas 2008
(N=52.503; Angaben in %).

Wird die Internetnutzung der drei Bevölkerungsgruppen jeweils innerhalb der
beiden jüngeren Altersstufen betrachtet, so fallen die Unterschiede mit 2,3 und
2,5 Prozentpunkten zwischen Personen ohne Migrationshintergrund und der
zweiten Einwandergeneration gering aus. Die erste Generation der Zugewanderten weist in beiden Altersgruppen jeweils den niedrigsten Online-Anteil auf.

Bei der Generation 50plus ändert sich die Reihenfolge und die Unterschiede
zwischen den drei Bevölkerungsgruppen nehmen zu. Mit 48,4 Prozent ist die
zweite Generation der Zugewanderten am häufigsten online und liegt damit
knapp 8 Prozentpunkte vor Personen ohne Migrationshintergrund und 15 Prozentpunkte vor der ersten Generation der Zugewanderten. Die erste Generation
der Zugewanderten ist nur zu einem Drittel online, 62 Prozent sind offline.

In den beiden jüngeren Altersgruppen ist die erste Generation der Zugewanderten die größte Gruppe bei der Nutzungsplanung. Bei den 30- bis 49-
Jährigen Zugewanderten erreichen sie sogar fast 11 Prozent. In der älteren Gruppe ab 50 Jahren gehört die zweite Generation der Zugewanderten zur stärksten
Gruppe der Planerinnen und Planer, die zugleich die stärkste Internetnutzung in
dieser Altersstufe aufweist. Zusammenfassend ist festzustellen, dass in allen
Altersgruppen Zugewanderte der ersten Generation den geringsten Online-Anteil
haben.

3.2 Internetnutzung nach Geschlecht

Im Vergleich der Geschlechter wird deutlich, dass die Internetnutzung von Männern höher ist als die von Frauen, unabhängig ob ein Migrationshintergrund vorhanden ist oder nicht. Die größte Differenz mit 15,1 Prozentpunkten ist bei Zugewanderten der ersten Generation zu finden, die niedrigste bei Frauen und Männern der zweiten Generation (11,6 Prozentpunkte) (vgl. Tabelle 3).

Tabelle 3:   Internetnutzung nach Geschlecht

	Online	Differenz*	Planung	Offline
Männer (n= 25.428)				
Erste Generation	74,6	+ 15,1	7,3	18,1
Zweite Generation	81,3	+ 11,6	4,7	13,9
Ohne Migrationshintergrund	71,5	+ 13,8	4,0	24,4
Frauen (n= 27.076)				
Erste Generation	59,5		8,9	31,6
Zweite Generation	69,7		8,1	22,2
Ohne Migrationshintergrund	57,7		4,9	37,6

Quelle: Sonderauswertung Migrationshintergrund des (N)ONLINER Atlas 2008 (N=52.503; Angaben in %).
* Differenz Online-Anteil Männer minus Online-Anteil Frauen in Prozentpunkten

Wie schon gesagt, nutzt die zweite Generation der Zugewanderten das Internet am häufigsten: Bei den Männern liegt der Anteil bei 81,3 Prozent, bei den Frauen bei 69,7 Prozent. Am häufigsten sind Frauen ohne Migrationshintergrund mit 37,6 Prozent offline.

Die Nutzungsplanung ist bei Frauen in allen Bevölkerungsgruppen höher als bei den Männern. Frauen der ersten Generation der Zugewanderten haben den höchsten Wert und planen zu 8,9 Prozent die Internetnutzung. Ähnlich hoch ist die Absicht der Frauen der zweiten Generation, die doppelt so hoch liegt wie bei den Männern der zweiten Generation

Wird das Alter hinzugenommen, werden die Unterschiede zwischen Männern und Frauen mit zunehmendem Alter größer. In der jüngsten Altersstufe findet sich die *höchste Differenz* der Internetnutzung bei knapp 6 Prozentpunkten, in der folgenden bei 13 Prozentpunkten und bei den Älteren liegt sie bei knapp 27 Prozentpunkten. Bei den 14- bis 29-Jährigen ist die Internetnutzung der jungen Frauen ohne Migrationshintergrund am höchsten und liegt über dem Online-Anteil der Männer derselben Bevölkerungsgruppe. Ansonsten sind in allen Altersstufen mehr Männer als Frauen online. Die größten Unterschiede in der Internetnutzung der Geschlechter sind in den Bevölkerungsgruppen der Generation 50plus zu finden mit 19 bis 27 Prozentpunkten. Bestehen innerhalb der beiden jüngeren Altersstufen zwischen Frauen und Männern der ersten Generation der Zugewanderten die größten Unterschiede, so finden sie sich bei der Generation 50plus Zugewanderten der zweiten Generation. Die niedrigsten Online-Anteile weisen die über 50-jährigen Frauen mit 23,8 Prozent und die über 50-jährigen Männer mit 44,8 Prozent der ersten Generation der Zugewanderten auf.

Tabelle 4:   Internetnutzung nach Geschlecht und Alter

	Männlich	Differenz *	Weiblich
14 – 29-Jährige (n= 11.005)			
Erste Generation	88,8	5,9	82,9
Zweite Generation	92,7	4,3	88,4
Personen ohne Migrationshintergrund	92,4	-0,6	93,0
30 – 49-Jährige (n= 18.066)			
Erste Generation	80,1	13,1	67,0
Zweite Generation	83,5	7,2	76,3
Personen ohne Migrationshintergrund	86,0	7,1	78,9
50-Jährige u. älter (n= 23.432)			
Erste Generation	44,8	21,0	23,8
Zweite Generation	62,7	26,9	35,8
Personen ohne Migrationshintergrund	50,9	19,2	31,7

Quelle: Sonderauswertung Migrationshintergrund des (N)ONLINER Atlas 2008 (N=52.503; Angaben in %).
* Differenz Online-Anteile Männer minus Online-Anteile Frauen in Prozentpunkten

3.3 Internetnutzung nach Bildungsabschluss

Die Bildung hat in allen Bevölkerungsgruppen Auswirkungen auf die Internetnutzung. Je höher der Bildungsabschluss, desto eher wird das Internet genutzt. Schülerinnen und Schüler sowie Personen mit Abitur haben in allen Altersstufen die höchsten Online-Anteile. Bei den 14- bis 29-Jährigen sind über 95 Prozent online (vgl. Tabelle 5).

Die niedrigste Internetnutzungsrate haben Ältere über 50 Jahre mit einem Volksschulabschluss. Die Zugewanderten der ersten Generation sind die Gruppe mit der niedrigsten Internetnutzung. Nur knapp 20 Prozent sind online. Mit fast 22 Prozentpunkten Unterschied hat die zweite Generation der Zugewanderten in dieser Altersstufe den höchsten Wert mit 41,7 Prozent. Auch die Älteren ohne Migrationshintergrund weisen mit 26,7 Prozenten eine niedrige Internetbeteiligung auf.

Tabelle 5: Internetnutzung nach Bildungsabschluss und Alter

	Schüler (-innen)	Volksschule o./m. Lehre	Weiterbildende Schule	Abitur/ Studium
14 – 29-Jährige (n= 11.005)				
Erste Generation	92,9	76,9	85,4	95,0
Zweite Generation	93,1	79,8	89,4	98,3
Ohne Migrationshintergrund	96,0	85,3	90,5	98,2
30 – 49-Jährige (n= 18.066)				
Erste Generation		67,0	74,1	88,7
Zweite Generation		70,9	84,2	94,3
Ohne Migrationshintergrund		73,1	83,8	95,9
50-Jährige und älter (n= 23.432)				
Erste Generation		19,9	37,2	63,8
Zweite Generation		41,7	52,9	69,0
Ohne Migrationshintergrund		26,7	49,9	68,0

Quelle: Sonderauswertung Migrationshintergrund des (N)ONLINER Atlas 2008 (N=52.503; Angaben in %).

3.4 Internetnutzung nach Berufstätigkeit

Die Berufstätigkeit ist ein weiterer Einflussfaktor für die Internetnutzung. Dies wird insbesondere in der Altersgruppe der 30- bis 49-Jährigen deutlich. Über 85 Prozent der Internetnutzenden in diesem Alter ist berufstätig. In der jüngeren Altersgruppe zählen zu den Nicht-Berufstätigen viele Schülerinnen und Schüler. Daher ist hier der Online-Anteil der Nicht-Berufstätigen höher als der der Berufstätigen. Die meisten Nicht-Berufstätigen bei den Internetnutzenden finden sich mit 73,2 Prozent in der zweiten Generation der Zugewanderten. Bei Personen ohne Migrationshintergrund finden sich mehr Berufstätige unter den Internetnutzenden (41 Prozent).

In der Gruppe der über 50-Jährigen gibt es in Bezug auf die Berufstätigkeit in beiden Generationen der Zugewanderten Unterschiede, nicht jedoch bei Personen ohne Migrationshintergrund. Sind bei Migrantinnen und Migranten der ersten und zweiten Generation mit 57 und 59,6 Prozent Berufstätige, so gibt es bei Personen ohne Migrationshintergrund nur 49,4 Prozent Berufstätige unter den Internetnutzenden. Bei den Älteren gibt es viele Rentnerinnen und Rentner, die zu den Nicht-Berufstätigen zählen.

Tabelle 6:   Zusammensetzung der Internetnutzenden nach Berufstätigkeit und Alter

	Berufstätig	Nicht berufstätig
14 – 29-Jährige (n= 10.047)		
Erste Generation	39,7	60,3
Zweite Generation	26,8	73,2
Ohne Migrationshintergrund	41,0	59,0
30 – 49-Jährige (n= 14.717)		
Erste Generation	86,1	13,9
Zweite Generation	90,1	9,9
Personen ohne Migrationshinter-grund	90,9	9,1
50-Jährige u. älter (n= 9.433)		
Erste Generation Zugewanderter	57,0	43,0
Zweite Generation Zugewanderter	59,6	40,4
Ohne Migrationshintergrund	49,4	50,6

Quelle: Sonderauswertung Migrationshintergrund des (N)ONLINER Atlas 2008 (Internetnutzende N=34.197; Angaben in %).

Die Berufstätigkeit hat in allen Bevölkerungsgruppen einen positiven Einfluss. Bei den 30- bis 49-Jährigen nutzt über drei Viertel der berufstätigen Befragten das Internet. Bei den Berufstätigen über 50 Jahre schwankt die Internetnutzung zwischen 56,5 Prozent in der ersten Generation der Zugewanderten und 67,1 Prozent bei Personen ohne Migrationshintergrund. In dieser Altersgruppe gibt es nur wenige unter den Nicht-Berufstätigen, die das Internet nutzen.

Tabelle 7:   Internetnutzung nach Berufstätigkeit und Alter

	Berufstätig	Nicht Berufstätig
14 – 29-Jährige (n= 11.005)		
Erste Generation	83,4	87,6
Zweite Generation	83,7	93,2
Ohne Migrationshintergrund	90,4	94,3
30 – 49-Jährige (n= 18.066)		
Erste Generation	76,1	60,3
Zweite Generation	81,9	65,7
Ohne Migrationshintergrund	84,2	68,5
50-Jährige u. älter (n= 23.432)		
Erste Generation	56,5	21,3
Zweite Generation	63,6	35,8
Ohne Migrationshintergrund	67,1	29,1

Quelle: Sonderauswertung Migrationshintergrund des (N)ONLINER Atlas 2008
(N=52.503; Angaben in %).

3.5 Internetnutzung nach Einkommen

Haushaltseinkommen und Internetnutzung hängen in allen Bevölkerungsgruppen
stark zusammen. Je höher das Einkommen ist, desto häufiger wird das Internet
genutzt. Jedoch nutzen Personen mit Migrationshintergrund auch bei geringem
Einkommen das Internet. Dies ist besonders auffällig bei jungen Zugewanderten
mit geringem Einkommen. Unter den Internetnutzenden befinden sich 17,4 bzw.
17,7 Prozent der Zugewanderten der ersten und zweiten Generation mit einem
Einkommen bis 1.000 Euro. Bei Personen ohne Migrationshintergrund sind dies
lediglich 11,9 Prozent.

Tabelle 8:   Zusammensetzung der Internetnutzenden nach Einkommen und
Alter

	<1.000	1.000 - 2.000	2.000 - 3.000	3.000 +	k.A.
14 – 29-Jährige (n= 10.047)					
Erste Generation	17,4	29,4	20,9	14,8	17,5
Zweite Generation	17,7	24,5	21,9	15,2	20,7
Ohne Migrationshintergrund	11,9	26,9	22,0	18,6	20,5
30 – 49-Jährige (n= 14.717)					
Erste Generation	9,5	35,5	23,8	20,4	10,6
Zweite Generation	10,1	29,8	30,8	21,3	8,0
Ohne Migrationshintergrund	6,1	25,8	31,5	26,2	10,4
50-Jährige u. älter (n= 9.433)					
Erste Generation	8,6	27,6	28,5	23,6	11,7
Zweite Generation	9,0	28,4	30,4	25,3	6,9
Ohne Migrationshintergrund	5,5	27,6	28,1	27,7	11,1

Quelle: Sonderauswertung Migrationshintergrund des (N)ONLINER Atlas 2008
(Internetnutzende N=34.197; Angaben in %).

In allen Altersstufen ist die Internetnutzung bei niedrigem Einkommen geringer
als bei höherem Verdienst. Die niedrigste Internetnutzung haben ältere Zugewanderte der ersten Generation mit einem Einkommen unter 1.000 Euro. Sie
sind nur zu 12,7 Prozent online. Aber auch Personen ohne Migrationshintergrund
mit niedrigen Einkommen nutzen das Internet ähnlich selten (14,2 Prozent).
Dagegen ist in der zweiten Generation bei den Älteren mit niedrigem Einkommen eine deutlich höhere Internetnutzung festzustellen (26,8 Prozent).

Tabelle 9:   Internetnutzung nach Einkommen und Alter

	<1.000	1.000-2.000	2.000-3.000	3.000+
14 – 29-Jährige (n= 11.005)				
Erste Generation	78,7	84,5	91,7	94,2
Zweite Generation	85,1	89,1	93,2	95,9
Ohne Migrationshintergrund	86,2	92,1	94,2	95,0
30 – 49-Jährige (n= 18.066)				
Erste Generation	55,8	69,6	76,8	92,3
Zweite Generation	61,5	78,4	89,9	86,7
Ohne Migrationshintergrund	59,9	77,6	86,2	93,1
50-Jährige u. älter (n= 23.432)				
Erste Generation	12,7	24,7	49,8	72,2
Zweite Generation	26,8	40,1	64,1	76,4
Ohne Migrationshintergrund	14,2	31,3	55,5	76,3

Quelle: Sonderauswertung Migrationshintergrund des (N)ONLINER Atlas 2008 (N=52.503; Angaben in %).

3.6 Internetnutzung nach Haushaltsgröße

Es wurde auch untersucht inwieweit die Internetnutzung mit der Haushaltsgröße zusammenhängt. Migrantinnen und Migranten leben eher in großen Haushalten. Dies trifft insbesondere bei den jüngeren Internetnutzenden zu. Über die Hälfte der internetnutzenden Migrantinnen und Migranten zwischen 14 und 29 Jahren leben in Vier- und Mehrpersonenhaushalten. Bei Personen ohne Migrationshintergrund trifft dies nur auf 37,6 Prozent zu. Auch in der mittleren Altersstufe der Internetnutzenden ab 30 Jahren leben Zugewanderte der ersten Generation wesentlich häufiger in Vier- und Mehrpersonenhaushalten. Die zweite Generation lebt zu 32 Prozent genauso häufig wie Personen ohne Migrationshintergrund in Haushalten mit zwei, drei oder vier Personen. In der Generation 50plus gibt es weniger Unterschiede bei der Größe der Haushalte. Die Hälfte dieser Internetnutzenden in allen drei Bevölkerungsgruppen lebt in Zweipersonenhaushalten.

Tabelle 10: Zusammensetzung der Internetnutzenden nach Haushaltsgröße und Alter

	Eine Person	Zwei Personen	Drei Personen	Vier u.m. Personen
14 – 29-Jährige (n= 10.047)				
Erste Generation	6,5	18,0	24,6	50,9
Zweite Generation	6,0	12,8	29,5	51,6
Ohne Migrationshintergrund	10,5	23,5	28,4	37,6
30 – 49-Jährige (n= 14.717)				
Erste Generation	11,8	20,1	21,8	46,4
Zweite Generation	19,6	24,5	23,9	32,0
Ohne Migrationshintergrund	16,5	26,9	24,5	32,2
50-Jährige u. älter (n= 9.433)				
Erste Generation	16,3	53,9	18,1	11,6
Zweite Generation	20,4	53,6	15,5	10,6
Ohne Migrationshintergrund	16,2	58,4	15,4	9,9

Quelle: Sonderauswertung Migrationshintergrund des (N)ONLINER Atlas 2008 (Internetnutzende N=34.197; Angaben in %).

Die Internetnutzung variiert bei allen Bevölkerungsgruppen mit der Haushaltsgröße nur in geringem Maße. In einigen Internetstudien wurde der Zusammenhang festgestellt, dass mit zunehmender Haushaltsgröße die Internetnutzung zunimmt (Initiative D21 2008b: 19). Im Gegensatz dazu liegt in dieser Sonderauswertung der Online-Anteil bei den 30- bis 49-Jährigen Zugewanderten der ersten Generation in Single-Haushalten sogar höher als bei Personen in Vier- und Mehrpersonenhaushalten (79,7 zu 70,2 Prozent).

Tabelle 11: Internetnutzung nach Haushaltsgröße und Alter

	Eine Person	Zwei Personen	Drei Personen	Vier u.m. Personen
14 – 29-Jährige (n= 11.005)				
Erste Generation	88,3	83,8	86,4	86,2
Zweite Generation	88,8	90,5	92,6	89,4
Ohne Migrationshintergrund	90,1	93,6	93,9	91,9
30 – 49-Jährige (n= 18.066)				
Erste Generation	79,7	78,2	73,5	70,2
Zweite Generation	80,4	76,9	79,9	82,2
Ohne Migrationshintergrund	80,2	83,7	83,5	81,8
50-Jährige u. älter (n= 23.432)				
Erste Generation	20,9	34,6	40,3	47,3
Zweite Generation	32,0	55,5	56,3	56,1
Ohne Migrationshintergrund	23,1	44,1	55,7	59,4

Quelle: Sonderauswertung Migrationshintergrund des (N)ONLINER Atlas 2008 (N=52.503; Angaben in %).

Nur bei der Generation der Älteren ist unabhängig vom Migrationshintergrund zu erkennen, dass mit zunehmender Haushaltsgröße auch die Internetnutzung steigt. In Einpersonenhaushalten liegt die Spanne der Internetnutzung zwischen einem Fünftel (erste Generation der Zugewanderten) und einem Drittel (zweite Generation). Personen ohne Migrationshintergrund nehmen mit 23,1 Prozent den mittleren Platz ein.

3.7 Internetnutzung nach Herkunftsland

Für die sechs am häufigsten genannten Herkunftsländer der Befragten wurde die Internetnutzung nach Herkunft ermittelt. Die Auswertung wurde für die erste und zweite Generation durchgeführt. Die zahlenmäßig größte Gruppe der Zugewanderten der ersten Generation gibt als Herkunft ein Land der ehemaligen Sowjetunion an. Bei der zweiten Generation Zugewanderter werden die Türkei und Polen am häufigsten genannt.

Tabelle 12: Zusammensetzung der Stichprobe nach den sechs am häufigsten
genannten Herkunftsländern

Herkunftsland	Anzahl Zugewanderter der ersten Generation	Herkunft der Eltern der zweiten Generation
Ehemalige Sowjetunion	1.393	381
Türkei	673	710
Polen	592	721
Ehem. Jugoslawien	340	300
Rumänien	177	157
Italien	169	223

Quelle: Sonderauswertung Migrationshintergrund des (N)ONLINER Atlas 2008.

In der ersten Generation haben Zugewanderte aus der Türkei den höchsten Anteil an der Internetnutzung in der ersten Generation und sind zugleich diejenigen mit der höchsten Planungsabsicht, das Internet in den nächsten zwölf Monaten zu nutzen. Auch die Zugewanderten aus der ehemaligen Sowjetunion erreichen einen Online-Anteil von über 70 Prozent und liegen zugleich über den Durchschnittswert von 66,8 Prozent der ersten Generation von Zugewanderten bei der Internetnutzung.

Dagegen gibt es bei den Zugewanderten aus Rumänien, Polen und dem ehemaligen Jugoslawien viele Nichtnutzende. Mit über 30 Prozent überschreiten sie den Durchschnittswert von 25,1 Prozent beim Offline-Anteil. Bei den polnischen Zugewanderten ist zudem auffällig, dass der Anteil der Nutzungsplanenden trotz höchstem Offline-Anteil mit 5 Prozent sehr gering ist. Dagegen planen 11 Prozent der Zugewanderten aus dem ehemaligen Jugoslawien demnächst die Internetnutzung. Das ist der zweithöchste Wert der Nutzungsplanenden hinter den Zugewanderten aus der Türkei.

Tabelle 13: Internetnutzung nach Herkunftsland der ersten Generation der
Zugewanderten

Herkunftsland	Online	Planung	Offline
1. Türkei	73,3	11,1	15,6
2. Ehem. Sowjetunion	72,4	9,6	18,0
3. Italien	63,7	7,4	28,9
4. Rumänien	60,9	7,8	31,2
5. Polen	58,7	5,0	36,2
6. Ehem. Jugoslawien	57,6	11,0	31,4

Quelle: Sonderauswertung Migrationshintergrund des (N)ONLINER Atlas 2008 (N= 4.779 (Eigene Migrationserfahrung); Angaben in %).

Wird neben der Herkunft auch das Alter berücksichtigt, zeigt sich, dass die Internetnutzung bei Zugewanderten aus Polen zwei Mal am höchsten ist: einmal bei den Jüngsten und einmal bei der Altersgruppe der 30- bis 49-Jährigen. Auch Zugewanderte aus dem ehemaligen Jugoslawien erreichen einen der vorderen Plätze in der mittleren Altersstufe. Neben der hohen Internetnutzung haben sie auch einen hohen Anteil an Nutzungsplanenden (14 Prozent). Zugewanderte aus Rumänien haben mit 13,6 Prozent einen ähnlich hohen Wert bei der Nutzungsplanung.

Die Unterschiede in der Internetnutzung nach Herkunftsländern sind am größten bei den Älteren. Zwischen Zugewanderten aus der Türkei und aus Rumänien besteht bei der Internetnutzung ein Unterschied von 18,5 Prozentpunkten. Bei den Nichtnutzenden beträgt der Unterschied sogar 27,6 Prozentpunkte. Der höchste Offline-Anteil ist bei Zugewanderten aus Rumänien zu finden. Zwei Drittel der älteren rumänischen Zugewanderten nutzen das Internet nicht und planen auch nur zu 3,1 Prozent eine Internetnutzung.

Tabelle 14: Internetnutzung der ersten Generation nach Herkunftsland und Alter

	Online	Planung	Offline
14-29-Jährige			
1. Polen	93,4	4,1	2,5
2. ehem. Sowjetunion	86,9	7,9	5,2
3. Italien	84,5	5,4	10,2
30-49-Jährige			
1. Polen	80,1	8,6	11,3
2. Rumänien	79,6	13,6	6,8
3. ehem. Jugoslawien	77,0	14,0	9,1
50-Jährige u. älter			
1. Türkei	48,3	12,2	39,5
2. Italien	45,3	4,7	50,0
3. Rumänien	29,8	3,1	67,1

Quelle: Sonderauswertung Migrationshintergrund des (N)ONLINER Atlas 2008 (N= 4.779 (Eigene Migrationserfahrung); Angaben in %).

In der zweiten Generation ist die Internetnutzung bei Zugewanderten mit italienischem und türkischem Migrationshintergrund am höchsten. Sie sind mit über 80 Prozent online. Gemeinsam mit Zugewanderten aus dem ehemaligen Jugoslawien und der ehemaligen Sowjetunion liegen sie über dem Durchschnitt von 75 Prozent Internetnutzung der zweiten Generation von Zugewanderten.

Tabelle 15: Internetnutzung der zweiten Generation nach Herkunftsland

Herkunftsland	Online	Planung	Offline
1. Italien	87,4	5,4	7,2
2. Türkei	82,7	9,4	8,0
3. ehem. Jugoslawien	79,0	5,3	16,0
4. ehem. Sowjetunion	77,4	5,0	17,3
5. Rumänien	66,2	5,1	29,3
6. Polen	63,7	5,1	31,2

Quelle: Sonderauswertung Migrationshintergrund des (N)ONLINER Atlas 2008
(N= 3.232 (Personen mit Migrationserfahrung der Eltern); Angaben in %).

Die Planung einer Internetnutzung liegt um die 5 und 5,4 Prozent in vielen Herkunftsländern. Nur Personen mit türkischem Migrationshintergrund fallen hier mit einer sehr hohen Nutzungsplanung von 9,4 Prozent auf, ähnlich wie es schon in der ersten Generation der türkischen Zugewanderten festzustellen ist. Personen mit italienischen und türkischen Migrationshintergrund weisen auch bei der Nichtnutzung geringe Werte auf. Sie haben mit unter 10 Prozent die niedrigsten Offline-Anteile.

Tabelle 16: Internetnutzung der zweiten Generation nach Herkunftsland und
            Alter

	Online	Planung	Offline
14-29-Jährige			
1. Polen	95,0	1,7	3,3
2. ehem. Jugoslawien	94,9	1,0	4,1
3. ehem. Sowjetunion	90,7	4,6	4,1
30 – 49-Jährige			
1. Italien	95,6	1,1	2,2
2. Türkei	87,2	5,0	7,8
3. ehem. Sowjetunion	78,2	2,6	20,5
50-Jährige u. älter			
1. ehem. Jugoslawien	69,0	8,5	22,5
2. ehem. Sowjetunion	53,7	7,4	39,8
3. Rumänien	51,9	3,7	44,4

Quelle: Sonderauswertung Migrationshintergrund des (N)ONLINER Atlas 2008
(N= 3.232 (Personen mit Migrationserfahrung der Eltern); Angaben in %).

Wird das Alter der Befragten herangezogen, differenziert sich das Bild weiter. Es zeigt sich, dass junge Menschen mit polnischem Migrationshintergrund in der

Internetnutzung auf Platz eins stehen, obwohl die Gesamtgruppe mit polnischen Migrationshintergrund in der Gesamtplatzierung nur auf Platz sechs rangiert. Menschen mit italienischem und türkischem Migrationshintergrund der zweiten Generation, die die ersten Plätze in der Gesamtauswertung einnehmen, haben den höchsten Online-Anteil bei den 30- bis 49-Jährigen. Zugewanderte mit italienischen Wurzeln erreichen hier sogar den höchsten Wert der Internetnutzung mit 95,6 Prozent und liegen mit 15,6 Prozentpunkten weit über dem Durchschnitt (80 Prozent) dieser Altersstufe. Auch Menschen mit türkischen Wurzeln bewegen sich in dieser Altersgruppe überdurchschnittlich häufig im Internet. Bei den Nutzungsplanenden sind die Werte bei den über 50-Jährigen Zugewanderten aus dem ehemaligen Jugoslawien und der ehemaligen Sowjetunion mit 8,5 und 7,4 Prozent am höchsten.

4   Zusammenfassung und Ausblick

Durch die Sonderauswertung des (N)ONLINER Atlas 2008 kann die Internetnutzung deutschsprachiger Personen mit Migrationshintergrund differenziert erfasst und beschrieben werden. Über die Spezifizierung des Migrationshintergrunds nach erster und zweiter Generation geraten auch Unterschiede zwischen einzelnen Gruppen in den Blick und wirken einer unsachgemäßen Pauschalisierung entgegen. Zentrales Ergebnis der Sonderauswertung „Internetnutzung und Migrationshintergrund in Deutschland" ist, dass der Migrationshintergrund kein eigenständiges Merkmal der digitalen Spaltung ist. Alter, Geschlecht, Bildungsgrad und Einkommen wirken bei allen Bevölkerungsgruppen stärker auf die Internetnutzung als der Migrationshintergrund.

So ist die Internetnutzung bei Migrantinnen und Migranten insgesamt sogar höher als bei Personen ohne Migrationshintergrund. Sie liegt mit 75 Prozent[5] in der ersten Generation der Zugewanderten und mit 67 Prozent in der zweiten Generation jeweils über die der Personen ohne Migrationshintergrund, die nur zu 64 Prozent online sind. Dieses Ergebnis ist auf die unterschiedliche Altersstruktur der Bevölkerung mit Migrationshintergrund zurückzuführen. Migrantinnen und Migranten sind im Durchschnitt 10 Jahre jünger als Personen ohne Migrationshintergrund.

Die Auswertung nach Alter zeigt, dass in allen Bevölkerungsgruppen mit zunehmendem Alter die Internetbeteiligung abnimmt. In den beiden jüngeren Altersstufen 14 bis 29 Jahre und 30 bis 49 Jahre ist die Internetbeteiligung der Personen ohne Migrationshintergrund höher als die der Migrantinnen und Mi-

---

5   Prozentzahlen wurden für die Zusammenfassung gerundet.

granten. Bei den über 50-Jährigen ist die Internetnutzung in der zweiten Generation der Zugewanderten am höchsten. In dieser Bevölkerungsgruppe ist fast jeder
Zweite online. Die erste Generation der älteren Zugewanderten nimmt den letzten Platz ein. Hier nutzt nur jeder Dritte das Internet und 62 Prozent sind offline.

In allen drei Altersstufen ist die Internetnutzung der ersten Generation der
Zugewanderten am geringsten. Die Internetnutzung der zweiten Generation der
Zugewanderten liegt jeweils in den beiden jüngeren Altersstufen knapp unter der
der Personen ohne Migrationshintergrund. Die Rangfolge ändert sich bei den
Älteren über 50 Jahren. Dort hat die zweite Generation der Zugewanderten die
größte Internetbeteiligung.

Außerdem wurde klar, dass unabhängig vom Migrationshintergrund mehr
Männer als Frauen das Internet nutzen. Die geringste Internetnutzung haben über
50-jährige zugewanderte Frauen der ersten Generation mit 24 Prozent. Die Internetnutzung der älteren Männer der ersten Generation liegt um 21 Prozentpunkte
höher. In der zweiten Generation liegt der Unterschied zwischen Männern und
Frauen sogar bei 27 Prozent (63 vs. 36 Prozent).

Auch der Bildungsabschluss wirkt stärker auf die Internetnutzung als der
Migrationshintergrund. Generell gilt: Je höher der Bildungsabschluss, desto
häufiger wird das Internet genutzt. Dies trifft auf alle Bevölkerungsgruppen zu
und findet sich in allen Altersstufen wieder. Fallen die Unterschiede in der jüngsten Altersstufe nicht ganz so stark ins Gewicht, so steigern sie zunehmend in
den folgenden Altersstufen. In der ersten Generation der Zugewanderten über 50
Jahre nutzen 20 Prozent mit einem Bildungsabschluss an einer Volksschule das
Internet, 37 Prozent an einer weiterbildenden Schule und 64 Prozent mit Abitur
oder Abschluss eines Studiums.

Die Berufstätigkeit spielt eine Rolle. Allerdings fällt sie weniger ins Gewicht bei den Jüngeren und den Älteren. Bei den Jüngeren gehen viele noch zur
Schule, wo das Internet in den Lernprozess eingebunden ist. Bei den über 50-
Jährigen haben viele das berufstätige Alter überschritten. In der Altersstufe der
30- bis 49-Jährigen sind jedoch über 85 Prozent der Internetnutzenden berufstätig und ihre Internetnutzung liegt mit über 16 Prozentpunkten über derjenigen
der Nicht-Berufstätigen.

Das Haushaltseinkommen hat in allen Bevölkerungsgruppen Einfluss auf
die Internetnutzung. Mit steigendem Einkommen nimmt die Internetnutzung zu.
Interessant ist hier, dass sich bei den Internetnutzenden mehr Migrantinnen und
Migranten mit geringem Einkommen finden als in der Vergleichsgruppe der
Personen ohne Migrationshintergrund.

Allerdings zeigen sich auch deutliche Unterschiede in Bezug auf die Herkunftsländer der Migrantinnen und Migranten. So haben in der ersten Generation
Zugewanderte aus der Türkei und der ehemaligen Sowjetunion die höchsten

Online-Anteile mit 73 und 72 Prozent. In der zweiten Generation nehmen Menschen mit italienischem und türkischem Migrationshintergrund die ersten Plätze ein mit 87 und 83 Prozent. Gleichzeitig haben sie die geringsten Offline-Anteile. In einigen Herkunftsländern gibt es überdurchschnittlich viele Nutzungsplanende, wie z.b. bei Zugewanderten aus der Türkei und Ex-Jugoslawien der ersten Generation mit 11 Prozent.

Insgesamt ergibt sich daher durch die Sonderauswertung des (N)ONLINER Atlas ein differenzierteres Bild, als es die Studien und Forschungsergebnisse, die im Rahmen der Bestandsaufnahme des Projekts „Online-Kompetenz für Migrantinnen und Migranten in Deutschland" analysiert wurden. Sehen zumeist diese Studien (u.a. Hinkelbein 2004, Ministerium für Gesundheit, Soziales, Frauen und Familie des Landes NRW 2004) eine pauschale Benachteiligung bei Migrantinnen und Migranten in der Internetnutzung. Diese Einschätzung basiert entweder auf kleinen qualitativen Stichproben oder auf konkreten Praxiserfahrungen. So zeigt die Sonderauswertung „Internetnutzung und Migrationshintergrund in Deutschland" eine differenzierte Sichtweise auf die Bevölkerungsgruppe: Neben Alter, Geschlecht und Bildungsgrad wird die Internetnutzung davon beeinflusst, ob die Migrantinnen und Migranten zur ersten oder zur zweiten Generation gehören.

Die Internetnutzung in der zweiten Generation ist höher als die in der ersten Generation, die in allen Altersstufen eine unterdurchschnittliche Internetbeteiligung aufzeigt. Die zweite Generation ist dagegen nahezu auf gleichem Niveau wie Personen ohne Migrationshintergrund. Dabei ist allerdings zu bedenken, dass in Deutschland zwei Drittel aller Migrantinnen und Migranten zur ersten Generation der Zugewanderten und ein Drittel zur zweiten Generation gehören.

Literatur

Initiative D21 e.V. (Hrsg.) (2008a): Sonderauswertung zum (N)ONLINER Atlas 2008. Internetnutzung und Migrationshintergrund in Deutschland. Eine Studie der Initiative D21, durchgeführt von TNS Infratest. Berlin. URL: http://old.initiatived21.de/fileadmin/files/08_NOA/NOA_Migration.pdf [06.02.09].
Initiative D21 e.V. (Hrsg.) (2008b): (N)ONLINER Atlas 2008. Eine Topographie des digitalen Grabens durch Deutschland. Nutzung und Nichtnutzung des Internets, Strukturen und regionale Verteilung. Berlin.
Hinkelbein, Oliver (2004): Ethnische Minderheiten, neue Medien und die digitale Kluft. URL: http://www.digitale-chancen.de/transfer/downloads/MD642.pdf [16.03.09].
Ministerium für Gesundheit, Soziales, Frauen und Familie des Landes NRW (2004): Zuwanderung und Integration in NRW. URL: http://www.mgffi.nrw.de/pdf/integration/zuwanderung-integration.pdf [16.03.09].

Statistisches Bundesamt (Hrsg.) (2008): Bevölkerung und Erwerbstätigkeit. Bevölkerung mit Migrationshintergrund – Ergebnisse des Mikrozensus 2006 – Fachserie 1. Reihe 2.2. Wiesbaden.

Kommunikative Vernetzung, Medienrepertoires und kulturelle Zugehörigkeit: Die Aneignung digitaler Medien in der polnischen und russischen Diaspora

Andreas Hepp, Laura Sūna, Stefan Welling

1   Einleitung: Migration und digitale Medien

Betrachtet man die bisherige kommunikations- und medienwissenschaftliche Forschung zu Medien und Migration, so befasst sich diese in der Tendenz entweder mit Fragen der Repräsentation von Migrantinnen und Migranten in Massenmedien (Fernsehen, Radio, Print oder Film), mit Möglichkeiten von Migrantinnen und Migranten im Berufsfeld des Journalismus oder mit der Nutzung bzw. Aneignung von Massenmedien durch Migrantinnen und Migranten. Im Kern geht es um die Frage, welchen Beitrag (Massen-)Medien als Organisationen, Inhaltsangebote bzw. Nutzungsressourcen für die gesellschaftliche Integration von ‚ethnischen Minderheiten' in Nationalkulturen bzw. Nationalstaaten leisten können (siehe hierzu den Beitrag von Hepp im vorliegenden Band).

Ein solcher Zugang erscheint nicht hinreichend, wenn man die alltagsweltliche Aneignung ‚digitaler Medien' – von WWW, E-Mail, Social Software sowie anderen Kommunikationsformen des Internets und das Mobiltelefon – in der Diaspora fassen möchte: Der Umgang mit digitalen Medien in solchen Migrationsgemeinschaften konkretisiert sich im Kern als ein Prozess ihrer Nutzung für eine vielschichtige kommunikative Vernetzung, die letztlich auf den Sinnhorizont dieser Vergemeinschaftungen insgesamt verweist.

Eine solche Formulierung basiert auf einem Begriff von Diaspora, der diese als ein deterritoriales Netzwerk einer vorgestellten ethnischen Gemeinschaft von Personen begreift, die dauerhaft außerhalb der Lokalitäten ihres geografischen Ursprungs über verschiedene Territorien unterschiedlicher (National-)Staaten verteilt leben (vgl. Cohen 1997, Hepp 2006). Diese Definition darf allerdings nicht in dem Sinne missverstanden werden, dass sie eine Homogenität von Diasporas unterstellt. Vielmehr wird, wie wir in unseren Analysen noch zeigen werden, eine Vielfalt von unterschiedlichen Orientierungen und Lebenspraxen in einer Diaspora deutlich. Gleichwohl besteht in diesem Netzwerk insofern eine

Vergemeinschaftung, als – durchaus im klassischen Sinne Max Webers (vgl. 1972: 21) – soziale Beziehungen ausgemacht werden können, die nicht zuletzt aufgrund der geteilten Migrationserfahrung auf „subjektiv gefühlter (affektueller oder traditionaler) Zusammengehörigkeit der Beteiligten" beruhen. Bei Diasporas handelt es sich also in Abgrenzung zu vorgestellten Gemeinschaften der Nation insofern um spezifische translokale Vergemeinschaftungen, als durch das Leben in der „Fremde" das Zusammengehörigkeitsgefühl in erheblichem Maße auch durch Fremdzuschreibungen als „Andere" bzw. die Erfahrung des „Lebens dazwischen" geprägt ist. Letztlich sind dies die Punkte, die sich in der hybriden Identitätsartikulation insbesondere von jüngeren Migrantinnen und Migranten manifestieren.

Wie wir im Weiteren anhand von zwei Fallstudien zur polnischen und russischen Diaspora in Deutschland zeigen möchten, wird die alltagsweltliche Aneignung von digitalen Medien durch Migrantinnen und Migranten insbesondere dann fassbar, wenn wir diese als Teil des Prozesses der kommunikativen Vernetzung solcher in sich differenzierter Vergemeinschaftungen der Diaspora analysieren. Deren Sinnhorizont bildet auf der Ebene der Alltagswelt den allgemeinen Rahmen, von dem aus sich Migrantinnen und Migranten diese Medien ‚zu eigen‘ machen. Um dies systematisch zu beschreiben, werden wir in vier Schritten vorgehen. Zuerst einmal legen wir den unserer Untersuchung zugrunde liegenden Aneignungsbegriff bzw. das empirische Vorgehen dar. Auf dieser Basis werden wir in einem zweiten Schritt herausarbeiten, in welchem Maße die Diasporazugehörigkeit einen allgemeinen Sinnhorizont auch der Aneignung digitaler Medien bildet. Dies ermöglicht es dann, anhand von qualitativen Netzwerkkarten Prozesse der kommunikativen Vernetzung der von uns untersuchten Migrantinnen und Migranten näher zu analysieren. Auf dieser Basis gelangen wir schließlich in einem letzten Schritt zu einer stärker verallgemeinernden Typisierung einer solchen Vernetzung als einem Teilaspekt des „Medienrepertoires" von Migrantinnen und Migranten. Beide Fallstudien wurden im Rahmen des EU-Projekts „Das Potenzial von ICT/digitalen Medien für die Förderung von kultureller Vielfalt in der EU" realisiert[1].

2 Methodik: Zum empirischen Vorgehen der Aneignungsstudie

Die von uns durchgeführte Untersuchung versteht sich als eine Fallstudie zur Aneignung digitaler Medien als Teil des Medienrepertoires von Menschen in

---

1 Finanziert wurde das Projekt als ländervergleichende Studie vom Institute for Prospective Technological Studies (IPTS), einem der sieben wissenschaftlichen Institute des European Commission's Joint Research Centre (JRC).

einem konkreten kulturellen Kontextfeld. Um das von uns gewählte empirische Vorgehen zu fassen, ist es entsprechend notwendig, drei grundlegende Konzepte näher zu betrachten, nämlich erstens das der Medienaneignung, zweitens das des kulturellen Kontextfelds und schließlich drittens das des Medienrepertoires.

Wenn wir hier von *Medienaneignung* („media appropriation") sprechen, stellen wir unsere Untersuchung in die Tradition der Medienrezeptionsforschung der Mediensoziologie bzw. der Cultural Studies. International wie auch im deutschsprachigen Raum ist mit dem Begriff der Aneignung die Überlegung verbunden, dass der Umgang mit Medien nicht einfach als die Übernahme bestimmter ‚Inhalte' oder ‚Medien(-technologien)' in den Alltag verstanden werden kann, sondern einen komplexen Prozess der kontextualisierten Nutzbarmachung darstellt. So fasst beispielsweise Michael Charlton mit dem Begriff der Medienaneignung sowohl das Handeln des Rezipienten mit den Medien als auch die Gespräche der Rezipienten untereinander über Medieninhalte (vgl. Charlton 1993, Charlton/Neumann-Braun 1992). In letzterem Sinne werden auch Gespräche über Fernsehen oder Computer und deren Inhalte als ein Prozess der kommunikativen Aneignung beschreiben (vgl. Boehnke et al. 1999, Holly 2001, Holly/Püschel 1993, Hepp 1998). In der britischen Domestizierungsforschung wurde der Begriff der Aneignung dagegen anders verwendet. Dort bezeichnet er eine Phase des Prozesses der „Domestizierung" von Medien, nämlich die Phase der Objektifizierung („objectification") und Eingliederung („incorporation") einer Medientechnologie in die häusliche Welt (vgl. Silverstone/Hirsch 1992, Hartmann et al. 2006, Hartmann 2009).[2]

Über die Differenzen der verschiedenen Einzelansätze hinweg lässt sich aus solchen Forschungen ein Begriff von Aneignung ableiten, wie er auch zielführend für unsere Analysen ist. So verstehen wir unter Aneignung nicht einfach nur eine sich an die Mediennutzung anschließende Phase der Kommunikation über Medien(-inhalte) („kommunikative Aneignung", Hasebrink 2003, Hepp 2005). Allgemeiner begreifen wir Aneignung als kulturelle Lokalisierung in der Alltagswelt, d.h. als einen Prozess, in dem durch verschiedene kulturelle Praktiken bestimmte Ressourcen (Technologien, Kulturwaren, Medienrepräsentationen) innerhalb der je eigenen Alltagswelt materiell und diskursiv verortet werden. In diesem Prozess der kulturellen Lokalisierung wandelt sich die Alltagswelt einerseits dadurch, dass Medien das Lokale selbst ändern, indem sich durch sie das Netzwerk kommunikativ zugänglicher Lokalitäten wandelt, andererseits dadurch,

---

2   Die beiden weiteren im Domestizierungsansatz unterschiedenen Hauptphasen sind die der Kommodifizierung („commodification"), d.h. die Herstellung und die Vermarktung einer Medientechnologie, sowie im Anschluss an die Aneignung deren Umwandlung („conversion"), womit der Prozess des Nach-Außen-Tragens der angeeigneten Medientechnologie bezeichnet wird.

dass sich damit die Sinnhorizonte der Alltagswelt verschieben. Aneignungsforschung ist vor diesem Hintergrund insbesondere eine empirische Analyse der *Praktiken* der Aneignung von Medien.

Ein solcher Begriff von Medienaneignung konzeptionalisiert – und dies erscheint uns gerade für eine Auseinandersetzung mit ,digitalen Medien' zentral – Medien zugleich als „Technologie und kulturelle Form" (Williams 1990). Diese Formulierung, die Raymond Williams im Rahmen seiner Auseinandersetzung mit dem Medium Fernsehen gefunden hat, hebt darauf ab, dass aus Perspektive einer kulturtheoretisch orientierten Beschäftigung mit Medien sowohl ein „technologischer Determinismus" problematisch ist als auch ein Verständnis „symptomatischer Technologie". Bei ersterem wird davon ausgegangen, Technologien hätten mehr oder weniger direkte Wirkungen auf Kultur und Gesellschaft, bei letzterem werden Technologien als Ausdruck einer aktuellen Kultur und Gesellschaft begriffen. Solchen Verständnissen hält Williams entgegen, dass Technologien selbst ,gesellschaftlich' bzw. ,kulturell' sind. Er selbst charakterisiert einen solchen Zugang mit folgenden Worten:

„The technology would be seen [...] as being looked for and developed with certain purposes and practices already in mind. At the same time the interpretation would differ from symptomatic technology in that these purposes and practices would be seen as direct: as known social needs, purposes and practices to which the technology is not marginal but central" (Williams 1990: 14).

In direktem Rückgriff auf Überlegungen von Raymond Williams hat David Morley vor einem „wiedergeborenen Techno-Determinismus" (Morley 2007: 240) bei der Beschäftigung mit digitalen Medien gewarnt. Er verweist darauf, dass für eine angemessene Beschreibung der Aneignung von Technologie die „kulturelle Kontextualisierung von Technologien" (Morley 2007: 243) zentral ist, ein Zugang, den er insbesondere in einer qualitativen bzw. ethnografischen Untersuchung der Aneignung von Technologie sieht. Gleichzeitig betont Morley aber, dass solche Studien wiederum selbst problematisch werden, wenn eine Kontextualisierung auf Mikroebene überbetont wird und Makroperspektiven des untersuchten Zusammenhangs aus dem Blick geraten (vgl. Morley 2007: 251).

In unserem Argumentationszusammenhang verweist dies auf einen zweiten Begriff, nämlich den des *kulturellen Kontextfelds*. Als institutionalisiertes kulturelles Kontextfeld fassen wir in Anlehnung an die Überlegungen von Peter Berger und Thomas Luckmann (vgl. 1977: 56-98) kulturelle Sinnbereiche mit typischen Handlungen/Praktiken bzw. Typen von Handlungen/Praktiken. Letztlich lässt sich argumentieren, dass Diasporas über die jeweilige Einzelvergemeinschaftung hinweg ein solches Kontextfeld bilden, indem sich diese – bei aller Differenz – über ähnliche typische Handlungen/Typen von Handlungen konstituieren.

An dieser Stelle gewinnt das Konzept der Alltagswelt an Bedeutung, mit dem wir in Anlehnung an die phänomenologische Soziologie die Überlegung verbinden, dass die Alltagswelt selbst intersubjektiv ist und einen bis auf weiteres als unproblematisch angenommenen Bereich von Menschen und ihres Alltagshandelns bildet (vgl. Schütz/Luckmann 1979). In Bezug auf Diasporas kann davon ausgegangen werden, dass in diesem kulturellen Feld über individuelle Differenzen hinweg eine bestimmte Alltagswelt bzw. Erfahrung von Alltagswelt charakteristisch ist. Wenn es also darum geht, die Aneignungsforschung als Analyse von Praktiken der kulturellen Lokalisierung (und damit verbundene Wandlungsprozesse bzw. Veränderungen) zu beschreiben, so gilt es auch, Charakteristika solcher Alltagswelten im Blick zu haben.

Geht man von einem solchen, bis hier umrissenen Blickwinkel der Medienaneignungsforschung aus, ist für unseren methodischen Zugang eine weitere Überlegung wichtig, nämlich das Verständnis von (digitalen) Medien in der Alltagswelt insgesamt. Rückt man den Umgang mit Medien im Alltag insgesamt in den Blick, so fällt auf, dass einzelne Medien bzw. Medieninhalte nicht für sich stehen, sondern in einem übergreifenden Zusammenhang zu sehen sind. In der Kommunikations- und Medienwissenschaft etabliert sich für die Beschreibung solcher Zusammenhänge zunehmend das Konzept des „Medienrepertoires" (Hasebrink/Popp 2006: 369). Mit Uwe Hasebrink und Jutta Popp lässt sich unter *Medienrepertoire* das Gesamtmuster der Ausgestaltung verschiedener Medienkontakte bzw. der Mediennutzung einzelner Menschen verstehen. Medienrepertoires werden dabei nicht rein auf individueller Ebene begriffen, sondern als abhängig von der soziokulturellen Lage. Entsprechend ist ein besonderes Ziel einer auf Medienrepertories orientierten Forschung, „Cluster von Mediennutzern auf der Basis ihrer Gesamtmuster der Mediennutzung" (Hasebrink/Popp 2006: 374) zu bestimmen.

Bezieht man diese Überlegungen auf eine qualitative empirische Auseinandersetzung mit der Aneignung digitaler Medien in der Diaspora, wäre ein grundlegendes Ziel, anhand der Analyse von Aneignungspraktiken charakteristische Medienrepertoires für diese Migrationsgemeinschaften kritisch zu beschreiben. Generell verstehen wir die von uns realisierte Studie als einen Teilschritt in eine solche Richtung, d. h. wir gehen nicht davon aus, dass unsere Aneignungsstudie bereits eine solche Repertoirebeschreibung ermöglicht. Allerdings ist das Konzept des Medienrepertoires für uns insofern zielführend, als wir die kommunikative Vernetzung von Migrationsgemeinschaften nicht auf Basis einer Einzelmedienbetrachtung analysieren, sondern über die Aneignung verschiedener digitaler Medien hinweg.

Vor dem Hintergrund der bisherigen Darlegungen wird damit die Fragestellung unserer Fallstudie greifbar. Erstens geht es uns darum, anhand ausgewählter

Einzelbeispiele und über digitale Einzelmedien hinweg die Aneignungspraktiken zu rekonstruieren, mittels derer in den von uns untersuchten Diasporas eine kommunikative Vernetzung erfolgt. Im Zentrum der Betrachtung stehen also insbesondere das Mobiltelefon, WWW, E-Mail, Social Software und andere Kommunikationsformen des Internets. Zweitens geht es uns darum, diese Vernetzungsprozesse bzw. -praktiken nicht einfach mikroanalytisch zu beschreiben, sondern insgesamt im Sinnhorizont der Artikulation von Diasporagemeinschaften zu sehen und so Fragen der ‚soziokulturellen Lage' dieses Kontextfelds einzubeziehen. Unsere Fallstudien zur russischen und polnischen Diaspora in Deutschland begreifen wir dabei im Sinne von Robert E. Stake (Stake 1994: 437) als „collective case studies", d. h. als zwei Studien, die unterschiedliche Fälle in Hinblick auf ein generelles Phänomen untersuchen (vgl. Hepp 2008a: 415).[3]

Diese Fallstudien beruhen auf qualitativen Interviews mit jeweils sechs polnischen und russischen Migrantinnen und Migranten, die nach dem Prinzip des theoretischen Samplings (vgl. Straus/ Corbin 1996) ausgewählt wurden. Befragt wurden sie zu ihrer Migrationsbiografie, ihrer Aneignung digitaler Medien und ihrer kulturellen Zugehörigkeit. Darüber hinaus wurden die Interviewpartnerinnen und -partner gebeten, ihre kommunikativen Vernetzung durch digitale Medien in einer Skizze – einer freien Netzwerkkarte – zu visualisieren und diese zu kommentieren. Die qualitative Studie gibt uns Einblick in die Aneignung digitaler Medien durch Migrantinnen und Migranten, gerade auch im Hinblick auf deren Einbettung in weitere biografische und kulturelle Kontexte. Einen ersten Zugang zu unserem Material bietet die unten stehende Übersicht der interviewten Personen:[4]

---

3   Diese Formulierung hebt darauf ab, dass wir die beiden konkret untersuchten Gruppen der polnischen Aussiedler und Russlanddeutschen jeweils als eine abgrenzbare aber dennoch insgesamt zugehörige Teilgruppe einer weiteren Vergemeinschaftung der Diaspora begreifen. Unser Argument dafür ist, dass bei einer Betrachtung von kultureller Identität und Sinnhorizont gerade bei Jüngeren die Bezüge zu ‚Polen' bzw. ‚Russland' insgesamt einen hohen Stellenwert haben und der Status des ‚Aussiedlers' bzw. ‚Russlanddeutschen' sich dagegen verliert.

4   Bei allen angegebenen Namen handelt es sich aus Gründen der Anonymität um Pseudonyme.

Tabelle 1:   Übersicht der interviewten Personen

	Name (Alter)	Bildung	Jahr der Migration	Genutzte digitale Medien
Russische Diaspora	Natalia (50)	Hochschulbildung im Heimatland	1999	Mobiltelefon, E-Mail, Social Software, MS Office, WWW
	Nina (47)	Ausbildung im Heimatland	2003	Mobiltelefon, E-Mail, MS Office
	Eugen (37)	Keine Angaben	1994	Mobiltelefon, E-Mail, Social Software, MS Office, WWW
	Anna (27)	Ausbildung in Deutschland	1997	Mobiltelefon, E-Mail, Social Software, MS Office, WWW
	Andrei (24)	Hochschulbildung im Heimatland	2007	Mobiltelefon, E-Mail, Social Software, Chat, Voice-Over-IP, MS Office, WWW
	Olga (17)	Gymnasium in Deutschland	2003	Mobiltelefon, E-Mail, Social Software, Chat, Voice-Over-IP, MS Office, WWW
Polnische Diaspora	Jaroslaw (63)	Ausbildung im Heimatland	1980	Mobiltelefon, E-Mail, Social Software, WWW
	Ewa (50)	Ausbildung im Heimatland	1987	Mobiltelefon, Social Software, Voice-Over-IP, MS Office, WWW
	Aneta (44)	Ausbildung im Heimatland	1983	Mobiltelefon, Social Software, Voice-Over-IP, MS Office, WWW
	Thomasz (32)	Abgebrochene Ausbildung, Studium in Deutschland	1987	Mobiltelefon, E-Mail, Social Software, Chat, Voice-Over-IP, MS Office, WWW
	Magdalena (23)	Studium in Deutschland	1988	Mobiltelefon, E-Mail, Social Software, Voice-Over-IP, MS Office, WWW
	Maria (17)	Gymnasium in Deutschland	1989	Mobiltelefon, E-Mail, Social Software, Voice-Over-IP, MS Office, WWW

Quelle: Eigene Darstellung.

Die von uns erhobenen Interviews wurden im Sinne der qualitativen Medien-
und Kommunikationsforschung auf der Basis von thematischen Leitfäden offen

geführt (vgl. Froschauer/Lueger 2003, Krotz 2005). Konkret lag allen Interviews eine gemeinsame Liste der anzusprechenden Themen zugrunde, die dann aber im Hinblick auf den Gesprächsverlauf mit den unterschiedlichen Interviewpartnerinnen und -partnern so realisiert wurde, dass möglichst detaillierte Informationen über die je spezifischen Aneignungspraktiken zugänglich wurden. Ebenso gab es bei der Zeichnung der freien Netzwerkkarten keine weiteren Vorgaben. Angewandt wurde dieses Instrument der Netzwerkkarte von uns im Rahmen einer Erhebungsmethoden-Triangulation, um neben den Interviews durch die Visualisierung einen zweiten Zugang auf das Gesamtkommunikationsnetzwerk der interviewten Migrantinnen und Migranten zu erhalten. Für die Wahl der Interviewpartner waren die allgemeinen Überlegungen eines „theoretischen Samplings" im Sinne der Grounded Theory zielleitend, d. h. eine für die jeweilige Diaspora-Gemeinschaft kennzeichnende Varianz der gewählten Interviewpartnerinnen und -partner. Aus Gründen der Forschungspragmatik wurden die Interviews allerdings alle in bzw. im Umkreis von Bremen geführt und konnten pro Migrationsgruppe nur sechs Interviews realisiert werden.[5] Ausgewertet wurden die von uns erhobenen Daten mittels des Verfahrens des offenen Kodierens im Sinne der Grounded Theory (vgl. Glaser/Strauss 1998, Strauss/Corbin 1996), wobei aufgrund unserer Fragestellung ein spezifisches Augenmerk auf der Migrationsbiografie, der Aneignung digitaler Medien und der kulturellen Zugehörigkeit lag.

3   Sinnhorizonte: Kulturelle Identität und Zugehörigkeit der polnischen und russischen Diaspora

Als zentrales Ergebnis unserer Analysen lässt sich festhalten, dass die Aneignung digitaler Medien in den von uns untersuchten Fällen in erheblichem Maße auf den Sinnhorizont von kultureller Identität und Zugehörigkeit in der Diaspora verweist. Im Sinne der kulturtheoretisch orientierten Medien- und Kommunikationsforschung begreifen wir Identität und Zugehörigkeit als keine feststehenden Entitäten. Vielmehr ergeben sich diese in einem komplexen Prozess der „Artikulation" (Hall 1994: 122) zwischen (gesehener) kultureller Herkunft und aktuellem Lebenskontext. Artikulation meint vereinfacht formuliert, dass in diesem Prozess einzelne zuvor bestehende Elemente zu einer situativen Identifikation

---

5   In diesem Sinne begreifen wir das „theoretische Sampling" auch nicht als abgeschlossen, gleichwohl war dieses Konzept orientierend für unsere Auswahl der interviewten Personen. Aktuell führen wir diese Untersuchungen fort im Rahmen eines von der Deutschen Forschungsgemeinschaft finanzierten Projekts zu Integrations- und Segregationspotenzialen digitaler Medien für die russische, türkische und marokkanische Diaspora in Deutschland.

bzw. Zugehörigkeitsorientierung ‚verbunden' werden. In einem solchen Prozess werden auch digitale Medien zunehmend wichtige Ressourcen. Hinter dieser Konzeptionalisierung von Identität und Zugehörigkeit steht die bereits einleitend in Bezug auf das Diaspora-Konzept formulierte Überlegung, dass deterritoriale Vergemeinschaftungen als solche gerade *nicht* in sich homogen, sondern durch Differenzen, Widersprüchlichkeiten und auch Konflikte gekennzeichnet sind, die gleichwohl im geteilten Sinnhorizont einer sich in Identität und Zugehörigkeit manifestierenden Vergemeinschaftung greifbar werden. Wie sich dies konkret in Bezug auf die von uns untersuchten Fallbeispiele verhält, soll im Weiteren deutlich gemacht werden.

3.1 Polnische Diaspora zwischen ‚polnischer Nation' und ‚deutscher Region'

Bei drei der von uns interviewten älteren polnischen Migrantinnen und Migranten fällt auf, dass bei Fragen von Identität und Zugehörigkeit aufgrund ihrer Aussiedler-Herkunft eher die Region Schlesien in den Vordergrund tritt denn die polnische Nation. Das Spannungsfeld, das sich abzeichnet, sind nach wie vor bestehende Konstruktionen von Schlesien als „deutscher Region", die in Beziehung gesetzt wird zur „Lebensregion" der aktuellen Alltagswelt. Gerade durch diese nach wie vor gesehenen Rückbezüglichkeiten sind sie am Aufrechterhalten von Schlesien-bezogenen sozialen Netzwerken interessiert, die sie zum Teil vor ihrer Ausreise aufgebaut haben. Exemplarisch wird eine solche Orientierung älterer Migrantinnen und Migranten greifbar an den Äußerungen von *Jaroslaw* (63). Seine Familie hat sich immer als Deutsch betrachtet und er fühlt sich in seiner Zugehörigkeit klar zu der Region hingezogen, aus der er stammt, und weniger dem Nationalstaat, in dem sich diese Region befindet:

Jm: Wir haben polnisch/ Schlesien war das ist überhaupt so ein . Region wo die nicht gerne als Pole bezeichnet werden . Schlesien war immer was extra . ich mag nicht wenn mich man als Pole bezeichnet . ich sage . ich bin eher Schlesier als Pole (Interview Jaroslaw, 73-79)

An diesem Zitat – das sich auch mit Äußerungen anderer von uns befragter älterer polnischer Aussiedler deckt (*Ewa*, 50, und *Aneta*, 44) – wird deutlich, in welchem Maße einerseits eine Distanz zum Nationalstaat Polen besteht. Andererseits – und dies ist das eigentlich bemerkenswerte an dem zitierten Interviewausschnitt – bleibt dennoch in den heutigen Identitätsartikulationen Polen als zentraler zweiter, allerdings teilweise negativer Referenzpunkt bestehen: Auch wenn *Jaroslaw* es nicht schätzt, wird er „als Pole bezeichnet" und ist so mit einer spezifischen Fremdzuschreibung von Identität und Zugehörigkeit konfrontiert.

Gleichzeitig äußern sowohl *Jaroslaw* wie auch *Ewa* und *Aneta* Bedauern dahingehend, dass sie nach ihrer Migration nach Deutschland in ihren Familien die „polnische Kultur" nicht gepflegt haben und ihre Kinder diese kaum noch kennen. Charakteristisch ist also eine Konstruktion von Identität und Zugehörigkeit in Hinblick auf einen Sinnhorizont im Spannungsverhältnis zwischen ‚deutscher Region' Schlesien und der rahmenden ‚polnischen Nation'.

Solche Tendenzen der Artikulation von Identität und Zugehörigkeit werden – wenn auch mit deutlich anderer Gewichtung – ebenfalls bei jüngeren polnischen Migrantinnen und Migranten greifbar. Unter den von uns interviewten ist *Magdalena* (23 und mit drei Jahren mit ihren Eltern nach Deutschland ausgewandert) die Einzige, die ihre Identität ausschließlich als Deutsche artikuliert. Anders ist dies bei *Thomasz* (32) und *Maria* (17): *Thomasz,* mit elf Jahren zusammen mit seinen Eltern nach Deutschland migriert, und *Maria,* die in einer polnischen Familie in Deutschland geboren wurde, charakterisieren ihre Identitäten eher als hybrid. *Thomasz* fühlt sich sowohl Deutschland als auch Polen zugehörig und möchte sich nicht auf eine der Nationen festlegen. *Maria* ist ähnlich ambivalent, was ihre kulturelle und nationale Zugehörigkeit angeht. Obwohl sie in Deutschland geboren wurde, fühlt sie sich oft nicht als Deutsche, da ihre polnische Herkunft im sozialen Umfeld immer wieder betont wird. Gleichzeitig wird sie in Polen als Deutsche bezeichnet, steht also in einer in sich widersprüchlichen Fremdzuschreibung:

I: Und wie ist deine Kulturzugehörigkeit oder Nationalität wenn du so sagen solltest

Mf: Das . ich weiß nicht . ich fühl mich so dazwischen . irgendwie . wenn ich hier bin dann . also ich fühl mich nicht als _Deutsche_ aber . oder auch wenn mich jemand hier . also hier sagen alle du bist ja nicht richtig deutsch weil deine Eltern aus Polen kommen . und wenn ich dann in Polen wieder bin . dann heißt es auch wieder . naja du wohnst ja in Deutschland die ganze Zeit und man ist dann irgendwie so dazwischen . ich kann das nicht so genau sagen (Interview Maria, 935-943)

In Kontrast zu dem zuvor betrachteten Interviewausschnitt fällt auf, dass die jüngeren von uns Interviewten *als Polen* nach Deutschland migrierten und damit die Konstruktion der „deutschen Region" Schlesien als Heimatbezug für sie keine Rolle spielt. Dem entspricht auch die Artikulation einer hybriden Identität zwischen Deutschland und Polen. Was sich hier abzeichnet ist über die Zuwanderer-Generationen hinweg eine Verschiebung von Identität und Zugehörigkeit, die wir als charakteristisch für die Artikulation von Diaspora-Gemeinschaften an sich begreifen können: Während für die älteren polnischen Aussiedler Migration stark eine Bewegung von einer (in ihrer Perspektive „deutschen") Region zur anderen gewesen ist, rückt für jüngere polnische Migranten die Artikulation einer eigenen diasporischen Identität im Spannungsverhältnis zwischen „Deutschland" und „Polen" in den Vordergrund. In dem – wie es *Maria* formuliert – „irgendwie so dazwischen" kann das Spezifische dieser Identitätsartikulation gesehen werden, ein Dazwischen-Sein, das sich auch, wie wir noch sehen werden, in der Aneignung digitaler Medien manifestiert.

Die polnische Diaspora erscheint damit als ein vielschichtiges Gebilde, das grundlegend durch den gesonderten Status der in unserem Fall aus Schlesien stammenden deutschen Aussiedler gebrochen wird. Hierdurch kommt in der Identitäts- und Zugehörigkeitsartikulation der „Region" Schlesien ein besonderer Stellenwert zu. Bemerkenswert jedoch ist, dass über den Verlauf der Migrationsgenerationen hinweg dieses Merkmal der Artikulation von Identität und Zugehörigkeit zugunsten einer Artikulation der Diaspora im Spannungsverhältnis von deutscher und polnischer Nation in den Hintergrund tritt. Letztlich wird in diesen Momenten die Konstitution eines Netzwerks einer polnischen Diaspora greifbar, in dem ,polnische Aussiedler' bzw. ,polnische Aussiedlerinnen' nur eine, in dem Fall generationenspezifische Verdichtung unter vielen sind.

3.2 Russische Diaspora zwischen russischer und deutscher Kultur

Im Vergleich zu den polnischen Migrantinnen und Migranten haben Referenzen zum ,Deutsch-Sein' bei den von uns Interviewten mit russischem Migrationshintergrund einen geringeren Stellenwert. Dies verweist möglicherweise auf die kürzere Migrationsgeschichte (nur eine der von uns interviewten Personen lebt länger als zehn Jahre in Deutschland). Bei einem Vergleich mit jüngeren Migrantinnen und Migranten polnischer Herkunft fallen aber darüber hinaus weitere Spezifika auf, die wir als charakteristisch für eine russische Diaspora begreifen können. Eine erste Annäherung an ein solches Verständnis eröffnet ein Blick auf die Identität und Zugehörigkeit von *Eugen* (37), der 1994 nach Deutschland migrierte und damit am längsten von den Befragten dort lebt. *Eugen* definiert sich als deutscher Staatsbürger, fühlt sich aber nach wie vor stärker zur „russischen Kultur" hingezogen. Das begründet er mit dem Umstand, dass er den größten Teil seines Lebens in Russland verbracht hat.

Dies deckt sich damit, dass alle von uns interviewten Personen, die in fortgeschrittenem Alter nach Deutschland gekommen sind (neben *Eugen* sind das *Natalia*, 50, und *Nina*, 47), das Bedürfnis empfinden, die „russische Kultur" in der Familie beizubehalten und weiterzuentwickeln. So betont *Eugen*, dass es für seine Kinder viel leichter war, die deutsche Sprache zu lernen als für ihn und seine Frau. Gleichzeitig versuchen beide aber, ihren Kindern den Zugang zur „russischen Kultur" zu gewährleisten, indem sie ihnen die Sprache beibringen bzw. russische Bücher und russisches Fernsehen zugänglich machen:

Em: Unsere Kinder haben es natürlich viel leichter mit der deutschen Sprache . sie kennen die
russische Kultur viel weniger als die deutsche . obwohl wir uns bemühen damit sie diese Möglichkeit
nicht verlieren . dass sie auf russisch lesen könnten . russisches Fernsehen gucken . dass sie über den
eigenen Tellerrand schauen könnten . dass sie erfahren können was in anderen Ländern passiert
(Interview auf Russisch, Eugen, 348-352)

Es geht also aus Perspektive von *Eugen* nicht nur darum, die eigene Identität und
Zugehörigkeit zwischen „deutscher" und „russischer Kultur" aufrecht zu halten,
sondern dies auch entsprechend an die eigenen Kinder weiterzugeben. Eine
solche Weitergabe wird durchaus auch als ein Bildungspotenzial – als „über den
eigenen Tellerrand schauen" können – angesehen.

Auffallend ist darüber hinaus, dass die älteren russischen Migrantinnen und
Migranten diaspora-intern fokussiert sind. Sie engagieren sich in Diaspora-
bezogenen Gruppen wie „Familie im Hilfenetz" bzw. verbringen ihre Freizeit
weitgehend mit lokal lebenden russischen Migrantinnen und Migranten. Ihre
Identität und Zugehörigkeit ist geprägt durch den Versuch eines Russisch-Seins
innerhalb von Deutschland bzw. in ihren aktuellen Lebenslokalitäten.

Komplexer wird unser Bild wiederum, wenn wir jüngere Generationen betrachten. Hier fällt zwar einmal mehr ein intensiver Rückbezug zur russischen
Migrationsgemeinschaft selbst auf, darüber hinaus aber auch lokale deutsche
Freundeskreise. Exemplarisch wird dies greifbar an dem getrennten russischen
und deutschen Freundeskreis von *Olga* (17), eine Trennung, die sie neben kulturellen Differenzen mit Sprachbarrieren erklärt:

Of: Na . das sind getrennte Freundeskreise . weil das meistens so ist . das ist eine . komplett komp-
lette Clique . die nur aus Russen besteht . aus russischen ahm Leuten und die meisten . die reden da
einfach nur auf Russisch und wenn da ich einen deutschen Freund oder Freundin mitbringe . dann
geht das einfach nicht . und anders rum auch nicht . weil . dann können die sich überhaupt nicht
integrieren und bei mir gab's das Problem nicht . weil ich komm so oder so bei allen klar (Interview
Olga, 61-69)

Bezieht man dieses Zitat auf Fragen der Artikulation von Identität und Zugehörigkeit, so macht es nochmals deren stärkere Hybridität bei jüngeren Migrantinnen und Migranten deutlich. Das Spezifische diasporischer Identitäts- und Zugehörigkeitsartikulation scheint also einmal mehr das ‚Dazwischen' zu sein.
Gleichzeitig macht dieses Zitat aber auch noch einen weiteren Punkt deutlich:
Greifbar an dem Umgang mit der Sprache ist im Fall der russischen Diaspora
ebenfalls bei jüngeren Leuten der Stellenwert des Russisch-Seins in lokalen
deutschen Kontexten stärker ausgeprägt. Dies manifestiert sich insbesondere in
den von jüngeren Migrantinnen und Migranten gesehenen Differenzen zwischen
„russischen" und „deutschen" Werten bzw. sozialen Rollen.

Wie bei der polnischen Diaspora fällt damit die Komplexität dieses deterritorialen Netzwerks auf: Es wäre problematisch, die russische Diaspora als ein in

sich homogenes Gebilde zu konzeptionalisieren, gerade wo Russlanddeutsche eine in unterschiedlichen Graden abgrenzbare Teilgruppe bilden. Hauptdifferenzen werden über die Migrationsgenerationen deutlich, wobei die Problematik hybrider Identitäts- und Zugehörigkeitsartikulation vor allem für die jüngeren der von uns Befragten in den Vordergrund rückt. Gleichwohl bleibt trotz dieser Differenzen ein Selbstverständnis des ‚Russisch-Seins' in Deutschland bestehen, für dessen Aufrechterhaltung der Kenntnis der russischen Sprache, russischer Medien aber auch (familiärer) Kontakte nach Russland (bzw. in ehemalige Staaten der UdSSR) ein großer Stellenwert zugesprochen wird.

4 Kommunikative Vernetzungen: Die Aneignung digitaler Medien

Unsere bisherigen Analysen haben die Vielfältigkeit und Komplexität deterritorialer Vergemeinschaftungen der Diaspora im Hinblick auf Identität und Zugehörigkeit deutlich gemacht. Die in unserem Argumentationszusammenhang allerdings entscheidende Frage ist, wie sich dies in der Aneignung digitaler Medien bzw. der kommunikativen Vernetzung konkretisiert und ob sich hier bestimmte Ausprägungen von „Medienrepertoires" abzeichnen. Zur Beantwortung dieser Frage liefern die von uns erhobenen offenen Netzwerkkarten einen ersten Zugang. Diese von den interviewten Personen frei erstellten Netzwerkkarten gestatten die Rekonstruktion der Sichtweise, die die Migrantinnen und Migranten selbst auf ihre kommunikative Vernetzung mittels digitaler Medien haben.

Die nachfolgende, exemplarische Auswahl von Netzwerkkarten zeigt, in welchem Maße digitale Medien als „Gesamtrepertoire" in die Herstellung eines diasporischen Kommunikationsnetzwerks einbezogen sind. Digitale Medien (E-Mail, Mobiltelefon, WWW etc.) dienen dabei (a) der Kontaktwahrung mit weiteren Mitgliedern der Diaspora aber auch anderen Personen über Landesgrenzen hinaus (translokale Vernetzung) sowie (b) dem Aufbau bzw. der Aufrechterhaltung von Kontakten in der jeweils eigenen lokalen Alltagswelt wiederum zu anderen Mitgliedern der Diaspora bzw. weiteren Personen (lokale Vernetzung). Bemerkenswert dabei ist, dass die Nutzung verschiedener digitaler Medien im Hinblick auf die Aufrechterhaltung von Kontakten zu unterschiedlichen Gruppen (Freunde, Schulkameraden, Familie, Kollegen) dargestellt wird: Es sind nicht die einzelnen digitalen Medien, die zählen, sondern deren transmediale Gesamtheit im Hinblick auf die Aufrechterhaltung und Herstellung sozialer Beziehungen (vgl. auch Hepp 2008b). Bestehende Grundmuster haben über die von uns bisher herausgearbeiteten Differenzen von polnischer und russischer Diaspora hinaus Bestand.

Abbildung: Zusammensetzung der Stichprobe nach Migrationshintergrund
              (deutschsprachige Personen ab 14 Jahren)

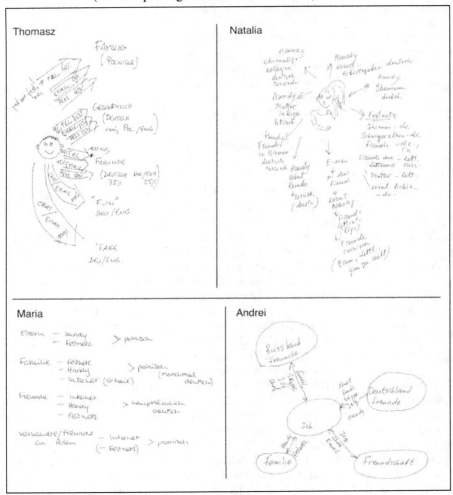

Quelle: Eigene Untersuchung

4.1 Translokale kommunikative Vernetzung

Eine translokale kommunikative Vernetzung ist gerade für Menschen mit Migrationshintergrund von Relevanz, da sich deren Verwandtschafts- und Freundschaftskreise über verschiedene Orte in unterschiedlichen Staaten erstrecken. Mit digitalen Medien als Teil des Medienrepertoires besteht das Potenzial, vergleichsweise einfach mit in anderen Ländern lebenden Mitgliedern der eigenen Diaspora bzw. mit Familienangehörigen und Freunden der eigenen Herkunftsregion in Kontakt zu bleiben. Während bisherige kommunikative Vernetzung in der Diaspora neben Briefkontakten vor allem durch das (Festnetz-)Telefon sowie ausgetauschte Familienvideos geprägt war (vgl. Dayan 1999, Gillespie 2002), ermöglichen Internet und Mobilkommunikation eine wesentlich einfachere und kostengünstigere synchrone wie asynchrone Kommunikation. Verfügt man über einen Internetanschluss, so kann man mittels Internet-Telefon-Programmen (konkret: Voice-Over-IP-Anwendungen) zu anderen Internetnutzerinnen und -nutzern kostenlos bzw. zu Festnetzapparaten auch über Ländergrenzen hinweg sehr günstig telefonieren. Ähnliches gilt auch für Chat-Programme oder Social-Software-Plattformen (sog. „Web 2.0" Angebote).

Fokussieren wir zuerst die von uns interviewten polnischen Migranten, so fällt auf, dass diese das Internet insbesondere für die Kommunikation mit im Herkunftsland lebenden Familienangehörigen, Verwandten und engen Freunden nutzen. Dabei dominieren unterschiedliche Voice-Over-IP-Anwendungen wie Skype sowie Social-Software-Angebote. Für die Kommunikation mit entfernten Bekannten werden darüber hinaus Chat oder E-Mails genutzt.

Wie sich eine solche translokale kommunikative Vernetzung mittels digitaler Medien konkretisiert, machen die Äußerungen von *Maria* (17) deutlich. Diese sieht die Relevanz digitaler Medien im Aufrechterhalten von Familienbeziehungen zum Herkunftsland ihrer Eltern. *Maria* berichtet, dass sie oft mit ihren Cousinen mithilfe von Voice-Over-IP-Anwendungen telefoniert. Sie gelangt so nicht nur an die aktuellsten Informationen aus dem Leben ihrer polnischen Verwandten, sondern es entsteht darüber hinaus ein Gefühl der alltäglichen Nähe – einer ‚medienvermittelten Unmittelbarkeit' im Sinne von John Tomlinson (2007: 72) –, auch wenn man sich selbst an einer anderen Lokalität befindet. Dies verweist auf eine Selbstverständlichkeit fortlaufender kommunikativer Vernetzung, die sich in der Beiläufigkeit manifestiert, in der *Maria* über solche Formen der personalen Kommunikation berichtet:

I: Und wie wie oft . wann hast du das letzte Mal jetzt mit der Cousine irgendwie gesprochen?

Mf: Am Wochenende war das . also vor ein paar Tagen . ja

I: Und was was habt ihr so besprochen?

Mf: Ach . wir reden . wie es geht . und . eigentlich alles mögliche . Neuigkeiten und ja . um halt im
Kontakt zu bleiben . weil man sich ja nicht so oft sehen kann (Interview Maria, 246-254).

Neben der Internet-Telefonie nutzen vor allem die jüngeren der von uns befragten Migrantinnen und Migranten Social-Software-Angebote, um translokal in
Kontakt mit ihrer Diaspora zu bleiben. Exemplarisch kann man auf die russische
Community-Plattform *odnoklassniki.ru* („Klassenkameraden") verweisen, über
die die ehemaligen Mitschülerinnen und -schüler von Schulen aus dem Gebiet
der früheren Sowjetunion in Kontakt bleiben (auch weit über die Teilgruppe der
Russlanddeutschen hinaus). Neben der Möglichkeit, dort alte Bekannte zu suchen, können auch neue Bekanntschaften geknüpft werden. Ein ähnliches Angebot (*nasza-klasa.pl* – „unsere Klasse") wird von den polnischen Migrantinnen
und Migranten genutzt, und zwar nicht nur der jüngeren, sondern auch der älteren Generation. Die Nutzungsintensitäten dieser Community-Plattformen sind
unterschiedlich. Ihr Stellenwert für die diaspora-interne kommunikative Vernetzung besteht jedoch über solche unterschiedlichen Intensitäten hinweg: Einige
der Interviewten wie *Andrei*, *Eugen* und *Anna* nutzen sie fast täglich, andere wie
Aneta, *Ewa* und *Jaroslaw* seltener. Die meisten suchen dabei nach alten Freunden, laden Fotos hoch, kommentieren die Fotos anderer und schreiben Nachrichten an ihre Freunde.

Auch ein Älterer der von uns interviewten russischen Migrantinnen und
Migranten nutzt Social-Software-Angebote, die der translokalen Vernetzung mit
weiteren Mitgliedern der Diaspora jenseits des Herkunftslandes und auch außerhalb von Deutschland dienen. *Natalia* (50) ist Mitglied der russischsprachigen
Community-Plattform *jdu.ru*, um mit Freunden in unterschiedlichen Ländern zu
kommunizieren. Dank einer solchen durch digitale Medien vermittelten personalen Kommunikation hat sie Einblick in das Leben von Diasporaangehörigen in
vollkommen unterschiedlichen nationalen Kontexten, was ihren Blick auf den
eigenen lokalen Lebenskontext in Deutschland prägt. In ihren eigenen Worten
fasst sie dies wir folgt:

Nf: Ja . ich kontaktiere eigentlich mit Leute aus ganze Welt . ja zum Beispiel durch diese russische
Site ich kontaktiere mit viele interessante Frauen die . ahm leben in Amerika oder Argentinien oder
auch in Usbekistan zum Beispiel . ja ich einfach Frage wie dort geht . was Menschen mögen ja und .
das macht Spaß einfach ja . die Welt ist viel breiter . als nur unsere

I: Und das ist diese jdu.ru . diese Seite

Nf: Ja . ja . das habe ich etwa viele Freundinnen gefunden . aus ganze Welt . mit Israel . mit Russland .. mit allen [...] ja . das viel erleichtert Kontakt . ja . das ist leichter . weil das . manche Menschen sind (introvertiert) . die einfach haben sehr gute Gelegenheit (Interview Natalia, 404-424).

Rückt man die translokale kommunikative Vernetzung von jüngeren Migrantinnen und Migranten in den Fokus, so ist es nicht hinreichend, diese als diaspora-interne kommunikative Vernetzung zu konzeptionalisieren.[6] Es geht ebenso um die translokale kommunikative Vernetzung mit Freunden und Bekannten anderer kultureller Zugehörigkeit. *Thomasz* und *Maria* haben beispielsweise neben polnischen deutsche Freunde im Ausland, mit denen sie über das Internet Kontakt halten. Ähnliches gilt für *Andrei. Thomasz* macht Werbung für seine Band auf der Plattform *myspace.com.* Im Vergleich zu diesem Stellenwert, den das Internet mittlerweile für eine Ländergrenzen überschreitende translokale kommunikative Vernetzung entfaltet, hat das Mobiltelefon eine zunehmend untergeordnete Position. Ausnahmefälle sind Geburtstagsgrüße per SMS an die Verwandten in dem Herkunftsland oder Anrufe und SMS zu ähnlichen Anlässen.

Wie die angeführten Beispiele zeigen, stützen digitale Medien – und hier insbesondere das Internet – die interne kommunikative Vernetzung in der Diaspora, indem sie vergleichsweise einfach ein ‚Kontakt-Halten' mit anderen Migrantinnen und Migranten ermöglichen. Dabei ist es wichtig, zwei Aspekte im Blick zu haben. Erstens kann eine solche interne translokale kommunikative Vernetzung die Identitätsarbeit von Angehörigen der Diaspora stützen, indem die Hybridität der eigenen Identitätsartikulation nicht als etwas Singuläres erscheint. Zweitens kann exakt dies segregative Tendenzen fördern, indem hiermit ein Fokus auf die je eigene Diaspora an Ausschließlichkeit gewinnt. Greift man allerdings die genannten Beispiele der translokalen kommunikativen Vernetzung gerade jüngerer Migrantinnen und Migranten zu Menschen auf, so kann man zumindest sagen, dass letztgenannte Tendenz kein Automatismus ist, da über die Diaspora hinaus mehr oder weniger vielfältige kommunikative Vernetzungen bestehen. Solche Überlegungen werden weiter gestützt, wenn wir die lokale kommunikative Vernetzung in den Fokus rücken.

4.2 Lokale kommunikative Vernetzung

Wenn wir von lokaler kommunikativer Vernetzung durch digitale Medien sprechen, so meinen wir konkret die kommunikative Vernetzung an den Lokalitäten – den „Orten" – der eigenen Alltagswelt.[7] Wirft man die Frage auf, welchen lokalen Stellenwert digitale Medien und unter diesen insbesondere das Internet haben, so ist bemerkenswert, dass diese nicht nur für die jüngeren Migrantinnen und Migranten von Bedeutung sind. Das zeigt ein Blick auf die Gruppe der pol-

---

6   Zur Unterscheidung von diaspora-interner und diaspora-externer kommunikativer Vernetzung siehe auch Hepp/Düvel 2009.

7   Siehe dazu ausführlich die Diskussion in Hepp 2004: 175-184.

nischen wie auch der russischen Migranten: Da sie die meiste Zeit ihres Lebens außerhalb von Deutschland verbracht haben und in ihrem Herkunftsland breite soziale Netzwerke hatten, ist ihr Fokus auf das Internet zwar zuerst einmal die translokale Aufrechterhaltung dieser Netzwerke. In einigen Fällen sind die ehemals „translokalen" Netzwerke allerdings „lokal" geworden, indem auch entlang dieser Netzwerke weitere Migrantinnen und Migranten nach Deutschland und dabei zum Teil in die Nähe des eigenen Wohnorts migriert sind. Social-Software-Angebote wie *odnoklassniki.ru* und *nasza-klasa.pl* erhalten dann eine ganz neue, lokale Funktion, wenn sie dazu verwendet werden, die Adressen von weiteren im näheren Umfeld lebenden Bekannten und Verwandten auszumachen. So haben zum Beispiel die polnischen Migrantinnen *Ewa* und *Aneta* und der Deutschrusse *Eugen* Kontakt zu ihren ehemaligen Klassenkameraden mit Hilfe dieser Community-Plattformen aufgenommen und sind dabei auch auf solche gestoßen, die ebenfalls in Deutschland leben.

Jenseits von diesen Beispielen des lokal bezogenen Suchens von Bekannten und Verwandten über das Internet lässt sich auf der Basis der von uns durchgeführten Interviews konstatieren, dass insbesondere die jüngeren Angehörigen der russischen und polnischen Diaspora (*Maria, Magdalena, Thomasz, Andrei, Olga, Natalia*) das Internet für ihre lokale Vernetzung nutzen. Bemerkenswert dabei ist allerdings, dass solche Angebote, die für in Deutschland lebende Personen mit Migrationshintergrund entwickelt wurden, wie zum Beispiel *germany.ru* oder *polonia.de*, keine Relevanz haben. Vielmehr sind für die lokale kommunikative Vernetzung allgemeine deutschsprachige Community-Portale wie *StudiVZ* (*Magdalena, Thomasz*) und *SchülerVZ* (*Olga, Maria*) zentral. Dabei spielen – wie das Beispiel von *Thomasz* zeigt – die Erwartungen der jeweiligen Peer-Gruppe eine wichtige Rolle: Gerade in der lokalen Kommunikation wird erwartet, dass man über die Angebote erreichbar ist, die auch alle anderen nutzen. Kondensiert wird dies im Interview in einem doppelten „muss man" ausgedrückt:

Tm: [...] ich bin in Studi VZ sowieso . weil als Student muss man muss man halt dabei sein um cool zu sein (Interview Thomasz, 757-758).

Über Social-Software-Angebote hinaus organisieren *Olga* und *Maria* ihre Alltagswelt mittels Chat und E-Mail. *Maria* mailt und chattet regelmäßig mit ihrem näheren sozialen Netzwerk. *Olga* ist mit ihren Freunden via *MSN* und *ICQ* vernetzt und organisiert über diese Anwendungen ihre Verabredungen bzw. tauscht sich mit anderen lokalen Freundinnen und Freunden aus:

I: Wenn du so allgemein sagen musstest . ahm zu welchen Zwecken nutzt du dann MSN

Of: Ja halt sich verabreden . fragen wie's allen geht . man kann ja nicht jeden jeden Tag sehen sozusagen und fragen was neues gibt's so zu sagen . oder nach einem Lied fragen . oder falls man irgendwie da . irgendwas nicht weiß auch fragen kann . es ist irgendwie so wie telefonieren halt aber das es die ganze Zeit da ist so zu sagen . joa (Interview Olga, 593-599).

Gerade die Gleichsetzung „es ist irgendwie so wie telefonieren" in dem oben stehenden Interviewausschnitt macht deutlich, dass Chats regelmäßig und umfassend in die Alltagswelt integriert werden, um auch lokal mit seinen Freunden in Beziehungskommunikation zu bleiben. E-Mails dienen in der lokalen Vernetzung der von uns interviewten Personen vor allem dem Austausch von Informationen und Dateien (bspw. Fotos).

Solche Analysen dürfen aber nicht zu dem Argument verleiten, digitale Medien würden lokal ausschließlich zur Aufrechterhaltung der kommunikativen Vernetzung mit bereits zuvor bekannten Personen genutzt. Darüber hinaus bietet insbesondere das Internet aus Perspektive der von uns Interviewten Möglichkeiten der lokalen Kontaktanbahnung. So knüpfen beispielsweise unter den Vertretern der russischen Diaspora *Andrei* und *Natalia* gezielt erste neue Kontakte mittels unterschiedlichen Social-Software-Angeboten wie *love planet, 24open* oder *jdu.ru*. Die Anschlusskommunikation wird dann mit E-Mail oder Chat fortgeführt, durchaus mit dem Ziel des lokalen Treffens. *Natalia* hat über die Plattform *jdu.ru* Anschluss an eine lokale Frauenselbsthilfegruppe gefunden, durch die sie in der Stadt, in der sie lebt, neue Freunde und Gleichgesinnte kennen lernen konnte. Über das Internet ist es also auch möglich, lokal seine Freundschafts- und Beziehungsnetzwerke zu erweitern.

Neben Chat, Social-Software-Angeboten und E-Mail bleibt das Mobiltelefon allerdings das entscheidende digitale Medium *lokaler* Beziehungskommunikation – auch im Migrantenkreis. Es ermöglicht durch die ständige Erreichbarkeit, auch in situativer lokaler Mobilität intensiv mit Familie und Freunden vernetzt zu sein. Die Tendenz einer gemeinsamen intensiven Vernetzung manifestiert sich unter anderem darin, dass in der Stadt, in der die von uns interviewten Personen leben, die Angehörigen einer Diaspora insbesondere einen Mobiltelefonanbieter präferieren:

Am: Alle Russen nutzen in XXX hauptsächlich O2 aus dem Grund habe ich es auch mir ausgesucht . da kann man innerhalb des Netzes kostenlos telefonieren . alle meine Bekannten und Verwanden und alle Freunde haben O2 ich musste mir nicht viel überlegen . deswegen ist O2 der einzige Anbieter der eine russische Vertretung hat . bei der Berliner Freiheit gibt es ein Laden Mix . da gibt es eine russische Filiale . da geht man einfach hin . weil am Anfang wusste ich überhaupt nichts . ich bin da direkt hingegangen und habe einen Vertrag abgeschlossen und fertig . sie sind die einzigen die sich mit Russen auch beschäftigen (Interview auf Russisch, Andrei, 666-671).

Insbesondere der Hinweis auf das „kostenlos Telefonieren" im Kreis aller „Bekannten und Verwanden" macht deutlich, dass bei der Aneignung des Mobiltelefons in erheblichem Maße um das lokale Aufrechterhalten einer kommunikativen Vernetzung innerhalb der Diaspora (und darüber hinaus) durch Beziehungskommunikation geht. Wir sehen demnach auch bei der lokalen kommunikativen Vernetzung ein Wechselspiel zwischen diaspora-interner und diaspora-externer Kommunikation.

5   Fazit: Medienrepertoires und kommunikative Vernetzungen

Versucht man, unsere verschiedenen bisherigen Argumente zusammen zu fassen, so kann man sagen, dass digitale Medien in der Alltagswelt vor allem – aber nicht nur durch – von jüngeren Diaspora-Angehörige angeeignet werden. Digitale Medien fügen sich in ein „Gesamtmedienrepertoire" und unterstützen dabei das Aufrechterhalten bzw. Entwickeln lokaler wie auch translokaler Netzwerke personaler Kommunikation, die letztlich eine zentrale Stütze der Artikulation von Vergemeinschaftungen und damit auch Identitäten und Zugehörigkeiten der Diaspora sind. Bei genauem Hinsehen kann man allerdings zwei Orientierungen kommunikativer Vernetzung in der Aneignung digitaler Medien durch Migrantinnen und Migranten ausmachen: Erstens werden digitale Medien verwendet, um sowohl lokale (Kommunikations-)Netzwerke als auch translokale (Kommunikations-)Netzwerke aufrecht zu erhalten. Zweitens geht es sowohl lokal als auch translokal um eine diaspora-interne wie auch diaspora-externe kommunikative Vernetzung. Mit einer solchen Unterscheidung lassen sich unsere bisherigen Analyseergebnisse wie folgt systematisieren:

Tabelle 2: Kommunikative Vernetzung im Gesamtrepertoire digitaler Medien

	Lokale Vernetzung	Translokale Vernetzung
Diaspora-interne Vernetzung	Suche nach lokal lebenden Diaspora-Angehörigen durch das Internet (Diaspora-spezifische Community-Seiten) Alltags- und Beziehungskommunikation durch das Internet (deutsche Community-Seiten, Chat, E-Mail) Beziehungskommunikation mittels Mobiltelefon (Telefonie, SMS)	Suche nach im Herkunftsland/anderen Ländern lebenden Diaspora-Angehörigen durch das Internet (Diaspora-spezifische Community-Seiten) Alltags- und Beziehungskommunikation durch das Internet (Internet-Telefonie, Chat, E-Mail)
Diaspora-externe Vernetzung	Anbahnung neuer lokaler Kontakte durch das Internet (allgemeine und Diaspora-spezifische Community-Seiten) Alltags- und Beziehungskommunikation durch das Internet (allgemeine Community-Seiten, Chat, E-Mail) Lokale Beziehungskommunikation mittels Mobiltelefon (Telefonie, SMS)	Anbahnung neuer translokaler Kontakte durch das Internet (allgemeine Community-Seiten) Alltags- und Beziehungsorganisation durch das Internet (Internet-Telefonie, Chat, E-Mail)

Quelle: Eigene Darstellung.

Eine solche tabellarische Systematisierung unserer Hauptergebnisse führt nochmals vor Augen, in welchem Maße digitale Medien verstanden als Gesamtrepertoire einerseits das Potenzial haben, intern die kommunikative Vernetzung diasporischer Vergemeinschaftungen und damit Identitäten und Zugehörigkeiten zu stabilisieren, die selben digitalen Medien aber gleichzeitig auch Diaspora-externen kommunikativen Vernetzungen dienen (können). Beides trifft sowohl in lokaler als auch translokaler Perspektive zu.

Fragt man in diesem Zusammenhang nach den Integrations- und Segregationspotenzialen digitaler Medien für Migrantinnen und Migranten (siehe auch den Beitrag von Hepp in diesem Band), so gelangen wir zu komplexen ersten Befunden:

1. Digitale Medien ermöglichen im Gesamtmedienrepertoire auf einfache Weise die kommunikative Vernetzung von Migrantinnen und Migranten. Hierdurch haben sie – bspw. auch bei polnischen Aussiedlern bzw. Russlanddeutschen – das Potenzial, Prozesse der Entwicklung einer spezifischen Diaspora mit entsprechenden Identitäten und Zugehörigkeiten zu stützen. Dem entspricht in Bezug auf die von uns interviewten jüngeren Migrantinnen und Migranten die Aneignung digitaler Medien im Prozess der Artikulation hybrider Identitäten bzw. Zugehörigkeiten („polnische Diaspora" bzw. „russische Diaspora").

2. Digitale Medien ermöglichen daneben lokale und translokale kommunikative Vernetzung mit Menschen jeweils anderer Herkunft, was den Einbezug in verschiedene weitere (Kommunikations-)Netzwerke eröffnet. Wiederum sind es insbesondere die jüngeren Migratinnen und Migranten, die bspw. über *StudiVZ* solche Möglichkeiten nutzen und sich damit Handlungsmöglichkeiten eröffnen.

Letztlich ist es dieses Spannungsverhältnis zwischen lokaler und translokaler bzw. interner und externer kommunikativer Vernetzung, in dem wir Fragen der Integrations- und Segregationspotenziale von digitalen Medien für Migrantinnen und Migranten diskutieren sollten. Dies verweist nochmals auf die herausgestrichene Komplexität des Terminus ‚Integration' für eine solche Forschung. Eine solche Komplexität lässt sich nur dann auflösen, wenn wir das Konzept der Integration auf die Prozesse und Qualitäten der kommunikativen Vernetzung mittels digitaler Medien selbst beziehen. Dann erscheinen die im produktiven Sinne (sowohl innerhalb der Diaspora, als auch über diese hinaus) mehrfach vernetzten Jugendlichen und jungen Erwachsenen mit polnischem und russischem Migrationshintergrund vergleichsweise integriert, vielleicht gerade weil digitale Medien die Artikulation einer eigenen diasporischen Identität und Zugehörigkeit stützen helfen. Wie es sich mit solchen Zusammenhängen allerdings genau verhält, hierzu bedarf es unseres Erachtens weiterer differenzierter Forschung zur Aneignung von digitalen Medien in Diasporas.

Transkriptionssymbole

.   kurze Pause bzw. kurzes Absetzen (ca. 0,25 Sekunden)
..   längere Pause bzw. längeres Absetzen (ca. 0,5 – 0,6 Sekunden)
. x .   Pause von x Sekunden
viellei/   Abbruch eines Wortes oder einer Äußerung
geh| Unterbrechung durch einen anderen Sprecher

_ja_ betont gesprochen
JA laut gesprochenes
(ja) unsichere Transkription
(&&) Unverständliches
Zeitangabe Gesprochen in einer anderen Sprache als Deutsch
((lacht)) Parasprachliches; nicht-sprachliche Handlungen

Literatur

Bentele, Günter/Brosius, Hans-Bernd/Jarren, Otfried (Hrsg.) (2003): Öffentliche Kommunikation. Handbuch Kommunikations- und Medienwissenschaft. Wiesbaden: VS Verlag.

Berger, Peter L./Luckmann, Thomas (1977): Die gesellschaftliche Konstruktion der Wirklichkeit. Eine Theorie der Wissenssoziologie. Frankfurt am Main: Fischer.

Boehnke, Klaus/Dilger, Werner/Habscheid, Stephan/Holly, Werner/Keitel, Evelyne/Krems, Josef/Münch, Thomas/Schmied, Josef/Stegu, Martin/Voß, Günter (1999): Neue Medien im Alltag: Von individueller Nutzung zu soziokulturellem Wandel. DFG-Forschergruppe „Neue Medien im Alltag" Band 1. Lengerich u.a.: Pabst Science Publishers.

Charlton, Michael (1993): Methoden der Erforschung von Medienaneignungsprozessen. In: Holly/Püschel (1993): 11-26.

Charlton, Michael/Neumann-Braun, Klaus (1992): Medienkindheit — Medienjugend. Eine Einführung in die aktuelle kommunikationswissenschaftliche Forschung. München: Quintessenz.

Cohen, Robin (1997): Global Diasporas. An Introduction. Seattle: University of Washington Press.

Dayan, Daniel (1999): Media and Diasporas. In: Gripsrud (1999): 18-33.

Denzin, Norman K./Lincoln, Yvonna (Hrsg.) (1994): Handbook of Qualitative Research.London/Thousan Oaks/New Delhi: Sage.

Donsbach, Wolfgang (Hrsg.) (2008): The International Encyclopaedia of Communication 2. Oxford, UK/Malden, MA: Wiley-Blackwell.

Froschauer, Ulrike/Lueger, Manfred (2003): Das qualitative Interview. Wien: WUV (UTB).

Gillespie, Marie (2002): Transnationale Kommunikation und die Kulturpolitik in der südasiatischen Diaspora. In: Hepp/Löffelholz (2002): 617-643.

Glaser, Barney G./Strauss, Anselm L. (1998): Grounded Theory. Strategien qualitativer Forschung. Bern: Huber.

Gripsrud, Jostein (Hrsg.) (1999): Television and Common Knowledge. London/New York: Routledge.

Hall, Stuart (1994): Rassismus und kulturelle Identität. Ausgewählte Schriften 2. Hamburg: Argument Verlag.

Hartmann, Maren/Höflich, Joachim R./Rössler, Patrick (Hrsg.) (2008): After the Mobile Phone? Social Changes and the Development of Mobile Communication. New York: Peter Lang.

Hartmann, Maren (2009): Silverstone: Medienobjekte und Domestizierung. In: Hepp/Krotz/Thomas (2009): 304-315.

Hartmann, Maren/Berker, Thomas/Punie, Yves/Ward, Katie (Hrsg.) (2006): Domestication of Media and Technology London: Open University Press.

Hasebrink, Uwe (2003): Nutzungsforschung. In: Bentele/Brosius/Jarren (2003): 101-127.

Hasebrink, Uwe/Popp, Jutta (2006): Media Repertoires as a Result of Selective Media Use. A Conceptual Approach to the Analysis of Patterns of Exposure. In: Communications. 31.2. 369-387.

Hepp, Andreas (1998): Fernsehaneignung und Alltagsgespräche. Fernsehnutzung aus der Perspektive der Cultural Studies. Opladen: Westdeutscher Verlag.

Hepp, Andreas/Löffelholz, Martin (Hrsg.) (2002): Grundlagentexte zur Transkulturellen Kommunikation. Konstanz: UVK (UTB).

Hepp, Andreas (2004): Netzwerke der Medien. Medienkulturen und Globalisierung. Wiesbaden: VS Verlag.

Hepp, Andreas (2005): Kommunikative Aneignung. In: Mikos/Wegener (2005): 67-79.

Hepp, Andreas (2006): Transkulturelle Kommunikation. Konstanz: UVK (UTB).

Hepp, Andreas (2008a): Case Studies. In: Donsbach (2008): 415-419.

Hepp, Andreas (2008b): Communicative Mobility after the Mobile Phone: The Appropriation of Media Technology in Diasporic Communities. In: Hartmann/Höflich/ Rössler (2008): 131-152.

Hepp, Andreas/Düvel, Caroline (2009): Die Aneignung digitaler Medien in der Diaspora: Integrations- und Segregationspotenziale digitaler Medien für die kommunikative Vernetzung von ethnischen Migrationsgemeinschaften. In: Röser/Thomas/Peil (2009): im Druck.

Hepp, Andreas/Krotz, Friedrich/Thomas, Tanja (Hrsg.) (2009): Schlüsselwerke der Cultural Studies. Wiesbaden: VS Verlag.

Holly, Werner/Püschel, Ulrich/Bergmann, Jörg R. (Hrsg.) (2001): Der sprechende Zuschauer. Wie wir uns Fernsehen kommunikativ aneignen. Westdeutscher Verlag.

Holly, Werner/Püschel, Ulrich (Hrsg.) (1993): Medienrezeption als Aneignung. Methoden und Perspektiven qualitativer Medienforschung Opladen: Westdeutscher Verlag.

Krotz, Friedrich (2005): Neue Theorien entwickeln. Eine Einführung in die Grounded Theory, die Heuristische Sozialforschung und die Ethnographie anhand von Beispielen aus der Kommunikationsforschung. Köln: Halem.

Mikos, Lothar/Wegener, Claudia (Hrsg.) (2005): Qualitative Medienforschung. Ein Handbuch. Konstanz: UVK (UTB).

Morley, David (2007): Media, Modernity and Technology. The Geography of the New. London u.a.: Routledge.

Röser, Jutta/Thomas, Tanja/Peil, Corinna (Hrsg.) (2009): Alltag in den Medien – Medien im Alltag. Wiesbaden: VS Verlag (im Druck).

Schütz, Alfred/Luckmann, Thomas (1979): Strukturen der Lebenswelt. Band 1. Frankfurt am Main: Suhrkamp.

Silverstone, Roger/Hirsch, Eric (Hrsg.) (1992): Consuming Technologies. Media and Information in Domestic Spaces London/New York: Routledge.

Stake, Robert E. (1994): Case Studies. In: Denzin/Lincoln (1994): 236-247.

Strauss, Anselm/Corbin, Juliet (1996): Grounded Theory: Grundlagen qualitativer Sozialforschung. Weinheim: Beltz.

Tomlinson, John (2007): The Culture of Speed: The Coming of Immediacy. New Delhi u.a.: Sage.

Weber, Max (1972): Wirtschaft und Gesellschaft. Grundriss der verstehenden Soziologie. Tübingen: Mohr.

Williams, Raymond (1990): Television: Technology and Cultural Form. London/New York: Routledge.

Das Internet in der Nutzung von Jugendlichen mit Migrationshintergrund

Heinz Moser

In den letzten Jahren ist die Frage nach dem Verhältnis der Bevölkerung mit Migrationshintergrund zu den Medien verstärkt untersucht worden. Auf diese Thematik beziehen sich im Rahmen von Forschungsarbeiten z.b. Hugger (2008), Holzwarth (2008), Geißler/Pöttker (2006). Auf internationaler Ebene gibt der von mir und meinem Kollegen Heinz Bonfadelli herausgegebene Band „Medien und Migration" (Bonfadelli/Moser 2007) einen Überblick über den aktuellen Diskussionsstand. Noch zu Beginn dieses Jahrhunderts waren dagegen Forschungsprojekte zum Verhältnis Medien und Migration dünn gesät. In der Öffentlichkeit kursierten vorab Thesen, wonach die Medien Tendenzen zu einer Parallelgesellschaft verstärkten.

1 Die Notwendigkeit differenzierter Einschätzungen

Auf diesem Hintergrund führten wir in Zürich von 2003-2006 ein eigenes empirisches Forschungsprojekt zu dieser Thematik durch.[1] Im Verlauf dieser Forschungsarbeit wurde rasch deutlich, dass einfache Antworten auf die Frage, wie unterschiedlich heimische und migrantische Bevölkerung die Medien nutzen, nicht möglich sind. So orientierte sich die Diskussion um das Verhältnis von Medien und Migration vor allem an den neuen Möglichkeiten des Satellitenfernsehens und des Internets, die es Migranten ermöglichen, einen einfachen Zugang zur Kultur ihres Heimatlandes zu erhalten. Betont wird in diesem Zusammenhang die Brückenfunktion der Medien zu den Herkunftsländern (vgl. Eggert/ Theunert 2002: 290 f.). Empirische Untersuchungen, wie unser vom „Schweizerischen Nationalfonds zur Förderung der wissenschaftlichen Forschung" unterstütztes Forschungsprojekt, zeigen zwar, dass die Vergewisserung der eigenen

---

1 Es handelt sich um das Projekt „Mediennutzung und kultureller Hintergrund: Medien im Alltag von Kindern und ihren Eltern", das von 2003-2006 im Rahmen des Nationalen Forschungsprogramms 52 von der Universität und der Pädagogischen Hochschule Zürich gemeinsam durchgeführt wurde.

Wurzeln über Medienangebote in der älteren (Eltern-) Generation durchaus häufig ist und insofern Medien eine wichtige Funktion haben. Aber schon in der älteren Generation beschränkt man sich nicht exklusiv auf die fremdsprachigen Angebote. Vor allem Jugendliche orientieren sich – wenn sie Medien nicht im familiären Raum (also z.B. nicht beim gemeinsamen Fernsehen im Wohnzimmer) nutzen – dann doch viel stärker an den deutschsprachigen Angeboten der Medien (Fernsehprogramme, Rundfunk, Zeitschriften etc.). So kommen Bonfadelli/Bucher aufgrund der quantitativen Daten zur Mediennutzung zu dem Schluss: „Bezüglich der heimatsprachlichen Mediennutzung kann nicht von einer ausgeprägten Ghettoisierung gesprochen werden, d.h. ein signifikanter Anteil der Migranten nutzt sowohl heimat- als auch fremdsprachliche Medienangebote" (Bonfadelli/Bucher 2008: 43).

Aber auch die verbreitete Meinung, dass Migranten als sozioökonomisch benachteiligte Gruppe im Sinne eines „digital divide" über weitaus weniger „elektronische Mittel" verfügen wie die (einheimische) schweizerische Bevölkerung, musste differenziert werden. Zwar zeigten die Resultate unserer Untersuchung, dass generell Computer und Internet in Haushalten von Migrantenfamilien weniger häufig sind (81 Prozent gegenüber 52 Prozent). Wenn es aber auf den ersten Blick erscheint, als wären in diesen Haushalten viel weniger Computer vorhanden, so verändert sich dieses Bild, wenn man nach Computern und Internet in den Kinderzimmern fragt. Hier ergibt sich in der Untersuchung ein umgekehrtes Bild (vgl. Tabelle 1).

Tabelle: Computer und Internet in schweizerischen Kinderzimmern

Zugang in % (N=1468)	Schweiz	Migration
Computer	45	56
Internet	30	49

Quelle: Bonfadelli/Bucher 2008: 84.

Diese Daten lassen sich dahin gehend interpretieren, dass in Migrantenfamilien oft die Kinder als Familienexperten für das Internet gesehen werden. Geht es also darum, über das Internet mit den Verwandten Kontakt aufzunehmen, trifft sich die Familie im Kinderzimmer – oder baut mit Hilfe der Kinder einen Email-Verkehr auf. Deshalb werden die Computer von allem Anfang an in ihren Zimmern platziert, was dazu führt, dass die Ausstattung der Kinderzimmer mit PC und Computern höher ist als bei den schweizerischen Peers.

Ähnlich sind die Verhältnisse in anderen westeuropäischen Ländern. So betonen Rydin/Sjöberg (2007: 280 f.), dass ähnlich wie das Fernsehen auch das

Internet ein transnationales Medium darstelle; denn der enorme Datenfluss im Internet mache das Internet zur Goldgrube für Migranten, die über die ganze Welt verteilt sind. Auch Rydin/Sjöber relativieren in diesem Zusammenhang die Problematik einer digitalen Benachteiligung. So verfügten über die Hälfte der Familien in ihrer Studie über einen Internetanschluss. Bezüglich der Nutzung betonen Rydin/Sjöberg (2007: 295) analog zu unserer Untersuchung, dass die Elterngeneration das Internet vorwiegend zur Informationsbeschaffung über ihre Heimat nutzt oder mit Freunden und Verwandten auf der ganzen Welt sowie im Heimatland chattet. Demgegenüber sei der Hauptunterschied zu ihren Kindern, dass letztere das Internet vor allem als Teil der lokalen Jugendkultur nutzten: „Die Jugendlichen betonen, dass sie eher mit ihren Peers aus der Schule chatten, dass sie Online-Spiele spielen und Musik hören (meistens Mainstream Popmusik oder RnB und Hip-Hop) oder spezielle Seiten über ihre Interessensgebiete, wie Fahrräder oder Autos (nur von Jungen genannt), und dass sie Informationen für ihre Schulaufgaben suchen" (Rydin/Sjöberg 2007: 296).

Im deutschsprachigen Bereich wurde die Frage der Internetnutzung von Migranten allerdings insgesamt noch wenig untersucht. Eine umfangreiche und detaillierte Studie legt Hugger (2009) vor, der Einzelfallanalysen von jungen türkischen Erwachsenen durchführte, die rege Nutzer von Online-Communities für junge Türken in Deutschland waren – von Angeboten wie www.vaybee.com, www.aleviler.de oder www.bizumalem.de. Auch Hugger kommt zu dem Ergebnis, dass es nicht einfach nostalgische Gefühle sind, die Jugendliche und junge Erwachsene zu solchen Communities treiben. Vielmehr stellt er fest, dass Jugendliche mit ausländischen Wurzeln nicht eindeutig einem Zugehörigkeitskontext (deutsch versus türkisch) zuzuordnen sind. Während die vorherrschende Ideologie der Zugehörigkeit eine eindeutige Entscheidung im binären Spannungsverhältnis von „Hier" und „Dort" verlangt, ist diese Eindeutigkeit und Einwertigkeit von Zugehörigkeitsverhältnissen nicht gegeben (vgl. auch Moser 2006: 190 ff.). Bei der Hinwendung zu deutschtürkischen Communities geht es denn nach Hugger im Wesentlichen um die Vergewisserung der „prekären" Zugehörigkeit in den „natio-ethno-kulturellen Hybridumgebungen" des Internet: „Online Communities wie vaybee.com, aleviler.de oder bizmalem.de stellen für die jungen türkischen Migranten Orte dar, in denen sie ihre ‚prekären' Zugehörigkeiten insofern ‚verarbeiten' können, als sie sich dort ihrer gemeinschaftlichen wie biografischen Wurzeln vor dem Hintergrund natio-ethno-kultureller Hybridität vergewissern können" (Hugger 2009: 251). Bezüglich der Identitätskonstruktion geht es also nicht um die Übernahme der festgelegten Zugehörigkeitskonzepte, sondern um die Bricolage einer eigenen Position, die quer zu den binären Hintergrunderwartungen stehen.

Die Notwendigkeit, eigene Positionen zu definieren, hängt nicht zuletzt damit zusammen, dass Migranten oft in transnationalen Gemeinschaften leben, die als Diaspora über die ganze Welt verstreut sind – also nicht mehr auf die beiden Pole des Hier und Dort zu reduzieren sind. So meint Herr E. in unserer Untersuchung: *„Wir haben einen Onkel in Deutschland; mit seinen Kindern pflegen wir unsere Kontakte regelmäßig. Auch in der Türkei haben wir einen Onkel. Wir rufen viel mehr nach Deutschland an als in die Türkei. Ich rufe sie am meisten an, mein Bruder und beide Töchter chatten mit ihnen. Jedes Jahr kommen sie zu uns oder wir gehen nach Deutschland. In die Türkei gehen wir normalerweise jedes zweite Jahr, wenn wir Geld haben"* (vgl. Moser/Hanetseder/Hermann/Ideli 2008: 222). Die Nationalfonds-Untersuchung machte indessen deutlich, dass für Jugendliche vor allem der lokale Kontext als Ort der Verwurzelung zentral ist – wobei dieser nicht als typisch für das „Schweizerische" gilt, sondern auch die (ausländischen) Peers und Verwandten umfasst, die hier leben. Für A. ist z.B. der Ort, wo er verwurzelt ist, eher Oberwinterthur als Montenegro: *„Ich glaube, wenn ich weg müsste von hier, ich würde nicht gehen, denn ich bin hier aufgewachsen. Ich kenne hier alle Leute, und wenn ich woanders hinginge und mich jemand fragte, würde ich, glaube ich, nicht sagen, dass ich aus Serbien-Montenegro bin, sondern aus Oberwinterthur, oder eben Winterthur"* (vgl. Moser/Hanetseder/ Hermann/Ideli 2008: 226).

2 Empirische Studie – Konzept und Anlage

Die dargestellten Belege zeigen, dass das generelle Thema des Verhältnisses von Medien und Migration sich gerade im Bereich der Jugendforschung langsam zu konturieren beginnt. Die Internetnutzung selbst ist allerdings bislang meist nicht speziell zum Forschungsgegenstand gemacht worden. Eine Ausnahme stellt die erwähnte Untersuchung von Hugger (2009) dar; allerdings bezieht sie sich auf eine spezifische Untergruppe von Internetnutzern – nämlich auf jene Migranten, die sich intensiv in deutschtürkischen Online-Communities aufhalten.

Aus diesem Grund führten wir 2008 mit Studierenden der Pädagogischen Hochschule Zürich[2] eine ergänzende Studie zu unserem Nationalfondsprojekt (vgl. Bonfadelli/Moser 2008) durch, das die Internetnutzung sowie das Chatverhalten von Jugendlichen in den Mittelpunkt stellte – wobei sich die Untersuchung im Sinne eines Vergleichs sowohl auf schweizerische wie auf Jugendliche

---

2   Am Projekt waren neben meinem Kollegen Thomas Hermann folgende Studierende beteiligt: Patrizia Aisslinger, Melinda Dacorogna, Mirjam Dapozzo, Daniel Eicher, Deborah Gossert, Manuela Graf, Lukas Höhener, Loredana Lentini, Jonelle Lutz, Rhea Scherer und Nina Walder.

mit Migrationshintergrund bezog. Für die Untersuchung wurde eine quantitative Online-Umfrage mit qualitativen Leitfadeninterviews kombiniert:

- Der quantitative Fragebogen zum Internet- und Chatverhalten wurde mittels des Umfragetools surveymonkey realisiert. Verschiedene Schulklassen wurden eingeladen, sich an der Umfrage zu beteiligen, wobei bei der Stichprobe darauf geachtet wurde, dass sich Klassen mit einem angemessenen Anteil an Jugendlichen mit Migrationshintergrund beteiligten. Insgesamt nahmen N=153 Personen an der Umfrage teil. 53 Prozent der Befragten hatten mindestens einen Elternteil, der im Ausland geboren war (bei 25 Prozent waren es beide Eltern). Von den befragten Jugendlichen selbst waren hingegen 86 Prozent in der Schweiz geboren.

- In einem zweiten Untersuchungsteil wurde für Focus-Gruppeninterviews mit je 3-5 Schülerinnen ein Interviewleitfaden erstellt. Die Gruppeninterviews wurden auf Video aufgenommen und dann transkribiert. Die interviewten Kinder stammten aus den Klassen, die den Online-Fragebogen ausfüllten und sich für ein vertieftes Gespräch zu Verfügung stellten. Bei der Auswahl wurden die Schülerinnen und Schüler danach gefragt, wer zu Hause mindestens eine andere Sprache als Deutsch spreche. Solche Kinder wurden in erster Priorität gewählt – zusammen mit einigen schweizerischen Jugendlichen, die zum Vergleich dazu kamen. Die Interviews wurden jeweils im Schulhaus durchgeführt. Insgesamt wurde darauf geachtet, dass alle Schulstufen (Primar, Sek A, B, C und Gymnasium) vorhanden waren. Insgesamt wurden 18 Schülerinnen und Schüler aus vier verschiedenen Klassen interviewt. Drei Klassen stammten aus der Stadt Zürich, eine aus dem Zürcher Oberland.

3   Generelle Resultate zur Internetnutzung

Die allgemeinen Resultate zum Computerbesitz und zum Internet spiegeln die Tatsache, dass sich diese Technologien in den letzten Jahren rasant verbreitet haben – so dass der Besitz eines Computers und der direkte Zugang zum Internet heute in schweizerischen Haushalten immer mehr zur selbstverständlichen Ausstattung gehört. So verfügen 62,2 Prozent der befragten Jugendlichen über einen eigenen Computer, und 97,9 Prozent der Haushalte verfügen über Internet. Im eigenen Zimmer haben 41,2 Prozent der Jugendlichen Zugang zum Internet. Diese Zahlen weisen auf einen generellen Trend in den hochindustrialisierten

Ländern hin, der z.B. für Deutschland in der neuen JIM-Studie 2008 ähnlich
verläuft. So verfügen in Deutschland 99 Prozent der Haushalte über einen Com-
puter/Laptop und 96 Prozent über einen Internetzugang (vgl. Jim 2008: 8).
Gleichzeitig verfügen 71 Prozent der Jugendlichen über einen eigenen Computer
und 51 Prozent über einen eigenen Internetzugang (vgl. Jim 2008: 9). Auf die
Frage, wofür das Internet genutzt werde, ergaben sich folgende Antworten (vgl.
Abbildung 1).

Abbildung 1:   Die Nutzung des Internet (in %)

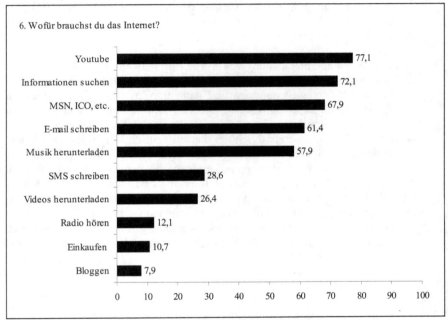

Quelle: Eigene Erhebung.

Im Vordergrund stehen dabei YouTube (77,1 Prozent), Informationen suchen
(72,1 Prozent), Chatten (67,9 Prozent), Musik herunterladen (57,9 Prozent). Es
zeigt, dass es hier im Wesentlichen um Unterhaltungsbedürfnisse geht, die mit
dem Internet befriedigt werden. Allerdings deutet der Punkt „Informationen
suchen" darauf hin, dass das Internet von den Jugendlichen häufig als Informationsquelle genutzt wird – dies vermutlich nicht zuletzt im Zusammenhang
mit der Schule. Was den Faktor der Migration betrifft, so ergaben sich zu dieser

Frage keine signifikanten Unterschiede zwischen schweizerischen Jugendlichen und solchen mit Migrationshintergrund.

Als wichtigste Internetangebote, die immer wieder angeklickt werden, nennen die Jugendlichen „Google", „Netlog", „YouTube" und „MSN", aber auch Sites wie „Die Stämme" und „Tagoria" (Online-Rollenspiele, die im Browser gespielt werden), „Spiele.nl", „Wikipedia", „Festzelt.ch". Die meistbesuchten Seiten sind in Deutsch (94,9 Prozent). Es werden aber auch Seiten in Englisch (16,9 Prozent), in Einzelfällen auch Albanisch, Holländisch und Russisch genannt. Dennoch scheint es nicht so, dass Jugendliche mit Migrationshintergrund das Internet intensiv in der Sprache ihres Heimatlandes nutzen.

Was die Kommunikationsformen betrifft, so fällt auf, dass die befragten Jugendlichen vorwiegend MSN, SMS und Telefon nutzen. Der Einsatz von Email ist dagegen eher gering. So schreiben 91,5 Prozent der Befragten weniger als 10 Mails pro Woche. Dies verweist auf den nächsten Teil dieser Studie, wo eine dieser Kommunikationsformen – nämlich das Chatten – genauer untersucht wird.

4   Chatten im Netz

Die quantitative Untersuchung zeigt, dass 74,5 Prozent der befragten Jugendlichen Chatprograme wie MSN, ICQ und Yahoo nutzen (vgl. Abbildung 2). Weitaus am häufigsten wird von den Jugendlichen der Instant Messenger von MSN benutzt (74,5 Prozent), es folgen Skype (14,6 Prozent) und Yahoo (12,4 Prozent). Dazu kommt in der Schweiz noch Netlog – eine Chatsite, die hier gegenüber den Nachbarländern stark verbreitet ist. Zur Intensität des Chatverhaltens kann gesagt werden, dass die Befragten MSN zu 53,6 Prozent einmal täglich oder mehr nutzen – und dies wie Nachfragen in den qualitativen Interviews zeigen – vorwiegend am Abend. Der MSN-Aufenthalt dauert zwischen ein bis zwei Stunden, je nach dem wie viele Freunde online sind.

Die Beliebtheit von MSN erstaunt auf den ersten Blick, wenn man dazu die Ergebnisse der deutschen JIM-Studie als Vergleich hinzuzieht. Dort sieht die Reihenfolge nämlich ganz anders aus, wie das folgende Zitat verdeutlicht: „Fragt man die Jugendlichen nach den konkreten Angeboten und Plattformen, die sie nutzen, dann wird deutlich, dass ihnen die Unterscheidung zwischen einem Chat, einer Online-Community und einem Messenger offensichtlich schwerfällt. Die Liste genutzter Chats wird wie in den Vorjahren von ‚knuddels' angeführt (28%), ein Fünftel gibt Online-Communities wie ‚schülerVZ' (13%) , ‚schuelercc' (3%), ‚wer-kennt-wen', ‚MySpace' oder ‚Lokalisten' (je 2%) an. Daneben spielen aber auch Messenger wie ‚ICQ' (11%), ‚MSN' (6%) oder Radiosender (5%) eine Rolle (vgl. Jim 2008: 52).

Abbildung 2:   Die Nutzung von Chatprogrammen (in %)

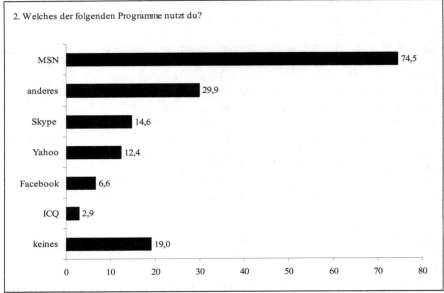

2. Welches der folgenden Programme nutzt du?

Quelle: Eigene Erhebung.

Diese Nutzungsunterschiede zeigen, dass Chats nicht einfach universelle Mittel einer globalen und virtuellen Welt darstellen. Vielmehr handelt es sich um Welten, die in engem Kontakt zur „real world" stehen und deshalb auch nach deren lokalen und regionalen Bedürfnissen genutzt werden. So kann sich in einem Land wie der Schweiz ein Chattool wie „Netlog" durchsetzen, während das Deutsche „knuddels" hierzulande kaum bekannt ist.

Allerdings gibt es Anbieter wie MSN, Facebook oder MySpace, die versuchen, auf der globalen Ebene möglichst viele Nutzer an sich zu binden. Mindestens in der Schweiz hat sich der Instant Messenger von Microsoft zum bevorzugten Kommunikationsmittel unter Jugendlichen entwickelt – was damit zusammenhängt, dass dieses Tool sich offensichtlich leicht in ihre Kommunikationsroutinen einbinden lässt. Vor allem der qualitative Teil unserer Studie zeigt, worin die Bedeutung von MSN hier besteht: Fast alle Befragten wurden durch ihre Freunde oder ihre Familie auf MSN aufmerksam. Viele Mitschülerinnen und -schüler, ältere Geschwister oder Bekannte respektive auch Eltern motivierten die Befragten dazu, ebenfalls MSN zu installieren. Eine der befragten Personen meinte, dass man heute MSN haben müsse, um in der Schule nicht als Außensei-ter zu gelten. *„Wer kein MSN hat, ist out"*, meinte sie dazu.

Was die erwähnten „Freunde" betrifft, die man im MSN trifft, so muss die-ser Begriff allerdings relativiert werden. Denn laut den in der qualitativen Unter-suchung befragten Schülerinnen und Schülern variieren die Anzahl der Kontakte zwischen 30 und 350. Unter diesen sind zwischen 10 und 100 Personen, mit denen die Jugendlichen regelmäßig chatten. Intensive persönliche Freundschaf-ten sind also mit dem Begriff der Online-Freunde kaum gemeint. Gesprächspart-nerinnen und -partner sind hauptsächlich Kollegen aus der Schule, der Freizeit und aus der Verwandtschaft. Die Motive für den MSN-Kontakt sind bei allen das Verabreden und das Ziel, in kontinuierlichem Kontakt zu bleiben. Einige chatten auch gegen die Langeweile und um sich die Zeit zu vertreiben. Zudem ist Chat-ten billiger als Telefonieren und SMS versenden.

Abbildung 3:   MSN-Nutzung (in %)

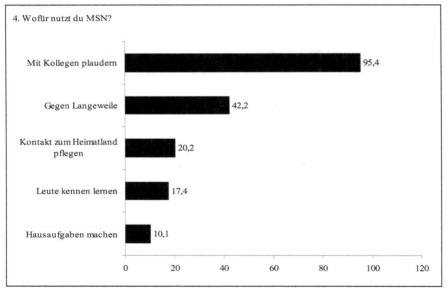

Quelle: Eigene Erhebung.

Während man in der Literatur Chats oft als anonyme Veranstaltungen charakteri-siert, wo man sich lediglich auf der virtuellen Ebene kennt und die Internet-Persönlichkeit mit der realen nichts zu tun haben muss, so ist dies bei der MSN-Kommunikation der Jugendlichen anders: Die Gesprächspartner kennen sich alle auch privat. Das heißt, es gibt niemanden unter den Befragten, der einen Kontakt im Internet kennen gelernt hat und diesen nicht auch persönlich kennt. Die Jugendlichen geben an, ihre Kontakte aus der Schule, aus der Freizeit und dem Familienkreis zu kennen. Nur selten haben sie einen Kontakt von anderen Kolleginnen und Kollegen übernommen. Auf welche Aktivitäten sich die Nutzung von MSN verteilt, zeigt die nachfolgende Abbildung.

Abbildung 4:   MSN-Nutzung (in Prozent %)

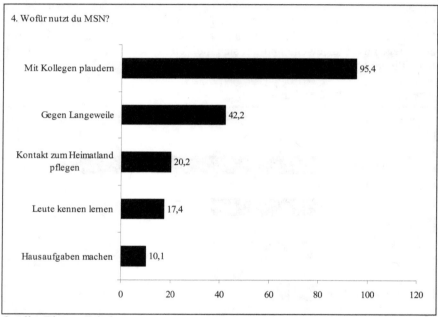

Quelle: Eigene Erhebung.

Deutlich wird, dass es vor allem um das Plaudern geht. Praktisch alle Befragten nutzen MSN aus purem Zeitvertrieb, um sich zu unterhalten, Kontakte aufrechtzuerhalten, um sich zu verabreden oder zu plaudern. Ein Schüler erklärt den Vorteil von MSN folgendermaßen: *„Man kann sich auch mal vom Computer entfernen, hat Zeit zum Überlegen, kann dabei etwas essen, den Fernseher nebenan laufen lassen und so weiter. Am Telefon geht das weniger."* Ein Schüler erläuterte zudem, dass MSN viel effizienter sei, um gewisse Dinge zu regeln, als wenn er alle einzelnen Diskussionspartner zu einem bestimmten Thema anrufen müsste. Eine Minderheit von Jugendlichen mit Migrationshintergrund (20,2

Prozent) hält mit MSN den Kontakt zum Heimatland, und 10 Prozent der Befragten helfen sich gegenseitig online bei den Hausaufgaben. 52,2 Prozent der Befragten sind über eine Stunde „am Stück" online.

Zu den Inhalten, über die ein Austausch stattfindet, ergaben sich in der qualitativen Untersuchung folgende Schwerpunkte: Die Schülerinnen und Schüler unterhalten sich demnach mehrheitlich über Hausaufgaben, alltägliche Geschehnisse und Vorfälle, über die Schule und über die Freizeit. Eine Schülerin meinte diesbezüglich: *„Wir besprechen so typische Mädchensachen, wer mit wem befreundet ist und so."* Einige schreiben ihre Kolleginnen und Kollegen im MSN an, um sich mit ihnen zu verabreden, um sie zum Telefonieren aufzufordern oder ihnen einfach nur „Hallo" zu sagen. Etwa die Hälfte der Befragten bespricht auch ernstere Themen im MSN.

Bei den ernsten Themen ist der Einsatz von MSN-Kommunikation aber beschränkt. So meinten die Jugendlichen, dass es „gewisse Themen" gibt, die nur selten im MSN besprochen werden. Dabei handelt es sich zum Beispiel um Probleme der *einzelnen* Schülerinnen und Schüler. Insgesamt sind sich praktisch alle Befragten darüber einig, dass mit den meisten MSN-Gesprächspartnern hauptsächlich Smalltalk geführt wird. Die Gesprächsthemen variieren je nach Gesprächspartner insofern, als mit der Nähe zu einem Gesprächspartner auch die persönlichen Gesprächsthemen zunehmen. So meint eines der befragten Mädchen: *„Es kommt darauf an, wie nahe einem eine Person ist. Mit meiner besten Freundin z.B. bespreche ich anderes als mit dieser Person."*

Zusammenfassend kann ein typischer Abend, an dem MSN genutzt wird, gemäß der qualitativen Teilstudie in etwa so beschrieben werden: Man loggt sich ein, schaut, welche Freunde gerade online sind und führt je nach Person einen kurzen Smalltalk oder eine längere Unterhaltung. Oft wird auch einfach ein Treffen vereinbart. Wenn *keine* Freunde mehr online sind, loggen sich die Jugendlichen entweder aus dem MSN aus oder lassen es – z.B. während der Hausaufgaben – nebenbei laufen. Ein Schüler erklärt dies folgendermaßen: *„So kann man sehen, wenn sich wieder jemand eingeloggt hat und vielleicht nochmals ein bisschen schreiben."*

5   Der Faktor der Migration in der Untersuchung

Die vorliegende Untersuchung bestätigt noch einmal den Befund, wonach beim Zugang zu Computern und Internet kaum mehr eine Benachteiligung der Jugendlichen mit Migrationshintergrund vorliegt. So besitzen die Jugendlichen mit Migrationshintergrund etwas häufiger einen eigenen PC (52,8 Prozent) als schweizer Kinder (47,2 Prozent). Analog dazu sind bei jenen Jugendlichen, die über einen Internetzugang im eigenen Zimmer verfügen, 50,8 Prozent Jugendliche mit Migrationshintergrund, während dies bei Schweizern lediglich 49,2 Prozent sind. Diese Unterschiede sind allerdings nicht signifikant.

Dies deutet darauf hin, dass Eltern mit Migrationshintergrund besonders darauf sensibilisiert sind, dass ihre Kinder Zugang zu den neuen Medien haben. Einerseits betrachten sie die neuen Medien als einen Schlüssel für den Anschluss an die Lebenschancen der einheimischen Gesellschaft. Andererseits ermöglichen der Computer und die damit verknüpften Kommunikationsdienste die Verbindung zur eigenen – oft transnational verstreuten – Diaspora sowie zu einer Vielzahl von Informationen über das Heimatland.

Insgesamt geht es aber bei der Nutzung des Internets zuallererst um die Kommunikationsmöglichkeiten unter den Peers – wobei dies meist auf Deutsch geschieht. Dies gilt für Jugendliche allgemein – ungeachtet dessen, ob sie Wurzeln im Ausland haben. Insgesamt chatten 95,4 Prozent auf Schweizerdeutsch[3], auf Hochdeutsch 18,2 Prozent. Dazu kommen – vor allem bei Jugendlichen mit Migrationshintergrund – in Einzelfällen eine Reihe von weiteren Sprachen wie Albanisch, Türkisch, Finnisch, Portugiesisch, Italienisch, Tamilisch, Hindu, Englisch etc. hinzu.

Welche Sprache benutzt wird, hängt vor allem davon ab, mit wem gesprochen wird. So schreiben Schülerinnen und Schüler auf Albanisch, wenn sie mit Verwandten aus der Heimat chatten oder auf Italienisch, um die Sprache nicht zu verlernen. Ein Schüler präzisiert dies so: *„Seit ich mit meinem Freund in Italien in den Ferien war, spreche ich ein bisschen Italienisch. Seither schreibe ich im MSN mit gewissen Leuten auf Italienisch, um es nicht zu verlernen. Das passiert schnell, und es wäre schade."* Alle sind sich jedoch einig, wenn es darum geht, in welcher Sprache sie am liebsten kommunizieren: *„Auf Deutsch ist es lustiger, wenn ich beispielsweise einen Witz erzählen will. Auf Italienisch wird es da schon schwieriger"*, meinte ein Schüler dazu.

Einige weitere Unterschiede, die Jugendliche mit Migrationshintergrund betreffen, beziehen sich auf die bevorzugten Kommunikationsformen. So zeigte sich in den Daten unserer Umfrage, dass Jugendliche mit schweizerischer Herkunft signifikant mehr SMS schreiben als Kinder mit Migrationshintergrund. Umgekehrt aber nutzen Jugendliche mit Migrationshintergrund häufiger MSN. Dies könnte darauf hindeuten, dass diese Jugendlichen häufiger Kontakte ins Ausland pflegen, die als SMS sehr teuer, im Instant Messenger jedoch kostenlos sind. In eine ähnliche Richtung weist das Ergebnis, wonach Jugendliche mit

---

3   Dies zeigt, wie stark chatten – ebenso wie SMS – nach den Modellen der mündlichen Sprache funktioniert. Man schreibt deshalb nicht Hochdeutsch, sondern die kolloquiale Umgangssprache – nämlich Schweizerdeutsch. Da hier auch eine einheitliche Standardisierung fehlt, spielen formelle Rechtschreiberegeln kaum eine Rolle.

Migrationshintergrund signifikant häufiger über eine Webkamera verfügen – möglicherweise, um sich mit den Verwandten und Bekannten der transnationalen Diaspora online auch über das Bild austauschen zu können.

6 Fazit

Die vorliegende Studie zeigt, dass der Migrationsfaktor bei Jugendlichen in der Nutzung des Internet keine primäre Bedeutung hat. Vielmehr gibt es wenig signifikante Unterschiede zwischen deutschsprachigen und Jugendlichen mit Migrationshintergrund. In der gesamten Stichprobe werden vor allem deutschsprachige Internetseiten genutzt – wobei unter anderem das Chatten mit MSN im Vordergrund steht. Die Chats finden dabei mit Klassenkameradinnen und Klassenkameraden sowie weiteren Freunden und Bekannten aus der eigenen Umgebung statt – und dies meist in Deutsch.

Als Fazit bedeutet dies, dass Jugendliche mit Migrationshintergrund zuallererst Jugendliche sind, die generelle jugendspezifische Interessen verfolgen und sich darin von ihren schweizerischen Peers wenig unterscheiden. Der Migrationskontext kommt allerdings dort deutlicher zum Ausdruck, wo es um den familiären Raum geht. Hier sind die jugendlichen Migranten häufig die Computerexperten der Familien. Sie halten den Kontakt zu der transnational organisierten Verwandtschaft und organisieren das Chatten und die Internetbesuche für die Familie – dies häufig auch in der Sprache des Heimatlandes. Wie oben bereits dargestellt, halten immerhin 20,2 Prozent der Jugendlichen mit Migrationshintergrund mit MSN den Kontakt zum Heimatland.

Wenige Hinweise ergab die Untersuchung auf Prozesse der Identitätsfindung im Rahmen der Internetnutzung, wie sie Hugger (2009) für die von ihm untersuchten jungen Erwachsenen beschreibt. Es ist zu vermuten, dass die von uns befragten Jugendlichen noch stark in den Kontext der schulischen Peers integriert sind. Möglicherweise wird die Frage nach der eigenen Position zwischen noch stärker heimatlich gebundenem Elternhaus und peerorientierter Jugendkultur später noch virulenter – und dann vielleicht auch die Suche nach den heimatlichen Wurzeln im Internet.

Literatur

Bonfadelli, Heinz,/Bucher, Priska/Hanetseder, Christa/Hermann, Thomas/Ideli, Mustafa/ Moser, Heinz (Hrsg.) (2008): Jugend, Medien und Migration: Empirische Ergebnisse und Perspektiven. Wiesbaden: VS Verlag.

Bonfadelli, Heinz,/Bucher, Priska (2008): Teil I. Quantitative Perspektiven. In: Bonfadelli et. al. (2008): 13-152.

Bonfadelli, Heinz/Moser, Heinz (Hrsg.) (2007): Medien und Migration. Europa als multikultureller Raum? Wiesbaden: VS Verlag.

Eggert, Susanne/Theunert, Helga (2002): Medien im Alltag von Heranwachsenden mit Migrationshintergrund – Vorwiegend offene Fragen. In: medien+erziehung. 46.5. 289-300.

Geißler, Reiner/Pöttker Horst (2009): Massenmedien und die Integration ethnischer Minderheiten in Deutschland. Band 2: Forschungsbefunde. Bielefeld: transcript.

Holzwarth, Peter (2008): Migration, Medien und Schule: Fotografie und Video als Zugang zu Lebenswelten von Kindern und Jugendlichen mit Migrationshintergrund. München: kopaed.

Hugger, Kai-Uwe (2009): Junge Migranten online. Suche nach sozialer Anerkennung und Vergewisserung von Zugehörigkeit. Wiesbaden: VS Verlag.

JIM (2008): Jugend, Information, (Multi-)Media. Basisstudie zum Medienumgang 12- bis 19-Jähriger in Deutschland. Stuttgart: mpfs.

Moser, Heinz (2006): Medien und die Konstruktion von Identität und Differenz. In: Treibel et al. (2006): 35-74.

Moser, Heinz/Hanetseder, Christa/Hermann, Thomas/Ideli, Mustafa (2008): Teil II. Qualitative Perspektiven. In: Bonfadelli et al. (2008): 153-269.

Rydin, Ingegerd/Sjöberg, Ulrike (2007): Identität, Staatsbürgerschaft, kultureller Wandel und das Generationsverhältnis. In: Bonfadelli/Moser (2007): 273–302.

Treibel, Annette/Maier, Maja S./Kummer, Sven/Welzel, Manuela (Hrsg.) (2006): Gender medienkompetent. Medienbildung in einer heterogenen Gesellschaft. Wiesbaden: VS Verlag.

Vom Indernetzwerk zum Indienportal – Die Entwicklung eines virtuellen Raumes

Urmila Goel

Acht Jahre nach der Gründung des Internetportals scheint das *Indernet* im Jahr 2008 bei der interessierten Öffentlichkeit eines der bekannteren sogenannten Ethnoportale (Jordanova-Duda 2002 sowie Androutsopoulos 2006a: 3) im deutschsprachigen Raum zu sein.[1] Wissenschaftliche Veröffentlichungen beziehen sich (zumindest am Rand) auf das Portal.[2] Auf wissenschaftlichen und nicht-wissenschaftlichen Konferenzen und Tagungen zum Thema Internet und Migration ist es ein bekannter Referenzpunkt. Acht Jahre nach seiner Gründung hat das *Indernet* zudem noch immer Bedeutung für seine (ehemaligen) Nutzer_innen[3]. So begrüßt mich im Oktober 2008 in der Schweiz eine Interviewpartner_in[4] mit: *„Dich kenne ich vom Indernet."* Im weiteren Gespräch stellt sich dann heraus, dass sie noch viele andere aus dem *Indernet* persönlich kennt und mit ihnen weiterhin Kontakt hat, obwohl sie schon lange nicht mehr das Portal nutzt. Gleichzeitig ist allerdings im Winter 2008/09 das Forum seit Monaten nicht mehr zugänglich, ist der Veranstaltungskalender noch viel länger nicht mehr aktualisiert worden, scheint in den Rubriken nichts mehr zu passieren und wird nur noch selten ein neuer Artikel auf der Startseite hochgeladen.

Acht Jahre nach der Gründung des Internetportals scheint die Hochzeit des *Indernets* vorüber zu sein, seine Bedeutung aber nicht. Dieser Artikel skizziert verschiedene Entwicklungsstufen des virtuellen Raumes und bietet Interpretationsmöglichkeiten an. Er beruht dabei auf der teilnehmenden Beobachtung des

---

1   Türkisch markierte Portale wie *vaybee* (vgl. Hugger 2009: 69-102) haben sehr viel mehr Nutzer_innen als das *Indernet*. Unter Wissenschaftler_innen und Journalist_innen hat das *Indernet* aber eine vergleichsweise hohen Bekanntheitsgrad.

2   Vgl. Döring (2003: 363), Androutsopoulos (2005, 2006a und b, 2007) sowie Hugger (2009: 57). Gries (2000) ist vermutlich die erste Publikation, die das *Indernet* erwähnt.

3   *„Der Unterstrich signalisiert Brüche und Leerstellen in als eindeutig vorgestellten Genderkonzepten und irritiert damit eindeutige Wahrnehmungen. Während das Binnen-I beispielsweise die Sichtbarkeit der Gruppe der Frauen in generischen Appellationen erhöhen soll, wird durch den Unterstrich auf die Leerstellen in ebendiesem dichotomen Genderkonzept hingewiesen, die nicht alle gegenderten Lebensweisen erfassen kann."* (Hornscheidt 2007: 104)

4   Um meine Informant_innen zu anonymisieren, werde ich in der Regel unabhängig vom wahrgenommenen Gender den Unterstrich und weibliche Personalpronomen nutzen.

Internetportals seit Weihnachten 2000 sowie auf umfangreichen Interviews mit Redakteur_innen, Nutzer_innen und Beobachter_innen im Zeitraum von 2004 bis 2006.[5] Theoretisch und methodisch bezieht sich die Darstellung zum einen auf Diskussionen zur virtuellen Ethnographie (insbesondere Miller/Slater 2000) sowie auf die kritische Rassismusforschung (insbesondere Mecheril 2003) und andere machtkritische Theorieansätze wie die postkoloniale Theorie (vgl. Castro Varela/Dhawan 2005), die kritische Weißseinsforschung (vgl. Eggers et al. 2005) sowie die Gender und Queer Studies (vgl. von Braun/Stephan 2005). Aus dieser machtkritischen Perspektive verstehe ich den (bestätigenden sowie den widerständigen) Umgang mit gesellschaftlichen Normen als politisch. Anhand des *Indernets* werde ich verschiedene Facetten der Relevanz des Internets für Menschen aufzeigen, die in Deutschland als ‚Menschen mit Migrationshintergrund', ‚Migrant_innen' oder ‚Ausländer_innen' bezeichnet werden.[6] Im Einzelnen werde ich die Gründung des Portals im Jahr 2000, die Entwicklung eines Raumes für natio-ethno-kulturell (vgl. Mecheril 2003) Gleiche, die Bedeutung des ‚Indienbooms' in den Jahren 2002/03 sowie die Veränderung des Portals seit etwa 2005 darstellen. Zum Abschluss des Kapitels betrachte ich die Bedeutung des neuen Mediums Internet für die Redakteur_innen und Nutzer_innen des *Indernets*.

1   InderKinder im Internet

„Das Jahr 2000 war das Jahr der Greencard. Eine Schwemme indischer Softwarespezialisten sollte Deutschland überrollen. Das war tatsächlich nicht der Fall. Deutschland sprach von den Indern und Herr Rüttgers wollte lieber ‚Kinder statt Inder'. Ein Grund, warum damals meine beiden Kollegen und ich uns entschlossen unsere persönlichen Internetseiten miteinander zu vernetzen. Indernetzwerk halt, ‚jetzt zeigen wir's denen' und so."[7]

So beschreibt einer der Gründer[8] in einem Grußwort zum dreijährigen Jubiläum des *Indernets* die Entstehung des Portals. Diese Bezugnahme auf die ‚Computer-

---

5   Im Rahmen des von der Volkswagen-Stiftung geförderten Forschungsprojektes „Die virtuelle zweite Generation" habe ich von 2004 bis 2006 zum *Indernet* gearbeitet. Für weitere Informationen siehe http://www.urmila.de/forschung/.

6   Für eine kritische Diskussion der Bezeichnungspraxis und dem ihr zugrundeliegenden Ausländerdispositiv siehe Mecheril/Rigelsky (2007: 61-68).

7   Zur Gewährleistung der Anonymität meiner Informant_innen gebe ich keine genauen Quellenangaben an und verändere die Zitate minimal, damit sie nicht per Suchfunktion gefunden werden können (vgl. Döring 2003: 240-242).

8   Bei den drei Gründern wähle ich die männliche Form, da dies nicht nur ihrer Selbstbeschreibung entspricht, sondern ich auch ihre männliche Positionierung als bedeutend in der Entwicklung des *Indernets* wahrnehme.

Inder_innen' und die Kampagne *„Kinder statt Inder"* (vgl. Goel 2000) zieht sich auch durch viele meiner Interviews. Eine der frühen Redakteur_innen erklärt mir, dass das *Indernet* am Anfang eine *„Protestseite"* war, deren Idee es war *„Herrn Rüttgers zu ärgern und zu sagen: hier, es gibt Inder in Deutschland und wir sind als Community stark".*

Als Inder_innen wahrgenommene Menschen waren bis zu dieser Kampagne kaum als Problem in Deutschland dargestellt worden. Die Gründe hierfür liegen vermutlich an ihrer absolut geringen Anzahl[9], an dem recht hohen Anteil von gut ausgebildeten, ökonomisch und sozial gut etablierten unter ihnen (vgl. Goel 2006) sowie an dem Sehnsüchte in der deutschen Dominanzgesellschaft[10] bedienenden orientalistischen Bild von Indien (vgl. Goel 2008a: 215-218). Der plötzliche Fokus auf Inder_innen, der ihnen zwar zum einen eine bis dahin nicht vermutete Kompetenz zuschrieb, zum anderen aber auch ihre Präsenz in Deutschland in Frage stellte, traf daher in Deutschland sozialisierte und dort als Inder_innen wahrgenommene junge Menschen überraschend und ambivalent. Die Gründung des Internetportals *Indernet* nahm diese Ambivalenz auf (vgl. Goel 2008a: 210-211). Auf der einen Seite bezieht es sich positiv auf das Bild der ‚Computer-Inder_in' und stellt die IT-Kompetenz Indiens dar. Zum anderen wird Kritik an den ausgrenzenden Diskursen geübt, wie ein Zitat aus der Nachrichtenrubrik am 26.12.2000 zeigt: *„Als Kanzler Schröder bekannt gab, daß er die Green Card einführen wolle, protestierte die halbe Nation. Befürchtungen vor zu viel Einwanderung, sowie die Gefahr, daß die Experten nicht nach 5 Jahren das Land wieder verlassen, bildeten den Keim für konservative bis zu rechtsextremen Kampagnen."* Insofern handelt es sich bei der Gründung des *Indernets* um eine politische Handlung, die auch von Nutzer_innen als positiv angesehen wird. So schreibt eine Nutzer_in im Mai 2006 im Forum: *„Irgendwo habe ich gelesen (glaube auf urmels Homepage,[11] müsste es aber nochmal nachprüfen), dass dieses Forum als Antwort auf die damalige Kampagne "Inder statt Kinder"[12] gedacht war, was mir als Idee sehr gut gefiel."*

---

9 Im Jahr 2000 waren in Deutschland etwa 35.000 indische Staatsbürger_innen gemeldet. Die Zahl der als Inder_innen wahrgenommenen Personen dürfte wesentlich höher sein, ist aber im Vergleich zu anderen als nicht-deutsch kategorisierten Menschen gering.

10 Der Begriff Dominanzgesellschaft lehnt sich an das von Rommelspacher (1998) entwickelte Konzept der Dominanzkultur an.

11 Hier bezieht sich die Nutzer_in auf meinen Nick und meine Webseite http://www.urmila.de/forschung, auf der ich meine Texte über das *Indernet* veröffentliche. Dieses Zitat zeigt, dass sich die Bilder über das *Indernet* in einem interaktiven Prozess zwischen Redakteur_innen, Nutzer_innen und über das *Indernet* Schreibende bilden.

12 Ob diese Verdrehung des Slogans eine absichtliche ist, lässt sich nicht erkennen. Florea (2005) beobachtet im Juni 2005 die gleiche Umdrehung und interpretiert sie als eine ironische Umkehrung der diskriminierenden Ausgrenzung.

Auffällig ist dabei, dass explizite politische Aussagen auf dem *Indernet* kaum zu
finden sind. In Interviews und bei öffentlichen Auftritten betonen die Redak-
teur_innen, dass das Internetportal nicht politisch bzw. politisch neutral sei[13]
(vgl. Goel 2005a). Die Auseinandersetzungen mit der diskriminierenden Kampagne erfolgen insbesondere durch das humoristische Spielen mit ausgrenzenden
Bildern (vgl. Paske 2006: 27-28), der Sammlung von Cartoons rund um ‚Compu-
ter-Inder_innen‘ und der Selbstaneignung von Wortspielen wie dem ‚Indernet‘.
Mit Paul Mecheril (in Goel 2008b: 65-66) lässt sich argumentieren, dass hier
Ironie genutzt wird, um die Ambivalenz der Situation zu ertragen und zu verarbeiten. Oder wie einer der Gründer es im Interview formuliert: *„Da haben wir
uns ein bisschen geärgert, dass soviel negative Propaganda gemacht wurde.
Und auf der anderen Seite haben wir es auch ganz lustig gefunden. "*

Die Debatte um die ‚Computer-Inder_innen‘ alleine hätte aber nicht zur
Gründung des *Indernets* geführt. In fast allen Interviews mit jungen Männern,[14]
die um 2000 eigene Webseiten gestalteten, wurde der Spaß am Spielen mit dem
neuen Medium betont. So sagt einer der *Indernet*-Gründer: *„Ich hatte das Medium damals entdeckt. Wir hatten bei uns in der Schule html gemacht. Das fand
ich sehr interessant. Da hab ich mich etwas mehr mit dem Internet auseinander-
gesetzt und irgendwann war auch dieser Drang da, sich irgendwie auch dann im
Netz mal zu präsentieren. "* Zumeist wurden erst statische persönliche Seiten
gebastelt und als diese zu langweilig wurden, größere Projekte in Angriff genommen. Der Webmaster eines Portals, das Ende 2008 zu einem kommerziellen
Erfolg zu werden scheint, erzählte mir über die Anfänge: *„Dann habe ich aber
gemerkt, jetzt habe ich die Seite zusammengestellt, aber da ist irgendwie nichts
mehr zu tun. Und dann habe ich mir halt irgendetwas gesucht, worüber ich eine
Seite machen wollte. "*

Das *„ irgendwas "*, was gesucht wurde, hatte nicht nur im Falle des *Indernets* mit Indien zu tun.[15] Die Auseinandersetzung mit der zugeschriebenen Herkunft Indien spielte für viele junge Menschen zu dieser Zeit eine große Rolle,
wie einer der Gründer des *Indernets* mir im Interview erklärte: *„ (...) dass man so
in einem Alter war, wo man sich auf einmal ein bisschen mehr Gedanken auch
über Indien vielleicht gemacht hat oder so, wo man vorher ja eher so pragmatisch gelebt hat".*

Die Migration von Menschen aus Indien nach West-Deutschland war vor allem in den 1960ern und 70ern hoch (vgl. Goel 2006). Familien wurden insbe-

---

13 Für eine Diskussion darüber wie eine solche Distanzierung von politischer Verortung mit einer
     (Re)Produktion von dominanten Normen einhergeht siehe Goel (2007a: 178-180).
14 Bei allen von mir untersuchten Webseiten waren junge Männer die Gründer und Hauptverant-
     wortlichen.
15 So entstanden Portale zu indischen Sportarten oder zu indischem Film und Musik.

sondere in den 1970ern gegründet, so dass ab der Mitte der 1990er erstmals eine größere Zahl von in Deutschland sozialisierten und dort als Inder_innen wahrgenommenen jungen Menschen in einer Lebensphase war, in der sie sich aktiv zwischen verschiedenen Zugehörigkeitskontexten orientieren mussten. Die Verbreitung des Internets und die Gründung des *Indernets* fielen gerade in diese Zeit und boten so das richtige Angebot zur richtigen Zeit. Ohne die neue Technologie wäre der Austausch unter den in Deutschland sozialisierten und dort als Inder_innen wahrgenommenen jungen Menschen viel schwerer geworden, wie eine der frühen Redakteur_innen ausführte: *„Also, wenn es das Internet nicht gegeben hätte, gäbe es das Indernet auch nicht. Dann würde es sicher sehr sehr schwierig werden. Bis es dann irgendwelche anderen Kommunikationsmöglichkeiten gegeben hätte, das hätte wohl sehr lange gedauert. Also wenn das Internet nicht erfunden worden wäre, sehe ich eigentlich im Community-Bereich keine Zukunft, hätte ich da nicht gesehen. Weil das ist ja richtig ausschlaggebend. Dadurch ist alles gewachsen. Das Internet hat wirklich ein Tor geöffnet."*

Abbildung 1:   Klicks pro Monat im Zeitraum von August 2000 bis Oktober 2003[16]

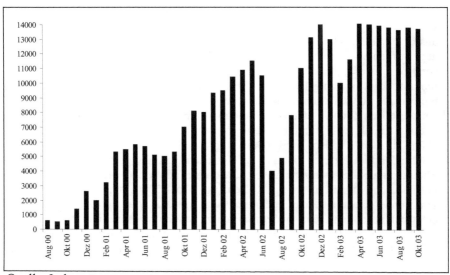

Quelle: Indernet.

---

16 Diese graphische Darstellung der Klicks pro Monat wurde mir von der Redaktion zur Verfügung gestellt. Weitere Informationen darüber, was diese Darstellung aussagt, habe ich nicht bekommen.

So verbanden sich im Sommer 2000 die Kampagne *„Kinder statt Inder"*, die Verbreitung von Technikkompetenz sowie eine kritische Masse von in Deutschland sozialisierten und dort als Inder_innen wahrgenommenen jungen Menschen in der Orientierungsphase zu einem idealen Ausgangspunkt für den Erfolg des *Indernets*[17], der sich in den Zugriffszahlen der Abbildung 1 widerspiegelt.

2   Unter natio-ethno-kulturell Gleichen

„Wow! Soo viele Inder! Ich war wirklich sprachlos als ich im Winter 2001, auf der Indian Night in Frankfurt ankam. Meine erste indische Party. Bis dahin dachte ich noch, Deutschland sei ein inderloses Land" schreibt eine der Redakteur_innen in ihrem Grußwort zum dreijährigen Jubiläum des Indernets. Auch in den anderen Grußworten und in den Interviews mit mir wird immer wieder der Überraschung, dass es so viele andere ‚Inder_innen' in Deutschland gibt – und man mit ihnen über das Internetportal in Kontakt treten kann -, Ausdruck gegeben.

Junge Menschen, die in Deutschland sozialisiert wurden und dort als Inder_innen wahrgenommen werden, können in verschiedene Kategorien eingeteilt werden. Ein großer Teil sind Kinder von christlichen Krankenschwestern, die aus dem südindischen Kerala in den 1960er und 70ern nach West-Deutschland angeworben wurden (vgl. Goel 2008b). Die Migrant_innen haben sich, insbesondere mit Hilfe der katholischen Kirche, eigene natio-ethno-kulturelle Strukturen aufgebaut und ihre Kinder in diese eingeführt. In Wohnumfeld und Schule bleiben die jungen Menschen aber überwiegend von Angehörigen der Dominanzgesellschaft und anderer natio-ethno-kulturell definierter Gruppen umgeben. Dies gilt noch mehr für die zweite große Kategorie. Deren Väter kamen vor allem in den 1950ern und 60ern für Praktika und Studium nach West-Deutschland, etablierten sich in akademischen Berufen, gründeten Familien mit Ehefrauen aus der Dominanzgesellschaft oder Indien und hatten wenig Kontakt mit anderen Migrant_innen aus Indien (vgl. Goel 2006). Diese beiden Kategorien kenne ich am besten, nicht nur weil sie das Bild der ‚Inder_innen' in Deutschland dominieren, sondern da ich zu letzterer gehöre und mit der ersten viel Kontakt habe. Gemeinsam kann man sie auch als Kategorie der etablierten Inder_innen (vgl. Desai 1993) in Deutschland bezeichnen. Darüber hinaus gibt es auch jene, deren Zuwanderung weniger privilegiert war, weil die Migrant_in-

---

17   Weitere Erfolgsfaktoren des *Indernets* waren, dass die drei Gründer zusammen über Technik-, Design- und Marketingkompetenz verfügten, so dass das Internetportal von Anfang an einen professionellen Eindruck machte, und dass Netzwerke für seine weitere Entwicklung geschickt genutzt wurden.

nen weniger qualifiziert waren oder nur über einen Asylantrag ins Land kommen konnten. Als Inder_innen wahrgenommen werden zudem nicht nur jene, die eine direkte biographische Verbundenheit zu der Republik Indien aufzuweisen haben. Die Kategorisierung als Inder_in erfolgt in Deutschland in der Regel auf Basis einer Reihe von physiognomischen und sozialen Merkmalen. Dies führt dazu, dass auch Menschen mit einer biographischen Verbundenheit zu einem anderen südasiatischen Land (vgl. Goel 2005b: 202), mit einer viele Generationen zurückliegenden biographischen Verbundenheit zu Indien sowie aus Südasien Adoptierte (vgl. Goel 2008c: 103-108) und jene mit einem in ihrem Leben abwesenden Erzeuger aus Südasien (vgl. Goel 2008c: 102 und Kröger 2003) Indisch-Sein zugeschrieben wird und sie sich mit dieser Zuschreibung auseinandersetzen müssen. Junge Menschen all dieser Kategorien habe ich unter den Redakteur_innen und Nutzer_innen des *Indernets* getroffen. Sie unterscheiden sich in ihren Lebensumständen, ihrer regionalen Verortung in Deutschland und jenseits der deutschen Grenzen, ihrer sozialen Schicht, politischen und religiösen Orientierung, Interessen und anderen Aspekten stark voneinander. Was sie aber eint, ist dass sie überwiegend im deutschsprachigen Raum aufgewachsen sind und von anderen regelmäßig als Inder_innen wahrgenommen werden.[18] Viele von ihnen empfinden sich als natio-ethno-kulturell Gleiche, auch wenn die Grenzen der Gleichheit immer wieder strittig sind (vgl. Goel 2008c).

Die meisten Redakteur_innen und Nutzer_innen leben, lernen und arbeiten in einem von der Dominanzgesellschaft dominierten Umfeld und werden die meiste Zeit als von dem fiktiven Bild des Standard-Deutschen (vgl. Mecheril 2003: 211-212) abweichend angesehen. Wenn sie Kontakt mit anderen natio-ethno-kulturell Gleichen haben, dann meist nur über die natio-ethno-kulturellen Netzwerke ihrer Eltern. Seit Mitte der 1990er ist zu beobachten, dass die in Deutschland sozialisierten und dort als Inder_innen wahrgenommenen jungen Menschen sich darum bemühen, eigene Räume zu schaffen, in denen sie selbst die Regeln aufstellen und in denen ihre spezifischen Bedürfnisse nach Austausch und Vertrautheit erfüllt werden (vgl. Goel 2007c). Der virtuelle Raum *Indernet* erfüllte die Erfordernisse hierfür besonders gut, wie ich in den Interviews zwischen 2004 und 2006 immer wieder erfahren habe (vgl. Goel 2005b und 2007b). Mit wenigen Ressourcen und ohne Kontrolle durch die Eltern oder die Dominanzgesellschaft konnte hier etwas Eigenes geschaffen werden. Das *Indernet* entwickelte sich so schnell zu einem Ort der imaginierten Gleichheit, des Vertrauens und des Austauschs untereinander. Er ermöglichte zudem den Austausch und das Kennenlernen in anderen Online- und Offline- Räumen und Netzwerken.

---

18 Es gibt auf dem *Indernet* auch einen Anteil von Redakteur_innen und Nutzer_innen, die nicht als indisch wahrgenommen werden. Die fiktive Standard-Nutzer_in wird aber als indisch-markiert imaginiert (vgl. Goel 2007b: 222-223).

Die verschiedenen redaktionellen Angebote, Foren und Kommunikationsmittel bedienten dabei unterschiedliche Präferenzen im Kommunikationsverhalten. In Anlehnung an Miller und Slaters (2000: 85-87) *„Being Trini"* kann gesagt werden, dass das *Indernet* seinen Nutzer_innen und Redakteur_innen ermöglichte ‚Indisch zu sein' oder genauer ‚gleichzeitig Indisch und Deutsch zu sein' oder in Mecherils (2003) Begrifflichkeit fraglos als natio-ethno-kulturell (mehrfach-)zugehörig anerkannt zu werden.

Wobei aber natürlich nicht alle, die in Deutschland sozialisiert wurden und dort als Inder_innen wahrgenommen werden, das *Indernet* als ihren Raum ansehen. Für einige ist die virtuelle Kommunikation nicht die passende, für andere sind die Inhalte der Kommunikation nicht ansprechend und wieder für andere ist der Zusammenschluss auf Basis von natio-ethno-kultureller Gleichheit ein fraglicher (vgl. Paske 2006: 7-8) oder wird die (re)produzierte Heteronormativität als Ausgrenzung erlebt (vgl. Goel 2007a: 176-178).

3   Der Indienboom und seine Auswirkungen

„Indische Filmmusik und Hochzeitstänze unterlegt mit Bässen: Das Indienfieber hat die deutschen Clubs erfasst. Partys wie Bombay Mix, Asian Beatz oder Munich Masala gehören zum Repertoire der Discos in Hamburg, Berlin und München. Die DJs heißen DrJee oder Inspector Bang." (Dresdner Neue Nachrichten Online, 13.08.2003)

Diese dpa-Meldung wird im Sommer 2003 nicht nur von den Dresdner Neuen Nachrichten abgedruckt, auch bei n-tv.de, in der Ostsee-Zeitung, auf rtl.de und bei yahoo! wird der Artikel unterschiedlich redigiert veröffentlicht. Kurz darauf veröffentlichen auch die Kölnische Rundschau und das Funkhaus Europa des WDR selbst recherchierte Berichte über den ‚Indienboom'. *Punjabi MC* läuft im Radio und auf Partys. Indien ist im Trend und die Medien berichten darüber. Als Expert_innen zitiert werden dabei immer wieder auch Redakteur_innen des *Indernets,* dessen Bekanntheitsgrad so weiter steigt. Die Kölnische Rundschau schreibt am 22.08.03:

„Das zunehmende Interesse an Indien bekommen auch die Redakteure des ‚Indernet' zu spüren. Das Indienportal für Deutschland (…) verzeichnet 17 000 Zugriffe im Monat. Zuerst gedacht für Asiaten, vor allem Inder der zweiten Generation, mausert sich das Indernet mit seinen Rubriken von Nachrichten über Kultur bis hin zu indischen Witzen mehr und mehr zur Plattform für alle Indien-Interessierten. Anmeldungen für Newsletter, Beiträge in den Diskussionsforen – Deutsche ohne indische Wurzeln sind mittlerweile keine Seltenheit mehr."

Das zunehmende Interesse für Indien, das *Indernet* und indische Partys war auch für mich während des ‚Indienbooms' spürbar und wurde in vielen Interviews bestätigt. Seit der ersten *Indian Night* 1996 in Frankfurt/Main und der ersten

Munich Masala 1999 in München, die beide als Räume für als Inder_innen wahrgenommene Menschen initiiert wurden,[19] hatte sich die Partylandschaft massiv verändert. Immer mehr Menschen kamen zu den Partys und immer mehr Partyveranstalter_innen versuchten sich zu etablieren. Der Veranstaltungskalender auf dem *Indernet* wurde von den Partyorganisator_innen und den Nutzer_innen viel genutzt, die Partys in den Foren vor- und nachdiskutiert, Berichte und Fotos wurden online gestellt. Bekanntschaften aus dem *Indernet* wurden bei Partys gefestigt, neue Partybekanntschaften auf dem *Indernet* weiter gepflegt. Auch das *Indernet*-Team entschloss sich im Jahr 2002, eine eigene Party zu organisieren.[20] Viele in Deutschland sozialisierte und dort als Inder_innen wahrgenommene junge Menschen fuhren von Party zu Party, genossen das niemals zuvor so große Angebot und die neue Anerkennung für ‚indische' Musik. Bei meinen Interviews im Jahr 2004 war die Begeisterung allerdings schon etwas abgeflaut. Viele der neuen Partys entpuppten sich als Eintagsfliegen von eher mäßiger Qualität. Das große Angebot nahm den einzelnen Partys den speziellen Charakter und bald war die Nachfrage bei vielen eher gesättigt, wie eine Nutzer_in mir im Interview erzählte:

„Also das war dann in so einer Phase, wo so viele Partys plötzlich waren. Dann war man sehr viel unterwegs. Und irgendwie hat es mir nach einer Zeit gereicht. (…) Ich glaube ich war noch bei dieser Indian Night in Frankfurt und das ist ja immer im November/ Dezember. Danach hatte ich irgendwie nicht mehr das Bedürfnis auf die Partys, nicht mehr so wirklich. Und dann bin ich auch auf keine mehr gegangen."

Die Partys entwickelten sich von einem Treffpunkt für in Deutschland sozialisierte und dort als Inder_innen wahrgenommene junge Menschen, die für diese Partys durch die ganze Republik reisten, zu Partys für Menschen, die sich unabhängig von ihrer natio-ethno-kulturellen Zugehörigkeit für ‚indische' Musik interessieren. Mit den neu gewonnenen Besucher_innen gingen aber auch alte verloren, die die Partys nicht mehr als ihren Raum erlebten, wie eine andere Nutzer_in im Interview ausführte:

„Bis Februar/ März bin ich noch hingegangen zu Munich Masala. Jetzt bin ich schon, glaube ich, die letzten drei Male oder so nicht mehr da gewesen, (…) weil ich gemerkt habe, dass es stagniert, dass es immer weniger Inder sind, die da hingehen und eher mehr Europäer und das Fest selbst, wie es ablief, da habe ich mich nicht mehr so wohl gefühlt."

---

19 Die Idee zu beiden Partys war aus der Erfahrung entstanden, dass als Inder_innen wahrgenommenen Menschen häufig der Zugang zu anderen Partys verwehrt wurde und sie keinen Platz hatten, wo sie einander auf Augenhöhe begegnen konnten.
20 Aufgrund von erheblichen Konflikten rund um diese Party blieb es aber bei dieser einen vom *Indernet* ausgerichteten Party.

Zu diesem Zeitpunkt im Jahr 2004 erfüllte das *Indernet* noch die Funktion des Raums von natio-ethno-kulturell Gleichen, aber auch hier war merklich, dass immer mehr ‚Andere' es nutzten (vgl. Goel 2008a: 215-217). In den Foren war deren aktive Beteiligung eher gering, aber die Zugriffszahlen insgesamt gingen hoch, die Medienberichterstattung nahm zu und in meinen Interviews erzählten mir viele, dass sie das *Indernet* beobachten, um Informationen über ‚Inder_innen' in Deutschland und Indien zu bekommen (vgl. Goel 2007c: 219-223). Neben der Ermöglichung von Kommunikation konnte das *Indernet* nun vermehrt auch das selbstgesetzte Ziel der Information erfüllen (vgl. Goel 2007c: 210-211). Gegen die Indienbilder der Dominanzgesellschaft und jene der Eltern setzen die Redakteur_innen und Nutzer_innen ihre eigenen Bilder, mit denen sie sich besser identifizieren konnten (vgl. Goel 2007c und 2008a). Dies entspricht dem was Miller und Slater (2000: 103-114) als *„Representing Trinidad"* bezeichnen und in Bezug auf das *Indernet* als ‚Indien repräsentieren' und auch ‚Inder_innen in Deutschland repräsentieren' umschrieben werden kann. Es geschieht mehr oder weniger bewusst vor allem über die redaktionelle Beiträge, darüber was wie thematisiert wird und was nicht. Gleichzeitig werden die Diskussionen in den Foren von vielen Beobachter_innen auch als Informationen über Inder_innen und Indien verstanden (vgl. Goel 2007c: 219-220).

Die Medienberichte und meine Interviews mit Journalist_innen aus der Dominanzgesellschaft deuten darauf hin, dass die Redakteur_innen und Nutzer_innen des *Indernets* aufgrund ihrer zugeschriebenen Herkunft und des professionellen Anscheins des Internetportals als authentisch und als Expert_innen wahrgenommen werden (vgl. Goel 2008a: 226-227). Dies wirft die von Castro Varela und Dhawan (2007) diskutierten Probleme der Unmöglichkeit adäquater Repräsentation (32-36) und der Konstruktion von authentischen Stimmen (39-42) auf: *„Wer also glaubt, dass ein ‚Migrant' – selbst wen er von MigrantInnen gewählt worden wäre – wahrhaftig die Interessen der MigrantInnen vertritt, verkennt die Kompliziertheit des Repräsentationsprozesses; träumt weiterhin den Traum von einem Leben außerhalb der Macht."* (34)

Das *Indernet*, seine Redakteur_innen und Nutzer_innen (re)produzieren permanent Bilder von Indien und werden dabei beobachtet. Das neue Medium Internet gibt diesen Bildern eine Öffentlichkeit, die vorher so nicht gegeben war und erweitert so dass in deutscher Sprache verfügbare Spektrum von Indienbildern. Diese Bilder sind aber nicht ‚richtiger' oder ‚objektiver' als andere. Sie kommen lediglich aus einer anderen gesellschaftlichen Positionierung und (re)präsentieren andere Perspektiven.

Auf den ‚Indienboom' der Jahre 2002/03 ist mittlerweile die *Bollywood*-Begeisterung gefolgt. Indische Filme werden im Fernsehen gezeigt, Shah Rukh Khans Besuch bei der Berlinale 2008 führt zu nie dagewesenen Fananstürmen und im Internet gibt es unzählige *Bollywood*-Foren. Immer mehr nicht als Inder_innen wahrgenommene Menschen begeistern sich für Indien, nehmen Informationen begierig auf und suchen Austauschmöglichkeiten. Die Möglichkeiten, sie mit Informationen zu versorgen, steigen und gleichzeitig nimmt damit die Möglichkeit ab, eigene Räume für natio-ethno-kulturell Gleiche aufrecht zu erhalten.

4 Tot oder lebendig?

„Hier ist es ja wie auf einem Friedhof" schrieb am 05.10.2007 eine regelmäßige Nutzer_in ins Forum, in dem zu diesem Zeitpunkt sehr wenig los war. Während die vorübergehende Nichterreichbarkeit des gesamten Internetportals im Sommer 2002[21] der Entwicklung des *Indernets* nicht geschadet hat, führte eine technische Krise im Sommer 2005 zu einer nachhaltigeren Nutzungsveränderung. Bis zu diesem Zeitpunkt wurde das Forum sehr rege genutzt, zum Teil liefen Konversationen mit direkten Antworten wie in einem Chat. Als Beobachterin hatte ich den Eindruck, dass das Forum für einige Nutzer_innen ein regelmäßiger Treffpunkt war, an dem sie sich über Wichtiges und vor allem über Unwichtiges[22] unterhalten konnten (vgl. Goel 2007c: 211-212). Viele schienen täglich ins Forum zu kommen, einige schienen das Forum immer geöffnet zu haben, wenn sie online waren. Im Sommer 2005 gab es dann wiederholt technische Probleme. Zum Teil war das Forum gar nicht nutzbar, zum Teil nur sehr eingeschränkt. Die Probleme zogen sich über Wochen und Monate hin. Eine der Nutzer_innen eröffnete daher ein *„Ausweichforum"*, damit die *Indernet*nutzer_innen sich weiter austauschen können. Gedacht war dieses Forum zu Beginn wohl tatsächlich nur als ein temporärer Ersatz und wurde dafür auch von den Nutzer_innen gut angenommen. Die *Indernet*redakteur_innen scheinen das Ausweichforum aber von Anfang an als Konkurrenz angesehen zu haben, kooperierten nicht mit ihm und beschuldigten seine Webmaster_in das *Indernet* unerlaubterweise zu kopieren und ihm Nutzer_innen abzuziehen. Der Konflikt eskalierte und das ehemalige Ausweichforum etablierte sich als selbständiges Forum *Indermezzo*, auf dem sich noch heute viele früher auf dem *Indernet* sehr aktive Nutzer_innen regelmäßig austauschen. Das *Indernet*forum hingegen ist zum Zeitpunkt des Verfassens dieses Artikels imDezember 2008 nun schon mehrere Monate ohne jegliche Begründung komplett offline bzw. produziert Fehlermeldungen, wenn ich es öffnen

---

21 Es gab Probleme mit dem Server und die Seite konnte erst nach mehreren Monaten, nachdem ein neuer Server gefunden worden war, wieder aufgerufen werden.
22 Threads, die Spiele und Grüße zum Inhalt hatten, waren besonders aktiv.

möchte.[23] Schon vorher wurde in ihm nur sehr wenig gepostet. Das Überraschende war, dass überhaupt noch jemand postete, wie eine Antwort auf obens-
tehendes Zitat am 05.10.2007 zeigt: *„Immerhin gibt es ab und an mal einen
vereinzelten Friedhofsbesucher....... Cool".*

Kurz zuvor hatte ich bei einer früher sehr regelmäßigen Poster_in nachgef-
ragt, warum sie denn noch ab und zu im Forum auftaucht, und bekam am
27.09.2007 folgende Antwort:

> „Ich denke von einer Wiederbelebung des Forums kann keine Rede sein. Es gab wohl mal kurzzeitig
> wieder einen leichten Anstieg, aber auch der scheint mittlerweile wieder abgeflaut zu sein. Genau
> weiß ich das nicht, da ich nur noch sporadisch reinschaue, wenn ich gerade nichts anderes zu tun
> habe. Warum ich überhaupt noch reinschaue, weiß ich ehrlich gesagt gar nicht. Es gibt keinen logi-
> schen Grund. Ich glaube, dass durch meine damalige häufige Präsenz einfach noch eine Gewohnheit
> da ist. So ganz aufgegeben habe ich das Forum dann doch nicht. Ab und an trifft man ja noch auf alte
> Bekannte. Im Indermezzo war ich eine Zeitlang recht aktiv. Mittlerweile ist das dort zum vollwerti-
> gen Indernekonkurrenten geworden, und einige die durch die ständigen Indernetausfälle rüber ge-
> wandert sind, sind letztendlich dort geblieben. Da schaue ich öfters rein, weil manchmal recht inter-
> essante Beiträge drinstehen."

Für einige Nutzer_innen scheint der Forenbesuch über die Zeit eine solche All-
täglichkeit geworden zu sein, dass sie trotz weitgehendem Stillstand immer wieder reingegangen sind.[24] Mit den anderen Nutzer_innen scheint eine so starke
Bekanntschaft entstanden zu sein, dass auch ein kurzer allgemeiner Austausch
nach längerer Zeit angenehm ist. Einige der ehemals regelmäßigen Poster_innen
(aber bei weitem nicht alle) haben ihren Austausch ins *Indermezzo* verlegt, das
sein eigenes vom *Indernet* verschiedenes Profil entwickelt hat.[25] Andere scheinen in andere soziale Netzwerke im Internet wie StudiVZ, wo es auch eine In-
derKinder-Gruppe gibt, oder Facebook abgewandert zu sein, wie auch folgender
Forumseintrag vom 02.04.2007 andeutet: *„Nichts für ungut, aber dieses Forum
hier ist mehr tot als lebendig. Laughing. Ich glaube die meisten sind jetzt im
StudiVZ. "*

Die Redakteur_innen des *Indernets* haben verschiedentlich versucht, die
neuen Möglichkeiten des Web 2.0 auch auf ihrem Portal zu implementieren. So
gab es schon 2003 eine Berichterstattung mit Audiobeiträgen, anlässlich von

---

23 Seit Januar 2009 steht auf der Startseite des *Indernets* folgender Hinweis: *„Aufgrund Umstruktu-
rierungsmaßnahmen (technisch/ personell) können wir bereits seit einiger Zeit nicht den vollen
Umfang unserer Nutzungsmöglichkeiten bieten. Das Forum bleibt daher weiterhin inaktiv, ferner
können Veranstaltungshinweise derzeit nicht bearbeitet werden. Wir bitten um Entschuldigung. "*

24 So wie auch ich bis zu der Meldung im Januar 2009 täglich auf das Forum geklickt habe, um zu
sehen, ob es doch wieder Online ist und etwas passiert.

25 Das *Indermezzo* ist viel weniger ein Raum natio-ethno-kulturell Gleicher und viel mehr ein
Raum für Indien-Interessierte mit zum Teil fundierten Kenntnissen über Indien und indische
Sprachen.

unterschiedlichen Ereignissen wurden Weblogs mit dem *Indernet* verbunden, im Forum gab es eigene Nickpages, im StudiVZ wurde eine eigene Gruppe eingerichtet und auf der Startseite wurden YouTube-Videos eingebunden. All diese Initiativen verblieben allerdings im Versuchsstadium, keine davon konnte sich wirklich etablieren. Auch das Design der Seite ist immer noch das gleiche, welches in den Interviews 2004 als dringend zu erneuern bezeichnet wurde. Während sich das *Indernet* am Anfang durch aktuellste Technik und professionelles Design ausgezeichnet hat, hinkt es inzwischen der Entwicklung hinterher. Über die Gründe hierfür kann ich nur Vermutungen anstellen. Zentral wird dabei sein, dass viele der Gründer und Redakteur_innen der Anfangszeit über die letzten acht Jahre ihre Mitarbeit wesentlich einschränken mussten bzw. ausgeschieden sind, da ihr Studium mehr Zeit in Anspruch nahm und mittlerweile viele berufstätig sind. Unter den fünf Ende 2008 im Editorial als Hauptverantwortliche aufgeführten Redakteur_innen sind drei schon fast von Anfang an dabei und nur eine ist erst nach 2005 dazugekommen. Dies werte ich als ein Anzeichen dafür, dass die Redaktion und das Konzept des Portals relativ starr geblieben sind und sich nicht dynamisch an die verändernde Umwelt anpassen konnten. So ist bei mir der Eindruck des Stillstandes und des Bedeutungsverlustes entstanden. Als ich im Herbst 2007 eine statistische Übersicht über die Zugriffszahlen (Abbildung 2) von der Redaktion zur Verfügung gestellt bekommen habe, überraschte mich daher deren konstant hohes Niveau.

Wenn diese Statistik ein gutes Abbild von tatsächlichen Zugriffszahlen ist,[26] dann hat sich der Grad der Nutzung seit dem Sommer 2005 (also der Zeit der Krise im Forum) auf wesentlich höherem Niveau als während des ‚Indienbooms‘ stabilisiert. Das *Indernet* scheint weiterhin, von vielen als ein attraktives Informationsangebot wahrgenommen zu werden. Dieser Eindruck bestätigt sich auch auf Konferenzen zum Themengebiet Migration und Internet, wo immer wieder positiv auf das *Indernet* Bezug genommen wird. Nachdem die zur Zeit meiner Interviews zentralen Angebote des Internetportals (das Forum und der Veranstaltungskalender) nicht mehr aktiv sind, müssen es jetzt die redaktionellen Angebote sein, die Nutzer_innen anziehen. Dabei fällt mir als regelmäßiger Beobachterin auf, dass sämtliche Rubriken seit mehreren Monaten bis Jahren nicht mehr aktualisiert wurden. Für eine flüchtigere Nutzer_in mögen die vielen über die Jahre gesammelten Artikel aber immer noch interessant sein. Auf der Startseite werden unregelmäßig alle paar Wochen neue Artikel hochgeladen. Viele von

---

26 Statistische Angaben über Zugriffszahlen sind grundsätzlich mit Vorsicht zu interpretieren. Stark aggregierten Zahlen kann nicht ohne weitere Informationen angesehen werden, was sich dahinter verbirgt. Wichtig wären zum Beispiel Informationen über die Verweildauer auf dem Internetportal. Mir stehen allerdings zur Interpretation außer dieser Graphik keine weiteren Informationen zur Verfügung.

diesen sind von Redakteur_innen geschrieben, die zur Zeit meiner Interviews
noch nicht dabei waren und deren Namen vermuten lassen, dass sie natio-ethno-
kulturell der Dominanzgesellschaft zugehörig sind.[27] Die meisten neuen Artikel
betreffen den Unterhaltungssektor, insbesondere Film und Musik. Desöfteren
scheinen auch, Pressemitteilungen von kommerziellen Anbieter_innen aus der
Unterhaltungsbranche unverändert hochgeladen zu werden. Generell ist zu beobachten, dass das *Indernet* immer wieder als Medienpartner für indienbezogene
Veranstaltungen, wie z.B. Filmfestivals, auftritt. Dies könnte darauf hindeuten,
dass zunehmend kommerzielle Zwecke mit dem Internetportal verfolgt werden,
wenngleich die Redaktionsarbeit wohl weiterhin unbezahlt geleistet wird.[28]

Abbildung 2:   Klicks pro Monat im Zeitraum von November 2003 bis
                September 2007

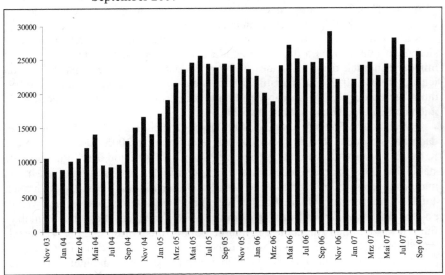

Quelle: Indernet.

Mein Eindruck ist, dass sich in den letzten acht Jahren eine Veränderung der
Zielsetzung des *Indernets* vom ‚Indernetzwerk' zum ‚Indienportal' ergeben hat.

---

27 Dabei sind Namen aber nur sehr unzuverlässige Anhaltspunkte für diese Einschätzung.
28 Über die finanzielle Situation des *Indernets* konnte ich immer nur wenig erfahren. Es gab in
    Interviews und auch in den Foren wiederholt Vorwürfe, dass das *Indernet* immer kommerzieller
    werde und es mehr um Geld als um die Community ginge. Ich gehe allerdings davon aus, dass
    die Angabe der Redaktion, dass die redaktionelle Arbeit ohne Bezahlung erfolgt, korrekt ist.

Betonte die Projektbeschreibung vom 26.12.2000 noch: *„ Unser Ziel ist es, junge Inderinnen und Inder im Internet zusammenzubringen, die Kommunikation untereinander zu fördern, Projekte unserer Mitglieder/innen vorzustellen und über Indien an sich zu informieren"*, ist mittlerweile die Schaffung eines Raumes für natio-ethno-kulturell Gleiche nicht mehr das dominante Ziel. Seit dem Sommer 2006 ist die Projektbeschreibung sehr viel marketingstrategischer formuliert (vgl. Goel 2007b: 227-228). Das veröffentlichte Ziel ist nun:

„Schaffung eines virtuellen Raumes, um die Bildung von Netzwerken von Menschen mit Interesse an Indien zu vereinfachen. Bereitstellung einer Plattform für Kommunikation, Information und Unterhaltung rund um das Thema Indien bzw. indisches Leben in Deutschland. Zentrale Vernetzung der in On- und Offlinemedien veröffentlichen Informationen zum Thema Indien/Inder in Deutschland. Förderung des interkulturellen Dialogs. Unterstützung der gesellschaftlichen Integration indischer Mitbürger im deutschsprachigen Raum. Das Indernet – eine Plattform für interkulturelle Kommunikation, Integration und hochwertigen Informationsgehalt rund um das Thema Inder. Das Indernet – am Puls der Community." (aus der Projektbeschreibung am 05.01.09)

Während die frühen Projektbeschreibungen eine klare Verankerung unter den in Deutschland sozialisierten und dort als Inder_innen wahrgenommenen jungen Menschen zeigen, spiegelt die aktuelle Projektbeschreibung eine Ausrichtung auf die aktuellen Diskurse der Dominanzgesellschaft wider. Schlagworte wie *„Förderung des interkulturellen Dialogs"* oder *„Unterstützung der gesellschaftlichen Integration indischer Mitbürger"* entstammen dem ausgrenzenden Sprachschatz des aktuellen Integrationsdiskurses (vgl. Böcker et al. 2009) und nicht der Perspektive derer, denen durch diesen Integrationsdiskurs die natio-ethno-kulturelle (Mehrfach-)Zugehörigkeit in Frage gestellt wird. Das *Indernet* scheint in diesen Formulierungen weniger Teil der ‚Community' zu sein, als anderen den Zugang zu dieser ermöglichen zu wollen.

5 Potentiale des Internets

Das Internet ermöglicht mit wenigen Ressourcen das Schaffen von eigenen Räumen (vgl. Stegbauer 2000: 20) und damit einer Öffentlichkeit weitgehend unabhängig von den hegemonialen Machtverhältnissen offline (vgl. Miller/Slater 2000: 3 und 18 sowie Mandaville 2003: 135). Traditionelle Eliten der Dominanzgesellschaft wie der Migrant_innen haben bisher online nur begrenzte Kontrollmöglichkeiten (vgl. Thimm 2000b: 8) und können daher online einfacher als offline umgangen werden (vgl. Mandaville 2003: 144). Daher wird das Internet von vielen als ein Weg zum Empowerment von bisher relativ Machtlosen gesehen (vgl. Slevin 2000: 5), dass ihnen eine Stimme gibt (vgl. Mitra 1997: 73) und ihnen Partizipation ermöglicht. Einer der Gründer des *Indernets* formuliert das im Interview wie folgt: *„Es ist halt schwierig sich über andere Medien, über Printmedien, sich mal so zu präsentieren, einfach so aus Spaß und so ist das [die Gründung des Indernets, ug] eigentlich geworden."* Das Internet bot erst das Medium mit dem sich in Deutschland sozialisierte und dort als Inder_innen wahrgenommene junge Menschen eine Öffentlichkeit schaffen und ihre Stimme erheben konnten.

Allerdings kann die Stimme auch in einer Kakophonie von Stimmen untergehen (vgl. Mitra 1997: 73), der Zugang zum Internet alleine reicht nicht, damit die Stimme auch gehört wird. So gab es vor der Gründung des *Indernets* (und auch danach) andere Versuche im Internet, eine Öffentlichkeit für in Deutschland sozialisierte und dort als Inder_innen wahrgenommene junge Menschen zu schaffen, die viel weniger erfolgreich waren. Das Spezielle am *Indernet* ist, dass es durch die Kompetenzen der Gründer und deren geschicktes Netzwerken gelang, eine große Öffentlichkeit für das Portal zu schaffen, Nutzer_innen zu binden und Redakteur_innen zu gewinnen. Anteil an dem Erfolg hatte sicher auch die doppelte Zielsetzung, sowohl Kommunikation unter natio-ethno-kulturell Gleichen zu ermöglichen als auch Informationen über Indien zur Verfügung zu stellen. Der Aspekt der Kommunikation stand insbesondere in den ersten Jahren im Mittelpunkt und führte zu einer starken Bindung von im deutschsprachigen Raum sozialisierten und dort als Inder_innen wahrgenommenen jungen Menschen an das *Indernet*. Es bot ihnen einen Raum in dem ihre natio-ethno-kulturelle (Mehrfach-)Zugehörigkeit selbstverständlich war und sie keine Ausgrenzung oder Erklärungsdruck auf natio-ethno-kultureller Basis befürchten mussten (vgl. Goel 2005b und 2007b). Vermutlich weil die Kommunikation in den Foren in den ersten Jahren von dieser Gruppe geprägt war, nahmen nur wenige Angehörige der Dominanzgesellschaft oder der angeworbenen ‚Computer-Inder_innen' an den Diskussionen aktiv teil.[29] In den ersten Jahren des *Indernets* schienen auch die angebotenen Informationen vor allem auf die in Deutschland sozialisierten und dort als Inder_innen wahrgenommenen jungen Menschen ausgerichtet zu sein. Sie konnten sich sowohl darüber informieren, was in Deutschland passiert als auch Informationen über ihr zugeschriebene Herkunft bekommen. Letzeres ist bedeutend, da viele nur relativ wenig Wissen über Indien haben, aber permanent von der Dominanzgesellschaft dazu aufgefordert werden, Aussagen über Indien zu machen (vgl. Goel 2007c: 223-224 und 2008a: 214-215).

---

29 Auch wenn die Redaktion von Anfang alle drei Gruppen als ihre Zielgruppen definierte und immer wieder spezielle Angebote für ‚Computer-Inder_innen' machte, habe ich (insbesondere in der Anfangszeit) wenige Nutzer_innen, die zu diesen Zielgruppen gehören, online beobachten können.

Gleichzeitig diente das *Indernet* auch dazu, ein eigenes Indienbild in Abgrenzung zu den Bildern der Dominanzgesellschaft und der Eltern darzustellen und damit mehr Anerkennung zu gewinnen (vgl. Goel 2007c: 223-225). Die Redakteur_innen profitierten hier davon, dass das Medium Internet die Entstehung von neuen Eliten und Sprecher_innen online ermöglichte (vgl. King 2003: 179 und Mandaville 2003), die zumindest am Anfang in der Regel jünger und technikkompetenter waren als die traditionellen offline. Diese neuen Repräsentant_innen, zu denen die Redakteur_innen und zum Teil auch die Nutzer_innen des *Indernets* gehören, stellen sich und ihre Ansichten im Internet dar und schaffen so neue Öffentlichkeiten und Bilder. Es entstehen so Räume für neue Verständnisse und Interpretationen (vgl. Mandaville 2003: 147 und Anderson 1999) und damit Neues. So spricht Mandaville (2003: 139), zum Beispiel, von einem neuen *„Soundbite Islam"*, der von jungen Ingenieur_innen und nicht von geschulten Geistlichen geprägt wird. Im Falles des *Indernets* entsteht ein in Deutschland verankerter Bezug zu Indien (vgl. Goel 2008d). Mit dem Erscheinen dieser neuen Sprecher_innen stellt sich allerdings auch die Frage ihrer Glaubwürdigkeit und des Vertrauens in die neuen Eliten (vgl. King 2003: 179 und Mandaville 2003: 145). Beim *Indernet* scheint letzteres in einem hohen und weitgehend unhinterfragten (vgl. Castro Varela/Dhawan 2007) Maß gegeben zu sein. Das *Indernet* hat so das Indien- und Inder_innenbild in Deutschland in den letzten Jahren stark mit prägen können.

Die Ausrichtung auf den Informationsbedarf der Dominanzgesellschaft steht dabei allerdings notwendigerweise im Konflikt mit der Schaffung eines geschützten Raumes für natio-ethno-kulturell Gleiche. Mit der vermehrten Offenheit gegenüber der Dominanzgesellschaft nehmen auch deren Perspektiven und Normen mehr Raum ein und lassen abweichenden Perspektiven weniger Spielraum (vgl. Goel 2007a). Wer an den Strukturen und Ressourcen der Dominanzgesellschaft partizipieren will, muss nach deren Regeln spielen und verliert dadurch Freiraum (vgl. Goel 2008c: 120-121) – und im Falle des *Indernets* möglicherweise auch die Bindung der primären Zielgruppe.

Dabei ist acht Jahre nach der Gründung des *Indernets* deutlich, dass es weiter einen Bedarf an Austausch unter natio-ethno-kulturell Gleichen und Informationen über Indien und ‚Indien in Deutschland' gibt. Viele der ehemaligen Nutzer_innen haben ihren Bedarf gestillt und sind weitergezogen. Aber andere im deutschsprachigen Raum sozialisierte und dort als Inder_innen wahrgenommene junge Menschen konnten das (noch) nicht und sind auf der Suche. So erreichen mich immer wieder Emails von jungen Menschen, die nach Austauschmöglichkeiten suchen und über meine Webseite auf Informationen über das *Indernet* und als Inder_innen wahrgenommene Menschen in Deutschland gestoßen sind. Eini-

ge finden dafür Orte on- oder offline, andere nicht und wieder andere suchen gar
nicht. Das *Indernet* spielt hierbei aber keine bedeutende Rolle mehr.

Literatur

Anderson, Jon W. (1999): The Internet and Islam's New Intepreters. In: Eichelmann/
Anderson (1999): 41-56.
Androutsopoulos, Jannis (2005): Virtuelle Öffentlichkeiten von Migranten. In: Jahrbuch
für Kulturpolitik. 5. 299-308.
Androutsopoulos, Jannis (2006a): Mehrsprachigkeit im deutschen Internet: Sprachwahl
und Sprachwechsel in Ethno-Portalen. In: Schlobinski (2006): 172-196.
Androutsopoulos, Jannis (2006b): Multilingualism, Diaspora, and the Internet: Codes and
Identities on German-based Diaspora Websites. In: Journal of Sociolinguistics. 10.4.
429-450.
Androutsopoulos, Jannis (2007): Language Choice and Code-Switching in German-based
Diasporic Web Forums. In: Danet/Herring (2007): 340-361.
Anghel, Remus Gabriel/Gerharz, Eva/Rescher, Gilberto/Salzbrunn, Monika (Hrsg.)
(2008): The Making of World Society – Perspectives from Transnational Research.
Bielefeld: transcript.
Arndt, Susan/Hornscheidt, Antje/Nduka-Agwu, Adibeli (Hrsg.) (2009): Rassismus und
die deutsche Sprache. Ein kritisches Nachschlagewerk. Münster: Unrast (im Er-
scheinen).
Böcker, Anna/Goel, Urmila/Heft, Kathleen (2009): Integration. In: Arndt et al. (im Er-
scheinen).
Broden, Anne/Mecheril, Paul (Hrsg.) (2007): Re-Präsentationen: Dynamiken der Migrati-
onsgesellschaft. Düsseldorf: ida NRW.
Castro Varela, Maria do Mar/Dhawan, Nikita (2005): Postkoloniale Theorie. Eine kriti-
sche Einführung. Bielefeld: transcript.
Castro Varela, Maria do Mar/Dhawan, Nikita (2007): Migration und die Politik der Rep-
räsentation. In: Broden/Mecheril (2007): 29-46.
Danet, Brenda/Herring, Susan C. (Hrsg.) (2007): The Multilingual Internet. Oxford:
Oxford University Press.
Desai, Elisabeth (1993): Hindus in Deutschland. Documentation 1993 Hindus in Europe/
Germany. Moers: edition aragon.
Döring, Nicola (2003): Sozialpsychologie des Internet. Die Bedeutung des Internet für
Kommunikationsprozesse. Identitäten, soziale Beziehungen und Gruppen. 2., voll-
ständig überarbeitete und erweiterte Auflage. Göttingen: Hogrefe.
Eggers, Maureen Maisha/Kilomba, Grada/Piesche, Peggy/Arndt, Susan (Hrsg.) (2005):
Mythen, Masken und Subjekte – Kritische Weißseinsforschung in Deutschland.
Münster: Unrast Verlag.
Eichelmann, Dole F./Anderson, Jon W. (Hrsg.) (1999): New Media in the Muslim World.
Indiana.

Esleben, Jörg/Kraenzle, Christina/Kulkarni, Sukanya (Hrsg.) (2008): Mapping Channels between Ganges and Rhein: German-Indian Cross-Cultural Relations. Newcastle: Cambridge Scholars Publishing.

Fitz, Angelika/Kröger, Merle/Schneider, Alexandra/Wenner, Dorothee (Hrsg.) (2005): Import Export – Cultural Transfer – India, Germany, Austria. Berlin: Parthas.

Florea, Alexandra (2005): Field Observation. Europa-Universität Viadrina Frankfurt/ Oder. URL: http://www.urmila.de/UDG/Forschung/florea.html.

Goel, Urmila (2000): Inder, Kinder, Chip-Erfinder. Die Green-Card-Diskussion aus der Sicht eines Inder-Kindes. In: Meine Welt. 17.1. 11-16.

Goel, Urmila (2005a): Das Indernet und die indische Community – Diskussionen bei Import Export am 12.08.05 in Berlin. In: DIG Mitteilungsblatt 3. 17-18.

Goel, Urmila (2005b): Fatima and theinder.net – A Refuge in Virtual Space. In: Fitz et al. (2005): 201-207.

Goel, Urmila (2006): Germany. In: Lal (2006): 358-360.

Goel, Urmila (2007a): ,Kinder statt Inder' – Normen, Grenzen und das Indernet. In: Riegel/Geisen (2007): 163-181.

Goel, Urmila (2007b): Ein Raum für die Uneindeutigen – Das Internetportal Indernet. In: Gunsenheimer (2007): 215-230.

Goel, Urmila (2007c): (Frei)Räume der zweiten Generation – Wege und Formen von Repräsentation. In: Broden/Mecheril (2007): 203-227.

Goel, Urmila (2008a): Imagining India Online: Second-Generation Indians in Germany. In: Esleben et al. (2008): 210-232.

Goel, Urmila (2008b): The 70th Anniversary of John Matthew – On Indian Christians in Germany. In: Jacobsen/Raj (2008): 57-74.

Goel, Urmila (2008c): 'Half Indians" Adopted 'Germans' and 'Afghan Indians' – On Claims of 'Indianness' and their Contestations in Germany. In: Transforming Cultures eJournal. 3.1. URL: http://epress.lib.uts.edu.au/ojs/index.php/TfC/article/view/676/605.

Goel, Urmila (2008d): The Indernet – A German Network in a Transnational Space. In: Anghel et al. (2008): 291-309.

Gries, Marie-Luise (2000): Inder in Deutschland. In: Ausländer in Deutschland 16.3. URL: http://www.isoplan.de/aid/index.htm?http://www.isoplan.de/aid/2000-3/inder.htm.

Gunsenheimer, Antje (Hrsg.) (2007): Grenzen Differenzen Übergänge – Spannungsfelder inter- und transkultureller Kommunikation. Bielefeld: transcript.

Hornscheidt, Antje (2007): Sprachliche Kategorisierungen als Grundlage und Problem des Redens über Interdependenzen. In: Walgenbach et al. (2008): 65-106.

Hugger, Kai-Uwe (2009): Junge Migranten online. Suche nach sozialer Anerkennung und Vergewisserung von Zugehörigkeit. Wiesbaden: VS Verlag.

Jacobsen, Knut A./Raj, Selva J. (Hrsg.) (2008): South Asian Christian Diaspora: Invisible Diaspora in Europe and North America. Farnham: Ashgate.

Jones, Steven (Hrsg.) (1997): Virtual Culture. Identity and Communication in Cybersociety. London: Sage.

Jordanova-Duda, Matilda (2002): Ethnoportale – Unter Landsleuten im Netz. In: Ausländer in Deutschland 15. 2. URL: http://www.Isoplan.de/aid/2002-2/medien.htm.

Karim, Karim H. (Hrsg.) (2003): The Media of Diaspora. London: Routledge.

King, Tony (2003): Rhodesians in Hyperspace: the Maintenance of a National and Cultural Identity. In: Karim (2003): 177-188.

Kröger, Merle (2003): Cut! Hamburg: ariadne.

Lal, Brij (Hrsg.) (2006): Encyclopedia of the Indian Diaspora. Singapur: Edition Didier Millet.

Mandaville, Peter (2003): Communication and Diaspora Islam: a Virtual Ummah? In: Karim (2003): 135-147.

Mecheril, Paul (2003): Prekäre Verhältnisse. Über natio-ethno-kulturelle (Mehrfach-)Zugehörigkeiten. Münster: Waxmann.

Mecheril, Paul/Rigelsky, Bernhard (2007): Nationaler Notstand, Ausländerdispositiv und Ausländerpädagogik. In: Riegel/Geisen (2007): 61-80.

Miller, Dan/Slater, Don (2000): The Internet: An Ethnographic Approach. Oxford/New York: Berg.

Mitra, Ananda (1997): Virtual Commonality: Looking for India on the Internet. In: Jones (1997): 55-79.

Paske, Mareile (2006): ‚Andere Deutsche' – Strategien des Umgangs mit Rassismuserfahrungen. Frankfurt/Oder: Viadrina. URL: http://www.urmila.de/UDG/Forschung/publikationen/Paske2006.pdf.

Riegel, Christine/Geisen, Thomas (Hrsg.) (2007): Jugend, Zugehörigkeit und Migration – Subjektpositionierung im Kontext von Jugendkultur, Ethnizitäts- und Geschlechterkonstruktionen. Wiesbaden: VS Verlag.

Rommelspacher, Birgit (1998): Dominanzkultur. Texte zu Fremdheit und Macht. 2. Auflage. Berlin: Orlanda.

Schlobinski, Peter (Hrsg.) (2006): Von *hdl* bis *cul8r*. Sprache und Kommunikation in den neuen Medien. Mannheim: Duden.

Slevin, James (2000): The Internet and Society. Cambridge: Polity.

Stegbauer, Christian (2000): Begrenzungen und Strukturen internetbasierter Kommunikationsgruppen. In: Thimm (2000a): 18-38.

Thimm, Caja (Hrsg.) (2000a): Soziales im Netz. Sprache, Beziehungen und Kommunikationskulturen im Internet. Wiesbaden: Westdeutscher Verlag.

Thimm, Caja (2000b): Einführung: Soziales im Netz – (Neue) Kommunikationskulturen und gelebte Sozialität. In: Thimm (2000a). 7-17.

von Braun, Christina/Stephan, Inge (Hrsg.) (2005): Gender@Wissen – Ein Handbuch der Gender-Theorien. Köln: Böhlau.

Walgenbach, Katharina et al. (Hrsg.) (2007): Gender als interdependente Kategorie. Opladen: Verlag Barbara Budrich.

Von Populär bis Fundamentalistisch:
Repräsentation islamischer Religiosität im Internet

Daniela Schlicht

1 Einleitung

Das Internet ist ein bedeutendes Medium, das den öffentlichen Raum[1] erweitert, in dem islamische Diskurse stattfinden. In ihm werden neue Positionen und Interpretationen des Islam diskutiert und verbreitet. Diese Neuinterpretationen des Islam entstehen durch den Prozess der Individualisierung von Lebensentwürfen. Ursächlich dafür ist die Relativierung der konventionellen gesellschaftlichen und kulturellen Fundamente für die Verortung des Individuums in sein Umfeld. Diese gesellschaftliche Veränderung wird oftmals mit den Schlagworten „Postmoderne", „Zweite Moderne", „Spätmoderne" oder „Risikogesellschaft" (Eickelpasch/Rademacher 2004: 5f.) beschrieben. Kontext dieses Aufsatzes ist somit die Auseinandersetzung des Islam mit der Moderne. Die daraus resultierenden Formen der Religiosität und ihre Repräsentation im Internet sind sein Gegenstand.

Aus europäischer Perspektive sind die potenziellen Auswirkungen der Ausbildung neuer Spielarten islamischer Religiosität auf den Westen und insbesondere auf die Bildung eines Euro-Islam von Interesse. Denn in der Migrationssituation kann Religion für die soziale Einbindung und Selbstvergewisserung vor allem junger Muslime der zweiten und dritten Generation an Wichtigkeit gewinnen. Maßgebend dafür können verschiedene Gründe sein: ein Gefühl der kulturellen Zerrissenheit, der Widerstand gegen die Wahrnehmung des Islam in der Mehrheitsgesellschaft oder auch der Generationenkonflikt mit den Eltern. Diese neuen Formen von Religiosität, deren Ausformungen bisher nur in Ansätzen untersucht sind, spiegeln die Identität der jeweiligen Akteure wider und finden ihren Ausdruck oftmals über das Internet. Somit bildet dieses Medium einen Raum der (Re-) Produktion und Repräsentation von Identitätsentwürfen (vgl. Klaus et al. 2004). Das Internet eignet sich deshalb in besonderem Maße

---

[1] Vgl. aus der Fülle der Literatur über die Theorien der Öffentlichkeit Peters (2007) und bezogen auf das Verhältnis von Öffentlichkeit und Internet: Von Lichtenstein (2002).

für die Verbreitung und Repräsentation religiöser Selbstentwürfe, da es – im Gegensatz zu den traditionellen Massenmedien, die vor allem durch einen einbahnigen Prozess des Informationsflusses charakterisiert sind – eine multipolare Massenkommunikation erlaubt. Diese Massenkommunikation ist dezentral organisiert und relativiert Ort und Zeit der medialen Rezeption. So gesehen stellt das Internet gerade für die in der Öffentlichkeit bzw. in den Massenmedien wenig repräsentierten Gruppen eine Chance dar, sich aktiv in den öffentlichen Diskurs[2] einzubringen, sich zu präsentieren und sich transnational mit Gleichgesinnten zu vernetzen (von Lichtenstein 2002). So ist dieses Medium ein geeignetes Mittel, zumindest im virtuellen Raum, die als universalistisch verstandene Umma (Gemeinschaft der Muslime) zu realisieren.

Die grundsätzliche Möglichkeit der Partizipation jedes Individuums am öffentlichen Diskurs im Internet hat zur Folge, dass die Masse an Informationen, die auf diesem Weg Verbreitung findet, kaum noch zu überblicken ist. Dies gilt auch für den Islam im Internet. So erscheint der Islam online in einer nicht zu überschaubaren Mischung aus Nachrichtenmeldungen, gesammelten Predigten, Texten aus dem Koran und aus Hadithsammlungen (Berichte über die Worte und Taten Mohammeds und seiner Gefährten), Ratgeber- und Selbsthilfeinformationen, Gesprächsforen zu verschiedenen Themen oder auch als „schwarzes Brett" für die Aktivitäten von Organisationen. Die Hierarchie zwischen akademischem und nichtakademischem Wissen, die bei gedruckten Büchern über etablierte Verlage, Bibliotheken und Buchhandlungen weitestgehend gewahrt und erkennbar bleibt, geht im Internet verloren.

In der Verbindung von Islam und Internet existieren somit zwei für diesen Aufsatz interessante Variablen: Zum einen ist unklar, welche Formen der islamischen Religiosität im Zuge der Auseinandersetzung mit der Moderne entstanden sind. Zum anderen stellt sich die Frage, in welcher Form diese religiösen Inhalte im Internet Verbreitung finden. In diesem Aufsatz soll aufgezeigt werden, welche Ausformungen die neuen Muster islamischer Religiosität haben können und inwiefern sich diese Formen der Frömmigkeit im Internet auffinden lassen. Weiterhin soll der Versuch unternommen werden, die so gewonnenen Erkenntnisse innerhalb der unterschiedlichen Positionen in der Debatte um den Euro-Islam zu verorten. Daher ergibt sich folgendes Vorgehen: Zunächst wird untersucht, warum junge Muslime im Westen dazu tendieren, neue Formen islamischer Religiosität zu adaptieren und ihre Identität durch sie zu definieren. Dies geschieht im Kontext einiger Überlegungen zur Bildung eines Euro-Islam. Anschließend werden zwei Formen islamischer Religiosität, die im Internet zu

---

2   Öffentlicher Diskurs wird hier verstanden als „frei zugängliche Kommunikation [innerhalb einer Bevölkerung] ohne formale Restriktion oder spezielle Teilnahmebedingungen" (Peters 2007: 326).

finden sind, beschrieben: Neo-Fundamentalismus und Pop-Islam.[3] Schließlich wird analysiert, welchen Einfluss diese Entwicklungen im Islam auf den Westen, insbesondere hinsichtlich eines Euro-Islam, haben können. Dieser Aufsatz soll als explorativer Versuch verstanden werden, unterschiedliche Formen islamischer Religiosität im Internet aufzuzeigen. Doch erst das Einbeziehen des Offline-Kontextes der Muslime, die das Internet nutzen, wird zeigen, welchen Einfluss das Internet auf die Entwicklung spezifisch europäischer Formen islamischer Religiosität und Identität hat (vgl. Larsson 2007: 57). Der nächste Schritt wäre daher das Durchführen von Interviews mit Muslimen, die ihre Religiosität im Internet inszenieren. Dieser Aufsatz fokussiert jedoch ausschließlich die Inhalte des Internet.

2 Religion und Identität junger Muslime in Europa

Charakteristisch für den Islam ist eine starke Pluralisierung. Diese ergibt sich zum einen durch die divergierenden inhaltlich-theologischen Auslegungen dieser Religion (z.B. Sunniten, Schiiten), zum anderen durch islamische Netzwerke, die ethnische bzw. nationale Identitäten ihrer Mitglieder betonen, um sich und ihre Kultur von anderen Gruppen abzugrenzen. Aufgrund der Pluralisierung durch Exegese und Kultur ist es nicht möglich von *dem Islam*, geschweige denn von einem – um ein häufig gebrauchtes Schlagwort in der Diskussion um den Islam in Europa anzuführen – *Euro-Islam* zu sprechen. Dieser Begriff ist mit einer Vielzahl von Konzepten belegt. Die am häufigsten diskutierten sind von Tibi (2002) und Ramadan (2004). Tibi versteht unter Euro-Islam die inhaltliche Vorgabe für eine liberale Ausgestaltung dieser Religion im Kontext europäischer Moderne. Ramadan hingegen besetzt den Begriff mit einer Konzeption des Islam, die Antworten auf zeitgemäße Herausforderungen der europäischen Muslime auf der Basis der universal gültigen Grundwerte des Islam entwickelt. Allerdings wird dieser Begriff auch analytisch gebraucht. Dann bezeichnet er die Formen des Islam, die durch die Interaktion mit der europäischen Mehrheitsgesellschaft geprägt werden (vgl. Landmann 2005: 572).

Entgegen der augenscheinlichen Trennlinien islamischer Netzwerke ist seit einiger Zeit festzustellen, dass gerade in der zweiten und den nachfolgenden Immigrantengenerationen europäischer Muslime eine Loslösung von ihrer kulturellen, im Sinne der ethnischen oder nationalen, Identität stattfindet. Diese wird von dem gleichzeitigen Hervortreten einer religiösen Identität begleitet.

---

3   Der Begriff des „Neo-Fundamentalismus" wurde von Roy (2006), der des „Pop-Islam" von Gerlach (2006) geprägt.

Fraglich ist, warum dies so ist und inwiefern sich das erstarkte religiöse Selbstverständnis gläubiger Muslime auf die Bildung eines Euro-Islam auswirken kann.

Ihre Begründung findet die Annahme von der Betonung des Glaubens oftmals in der gegenwärtig vermehrt attestierten Individualisierung und Privatisierung von Religion (vgl. Roy 2006, Landmann 2005: 571, Vertovec/Alisdair 1998: 3, Hempelmann u.a. 2005). Roy (2006: 153ff.) geht etwa davon aus, dass der Grund für die Trennung von Religion und Kultur bei Muslimen im Westen darin liegt, dass sie, herausgelöst aus den gesellschaftlichen Strukturen islamisch-geprägter Staaten, den Islam lediglich als Religion erfahren. Der Islam, in der Diaspora seiner gesellschaftlichen Autorität beraubt, ist de facto auf die Privatsphäre beschränkt, da religiöse Normen keine Beziehung zu sozialen und politischen Sphären haben. Als Muslim in einer nicht-muslimischen Umwelt zu leben, bedeutet somit eine Form der Säkularisierung zu erfahren. Mag der Islam auch für ihn eine allumfassende Religion darstellen, so ist er im Westen nur Religion und damit vom Staat getrennt. Roy zufolge ist die Konsequenz der Schwächung religiöser Autorität eine wachsende Individualisierung der religiösen Praxis. So muss der Gläubige, losgelöst von seinem religiösen und gesellschaftlichen Kontext, selbst definieren, was es heißt, ein Muslim zu sein, und sich in Bezug auf seine Religion neu verorten. Die Migration in ein nicht-muslimisches Land bietet so eine gute Gelegenheit, einen aller kulturellen und nationalen Besonderheiten entkleideten Islam neu zu denken und eine religiöse Identität eindeutig neu zu definieren.

Ein Indiz, das auf ein Hervortreten der religiösen Identität von Muslimen in Europa bei gleichzeitiger Abschwächung ihrer nationalen Identität hinweist, ist die Konzeption des Internetportals „Muslim-Markt".[4] Diese 1999 von Dr. Yavuz und Dr. Gürhan Özoguz gegründete Internetplattform soll sicherstellen, dass es „bei Geschäften und zahlreichen anderen Aktivitäten zwischen Muslimen [...] keine ideologischen Schranken" (Muslim-Markt 2008a) gibt. Sie richtet sich an „alle Muslime aller muslimischer Vereine und Organisationen sowie nicht organisierte muslimische Gruppen und Einzelpersonen" (ebd.). Besonders interessant für die Frage nach der Identität von Muslimen in Europa ist die Rubrik „Muslim-Heirat" innerhalb des Portals. In gerade einmal drei von 31 Inseraten spielt die Herkunft des zukünftigen Partners eine Rolle. Ausschlaggebendes Kriterium der Partnerwahl ist die Religion (Muslim-Markt 2008b). Beispiele wie dieses untermauern zunächst die These von der Trennung von Kultur und Religion in Bezug auf den Islam in Europa.

---

4   www.muslim-markt.de

In der ersten Migrantengeneration wurde dem religiösen Individualisierungstrend oftmals dahingehend entgegengewirkt, dass Religion, vor allem in Gestalt eines Volksislam, der neben religiösen Inhalten auch regionale Traditionen aufgriff, ein Element der sozialen Einbindung war. Um Sicherheit in der Konfrontation mit oftmals unverständlichen *westlichen Lebensweisen* zu erlangen, schlossen sich Muslime gleicher Herkunft in Kultur- bzw. Moscheevereinen zusammen. Die Aufgaben und Zuständigkeiten dieser Vereine gingen über die sakrale Dimension kultischer Handlungen und doktrinärer Unterweisungen hinaus. Sie fungierten so als Zentrum des Informationsaustauschs über das Herkunftsland, als Kontaktbörse bezüglich des Arbeits- und Wohnungsmarkts der neuen Heimat sowie als Zentrum des lokal-sozialen Netzwerks (vgl. Schlicht 2007, Beck-Gernsheim 2004: 31, Baumann: 2002: 8f.).

Deutlicher als in der ersten Immigrantengeneration zeigt sich die Individualisierung der Religion bei den zweiten und nachfolgenden Generationen von Muslimen. Oftmals lehnen sie den Volksislam ihrer Eltern ab und werden mit ausländischen Imamen konfrontiert, die von lokalen Glaubensgemeinschaften angestellt wurden. Diese Imame beherrschen häufig weder die jeweiligen europäischen Sprachen, noch können sie sich in die Situation der in Europa aufgewachsenen Jugend hineindenken. Als Konsequenz adaptiert der junge muslimische Gläubige häufig von der Familientradition abweichende Arten der Religiosität (vgl. Roy 2006: 167f.). Eine entscheidende Rolle bei der Entscheidung für diese neuen religiösen Praktiken spielt die Verortung des Gläubigen zu seiner Religion im Kontext seines säkular-europäischen Umfeldes. Der von der Elterngeneration gelebte Volksislam schafft es in seinen Augen oftmals nicht, Antworten auf dringende Fragen zum Verhältnis von Religion und dem modernen und säkularen Umfeld der europäischen Heimat zu geben. Häufig sind ihm die Traditionen und Praktiken, die dem Heimatland der Eltern entstammen, unverständlich. Auch das Misstrauen, dass in der europäischen Mehrheitsgesellschaft gegen Muslime gehegt wird und ihren Ursprung in Schlagzeilen über Terrorismus, Ehrenmord und die Diskriminierung von Frauen findet, kann zu einer mangelnden Identifizierung mit seiner Umgebung führen. Kennzeichnend für diese Generation ist daher oftmals eine kulturelle Zerrissenheit. Dies kann darin resultieren, dass junge Muslime die ihnen bis dahin negativ zugeschriebenen diskriminierenden Eigenschaften aufgreifen, um diese als Ausgangsbasis positiver Identifikation zu nutzen (vgl. Keupp 2006: 171). Castells (2004: 11) bezeichnet die Art der Identität, die etwa eine Religion oder andere Aspekte einer kulturellen Andersartigkeit betont, als eine Widerstandsidentität. Sie entsteht aus einer defensiven Identitätspolitik von Gruppen oder einzelnen Personen, die sich gegen die dominierende Kultur einer Gesellschaft mit der Konstruktion von kollektiven Wir-Figurationen wehren, die beispielsweise aus biologischen, geographischen oder religiösen Eindeutigkeiten bestehen. In dieser Situation bietet die Identifikation mit der Religion dem Individuum zwei entscheidende Ressourcen für die Konstruktion eines Selbst an: Zum einen Zugang zu einem ideologischen Prinzip, das die Integration der eigenen Gruppe und ihre Abgrenzung von anderen Gruppen rechtfertigt und so ein Zugehörigkeitsgefühl konstruiert. Zum anderen gibt das religiöse Prinzip Antwort auf das Bedürfnis an etwas „Höheres, Anderes" zu glauben. Dadurch entwickelt das Individuum ein religiöses Verständnis seiner Existenz, welches ihm die Exklusion von seiner sozialen Umwelt plausibel macht und diese rechtfertigt (Tietze 2004: 244). Die Religion kann so zum Bezugspunkt des sozialen Lebens werden, welcher Gläubige unterschiedlicher ethnischer Herkunft eint.

Inwiefern sich die Konstruktion einer solchen islamischen Identität, die ethnische und nationale Grenzen überschreitet, auf die Ausformung eines Euro-Islam auswirkt, ist fraglich. Fest steht allerdings, dass diese in Europa adaptierten Muster der Religiosität nicht unbedingt – im Sinne von Tibis Definition eines Euro-Islam – liberal sein müssen. Der Islam kann in Europa ganz unterschiedliche Formen haben: vom Liberalismus über einen moralischen Konservatismus bis hin zum Radikalismus.

Im Folgenden sollen zwei im Internet repräsentierte Muster islamischer Religiosität,[5] Neo-Fundamentalismus und Pop-Islam, untersucht werden. Klar wird allerdings, dass sie kaum komplett voneinander abgegrenzt werden können. Vielmehr können sich ihre Formen überschneiden und somit Mischformen bilden. Ihnen gemein – und das gilt teilweise auch für sich neu entwickelnde Formen der Religiosität in anderen Religionen – ist eine zunehmende Individualisierung, die Suche nach Selbstverwirklichung, die Neuausrichtung des Islam außerhalb einer bestimmten Kultur und die Umformung der Umma auf nichtterriotorialer Grundlage.

3   Rückbesinnung auf die Fundamente des Islam

Seit einigen Jahren tragen junge Muslime zunehmend ihren Glauben durch bestimmte Verhaltens- und Lebensweisen selbstbewusst nach außen. Schleier

---

5   Die Folgen der Auseinandersetzung des Islam mit der Moderne zeigen sich im Internet nicht nur in der Gestalt dieser Formen der tiefen Religiosität. Auch gegensätzliche Entwicklungen sind zu beobachten. Beispiele dafür sind die Websites des „Zentralrats der Ex-Muslime" (www.ex-muslime.de) in Deutschland, Großbritannien (www.ex-muslims.org.uk) und Skandinavien (www.exmuslim.net) sowie „Apostates of Islam" (www.apostatesofislam.com). In diesem Aufsatz sollen jedoch Formen der Religiosität junger Muslime untersucht werden, daher wird hier auf nicht-praktizierende Muslime nicht näher eingegangen.

und Bart werden mit Stolz getragen, arabische Begrüßungsformeln sowie Redewendungen und die Anrede des Gegenübers – sollte er oder sie Muslim sein – mit Bruder oder Schwester sind alltäglich zu hören. Viele dieser jungen Muslime sprechen weder Arabisch, noch haben sie außerhalb ihrer europäischen Heimat gelebt. Zudem ist es in Europa nicht üblich, seine Gesprächspartner auf diese Art zu adressieren. Diese äußeren Zeichen des Glaubens, die als Merkmal der Gruppen- und Glaubensidentifikation dienen, gehen mit einer tief empfundenen Frömmigkeit einher, deren Quelle zumeist die Fundamente des islamischen Glaubens, Koran und Sunna, sind. Auch im Internet lassen sich diese nach außen getragenen Formen der Frömmigkeit aufspüren. Ein gutes Beispiel dafür ist die im Forum der Website „Turn to Islam"[6] unter der Rubrik „Brother's Club" geführte Diskussion darüber, ob eine zukünftige Ehefrau den Schleier auf die Weise tragen sollte, dass lediglich Gesicht und Hände zu sehen sind, oder ob auch modische Varianten der Verschleierung akzeptabel sind (vgl. Turn to Islam 2008a).

Anhand dieser Diskussion lassen sich gleich mehrere typische Elemente der oben beschriebenen Frömmigkeit erkennen. Obwohl die meisten Teilnehmer dieser Diskussion aus Großbritannien, den USA und weiteren europäischen Staaten kommen und die Verkehrssprache Englisch ist[7], werden zur Begrüßung bzw. zum Abschied die arabischen Formeln „salam aleikum" und „wa aleikum asalam" (dt.: „Friede sei mit Dir") grundsätzlich gebraucht. Auch bezeichnen sich die Teilnehmer dieses im *„Brother's* Club" stattfindenden Gesprächs – diesmal auf Englisch – gegenseitig als „sister" bzw. „brother". Ziel dieser Bezeichnung ist die symbolische Verbindung dieser Muslime zu einer Gemeinschaft im Glauben. Hinter der zur Diskussion gestellten Frage, welche Art des Schleiers bei der Ehefrau zu bevorzugen sei, verbergen sich zwei weitere Kennzeichen dieser religiösen Spielart: Zum einen, dass der Schleier ein wesentliches

---

6   Ziel der Website „Turn to Islam" (www.turntoislam.com) ist nach eigenen Angaben „to help challenge the negative propoganda spread by the media and to educate people about Islam and the Muslim World" (vgl. Turn to Islam 2008b). Um ein *gutes islamisches Umfeld* zu gewährleisten, haben die Betreiber der Seite als Regeln für die Mitglieder u.a. aufgestellt, dass es verboten ist, den Mitgliedern anderen Geschlechts Nachrichten zu schicken sowie den Islam aus Sicht anderer Religionen zu diskutieren und damit in Frage zu stellen (vgl. Turn to Islam 2006).

7   Ein Großteil der Internetseiten, die neue Formen islamischer Religiosität repräsentieren bzw. die globale Umma in den Vordergrund rücken, ist in Englisch abzurufen. Dadurch wird erreicht, dass Muslime weltweit an Diskussionen partizipieren können. Dies bedeutet aber auch, dass die entsprechenden Seiten vorwiegend von Eliten genutzt werden: zum einen ist es notwendig, dass die Englische Sprache hinreichend beherrscht wird, zum anderen muss der Nutzer über einen Internetzugang verfügen. Beides ist nicht in allen Teilen der Welt selbstverständlich. Gleichzeitig erschwert die Tatsache, dass Englisch auf diesen Seiten zur Verkehrssprache wird, die Einschätzung, woher die jeweiligen Nutzer kommen. Daher ist es nicht immer möglich, die auf diesen Seiten diskutierten Inhalte Muslimen einer bestimmten Region eindeutig zuzuordnen.

Identifikationsmerkmal für diese Gläubigen Muslime ist, zum anderen die Frage danach, welche Bekleidungsform nach den wahren islamischen Vorschriften die richtige ist. Bereits im zweiten Beitrag werden durch das Mitglied „Aischah1114" entsprechende Quellen aus Koran und Sunna herangezogen, um zu belegen, welcher Kopfbedeckung der Vorzug zu geben sei (ebd.). Interessant ist, dass diese Nutzerin dadurch zur „religiösen Expertin" wird und die Entscheidungshoheit der klassischen religiösen Autoritäten darüber, was richtig und falsch im Islam ist, unterwandert. Dieses Phänomen ist typisch für die Inszenierung vonReligion im Internet (vgl. Larsson 2005).

Viele ähnliche Beispiele dieser Art der Frömmigkeit, die sich vor allem auf Alltagssituationen beziehen, lassen sich auf „Turn to Islam" und ähnlichen Websites finden. Es geht zumeist um Kleidungsvorschriften, Heirat und Arbeit in einer nicht-muslimischen Umwelt. Ein zweites Thema, um das sich viele Diskussionen dieser Gläubigen im Internet drehen, ist die islamische Mission (Da'wa, dt. Einladung) bzw. die Bekehrung zum wahren Islam, als bekennender Muslim. Auch für dieses Thema lassen sich eine Vielzahl von Beispielen auf dem Internetportal „Turn to Islam" finden. So gibt es etwa in dem Forum „Turn to Islam Lounge" Diskussionen mit den Titeln „Your way to Islam! Share Your Story", „Fastening for the first Time", „Testimonies of Christian Women who have become Muslims", „I have taken the Shahada" etc. (vgl. Turn to Islam 2008c). Turn to Islam ist nur ein Beispiel von vielen Websites, auf denen diese Art islamischer Religiosität zu finden ist.[8]

Roy (2006) bezeichnet diese Gläubigen als *Neo-Fundamentalisten*, da sie sich – oftmals buchstabengetreu – auf die Fundamente des Islam, Koran und Sunna, in ihrer Frömmigkeit berufen und jede Verwestlichung ihres Glaubens ablehnen. Diese Einstellung wird beispielsweise in der Selbstbeschreibung der Website, „Islamic Awakening. Site dedicated to the global Awakening of Islam" deutlich, die sich an eben diese Gläubigen richtet. Dort heißt es:

„Muslims had reached such a pitiful state that their ignorance of the religion caused them to adopt other false man-made ideologies from the west, such as secularism and nationalism, thinking thereby hoping to follow them in their material advancements in order to become 'progressive Muslims'. As expected, it only increased them in their submission and subservience to the disbelieving 'international community' and the laws they hypocritically make and break. In spite of these bleak realities, this Ummah has been, and will always be a victorious Ummah, as long as there

---

8   Weitere Beispiele für Websites dieser Art sind die englische Seite „Luton Muslims – Bringing Communities together"(http://www.lutonmuslims.co.uk), deren Betreiber sich zur Aufgabe gemacht haben, den Islam jenseits der Schranken von Rasse, Geschlecht und Religion zu verbreiten. Auch in dem deutschsprachigen Internetportal „Ahlu-Sunna" (http://www.ahlusunnah.com), in dessen Foren Muslime zu religiösen, politischen und alltäglichen Themen diskutieren, ist diese Art der Frömmigkeit zu finden.

is a band of men from among their ranks holding fast to the Book and the Sunnah, striving and fighting solely in the cause of Allah." (Islamic Awakening 2008a).

Erklärtes Ziel von Islamic Awakening ist daher die Abkehr gläubiger Muslime von westlichen Konzepten, wie Säkularität, Sozialismus, Demokratie und Nationalismus, das Rückführen von Muslimen an den puren Islam (Koran und Sunna), das Wiederbeleben einer universalistischen Umma sowie das Verbreiten authentischer Informationen über den Islam (ebd.).

3.1 Neo-Fundamentalismus: Von wertkonservativ bis radikal

Diese nach Roy neo-fundamentalistische Spielart des Islam stellt keine strukturierte Organisation oder Denkschule dar. Vielmehr bezeichnet sie eine dogmatische Verbindung zu den Grundlagen des Islam und ist in unterschiedlichen Ausprägungen, von radikal bis wertkonservativ, anzutreffen. Das bereits oben beschriebene Internetportal „Islamic Awakening" ist ein Beispiel für eine Internetseite, auf der auch radikale Ansichten verbreitet werden. So werden unter der Rubrik „Authors" mehrere Artikel von „Azzam Publications" veröffentlicht, die von Mujahidin und Märtyrern in Tschetschenien und Afghanistan berichten und dazu aufrufen, den Westen aktiv zu bekämpfen (Islamic Awakening 2008b). Unter anderem heißt es in dem Artikel „Farewell Message from Azzam Publications":

„The Taliban Government have proved their Islamic legitimacy to the whole Muslim Ummah. Now, there are two sides: whoever is not on the side of the Taliban is a hypocrite. The Muslims all over the World must render as much financial, physical, medical, media and moral support to the Taliban as they can. If this means taking a year out from one's university or work, then this must be done as the situation demands it. In addition, the Muslims must continue to make dua for them because it seems like the Muslims have forgotten their brothers in Afghanistan. The Taliban have appealed for help from the Muslims but these appeals have fallen on deaf ears. Did not the Prophet (SAWS) say that *"A Muslim is the brother of a Muslim, he does not forsake him and nor does he betray him."* If you do not help your brothers in their time of need, do you really think that Allah will help in you in your time of need on the Day of Judgement?" (Islamic Awakening 2001).

Die Betreiber von „Islamic Awakening" distanzieren sich lediglich insoweit von den Inhalten aller auf ihrer Website veröffentlichten Artikel, als sie angeben, dass sie „do not necessarily share any of the views expressed on IslamicAwakening.Com or on linked sites" (ebd.).

Azzam Publications, deren offizielle Internetseite aufgrund der Verbreitung und Unterstützung der Jihad-Ideologie inzwischen geschlossen wurde, ist ein Beispiel für den sog. E-Jihad. Der Begriff Jihad bedeutet „Anstrengung" oder „Einsatz". Im Islam wird zwischen dem großen und dem kleinen Jihad unter-

schieden. Der große Jihad bezieht sich auf den Kampf gegen die eigene Trieb-
seele, um ein islamgemäßes Leben zu führen (vgl. Halm 2002: 87f.). Der kleine
Jihad, um den es sich bei dieser Form des E-Jihad handelt, ist ein Kampf gegen
Angreifer des Islam oder ein offensiver Kampf zur Ausbreitung des Islam in
nicht-muslimischen Gebieten. Islamistische Aktivisten nutzen das Internet auf
unterschiedliche Weise in ihrem Unterfangen: als Kommunikationsmittel, zur
Verbreitung der Jihad-Ideologie und als Waffe, um reale Ziele anzugreifen (vgl.
Inan 2007: 50). Auf den meisten Websites, die neo-fundamentalistischen Strömungen zugerechnet werden können, werden solch radikale Verlautbarungen
allerdings abgelehnt. So heißt es etwa bei „Turn to Islam": „Speaking in favour
of killing Civillians – Any topics written supporting the death of any civillian or
bombing any country (i.e. Iraq) will not be allowed" (vgl. Turn to Islam 2008c).

Diese neo-fundamentalistischen Formen der Religiosität sind weltweit zu
finden und breiten sich zunehmend in ganz unterschiedlichen Milieus aus. Neo-
Fundamentalisten weisen die Vorstellung, dass es unterschiedliche Denkschulen
geben könnte, grundsätzlich zurück. Sie betrachten sich als die einzigen echten
Muslime und lehnen es demzufolge ab, als eine spezifische Gruppe unter anderen betrachtet zu werden (Roy 2006). Die Hauptströmung unter den Neo-
Fundamentalisten sieht sich in der Tradition der Salafiya, einer Reformbewe-
gung des ausgehenden 19. Jahrhunderts, die von dem Ägypter Jamal ad-Din al-
Afghani gegründet wurde. Sein Anliegen war es, den Islam zu reformieren,
damit dieser den Herausforderungen des Kolonialismus und der Verwestlichung
besser begegnen könne. Afghani war allerdings eher Aktivist als Theologe. Sein
Aufruf, zu den wahren Lehren des Islam zurückzukehren, sollte mehr die Rück-
ständigkeit des religiösen Establishments geißeln, als – nach dem Verständnis
vieler Neo-Fundamentalisten – zur Umsetzung der Scharia beitragen (vgl. Euben 2002).

3.2 Warum der Neo-Fundamentalismus in Europa erfolgreich ist

Roy (2006) erkennt zwei Gründe, warum vor allem die Salafiya gerade junge
Muslime in Europa anzieht: Zum einen greifen salafitische Prediger den Gene-
rationskonflikt zwischen Einwanderern und ihren Kindern auf. Sie sind der
Auffassung, dass der Volksislam der ersten Einwanderergeneration mit lokalen
Bräuchen und falschen Überzeugungen vermischt worden ist. Daher „lehren sie
lieber völlig Unwissende [die Kinder der Einwanderer] als Menschen, die der
Unwahrheit und Ketzerei ausgesetzt waren" (168). Diese Prediger wenden sich
daher gezielt der Jugend zu. Zum anderen geht Roy davon aus, dass ein allge-
meines Merkmal heutiger Religiosität darin besteht, dass das Streben nach reli-

giöser Wahrheit nicht unbedingt mit dem Erwerb von theologischem Wissen verknüpft sein muss. Statt die klassische Ausbildung zum islamischen Gelehrten zu durchlaufen, bevorzugen es die Gläubigen, charismatischen Führern – zumeist Laienpredigern – zu folgen, die ihnen die Wahrheit in Kürze plausibel machen oder aber sie folgen buchstabengetreu dem Koran und der Sunna (167ff.). So wird Religion als Glaube und Authentizität erfahren, nicht als akademisches Wissen oder gelehrte Bildung. Für sog. wiedergeborene Muslime, die häufig in den Foren von Internetportalen wie „Turn to Islam" und „Islamic Awakening" zu finden sind, wird die religiöse Wahrheit durch Gebete und die Sakralisierung des täglichen Lebens mit Hilfe von Ritualen und dem Aufsagen bestimmter Formeln erlebt, nicht durch den allmählichen Erwerb von Wissen. Zu vergleichen ist dies mit verschiedenen neuen Formen christlicher Religiosität, etwa bei Pfingstlern, Charismatikern und Evangelikalen. So zeigt sich auch hier die Tendenz, dass fortschreitende Individualisierungsprozesse moderner Gesellschaften neue Formen religiöser Vergewisserung nach sich ziehen. Seinen Glauben schöpft der wiedergeborene Christ oftmals aus der Intensität seiner religiösen Erfahrung in der Gemeinschaft anderer Gläubiger. Die offiziellen Lehren der Kirchen erhalten eine zunehmend geringe Bedeutung im Vergleich zu der gelebten Erfahrung und des Selbststudiums der Bibel (Hempelmann 2005). Das Umgehen langjähriger theologischer Bildung und der Rückgriff auf die Primärquellen des Islam, Koran und Sunna, entsprechen zumeist der Praxis salafitischer Prediger, so dass diese dem religiösen Bedürfnis vieler junger Muslime entsprechen.

Das Internet bildet deswegen ein ideales Medium für die Verbreitung sog. neo-fundamentalistischer Lehren, da auf diese Weise die traditionellen Netzwerke religiöser Wissensvermittlung umgangen werden können. Laienmullahs erreichen so junge Gläubige zu jeder Zeit und ohne räumliche Einschränkung und haben ihre Gemeinde oftmals fast ausschließlich über das Internet gefunden. Lingua Franca ist das Englische. Interessanterweise sind viele dieser Internet-Prediger Konvertiten. Beispiele für die Internetauftritte solcher Prediger sind diejenigen von Bilal Philips[9] und Salim al-Amry, der zwar keine eigene offizielle Homepage hat, dessen Predigten aber auf unterschiedlichen islamischen Internetseiten sowie auf Youtube[10] erscheinen. Philips, bekennendes Mitglied der Salafiya, wurde 1947 in Jamaika geboren und wuchs in Kanada auf. Während seiner Studienzeit in Vancouver konvertierte er vom Christentum zum Islam (Philips 2006). Auf seiner Website wird durch einen Disput mit an-

---

9   www.bilalphilips.com.
10 Unter anderem sind dort seine Predigten „Dajjal/Antichrist" unter http://www.youtube.com/
    watch?v=yi-BHgor6zo [15.08.2008] oder „The Repenter" unter http://www.youtube.com/
    watch?v=HJvBtTafu1g [15.08.2008] zu sehen.

deren Predigern der Salafiya deutlich, dass der Neo-Fundamentalismus keine in sich geschlossene Strömung ist, sondern eine Vielzahl religiöser Trends umfasst, die eines gemeinsam haben: den primären Bezug auf die Fundamente des Islam, Koran und Sunna. Philips betont daher, ähnlich der Darstellung auf Islamic Awakening (siehe Islamic Awakening 2008a), dass

> „the only solution to the current dilemma facing Muslims is to return to the true roots of Islamic civilization and culture. The way lies in rediscovering the correct sources of Islamic knowledge and the correct methodology of interpreting it" (Philips 2008a).

Um weltweit alle Muslime, vor allem auch im Westen mit seinen Predigten erreichen zu können, ist Philips Website auf Englisch verfasst. Er stellt eine umfassende Sammlung von Audio-, Video-, und Textdownloads seiner Predigten zur Verfügung. Diese umfassen Themen wie „From the Fundamentals of the Salafee Creed", „The True Message of Jesus Christ", „Fundamentals of Islam", „Stop splitting the Ummah", „Islam – the way of life" und viele mehr (vgl. Philips 2008b). Zusätzlich enthält seine Website eine ausführliche Auflistung islamischer Internetseiten, geordnet nach „empfohlen", „abweichend" und „anti-islamisch", um zu vermeiden, dass seine Leser falsche, seiner Auffassung nach unauthentische Informationen über den Islam im Internet erhalten (Philips 2008c). Zwar operiert Philips nicht aus Europa, aber durch das Internet ist er jederzeit für Europäer erreichbar. Zusätzlich bereist er die europäischen Staaten, vor allem England, regelmäßig, um dort Lesungen abzuhalten (vgl. Philips 2008d).

Salim al-Amry ist ebenso ein Prediger, der in englischer Sprache Muslime adressiert. Hauptberuflich ist er Computeringenieur in den Vereinten Arabischen Emiraten. Somit ist er ein Beispiel für einen Laienprediger, wie sie häufig in neo-fundamentalistischen Bewegungen zu finden sind. Seine Predigten sind über verschiedene neo-fundamentalistische islamische Internetportale abzurufen. So sind etwa auf der islamischen Video-Website „IslamicTube",[11] die 2007 gegründet wurde, um den wahren Islam „in its truthfulness minus the culture and bid'aa (innovations)" (vgl. Islamic Tube 2008a) zu verbreiten, eine Vielzahl von al-Amrys Predigten zu finden. In seinen Reden betont er die Bedeutung der universalistischen Umma und die fundamentalen Quellen des Islam, Koran und Sunna (vgl. Islamic Tube 2008b). Eine weitere Seite, die Predigten von Salim al-Amry in großem Umfang anbietet, ist „Aswat al-Islam – the Sound of Islam".[12] Zwar geben die Betreiber dieser Seite weder Informationen über sich, ihre religiösen Ansichten noch über ihre Ziele, doch ist diese Seite wegen der umfangreichen Materialien bei vielen Muslimen bekannt (vgl. Philips 2008c).

---

11 www.islamictube.net.
12 www.aswatalislam.net.

Klar ist, dass die Betreiber mindestens kommerzielle Zwecke verfolgen, da ein Online-Shop zum Konzept dieser Seite gehört. Gratis werden Audio- und Videodateien mit islamischen Inhalten zum Download angeboten sowie Links zu islamischen TV-Sendern gegeben.

Zusammenfassend lässt sich sagen, dass die unterschiedlichen Spielarten islamischer Religiosität, die mit dem Begriff Neo-Fundamentalismus beschrieben werden können, trotz vieler Unterschiede im Internet folgende Gemeinsamkeiten aufweisen: Für die Besucher der islamischen Websites stehen Fragen danach, wie sie als wahre Muslime (Kennzeichen: korrekte Kleidung, Sprache etc.) in einer nicht-muslimischen Umgebung leben sollten. Bei der Beantwortung der jeweiligen Fragen wird Bezug auf die fundamentalen Quellen des Islam, Koran und Sunna, genommen, wobei grundsätzlich jeder Nutzer zum religiösen Experten werden kann. Eine Verwestlichung des Islam wird abgelehnt. Vielmehr wird Wert auf die Identifizierung mit der globalen Umma gelegt, auf einen speziellen europäischen Islam wird nicht eingegangen. Nationale Identitäten werden nicht thematisiert. Doch im Kontext der Ablehnung einer Verwestlichung bei gleichzeitiger Betonung der universalistischen Umma, kann hier weniger von der Entwicklung eines speziellen Euro-Islam ausgegangen werden. Die Websites, auf denen diese Art der islamischen Religiosität zu finden ist, haben vor allem gemeinsam, dass sie zum Ziel haben, eine Verwestlichung des Islam zu verhindern, in dem Gläubige darin bestärkt werden sollen, sich auf die Fundamente des Islam zu besinnen und jegliche Neuerungen abzulehnen. Gleichzeitig befürworten sie die Stärkung einer universalistischen Umma.

4 Kein Widerspruch: Glaube und westliche Moderne

Im Internet lassen sich allerdings auch andere Spuren islamischer Religiosität entdecken. Beim Aufrufen der Seite von „Styleislam"[13] fallen als erstes Sprüche wie „Jesus & Muhammad: Brothers in Faith", „Muslim by Nature", „Keep Smiling: It´s Sunna" etc. (vgl. Styleislam 2008a) auf. Diese und ähnliche Sprüche zieren sportliche T-Shirts, Pullover und Jacken, vergleichbar mit den Produkten, die nach Rock- und Pop-Konzerten an die Fan-Gemeinde einer Band verkauft werden. Hinter diesen Sprüchen stehen die beiden türkischstämmigen deutschen Graphikdesigner Melo und Yeliz Kesmen aus Witten im Ruhrgebiet. Sie entwerfen nicht nur Kleidung, sondern veröffentlichen auch Musiktitel und Videos für ihre „Brüder, Schwestern und alle Interessierte[n]" (Styleislam 2008b). Melo Yeliz hat nicht zum Ziel sich gegen traditionelle und konservative Muslime

---

13 www.styleislam.com.

abzugrenzen. Vielmehr soll sein Label zeigen, dass „man ernsthaft seinen Glauben praktizieren und trotzdem ein lockerer Mensch sein kann. Es gibt da keinen Widerspruch" (vgl. Schlagenwert 2008). Vielmehr „kommunizieren [wir] den Islam in der Sprache der Jugend, ohne dabei unsere Werte zu verlieren" (Styleislam 2008b). Welche Werte Kesmen damit meint, wird auf dem Blog von Styleislam deutlich. Das Label unterstützt vielfältige Aktionen, etwa die der Hilfsorganisation „Muslimehelfen.org", mit der Begründung, dass „Helfen und Spenden [...] zu den wichtigsten Aufgaben eines Muslims" gehört (Styleislam 2008c). Zu gewinnen gibt es dabei für die Teilnehmer dieser Hilfsaktionen eine Hadsch- und eine Umra-Reise. Die Pilgerfahrt (Hadsch) bzw. die Besuchsfahrt (Umra) nach Mekka gehören für gläubige Muslime zu den fünf Grundpflichten oder auch Säulen des Islam. Dass Styleislam gerade Gewinnspiele unterstützt, die als Preis eine solche Reise verlosen, spricht für Kesmens Frömmigkeit. Weiterhin unterstützen die Kesmens den „Muslim Commedy Contest 2008" in Zusammenarbeit mit der Jugendplattform Waymo.[14]

„Gerade wir Muslime oft lächeln sollten, gemäß dem Ausspruch unseres geliebten Propheten (sas): "Ein Lächeln ist eine Sadaqa [Spende]". Für seine GefährtInnen hatte unser Prophet (sas) immer ein Lächeln auf den Lippen. Und mehr noch, er lachte und scherzte sogar gern mit ihnen" (Waymo 2008).

Waymo ist ein Jugendportal im Internet, in dem eben diese Jugendlichen, an die sich Styleislam richtet, sich miteinander über ihren Glauben austauschen und sowohl Videos als auch Audios zum Thema Islam hochladen können. Dieses islamische Jugendportal ist ein Projekt von Islam.de[15], der Internetpräsenz des Zentralrats der Muslime in Deutschland. Styleislam setzt sich weiterhin für das Recht von Muslimen ein, das Kopftuch uneingeschränkt tragen zu dürfen. In diesem Fall geht es den Kesmens aber weniger um die Pflicht für muslimische Frauen es tragen zu müssen, sondern vielmehr um die politische Forderung es tragen zu dürfen (Schlagenwert 2008). Daher haben sie auch ein entsprechendes Logo für ihre Kleiderkollektion entworfen: „Hijab: My Right, My Choice, My Life" (StyleIslam 2008d).

Klar wird, Styleislam steht für einen Lebensstil, der es schafft islamische Religiosität mit westlicher Moderne zu vereinen. Glaube und Integration stehen sich nicht diametral entgegen. Die sog. westlichen Werte[16], wie Demokratie und gleiche gesellschaftliche Teilhabe von Mann und Frau, die von neofundamentalistischen Bewegungen grundsätzlich in Frage gestellt werden, sind in

---

14 www.waymo.de.
15 www.islam.de.
16 Als Beispiel von vielen siehe für Demokratie Islam Online (2008a), für die Gleichwertigkeit von Mann und Frau Islam Online (2008f).

diesem Beispiel Teil der Identität der gläubigen Muslime. Auch sie wollen ihren Beitrag an der Gesellschaft leisten, da sie Teil von ihr sind. Gerlach (2006) bezeichnet diese Art der Religiosität als Pop-Islam,[17] der für einen Remix der Lebensstile steht. Das Besondere an Pop-Muslimen ist, dass sie

„alles durcheinander bringen. Ihre Mischung aus Islamismus und westlichem Lifestyle, die Heraus- bildung einer eigenen islamischen Etikette, die beispielsweise den Umgang der Geschlechter in islamisch korrekter Weise regelt, und zugleich der unbedingte Wille, in der Gesellschaft erfolgreich zu sein, sprengen die herkömmlichen Raster" (11).

Ihr westlich-modernes Auftreten bedeutet aber nicht, dass sie in ihrem Glauben liberal sein müssen. Oftmals sind diese Muslime ebenso wertkonservativ wie viele der Neo-Fundamentalisten. Daher ist es nicht immer möglich diese religiö- sen Spielarten strikt voneinander zu trennen. Auf vielen Internetseiten finden sich Gläubige beider Richtungen wieder.

Anders als viele Anhänger der Salafiya legen Pop-Muslime vielfach Wert darauf, sich umfassendes Wissen über den Islam anzueignen, statt unhinterfragt Wissen und Traditionen zu übernehmen. Aus diesem Grund haben islamische Theologen, die sich mit Fragen rund um den Islam im Westen bzw. mit den Zusammenhängen von Islam und Moderne auseinandersetzen, unter diesen Pop- Muslimen eine große Anhängerschaft sammeln können. Ein Beispiel dafür ist Yusuf al-Qaradawi.

Scheich Yusuf al-Qaradawi (geb.1926) , der einer der ersten Mitglieder der ägyptischen Muslimbruderschaft war, ist sowohl im arabischen Raum als auch im Westen umstritten.[18] Er selbst sieht sich als Brückenbauer zwischen Tradi- tionalisten und Modernisten (Abdelhadi 2004). Ausdruck dieser Rolle ist sein Engagement in der Entwicklung einer Sonderform des islamischen Rechts für die Stellung von Muslimen unter nichtislamischer Herrschaft und allgemeiner um Formen des Zusammenlebens von Islam und dem säkularen Staat in Europa (vgl. Landmann 2005: 574). Berühmtheit erlangte Qaradawi durch seine Fern- sehsendung „al-Scharia wa al-hayat" (dt. die Scharia und das Leben) auf dem Sender al-Dscha-sira. Finanziell und inhaltlich beteiligt er sich an dem Internet- portal „Islamonline".[19] Dieses Portal, das sich vor allem durch sein großes An- gebot an islamischen Rechtsgutachten (Fatwa) zu einer Vielzahl von Fragestel-

---

17 Eine weitere Spielart islamischer Religiosität, die den Anspruch erhebt, Glauben und Moderne miteinander zu vereinen, ist in der virtuellen muslimischen Homosexuellen-Szene zu finden. Auf Seiten wie „Queer Jihad" (www.well.com/user/queerjhd/index.htm) setzen sich Gläubige mit ihrer Sexualität im Kontext des Islam auseinander und diskutieren Wege, beides miteinan- der zu vereinen.

18 Ein Grund dafür ist, dass er Selbstmordanschläge von Palästinensern gegen Israelis als gerech- tfertigt anerkennt (Abdelhadi 2004).

19 www.islamonline.net.

lungen hervortut, hat sich zum Ziel gesetzt, „to present the unified and lively nature of Islam that is keeping up with modern times in all areas" (Islam Online 2008a). Um Muslime weltweit erreichen zu können, werden die Inhalte in mehreren Sprachen angeboten. Es soll versucht werden, einen gemäßigten Islam, der die Mehrheit der Gläubigen repräsentiert, zu vermitteln, indem Extremismen jeder Art abgelehnt werden (ebd.). Ausdrücklich wird betont, dass „the principles of freedom, justice, democracy, and human rights" (ebd.) von den Betreibern dieses Internetportals unterstützt werden. Qaradawi sieht es als Pflicht aller Muslime, das Internet zu nutzen, um die universalen Lehren des Islam, weltweit zu verbreiten. Entsprechend begründet er die Existenz des Portals Islam Online folgendermaßen:

„The Islamic nation must prepare men to carry that [the use of the internet to call to their religion] out. This is what this major, global project – Islam Online – is doing. It carries the message of Islam to the world. It addresses non-Muslims to help them understand the creed, law, ethics and civilization of Islam. It addresses Muslims as well, to help them understand correct Islam, explain the realities of this religion, answer the questions, and correct the misconceptions they picked up through the faulty inherited culture or through the invading imported culture" (Islam Online 2008b)[20].

Ersichtlich wird, dass, ebenso wie bei den neo-fundamentalistischen Strömungen, die Umma hier als universalistisch gedacht wird. Um diese Gemeinschaft der Muslime zu stärken, sollen Gläubige sich moderne Techniken wie das Internet zu Nutze machen. Anders als die oben beschriebene Salafiya, die oftmals auf Laienmuftis zurückgreift, wird auf Islam Online betont, dass nur Muslime mit fundierter Ausbildung berechtigt sind, islamische Rechtsgutachten zu geben und sich zu theologischen Fragestellungen zu äußern. So betonen al-Qaradawi und andere islamische Gelehrte auf diesem Internetportal,[21] dass

„not every individual has the right to issue Fatwas and make pronouncements on matters. A Mufti must be qualified and of profound knowledge. He has to be able to know the evidence, the wording and apparent meaning of the texts, what is *Sahih* (authentic) and what is *Da`if* (weak), *An-Nasikh wal-Mansukh* (the abrogating and the abrogated), what is specific in application and what is general, and what is stated in brief and what is mentioned in detail. This needs lengthy experience and practice, knowledge of the various branches of Fiqh and where to look for information, knowledge of the opinions of the scholars and jurists, and memorization or knowledge of the religious texts.

---

20 Siehe dazu auch Transnational Broadcasting Studies (2004).
21 Nicht nur auf Islam Online wird problematisiert, dass viele Laien als islamische Gelehrte wahrgenommen werden. Ein weiteres Beispiel dafür ist auf der Website des Britischen „Moon research Centres (MRC)" (www.mrc.org.uk) zu finden. Das MRC hat sich zum Ziel gesetzt, alle Muslime in Britannien zu vereinen als ersten Schritt der Realisierung einer globalen Umma (Moon Research Centre 2008a). Um dies zu erreichen, bedarf es allerdings der Erhaltung der islamischen Gelehrsamkeit (Moon Research Centre 2008b).

The Mufti should be knowledgeable and rich in life experience. We cannot imagine him to live in an ivory tower and turn a blind eye to life around him" (Islam Online 2008c).[22]

„Islam Online" verfügt über eine eigene Rubrik, die sich ausschließlich mit dem Islam in Europa auseinandersetzt. In einem der dort publizierten Artikel „German Muslim Youth and Puzzling Identities" wird ausdrücklich darauf Bezug genommen, dass sich viele junge Muslime weder mit dem Islam und den Traditionen ihrer Eltern noch mit der Mehrheitsgesellschaft identifizieren. Als Folge würden vielfältige Formen islamischer Religiosität entstehen, die von nationalen Identitäten entkoppelt sind. Unter anderem heißt es:

„If you visit different events or projects of young Muslims, you will be stunned by their dynamism. And most importantly, they are much less-affected by a specific national identity than the generation of their parents. Accordingly, we can state with certainty that the coming generations of Muslims in Germany will stand for a new kind of Islam that is given all the existing difficulties and inevitable changes" (Wilms 2008).

Im Weiteren wird in diesem Artikel explizit der Pop-Islam und die Radikalisierung fundamentalistischer Jugendlicher über das Internet diskutiert (ebd.).

Ein anderes Vorbild für die jungen Pop-Muslime ist der Ägypter Amr Khaled, der seit einigen Jahren in England lebt. Er hat, anders als Qaradawi, keine klassisch islamische Ausbildung genossen. Daher gibt er weder Rechtsgutachten noch bietet er eine Neuinterpretation von Koran und Sunna. Vielmehr ist sein Ziel, die Jugend dazu zu bewegen, durch ihren Glauben soziale Probleme, wie die Arbeitslosigkeit, zu bekämpfen. So verkündet der „born-again muslim" (Wise 2004) nicht nur eine religiöse, sondern auch eine entwicklungspolitische Botschaft (vgl. Naggar 2005). Sein Vorteil gegenüber den klassischen Gelehrten wie Qaradawi ist, dass seine Distanz zur Jugend nicht so groß ist. Er wirkt wie der Nachbar von nebenan: westliche Kleidung, keine religiösen Symbole am Körper, das Mobiltelefon immer griffbereit (vgl. Gerlach 2006: 36, Islam Online 2007). Auch Khaled erlangte Berühmtheit durch verschiedene Fernsehsendungen, die sich in ihrem Format an den TV-Predigten amerikanischer Tele-Evangelisten orientieren.[23] Auf seiner Homepage[24] veröffentlicht Khaled eine Auswahl seiner Reden und Aufsätze. Ein Thema, das er mehrfach anspricht, ist die muslimische Jugend in den USA und Europa. So heißt es:

„In Europa und Amerika haben sich einige Muslime von der Gesellschaft isoliert — nach dem Motto: Integration? Nein, danke! Es ist unsere Aufgabe, ihnen einen Weg zu zeigen, damit sie sich

---

22 Für weitere Einschätzungen dieser Art siehe „Online Muftis: Who is Eligible" (Islam Online 2008d) und „Should a Scholar get a Degree in Islamic Studies?" (Islam online 2008e).
23 Für nähere Informationen zu seinen Fernsehauftritten siehe: Gerlach (2006: 36f.) und Wise (2004).
24 www.amrkhaled.net.

in den westlichen Gesellschaften integrieren können, ohne sich zu assimilieren oder ihre eigene Identität zu verlieren" (Khaled: ohne Jahr a).

Dies spiegelt die oben geschilderte Position von Styleislam wider, nach der es möglich ist, in Europa integriert zu leben und trotzdem gläubiger Muslim zu sein. Mit seiner 2004 gestarteten Sendung „Sunna al-Hayat" (dt. Lebensgestalter) forderte Khaled die muslimische Jugend auf, ihren Glauben in die Praxis umzusetzen, um die Welt bzw. ihre Heimat aktiv unter sozialen Aspekten mitzugestalten. Seine Reden, die er dazu hielt, sind auf seiner Homepage abzurufen. Darin betont Khaled, dass es sowohl des Fleißes und der harten Arbeit, eines Zieles als auch des Glaubens an Gott bedarf, um die Welt zu verändern (Khaled: ohne Datum b). Folge dieses Aufrufs war, dass weltweit junge Muslime begannen, sich in sozialen Projekten zu engagieren. Khaleds Aufruf hat auch Muslime in Deutschland erreicht. Im Jahr 2005 hat sich „Lifemakers Deutschland" gegründet. Junge Muslime aus ganz Deutschland haben ein Netzwerk von Lokalgruppen aufgebaut, die Projekte ins Leben rufen und versuchen, sie umzusetzen. So entstand etwa das Wintermärchen-Projekt, in dem es darum geht, Obdachlose mit Nahrung zu versorgen. Auch versuchen diese Jugendlichen, die Integration von Muslimen in die deutsche Mehrheitsgesellschaft voranzutreiben. Ziel ist es, ein friedliches Miteinander der Menschen und Religionen zu erreichen (vgl. Arab Oasis 2008).

In vielerlei Hinsicht unterscheiden sich Pop-Muslime nicht sehr von den oben geschilderten Neo-Fundamentalisten. Ihre Frömmigkeit und ihre Bezugnahme auf Koran und Sunna sind oftmals durch die gleiche Art des Wertekonservatismus geprägt. Unterschiedlich ist hingegen ihre Einstellung zu westlichen Gesellschaften. Während Neo-Fundamentalisten dazu neigen, das europäische Umfeld abzulehnen, finden Pop-Muslime einen Weg, ihren Glauben mit westlichem Lebensstil zu vereinbaren. Zwar wird auch von ihnen die universalistische Umma betont, doch interagieren sie weitgehend mit den Mehrheitsgesellschaften, sehen sich als Teil von ihnen. Nationale Identitäten werden auch hier nicht betont.

5 Schlussfolgerungen

Wie erwartet, stehen bei den im Internet untersuchten Gruppen von Muslimen nicht ihre nationalen Identitäten im Vordergrund, sondern der Islam ist primäres Merkmal der Selbstbeschreibung. Das religiöse Sendungsbewusstsein, die globale Umma zu stärken, ist zentrales Thema beider Spielarten islamischer Religiosität. Da das Hervorheben der religiösen zuungunsten der nationalen Identität in den hier untersuchten Beispielen als übergreifendes Phänomen erscheint, lässt sich daraus zunächst kein Ansatz eines speziellen europäischen Islams ableiten. Die Einstellung gegenüber den westlichen Gesellschaften vieler Muslime innerhalb dieser religiösen Trends lässt aber dennoch einige Aussagen über einen potenziellen Euro-Islam zu: Viele der sog. Neo-Fundamentalisten grenzen sich von den westlichen Gesellschaften ab, da sie westliche Lebensweisen ablehnen. Bei Pop-Muslimen hingegen dominiert die Ansicht, sich als Teil der westlichen Gesellschaften zu sehen. Sie engagieren sich in ihnen, um sie aktiv mitzugestalten. Dabei schaffen es die Pop-Muslime, Teile des westlichen Lebensstils mit ihrer islamischen Identität zu kombinieren. Bezüglich beider Spielarten islamischer Religiosität muss allerdings betont werden, dass sie jeweils ein weites Spektrum an Frömmigkeitsformen umfassen. Der Neo-Fundamentalismus rangiert vom Wertkonservatismus bis hin zum Radikalismus, der Pop-Islam umfasst Spielarten vom Liberalismus bis hin zum Wertkonservatismus. Somit ist klar, dass es durchaus Überschneidungen beider Trends geben kann.

Für einen Euro-Islam bedeutet das, dass vor allem Muslime, die dem Pop-Islam zugerechnet werden können, dem Konzept Ramadans (2004) entsprechen. Ramadan besetzt diesen Begriff mit einer Konzeption des Islam, die Antworten auf zeitgemäße Herausforderungen der europäischen Muslime auf der Basis der universell gültigen Grundwerte des Islam entwickelt. Dieses Konzept spiegelt sich sowohl in den Äußerungen der Vorbilder des Pop-Islam, Qaradawi und Khaled, als auch auf der Website des Labels Styleislam wider. Es ist darüber hinaus aber sicherlich auch möglich, einige der wertkonservativen Neo-Fundamentalisten dieser Einstellung zuzuordnen. Inwiefern sich bei Pop-Muslimen Unterstützer von Tibis (2002) normativen Konzepts eines liberalen europäischen Islam finden, ist allerdings fraglich. Bezüglich des neofundamentalistischen Mainstreams lässt sich davon ausgehen, dass sie sich aufgrund ihrer anti-westlichen Einstellung wenig mit Ramadams oder Tibis Konzepten des Euro-Islam identifizieren dürften. Allenfalls auf analytischer Ebene nach Landmanns Fassung (2005), bei der Euro-Islam das ist, was durch die Interaktion des Islam mit der europäischen Gesellschaft entsteht, kann auch hier von einer Art des europäischen Islam ausgegangen werden. Denn auch die Abkehr dieser Muslime von der Mehrheitsgesellschaft ist eine Reaktion auf die Interaktion. Nach dieser Formel wäre damit ein sich abgrenzender Islam auch eine Form des Euro-Islam von vielen. Auch aufgrund der Vielgestaltigkeit des Pop-Islam kann durch die Interaktion mit dem Westen mehrere Ausformungen des Euro-Islam entstehen. Fraglich ist, ob die Individualisierung der europäischen Muslime und die Betonung ihrer religiösen Identitäten zu einer neuen Qualität der Pluralisierung des Islam in Europa führen. Dies würde bedeuten, dass sich zwar die bisherigen Differenzierungen durch nationale Netzwerke und die klassische Unterscheidung nach Sunna, Schia etc. verblassen, gleichzeitig aber eine Vielzahl von Arten gelebter Religiosität entsteht, die kaum zu überblicken ist.

Literatur

Beck-Gernsheim, Elisabeth (2004): Wir und die Anderen. Frankfurt am Main: Suhrkamp.

Castells, Manuel (2003): Die Macht der Identität. 2. Band: Das Informationszeitalter. Opladen: Leske + Budrich.

Dryzek, John S. et.al. (Hrsg.) (2006): The Oxford Handbook of Political Theory. Oxford: Oxford University Press.

Eickelpasch, Rolf/Rademacher, Claudia (2004): Identität. Bielefeld: transcript.

Euben, Roxane L. (2006): Changing Interpretations on Modern and Contemporary Islamic Political Theory. In: Dryzek (2006): 297-313.

Ende, Werner/Steinbach, Udo (Hrsg.): Der Islam in der Gegenwart. 5. Auflage. München: C. H. Beck.

Gerlach, Julia (2006): Zwischen Pop und Dschihad. Muslimische Jugendliche in Deutschland. Berlin: Ch. Links Verlag.

Göle, Nilüfer/Ammann, Ludwig (Hrsg.) (2004): Islam in Sicht. Der Auftritt von muslimen im öffentlichen Raum. Bielefeld: transcript.

Halm, Heinz (2002): Der Islam. Geschichte und Gegenwart. München: C.H. Beck.

Hempelmann, Reinhard (2005): Sehnsucht nach Gewissheit – neue christliche Religiosität. In: Hempelmann et.al. (2005): 411-509.

Hempelmann, Reinhard et.al. (Hrsg.) (2005): Panorama der neuen Religiosität. Sinnsuche und Heilsversprechen zu Beginn des 21. Jahrhunderts. Gütersloh: Gütersloher Verlagshaus.

Inan, Alev (2007): Islam goes Internet. Websites islamischer Organisationen im World Wide Web. Marburg: Tectum.

Keupp, Heiner (2006): Identitätskonstruktionen. Das Patchwork der Identitäten in der Spätmoderne. 3. Auflage. Hamburg: Rowohlt.

Klaus, Elisabeth/Hipfl, Brigitte/Scheer, Uta (2004): Einleitung: Mediale Identitätsräume. In: Kalus/Hipfl/Scheer (2004): 9-15.

Klaus, Elisabeth/Hipfl, Brigitte/Scheer, Uta (Hrsg.) (2004): Identitätsräume. Nation, Körper und Geschlecht in den Medien. Eine Topographie. Bielefeld: transcript.

Landmann, Nico (2005): Der Islam in der Diaspora: Westeuropa. In: Ende/Steinbach (2005): 560-572.

Larsson, Göran (2005): The Death of a Virtual Muslim Discussion Group. Issues and Methods in Analysing Religion on the Net. In: Online-Heidelberg Journal of Religions on the Internet. 1. URL: http://archiv.ub.uni-heidelberg.de/volltextserver/frontdoor.php?source_opus=5825&la=de

Lichtenstein, Alfred von (2002): Öffentlichkeit – Transformation eines politischen Konzepts durch Technik? In: Lichtenstein (2002): 11-33.

Lichtenstein, Alfred von (Hrsg.) (2002): Internet und Öffentlichkeit. Wien: WUV-Universitätsverlag.

Peters, Bernhard (2007): Der Sinn von Öffentlichkeit. Frankfurt am Main: Suhrkamp.

Ramadan, Tariq (2004): Western Muslims and the Future of Islam. Oxford: Oxford University Press.

Roy, Olivier (2006): Der islamische Weg nach Westen. Globalisierung, Entwurzelung und Radikalisierung. München: Pantheon.

Schlicht, Daniela (2007): Zwischen Religiöser Unterweisung und modernem Marketing: Die Websites der türkischen Migrantenselbstorganisationen DITIB und Mili Görüş im Vergleich. PPI Working Paper Nr. 2. URL: http://ppi.uni-muenster.de/Materialien/workingpaper_2.pdf.

Tibi, Bassam (2002): Europa ohne Identität? Leitkultur oder Wertebeliebigkeit. 3. Auflage. München: Siedler.

Tietze, Nicola (2004): Formen der Religiosität junger männlicher Muslime in Deutschland und Frankreich. In: Göle/Ammann (2004): 239-264.

Vertovec, Steven/Rogers, Alisdair (1998): Introduction. In: Vertovec/Rogers (1998): 1-24.

Vertovec, Steven/Rogers, Alisdair (Hrsg.) (1998): Muslim European Youth. Reproducing Ethnicity, Religion, Culture. Ashgate u.a.: Ashgate.

Internetquellen und Dokumente aus dem Internet:

Abdelhadi, Magdi (2004): Controversial Preacher with Star Status. BBC News vom 07.07.2004. URL: http://news.bbc.co.uk/1/hi/uk/3874893.stm [22.08. 2007].

Arab Oasis (2008): Lifemakers stellen sich vor. URL: http://www.carookee.com/forum/arab-oasis/28/19757557 [25.08.2008].

Baumann, Martin (2002): Religion und ihre Bedeutung für Migranten. Antrittsvorlesung. URL: www.baumann-martin.de/research.htm#migration [23.11.2007].

Islamic Awakening (2001): Farewell Message from Azzam Publications. URL: http://www.islamicawakening.com/viewarticle.php?articleID=756& [20.08.2008].

Islamic Awakening (2008a): About this Website & how you can help. URL: http://www.islamicawakening.com/helpus.php? [20.08.2008].

Islamic Awakening (2008b): Authors. Azzam Publications. URL: http://www.islamic-awakening.com/authors.php?authorlist=121& [20.08.2008].

Islamic Tube (2008a): About us. There are many „Islamic Video Websites" out there on the net, so what makes our Website different? URL: http://www.islamictube.net/about.php [15.08.2008].

Islamic Tube (2008b): Search Result Salem al-Amry. URL: http://www.islamictube.net/search_result.php?search_id=Salim [15.08.2008].

Islam Online (2007): Time's 100 Influencers. Meet Live with Amr Khaled. URL: http://www.islamonline.net/livedialogue/english/Browse.asp?hGuestID=x2Vd1g [15.08.2008].

Islam Online (2008a): About us. Introduction. URL: http://www.islamonline.net/English/AboutUs.shtml [13.08.2008].

Islam Online (2008b): Speech of Sheikh Qaradawi. URL: http://www.islamonline.net/
English/Qaradawi/index.shtml [13.08.2008].

Islam Online (2008c): Fatwa: Significance and Concept. URL: http://www.islamonline.
net/servlet/Satellite?cid=1119503543916&pagename=IslamOnline-English-
Ask_Scholar%2FFatwaE%2FFatwaEAskTheScholar [21.08.2001].

Islam Online (2008d): Online-Muftis: Who is eligible? URL: http://www.islamonline.
net/servlet/Satellite?cid=1218558415726&pagename=IslamOnline-English-
Ask_Scholar%2FFatwaE%2FFatwaEAskTheScholar [13.08.2008].

Islam Online (2008e): Should a Scholar get a Degree in Islamic Studies? URL:
http://www.islamonline.net/servlet/Satellite?cid=1119503548184&pagename=Isla
mOnline-English-Ask_Scholar%2FFatwaE%2FFatwaEAskTheScholar
[21.08.2008].

Islam Online (2008f): Women in Leading Posts. URL: http://www.islamonline.net/serv-
let/Satellite?cid=1119503545996&pagename=IslamOnline-English-Ask_Scholar-
%2FFatwaE%2FFatwaEAskTheScholar [25.08.2008].

Khaled, Amr (ohne Jahr a): Ein Aufruf zum friedlichen Miteinander. Folge 1. URL:
http://www.amrkhaled.net/articles/articles2254.html [19.08.2008].

Khaled, Amr (ohne Jahr b): Lebensgestalter. Einführung. Teil 2. URL: http://www.
amrkhaled.net/articles/articles181.html (19.08.2008].

Moon Research Centre (2008a): About MRC. URL: http://www.mrc.org.uk/about _mrc.
html [13.08.2008].

Moon Research Centre (2008b): Foundation. URL: http://www.mrc.org.uk/mrc_foun-
dation.html [13.08.2008].

Muslim-Markt (2008a): Über uns. Wer ist eigentlich der Muslim-Markt? Muslim Markt
– Das Internetportal für Islam in Deutschland. URL: www.muslim-markt.de/Servi-
ce/werist.htm [08.08.2008].

Muslim-Markt (2008b): Muslim-Heirat – ein Dienst des Muslim-Markt. Muslim Markt –
Das Internetportal für Islam in Deutschland. URL: www.muslim-heirat.de [08.08.
2008].

Naggar, Mona (2005): Amr Khaled: Predigten für den wohltätigen Zweck. In: Qantara.
Dialog mit der islamischen Welt. URL: http://www.qantara.de/webcom/show_ar-
ticle.php/_c-469/_nr-435/i.html [10.08.2008].

Philips, Bilal (2006): Brief Introduction to Dr. Abu Ameenah Philips. Official Website of
Dr. Abu Ameenah Bilal Philips. URL: http://www.bilalphilips.com/bilal_ pages.
php?option=com_content&task=view&id=240 [15.08.2008].

Philips, Bilal (2007): Introduction. Official Website of Dr. Abu Ameenah Bilal Philips.
URL: http://www.bilalphilips.com/bilal_pages.php?option=com_content&task=vie
w&id=246 8 [15.08.2008].

Philips, Bilal (2008a): Reply to Critics. Official Website of Dr. Abu Ameenah Bilal
Philips. URL: http://www.bilalphilips.com/bilal_pages.php?option=com_content&
task=view&id=254 [15.08.2008].

Philips, Bilal (2008b): Downloads. Official Website of Dr. Abu Ameenah Bilal Philips.
URL: http://www.bilalphilips.com/bilal_pages.php?option=com_content&task=vi-
ew&id=273 [15.08.2008].

Philips, Bilal (2008c): Islaamic Website Rating. Introduction. Official Website of Dr. Abu Ameenah Bilal Philips. URL: http://www.bilalphilips.com/bilal_pages.php? option=com_content&task=view&id=246 [15.08.2008].

Philips, Bilal (2008d): Dr. Bilal`s Diary. Official Website of Dr. Abu Ameenah Bilal Philips. URL: http://www.bilalphilips.com/bilals_diary.php [15.08.2008].

Schlagenwerth, Michaela (2008): Ernsthaft glauben und dabei locker bleiben. Das neue Label Styleislam designt Shirts mit islamischen Botschaften. In: Berliner Zeitung. 58. 08./09. März 2008: 7. URL: http://blog.styleislam.com/downloads/berlinerzeitung.jpg [13.08.2007].

Styleislam (2008a): Home. Witten, Styleislam Deutschland. URL: http://www.styleisam. com/de/index (13.08.2008].

Styleislam (2008b): About. Witten, Styleislam Deutschland. URL: http://www.styleislam.com/de/about [13.08.2008].

Styleislam (2008c): Style & Sadaqa. Witten, Styleislam. URL: http://blog.styleislam. com/ [13.08.2008].

Styleislam (2008d): Shop, Motive. Witten, Styleislam. URL: http://www.styleislam.com/ de/shop/ [13.08.2008].

Transnational Broadcasting Studies (TBS) (2004): Interview with Sheikh Yusuf al-Qaradawi. In: TBS Journal Nr. 13. URL: http://www.tbsjournal.com/Archives/Fall 04/interviewyusufqaradawi.htm Stand: 10.08.2008].

Turn to Islam (2006): Registering and Joining this Turn to Islam Community. URL: http://www.turntoislam.com/forum/showthread.php?t=80 (17.08.2008].

Turn to Islam (2008a): Question to all Brothers. Brother's Club. URL: http://www.turntoislam.com/forum/showthread.php?t=30079 [17.08.2008].

Turn to Islam (2008b): Home. URL: http://www.turntoislam.com/ [17.08.2008].

Turn to Islam (2008c): Turn to Islam Lounge. URL: http://www.turntoislam.com/forum/ forumdisplay.php?f=27 [20.08.2008].

Waymo (2008): Commedy Contest. Köln, Jugendplattform Waymo. URL: http://www. waymo.de/comedycontest/ [13.08.2008].

Wilms, Sulaiman (2008): German Muslim Youths and Puzzling Identity. In: Islam Online. Euro-Muslims. URL: http://www.islamonline.net/servlet/Satellite?c=Article_C &cid=1218650301897&pagename=Zone-English-Euro_Muslims%2FEMELayout [25.08.2008].

Wise, Lindsay (2004): Amr Khaled. Broadcasting the Nahada. In: TBS Journal 13. URL: http://www.tbsjournal.com/Archives/Fall04/wiseamrkhaled.html [10.08.2008].

Lokal – translokal – digital:
Kommunikative Mehrfachvernetzung und die Aneignung digitaler Medienumgebungen in der russischen Diaspora

Caroline Düvel

1 Einleitung

In historischer Perspektive haben Medien schon immer zur Herstellung von Vernetzungen beigetragen. Beispielsweise werden Massenmedien wie Fernsehen und Radio als Instrumente gesehen, um räumlich getrennte Menschen in unterschiedlichen Ländern zu verbinden. Insbesondere für ethnische Minderheiten kommt den Medien eine Bedeutung zu, bildeten vor allem heimatsprachliche Fernsehsendungen für Gastarbeiter in den 1960er Jahren als erste „Ethnomedien"[1] ihres Kulturraums eine „Brücke zur Heimat" (Weber-Menges 2005: 249). Später in den 1980er Jahren mit der Etablierung des Videorekorders erfolgte dann ein reger Austausch von Filmen und selbst gedrehten privaten Videos von der Familie und Verwandten im Heimatland, so genannten Videobriefen auf VHS-Kassette, um den Kontakt an Heimat und Familie zu erhalten. Schließlich mit der Verbreitung des Satellitenfernsehens Anfang der 1990er Jahre können nahezu alle ethnischen Minderheiten Fernsehprogramme aus ihren Herkunftsländern in Deutschland empfangen, womit ein permanent möglicher Kontakt zu ihrem Kulturkreis hergestellt war.

Für diese medialen Vernetzungen spielen heutzutage gerade digitale Medien eine bedeutsame Rolle: Durch ihre nahezu ständige Verfügbarkeit haben insbesondere Mobiltelefon und Internet das Potenzial, kommunikative Verbindungen zwischen Menschen zu intensivieren. Diese Kommunikationstechnologien ermöglichen somit ethnischen Minderheiten von fast jedem Ort den Abruf von Informationen und Unterhaltung sowie den Kontakt zu ihrer *lokalen* Bezugsgruppe und zu *translokalen*, also den über die Grenzen des lokalen hinweg be-

---

1   Unter diesem Begriff werden „Medienangebote für Migranten sowohl in Form von Pressemedien und audio-visuellen Medien verstanden, die im jeweiligen Herkunftsland für den dortigen Markt produziert werden und in Deutschland zugänglich sind, als auch solche, die unter deutscher Regie für Migranten bzw. auch von Migranten selbst in Deutschland hergestellt und vertrieben werden." (Weber-Menges 2005: 242)

stehenden Kontakten ins Herkunftsland, während sie selbst auf lokaler Ebene im Alltag unterwegs sind.

Vor diesem Hintergrund sollen in dem Beitrag nun anhand von empirischem Material die angesprochenen sozialen und kommunikativen Vernetzungsprozesse junger russischer Diasporaangehöriger in Deutschland analysiert sowie die Konsequenzen für Sozialisationsprozesse und damit auch für Kultur und Gesellschaft erörtert werden. Dabei geht es insbesondere darum, eine räumliche und kulturelle *Mehrfachvernetzung* mittels Mobiltelefon, Internet und weiterer Medien ihrer Medienumgebungen herauszuarbeiten, die eng mit dem Lebensumstand ethnischer Minderheiten in der Diaspora verknüpft ist. Hierzu gliedert sich der Beitrag in drei Teile: Zunächst werden Überlegungen angestellt, wie sich kommunikative Vernetzungsprozesse in den kommunikations- und medienwissenschaftlichen Theorie- und Analyserahmen der Mediatisierung einordnen lassen. In diesem Zusammenhang wird auch erörtert, welchen Beitrag das Konzept der kommunikativen Konnektivität für die Analyse kommunikativer Vernetzungen mittels digitaler Medienumgebungen leistet. Weiterhin geht es darum, die bestehende kommunikations- und medienwissenschaftliche Forschung zu ethnischen Migrationsgemeinschaften im Hinblick auf deren Übertragbarkeit für digitale Medien zu reflektieren und zu einer Weiterentwicklung beizutragen. Diese theoretischen Überlegungen werden abschließend anhand exemplarischer Fallstudien empirisch fundiert.

2   Voraussetzungen für Vernetzung: Mediatisierung, entgrenzte Medienumgebungen und kommunikative Konnektivität

Um kommunikative Vernetzungsprozesse ethnischer Minderheiten in ihrer Komplexität betrachten zu können, ist es notwendig, diese in einem entsprechenden Analyserahmen zu kontextualisieren. Geeignet hierfür sind zwei Ansätze: Erstens bildet für eine Auseinandersetzung mit Vernetzungsprozessen junger russischer Migranten über digitale Medien der Ansatz der *Mediatisierung* als kommunikations- und medienwissenschaftliche Meta-Theorie zur Analyse soziokultureller Wandlungsprozesse einen sinnvollen Ausgangspunkt. Im Zentrum des Mediatisierungsansatzes steht eine Auseinandersetzung mit der Bedeutung von Medien, Medienaneignung und Kommunikation. Zweitens bietet es sich an, Mediatisierungsprozesse anhand des Konzeptes der *kommunikativen Konnektivität* zu erörtern, um sie für die daran anschließende empirische Analyse nutzbar zu machen. Das Konzept ist hilfreich, um sich konzeptionell ebenso wie analytisch den Vernetzungsphänomenen von ethnischen Migrationsgemeinschaften mit digitalen Medien zu nähern.

2.1 Mediatisierte Entgrenzungsprozesse und die Betrachtung individueller Medienumgebungen

Kommunikative Vernetzungsprozesse über digitale Medien lassen sich sinnvoll vor dem Hintergrund der von Friedrich Krotz entwickelten Theorie der Mediatisierung (vgl. 2001, 2007) betrachten. Diese Mediatisierungstheorie eignet sich als Interpretationsrahmen, um Metaprozesse gesellschaftlichen und kulturellen Wan- dels im Kontext einer zunehmenden Präsenz von Medien im alltäglichen und kulturellen Leben als Charakteristikum westlicher Gesellschaften des 21. Jahrhunderts zu erklären. Dieser Wandel kann auf unterschiedlichen Ebenen festgestellt werden: Erstens sind rein quantitativ betrachtet auf einer *zeitlichen* Ebene immer mehr Medien ständig und dauerhaft verfügbar und liefern Inhalte und Zugangsmöglichkeiten zu Themen und Diskursen. Beispielsweise gibt es keinen Sendeschluss mehr im Fernsehen, auch im Internet kann man unbegrenzt surfen. Auf einer zweiten *räumlichen* Ebene vernetzen Medien immer mehr Orte und Räume, die zunehmend miteinander durch Medienkommunikation verbunden sind. Exemplarisch kann hier das Mobiltelefon aufgeführt werden, das Kommunikation über unterschiedliche soziale Kontexte und Lokalitäten hinweg ermöglicht, wie sie insbesondere in ethnischen Migrationsgemeinschaften stattfinden. Durch diese Prozesse kommunikativer Vernetzung wird die Bedeutung des Ortes oder der Lokalität auf Kontexte über lokale oder nationale Grenzen hinausgehend auf eine translokale Ebene erweitert.

Auf einer dritten, sozialen Ebene „*entgrenzen*" (Krotz 2001: 22) sich Medien, da sie mit immer mehr Absichten und Motiven verwendet werden und damit Mediennutzung in immer mehr sozialen Kontexten stattfindet, was zur Folge hat, dass sich immer mehr Lebensbereiche wie Öffentliches, Privates, Arbeit, Freizeit, Freunde, Familie vermischen (vgl. Krotz 2001: 22, 2003: 178). Früher war jedes Medium traditionell an übliche Zeiten, spezifische Zwecke und soziale Bedingungen und damit an klar definierte Situationen, abgegrenzte Kontexte und Sinnzusammenhänge gebunden. Jedoch wurden diese traditionellen Strukturen im Zuge der Digitalisierung aufgeweicht oder gar ganz aufgehoben, so dass die durch Ort, Zeit und Sinn bisher voneinander abgegrenzten medialen Bereiche persönlichen und alltäglichen Handelns sich immer weitergehend untereinander vermischen, ebenso wie sich Medien selbst miteinander verbinden und mischen. Diese Entwicklungen haben zur Folge, dass sich auf Medien und Mediennutzung bezogene Alltagspraktiken verändern und auch soziale Beziehungen mehr und mehr medial vermittelt sind.

Doch auch entgegengesetzt zu den bisher dargestellten Entgrenzungs- und „Entdifferenzierungsprozessen" (Krotz 2007: 97) entstehen neue Potenziale und Formen der *Integration* von bisher getrennten Kommunikationsformen und

Funktionen: Auf medialer Ebene steht exemplarisch für diese Integration das Internet als „mediatisierter Kommunikationsraum" (Krotz 2007: 97), das als Hybridmedium eine Reihe unterschiedlicher Formen der interpersonalen und Massenkommunikation umfasst und sich darin verschiedene Kommunikations- formen losgelöst von ihrer Bindung an Einzelmedien finden lassen. In alltags- weltlicher Hinsicht halten Medien auf einer personalen wie auf einer sozialen Ebene Orientierungs- und Integrationspotenziale bereit, die der Herstellung von Verbindungen zwischen verschiedenen Personen dienen: Beispielsweise bietet das Internet ein Integrationsnetz von Teilnetzen unterschiedlicher Gruppen, die über verschiedene Kommunikationsformen des WWW an unterschiedlichen Orten und in unterschiedlichen Kontexten miteinander vernetzt sind. Diese Ver- netzungen bleiben allerdings nicht nur auf das Medium Internet oder generell auf ein Medium beschränkt, sondern finden darüber hinaus zum Beispiel auch über das Mobiltelefon statt, so dass oftmals soziale Beziehungsnetzwerke über Onli- ne- und Offlinekommunikation und -medien hinweg artikuliert werden.

Will man die kommunikativen Vernetzungsprozesse über Mobiltelefon und Internet in Migrationsgemeinschaften erforschen, sind anknüpfend an diese Überlegungen nun zwei Aspekte von Bedeutung: Erstens ist hierbei zentral, nicht von einer medienzentrierten Betrachtungsweise auszugehen und bei dem *Me- dium* als Ausgangspunkt der Analyse anzusetzen. Ausgangspunkt ist vielmehr das Individuum als Mediennutzer und dessen charakteristische mediale und kommunikative Nutzungsmuster, über die soziale Beziehungen artikuliert wer- den. Zweitens ist es für eine Analyse dieser mediatisierten Kommunikationsfor- men unerlässlich, die gesamte Bandbreite an genutzten Medien in den Blick zu nehmen: Es ist dementsprechend nicht von einem mediumszentrierten Ansatz der Einzelmediumsforschung auszugehen, sondern es muss vielmehr eine übergrei- fende Perspektive eingenommen werden, die es ermöglicht, komplexe medien- übergreifende Kommunikationsprozesse und damit kommunikative Vernetzun- gen zu verschiedenen Personen zu analysieren. Es geht folglich um die Betrach- tung von *Medienumgebungen* (Krotz 2007: 85-118), d. h. um charakteristische Sets von Medien, mittels derer kommunikative Vernetzungsprozesse artikuliert werden. Der Beitrag greift diese Perspektive auf und fokussiert soziale Vernet- zungs-prozesse junger russischer Migranten auf unterschiedlichen Ebenen, die über verschiedene (digitale) Medien und Kommunikationsformen artikuliert werden. Hierfür liegt der Fokus der Betrachtung allerdings nicht auf Medienum- gebungen in ihrer Gesamtheit, sondern vielmehr auf der Aneignung digitaler

Medien wie Mobiltelefon (zum Teil auch Festnetztelefon) und Internet[2] mit seinen vielfältigen Kommunikationsformen.

2.2 Netzwerke und Konnektivitäten

Um soziale und kommunikative Vernetzungsprozesse und deren Artikulationen kommunikations- und medienwissenschaftlich auf einer theoretischen Ebene zu fassen, eignet sich das analytische Konzept der Konnektivität. Konnektivität lässt sich in Anlehnung an Manuel Castells zunächst einmal auf konzeptueller Ebene differenzieren in Struktur- und Prozessaspekte: Der Strukturaspekt kann mit dem Begriff des *Netzwerks* zur Beschreibung von *Konnektivitätsstrukturen* gefasst werden. Ein Netzwerk besteht dabei aus mehreren untereinander verbundenen Knoten, wobei diese Knoten ganz unterschiedliche Dinge darstellen können, zum Beispiel miteinander kommunizierende Personen, aber auch bestimmte lokale oder kulturelle Gruppen, soziale Bewegungen oder Institutionen (vgl. Castells 2001: 528f.).

Um nun tatsächlich stattfindende *Konnektivitätsprozesse* innerhalb dieser Netzwerke greifbar zu machen, eignet sich der ebenfalls auf Castells zurückgehende Begriff des Flusses (Flow) zur Beschreibung von *Prozessaspekten* als der zweiten Konnektivitätsdimension. Es ist evident, dass Flüsse entlang bestimmter Netzwerke stattfinden, beispielsweise der Kapitalfluss entlang bestimmter Bankennetzwerke, Nachrichtenflüsse anhand von Mediennetzwerken oder aber auch der Fluss von Migranten entlang von Personennetzwerken (vgl. Pries 2001). Flüsse strukturieren solcher Art Netzwerke allerdings nicht nur, sondern sie tragen auch zu deren Ausdehnung bei, Castells spricht etwa von der Ausdehnung des ‚Raums der Ströme' bzw. ‚Flüsse' wie der Kapitalflüsse, Flüsse von Informationen oder Flüsse von Bildern, Tönen und Symbolen (vgl. Castells 2001: 431). Ähnlich argumentiert auch der Soziologe John Urry, indem er eine Auseinandersetzung mit „globalen Flüssen" verschiedenster Arten von Bewegungen über durchlässige Grenzen hinweg ins Zentrum seiner Betrachtung rückt. Mit seinem Konzept macht er deutlich, dass Flüsse Netzwerke zwar benötigen, globale Flüsse aber ebenso die Grenzen von Netzwerken überschreiten (vgl. Urry 2003: 60). Es sind nun nicht nur Informations- und Kommunikationsflüsse, die entlang von Kommunikationsnetzwerken und teilweise über sie hinaus artikuliert werden, sondern auch eine physische Mobilität und das körperliche Reisen von

---

2　Der hier verwendete Begriff der ‚digitalen Medien' umfasst neben dem Mobiltelefon alle Formen einer „computervermittelten Netzkommunikation" (Hepp/Düvel 2009) wie WWW, E-Mail, Social Software und alle anderen Kommunikationsformen des Internet.

Personen (vgl. Urry 2000: 50), die Urry ebenso wie Castells als sehr bedeutsamen Fluss und als Charakteristikum gegenwärtiger Gesellschaften betrachten. Diese beiden Flussaspekte von Kommunikation und physischer Mobilität treffen insbesondere zusammen, betrachtet man Migranten bzw. Migrantengemeinschaften. Physische Mobilität als transnationale Migration und Fluss von Menschen und Bildern ermöglichen die Etablierung von „diasporischen[3] Kommunikationsformen" (Dayan 1999), da Medien- und Kommunikationstechnologien kulturelle Konnektivitäten über große geografische Entfernungen gestatten (vgl. auch Hepp/Krotz/Moores/Winter 2006: 11).

Während Castells in der „Netzwerkgesellschaft" ein makrotheoretisches Forschungsparadigma und gesellschaftliches Organisationsprinzip zur Erörterung komplexer Globalisierungsprozesse und deren Folgen sieht (ohne es jedoch empirisch zu belegen), greift die vorliegende Studie auf einer mikroperspektivischen Ebene soziale Netzwerke unterschiedlicher Personen und Personengruppen heraus. Deshalb müssen Castells Netzwerk-Theoretisierungen angepasst werden auf die Analyse sozialer Beziehungen und deren kommunikative Artikulation. Hilfreich ist dabei die Spezifizierung von (kommunikativer) Konnektivität, wie sie Andreas Hepp formuliert hat. Hepp definiert „Konnektivität" als „ein spezifisches Konzept zur Fokussierung soziokultureller, insbesondere translokaler kommunikativer Beziehungen" (Hepp 2005: 157). Konnektivitäten sind demnach Verbindungen in einem Netzwerk, *kommunikative Konnektivitäten* rekurrieren auf Vernetzungen zwischen Personen an unterschiedlichen Orten durch Medien, weshalb man dieses Konzept als ein Element der Mediatisierungstheorie begreifen kann. Dabei kann das Konzept der Konnektivität als ein übergeordneter Analysebegriff (vgl. Hepp 2008b: 68) in der aktuellen Diskussion um Medientechnologie-, Kommunikations- und Kulturwandel betrachtet werden, dessen Spezifik Hepp vor allem in zwei Aspekten sieht: zum einen in der Möglichkeit der Analyse von Prozessen der ‚Herauslösung' und ‚Entbettung', wie sie auch im Rahmen von Mediatisierungsprozessen gefasst werden, sowie zum zweiten in seinem Potenzial der Abstraktheit. Bezogen auf die Abstraktheit charakterisiert den Ansatz der kommunikativen Konnektivität die Möglichkeit der Analyse kommunikativer Relationen und Beziehungen auf einer abstrakten Ebene, ohne eine Aussage zu implizieren, wie die „Wirkungsspezifik" (Hepp 2008b: 67) dieser kommunikativen Relationen ist. Konnektivität als wissenschaftlicher Begriff verweist somit, anders als auf alltagssprachlicher Ebene, auf Beziehungen und Verbindungen, denen nicht zwangsläufig eine weitergehende (kulturelle) Nähe oder emotionale Verbundenheit zugrunde liegen muss (vgl. ebd. sowie Tomlinson 1999: 3-19). Ebenso wenig wie eine gefühlte Nähe vorhanden sein

---

3   Vgl. zur Diskussion des Diaspora-Begriffes Düvel 2009.

muss, rücken Menschen durch zunehmende Konnektivitäten tatsächlich zwangsläufig näher zusammen, wie es beispielsweise Marshal McLuhan in seiner Metapher des „global village" proklamiert (McLuhan/Fiore 1969).

Hinsichtlich des erstgenannten Aspekts der Entbettung ermöglicht das Konzept der Konnektivität die Analyse verschiedenster Prozesse der Herauslösung, die das Handeln der Menschen aus dem Bereich des Lokalen herausheben: Im Zentrum der Auseinandersetzung mit Konnektivität stehen vielmehr über die Ebene des Lokalen hinausgehende (kommunikative) Beziehungen oder Relationen zwischen ‚Dingen'. Diese Prozesse sind nicht zuletzt auf eine stattfindende Globalisierung auf unterschiedlichen Ebenen zurückzuführen. Insbesondere der letztgenannte Aspekt ist für die Analyse kommunikativer Verbindungen von Diasporaangehörigen von Bedeutung, die längst nicht auf der Ebene lokal begrenzter Beziehungen verbleibt, sondern in Form unterschiedlichster (kommunikativer und medialer) Verbindungen zum Herkunftsland herausgelöst aus dem Lokalen und damit translokal stattfinden.

Vor dem Hintergrund dieser Aspekte lässt sich kommunikative Konnektivität demzufolge als eine Zunahme weltweiter kommunikativer Beziehungen im Rahmen der Globalisierung der Medienkommunikation betrachten, die sich *quantitativ* in einem Mehr an Vernetzung und *qualitativ* in ihrer Spezifik und Komplexität ausdifferenziert. Diese Kommunikationsbeziehungen lassen sich sowohl hinsichtlich ihrer Konnektivitätsstrukturen als Netzwerke mit Knoten als Verbindungspunkten analysieren, ebenso aber auch deren Konnektivitätsprozesse, die Kommunikations- wie auch physischen Flüsse innerhalb des Netzwerks und auch über dessen ‚Grenzen' hinaus.

Fasst man nun insgesamt die bisher genannten Aspekte zusammen, dann lassen sich insbesondere drei Punkte festhalten, will man komplexe kommunikative Vernetzungen russischer Diasporaangehöriger analysieren. Erstens wird deutlich, ist das Ansetzen einer solchen Analyse aufgrund vielschichtiger mediatisierter Entgrenzungsprozesse unter einem mediumszentrierten Fokus bei einem speziellen Medium als Ausgangspunkt nicht hinreichend. Vielmehr muss die Analyse bei den Handlungs- und Aneignungsmustern der Mediennutzer erfolgen, um die Komplexität ihrer kommunikativen Vernetzungen vollständig erfassen zu können. Zweitens ist es auch nicht zielführend, diese Medienaneignungsmuster getrennt nach einzelnen Medien zu betrachten, sondern stattdessen medienübergreifend durch die Fokussierung komplexer Medienumgebungen. Um nun drittens die Aneignung von digitalen Medienumgebungen und die darüber kommunikativ artikulierten sozialen Netzwerke von Migranten zu verdeutlichen, eignet sich das Konzept der kommunikativen Konnektivität, anhand dessen vielschichtige Vernetzungsprozesse auf unterschiedlichen Ebenen als (Personen-)Netzwerke und (Kommunikations-)Flüsse analysierbar werden.

Vernetzungsprozesse sollen nun im Folgenden insbesondere auf zwei Ebenen betrachtet werden: Erstens auf einer kommunikativen Ebene hinsichtlich der diasporischen Aneignung digitaler Medienumgebungen sowie außerdem auf einer soziokulturellen Ebene zwischen unterschiedlichen Personen oder Personengruppen in divergierenden kulturellen Kontexten. Bevor die Spezifika dieser Art *Mehrfachvernetzungen* (Düvel 2006: 76) anhand zweier Fallbeispiele dargestellt werden, erfolgt zuvor die Einordnung des Forschungsvorhabens in die aktuelle Medien- und Minderheitenforschung und es werden einige Anregungen für deren Weiterentwicklungen und Neupositionierung gegeben.

3 Neuorientierung: Medienaneignung in der Diaspora als kommunikative Integration

Die unterschiedlichen Arten der Vernetzung oder (medialen) Verbindung von Migranten zu ihrem Heimat- bzw. Herkunftsland werden in der klassischen Medien und Minderheitenforschung ambivalent diskutiert und bewertet. Innerhalb dieser Forschungsperspektive erfolgt eine Beschäftigung mit der Mediennutzung von Migranten oftmals vor dem Hintergrund von Auseinandersetzungsprozessen um die Bedeutung der Massenmedien und ihres Potenzials für gesellschaftliche und kulturelle *Integrationsprozesse* der ethnischen Minderheiten in die nationale Gesellschaft (vgl. beispielsweise die Beiträge in Schatz et al. 2000). Dabei lassen sich insbesondere zwei Kernpunkte der Diskussion ausmachen: Erstens geht es um den Beitrag, den Massenmedien für eine kulturelle Integration der ethnischen Minderheiten in die Aufnahmegesellschaft leisten. Im Rahmen dieses eher traditionellen Ansatzes der Migrationsforschung war das Schlüsselkonzept der Integration als „Assimilation" (Esser 2000) über eine lange Zeit leitend. Ausgangspunkt der Argumentation hierbei war eine bestimmte Integrationserwartung, die üblicherweise von der Mehrheitsgesellschaft an die Migranten gestellt wurde. Der zweite Kernpunkt der Auseinandersetzung ist, dass insbesondere „Ethno-Medien" (Weber-Menges 2005) eine fortschreitende Segregation von Gesellschaft forcieren. Innerhalb dieser Forschungstradition gelangen Migrationsforscher allerdings zu kontroversen Ergebnissen: Einerseits, so die Behauptung, begünstige die Nutzung muttersprachlicher Angebote aus den Heimatländern der Migranten die Entstehung einer geschichteten Gesellschaft und behindere so die Assimilation an die Mehrheitsgesellschaft (vgl. Esser 2000: 30f.), was auch mit den Stichworten der „Ghettoisierung" und „Segregation" gefasst wird. Andererseits wird argumentiert, helfen vor allem Massenmedien der Herkunftsländer den Migranten, ihre kulturelle Identität zu bewahren und so den Integrationsprozess in die Mehrheitsgesellschaft zu fördern (vgl. Schneider/Arnold 2006).

Nachdem Fragen dieser Art über lange Zeit das Feld der deutschsprachigen Medien und Minderheitenforschung bestimmten, wird in den letzten Jahren zunehmend deutlich, dass eine solche Orientierung alleine nicht ausreichend ist, um sich mit dem Thema angemessen auseinanderzusetzen. Beispielsweise wird anhand der von Rainer Geißler und Horst Pöttker (2005, 2006) herausgegebenen Bände sowie auch an dem Sammelband „Medien und Migration. Europa als multikultureller Raum?" (2007) von Heinz Bonfadelli und Heinz Moser ebenso wie in Bonfadelli et al. (2008) eine Neuorientierung der Medien und Minderheitenforschung deutlich. Erkennbar ist eine Neuausrichtung, die über das bestehende Paradigma ihrer klassischen Ausgangsdebatten über die Leistung von Massenmedien für die Integration von Minderheiten in die nationale Gesellschaft hinausgeht.

Feststellbar sind vor allem zwei Aspekte, nämlich erstens, dass sich die Minderheitenforschung nicht mehr nur ausschließlich auf inhaltsanalytische und nutzungsorientierte Aspekte von Massenmedien konzentriert, sondern auch die ‚neuen Medien' und deren komplexe Nutzung durch Migranten und Diasporaangehörige ergründet (vgl. exemplarisch Düvel 2006, Kissau 2008, Hugger 2009). Zweitens kann damit auch eine stattfindende Neuakzentuierung des Integrationsbegriffs in der aktuellen Minderheitenforschung ausgemacht werden. Anstatt wie bisher ein massenmedialorientiertes Analyseparadigma, das auf Integrations- und Segregationsprozesse von Massenmedien abhebt, wird hier ein eher netzwerkanalytisches Paradigma zugrunde gelegt. Dahinter stecken folgende Überlegungen: Betrachtet man die bisher gemachte Ausgangsannahme, nämlich dass Massenmedien deshalb ein Integrationspotenzial besitzen, weil sie über eine gesamte Gesellschaft und Kultur hinweg Kommunikation eröffnen, so ist diese Annahme in der Analyse digitaler Medien nicht mehr hinreichend. Dieses eher national- und nationalkulturellorientierte Analyseparadigma stößt in der Untersuchung von Kommunikationsprozessen über digitale Medien an seine Grenzen, da diese per se nicht auf Formen gesamtgesellschaftlicher Kommunikation ausgerichtet sind (vgl. Hepp 2008a, Hepp/Düvel 2009).

Vielmehr sollte in diesem Rahmen und vor dem Hintergrund der Charakteristika digitaler Medien Integration als „kommunikative Vernetzung und darauf gründende Beteiligungschancen" (Hepp 2008a: 273, vgl. auch Hepp/Düvel 2009) betrachtet werden. Gemeint ist damit eine kommunikative Integration, die sich in der Vernetzung jedes einzelnen Subjektes mit den ihm wichtig erscheinenden sozialen Netzwerken unterschiedlicher Lebensbereiche ausdrückt, die je nach Person unterschiedlich komplex sein kann. Die Aneignung digitaler Medien wird nun dahingehend betrachtet, diese Integration als Beteiligungschance zu ermöglichen. Um diesen netzwerktheoretischen Integrationsansatz auch empirisch fruchtbar zu machen, ist nun eine methodische Orientierung der Kommunikations- und Medienwissenschaft an der Soziologie, und da insbesondere an der qualitativen Netzwerkanalyse hilfreich (vgl. bspw. Scheibelhofer 2006, Kesselring 2006).

4   Kommunikative Mehrfachvernetzung: russische Diasporaangehörige als Fallbeispiel

Wie eine solche begriffliche und methodische Neukonzeptionalisierung von Integration als kommunikative Integration in Form von Mehrfachvernetzung nun konkret aussehen kann, soll exemplarisch anhand von zwei Fallbeispielen russischer Migranten deutlich gemacht werden. Bei den Beispielen handelt es sich um Angehörige zweier unterschiedlicher Typen einer im Rahmen eines Dissertationsprojektes entwickelten vier unterschiedliche Typen umfassenden Typologie.

Exemplarisch erörtert werden soll hier die kommunikative Mehrfachvernetzung zweier weitestgehend konträrer Fälle, zum einen von Ulina (25), die dem Typus des ‚Heimatorientierten' zugeordnet ist, sowie Joshua (19)[4], der dem Typus des ‚Angekommenen'[5] angehört. Mit diesen Personen wurden 2006 qualitative Interviews von etwa 60-80 Minuten Länge zu ihrer Aneignung digitaler Medien sowie zu ihrer kulturellen Zugehörigkeit geführt. Daneben wurden sie gebeten, qualitative Netzwerkkarten (Visualisierungen ihrer kommunikativen Vernetzung) zu erstellen und zu kommentieren.

Gemeinsam ist Joshua und Ulina eine ähnliche Migrationsbiografie. Beide kamen ursprünglich als Bildungsmigranten aus Moskau bzw. Sibirien nach Deutschland: Joshua als 15-jähriger Schüler, um ein Jahr lang in einer Bremer Waldorfschule Deutsch zu lernen, Ulina als 20-jähriges Au Pair-Mädchen, um kurz vor ihrem Berufseinstieg als Lehrerin für Fremdsprachen ebenfalls ihre Deutschkenntnisse zu verbessern. In beiden Fällen wurde ihre temporäre Migration allerdings aus unterschiedlichen Gründen zu einem dauerhaften Aufenthalt. Ulina lernte während ihres Aufenthaltes einen Russlanddeutschen Mann kennen, mit dem sie inzwischen zusammen lebt, weshalb sie sich dafür entschied, in Deutschland zu bleiben und ihre Ausbildung in Form eines neuen Studiums fortzusetzen. Bei Joshua verlief das Bildungsjahr in der Waldorfschule so erfolgreich, dass er sich ebenfalls dazu entschloss, in Deutschland zu bleiben und hier auch sein Abitur zu machen und ggf. ein Studium anzuschließen. Parallelen

---

4   Bei den Namen handelt es sich um Pseudonyme.
5   Weitere Typen sind ‚Der Arbeitsintegrierte' und ‚Der Entwurzelte', die sich insbesondere hinsichtlich der kulturellen Selbstverortung, ihrer Migrationsbiografie sowie der Aneignung ihrer Medienumgebung unterscheiden.

zwischen den beiden Personen bestehen auch bei ihren sozialen Beziehungen. Beide sind integriert in zwei Freundeskreise: Sie pflegen enge *lokale* Kontakte zu ihren Cliquen in Bremen, gleichzeitig hat jeder von ihnen allerdings auch einen *translokalen,* über die Grenzen des Lokalen hinausgehenden, russischen Freundeskreis, der auf Freundschaften in Russland aus der Zeit vor ihrer Migration beruht. Kontakte werden daneben zu ihren Eltern und Verwandten in Russland gehalten.

Durch die Analyse dieser Fallbeispiele soll gezeigt werden, dass spezielle kommunikative Konnektivitäten und die Lebenssituation in der Diaspora eng miteinander verknüpft sind. Charakteristisch ist eine Mehrfachvernetzung von russischen Diasporaangehörigen mittels digitaler Medien, die allerdings je nach Typus ganz unterschiedlich artikuliert wird. Wie sich dies konkretisiert, soll auf dreifache Weise fokussiert werden: erstens im Hinblick auf die unterschiedlichen Medienumgebungen, zweitens im Hinblick auf die Diaspora-interne kommunikative Vernetzung und drittens im Hinblick auf die Diaspora-externe kommunikative Vernetzung.

4.1 Medienumgebungen kommunikativer Vernetzung

Die anhand der Interviews und Netzwerkkarten gewonnenen Daten verdeutlichen, in welchem Maße die besondere Lebenssituation der beiden russischen Diasporaangehörigen durch kommunikative Vernetzungen geprägt ist und welche unterschiedlichen Medien für diese Vernetzung genutzt werden. Die Medienaneignung der beiden Interviewten verweist auf je spezifische Medienumgebungen, durch die ihre kommunikative Vernetzung erfolgt. Visuell greifbar wird dies anhand der Netzwerkkarten.

An Ulinas Netzwerkzeichnung fallen zwei Dinge auf: Erstens wird deutlich, dass sie in lokal unterschiedliche Netzwerke eingebunden ist. Zum einen ist sie in ein lokales soziales Netzwerk in Bremen bestehend aus ihrem Partner, Freundinnen, Uni- und Jobkontakten integriert. Zum anderen pflegt Ulina translokale soziale Beziehungen nach Russland zu ihren Eltern und weiteren Freunden. Darüber hinaus fällt zweitens auf, dass Ulina ihre sozialen Kontakte je nach kulturellem Kontext gruppiert: Auf der rechten Seite der Zeichnung stellt sie die kommunikativen Beziehungen zu ihren in Russland lebenden Eltern und Freunden dar. Auffällig ist, dass sie zu diesen ,russischgeprägten' Kontakten auch die Partnerbeziehung zu ihrem russlanddeutschen Freund ansiedelt, obwohl diese im lokalen Umfeld besteht. Da Ulina keinen Festnetzanschluss besitzt, unterhält sie alle telefonischen Kommunikationskontakte per Mobiltelefon. Dies ist für sie das primäre Medium, um im lokalen Umfeld ihre Eltern in Sibirien, ihre Freunde,

Arbeitskollegen und ihren Partner zu kontaktieren, wobei Anrufe vor SMS als Kommunikationsform dominieren. An Freunde in Russland schreibt Ulina regelmäßig SMS von ihrer deutschen Mobiltelefonkarte. Ergänzend dazu nutzt sie intensiv das Internet für den E-Mail-Austausch mit ihnen.

Abbildung 1:   Netzwerkkarte von Ulina

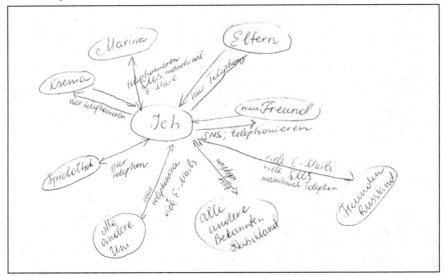

Während Ulina ihre sozialen Beziehungen eindeutig nach Lokalität und kulturellem Kontext gruppiert, ist eine solche Strukturierung in der Netzwerkzeichnung von Joshua nicht erkennbar. Obwohl auch er sowohl lokale Kontakte als auch translokale soziale Beziehungen in sein Herkunftsland pflegt, verdeutlicht die Zeichnung keine Trennung oder Abgrenzung, sondern eher eine Vermischung der Kontakte beider kultureller Kontexte mittels digitaler Medien. Er erklärt seine Netzwerkkarte folgendermaßen:

„Also mit dem PC kontaktiere ich alle – so gut wie alle […] das sind Freunde aus der Schule, auch die russischen Freunde, ja auch Bekannte und auch meine Schwester. ICQ, Email also die ganzen Internetgeschichten hab ich sozusagen dem PC zugeordnet; mit dem Handy kann ich ziemlich viele erreichen aber nicht alle [..] und mit dem Telefon auch so gut wie alle, °irgendwie braucht man das aber gar nicht mehr°." (Joshua, 19)

Abbildung 2:   *Netzwerkkarte von Joshua*

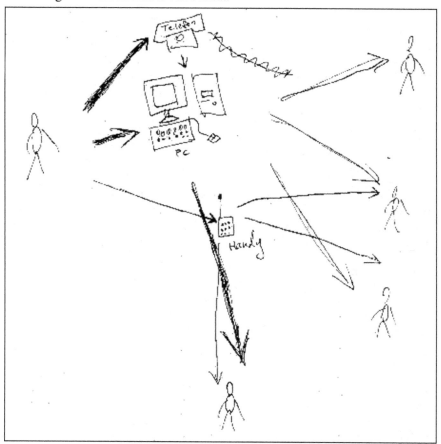

Dieses Zitat verdeutlicht ebenfalls zwei Aspekte: Erstens ist für Joshua zur Pflege seiner sozialen Kontakte das Internet und darin das Instant Messenger Programm ICQ das zentrale Medium, worüber er mit all seinen Freunden und auch Verwandten in alltäglichem Kontakt steht. Wie Joshua im Interview erwähnt, sind in der ICQ-Liste seine räumlich getrennten und kulturell unterschiedlichen Netzwerke vereinigt, so dass im Alltag stets parallel ein intensiver Austausch mit russischen und deutschen Kontakten über ICQ stattfindet, wie er weiter beschreibt:

„Ich hab jetzt glaub ich 40, 50 Leute in der Kontaktliste. Am Anfang hab ich versucht, die alle zu sortieren, also nach Gruppen und die dann einfach so ganz großzügig Germany und Russia genannt. Irgendwann hab ich das aufgegeben, weil also bei manchen Leuten war das irgendwie schwer definierbar, also bei meiner Schwester, und ja irgendwann dacht ich mir schon, na egal ich mein, wenn die schon irgendwie zu meinen Leuten gehören, dann sollten sie auch zusammen bleiben." (Joshua, 19)

Durch kommunikative Vernetzung im Chat ist Joshua demnach trotz der räumlichen Trennung auch in seinem translokalen russischen Netzwerk präsent. Der Kontakt zu seinen Freunden und der Familie in Moskau gehört ebenso zu seinem Alltag wie der Austausch mit seinen Bremer Freunden, ohne dass er eine kulturelle Trennung oder Abgrenzung vornimmt.

Der zweite Aspekt in Joshuas Zitat unterstreicht in Anlehnung an die Selbst-Präsentation durch die Netzwerkkarte, dass kommunikative Vernetzungsprozesse nicht nur durch digitale Medien (Mobiltelefon und Internet) stattfinden, sondern auch das Festnetztelefon („Telefon") eine Rolle spielt. Jedoch hatte der Austausch per Festnetztelefon "früher", womit Joshua die Zeit vor seiner dsl-Flatrate bezeichnet, einen wesentlich größeren Stellenwert als heute, als er einfach spontan vom Festnetz in Russland bei seinen Freunden anrief, um sich nach ihnen zu erkundigen. Inzwischen nimmt das Festnetztelefon nur noch eine marginale Rolle in Joshuas Medienumgebung ein, der kommunikative Austausch auch mit Russland hat sich vielmehr auf das Internet verlagert, worüber nun eher Video-Telefonkonferenzen abgehalten werden.

Diese Analysen weisen auf einen zentralen Punkt hin, nämlich die „Transmedialität" (Hepp/Düvel 2009) kommunikativer Konnektivität. Das Schaffen und Aufrechterhalten von Kommunikationsnetzwerken geschieht über eine Vielfalt unterschiedlicher Medien hinweg, wobei sich digitale Medien mit anderen Medien zu einer für die Person je spezifischen Medienumgebung fügen. Während diese Transmedialität offenbar für die Aneignung digitaler Medien im Allgemeinen kennzeichnend ist, fällt darüber hinaus eine Besonderheit in der Diaspora deutlich auf: In diesen Medienumgebungen wird eine Mehrfachvernetzung gemanagt, die das lokale Kommunikations- und Beziehungsnetzwerk in Bremen *und* ein translokales Kommunikations- und Beziehungsnetzwerk in Russland bzw. zu weiteren Angehörigen der russischen Diaspora einbezieht. Dies macht ein doppeltes Vernetzungspotenzial digitaler Medien greifbar, nämlich sowohl in Bezug auf das Diaspora-Netzwerk (Diaspora-interne kommunikative Vernetzung) als auch in Bezug auf darüber hinausgehende Beziehungen (Diaspora-externe kommunikative Vernetzung).

4.2 Diaspora-interne kommunikative Vernetzung

Insbesondere bei der näheren Betrachtung der diaspora-internen und diaspora-externen Vernetzung werden die typologischen Unterschiede des ‚Heimatorientierten' und ‚Angekommenen' deutlich. Ulina beispielsweise als Angehörige des ersten Typus bewegt sich in ihrem Alltag im Migrationsland fast ausschließlich in einem russischgeprägten Kulturkontext, eine Ausnahme bildet nur ihr Arbeitsumfeld. Sie ist fest integriert in eine Clique bester Freundinnen bestehend aus anderen russischen jungen Frauen, daneben ist sie mit einem russlanddeutschen Mann liiert. Weiterhin verweisen diaspora-interne Vernetzungen neben der russisch geprägten Freundeskommunikation im lokalen Umfeld vor allem auf *Familienkommunikation*, die für Ulina von großer Bedeutung ist. Um auch von Bremen aus am russischen Alltag der Familie in Sibirien teilhaben zu können, hat Ulina in ihrer Medienaneignung bestimmte Kommunikationsformen entwickelt, durch die sie die räumliche Trennung überwindet und das translokale Netzwerk der russischen Familie in ihren deutschen Alltag einbezieht. Da sie kein Festnetztelefon besitzt, kauft Ulina in Callshops regelmäßig Telefonkarten für Gespräche nach Russland und ruft so einmal wöchentlich ihre Eltern an. Zudem ist ihr die permanente Erreichbarkeit per Mobiltelefon für ihre Eltern extrem wichtig, so dass sie ihr Mobiltelefon Tag und Nacht bei sich trägt, um keinen Anruf aus Russland zu verpassen.

Deutlich wird demnach, dass das Mobiltelefon es trotz großer lokaler Distanz gestattet, durch eine fortlaufende kommunikative Vernetzung *en passant* in der Familie das Alltagsleben zumindest partiell zu synchronisieren. Eine solche translokal integrierende Familienkommunikation hat für die Diaspora-Angehörigen einen erheblichen, das eigene Leben stabilisierenden Stellenwert.

Ähnliches wird bei der *russischen Freundeskommunikation* greifbar. Lokal hat für Ulina vor allem ihre Clique einen herausragenden Stellenwert. Da sie z.T. auch gemeinsam mit ihren russischen Freundinnen studiert, ist der Großteil ihres sozialen Umfelds überwiegend russisch geprägt. Während der lokale Kontakt von Ulina zu ihrer Clique häufig durch Mobiltelefonate, SMS und auch per Kommunikation vom Festnetz erfolgt, wird gleichwohl auch der translokale Freundeskreis in Russland oftmals per SMS von demselben deutschen Handy kontaktiert. In den Worten Ulinas:

„Ich kaufe die [Mobiltelefon-]Karte und dann melde ich mich sofort; ja z.B. meine Freundin [...] sie hatte Probleme gehabt, da war alles irgendwie ganz komisch auf der Arbeit und ich hab SMS geschickt und sie hat geantwortet und dann haben wir den ganzen Tag gesimst." (Ulina, 25)

Anders ist es beim ‚Angekommenen' Joshua, der genau wie Ulina seit vier Jahren in Deutschland lebt. Ihn charakterisiert eine viel stärkere Orientierung im deutschen Kulturkontext. Er pflegt demzufolge viel schwächere diaspora-interne Kontakte, die nur auf translokaler Ebene nach Russland stattfinden. Lokal ist Joshua hingegen in einen fast ausschließlich deutschgeprägten Freundeskreis bestehend aus anderen Mitschülern integriert, auch seine Freundin ist eine „echte Bremerin", wie er im Interview ein bisschen stolz sagt.

Für seine diaspora-internen Kontakte nach Russland jedoch besitzt Joshua eigens ein extra Mobiltelefon, von dem aus er nur mit seinen russischen Freunden in Moskau SMS schreibt. Noch vor einigen Jahren war SMS die häufigste Kommunikationsform, um den Kontakt zu seinen Freunden in Moskau auch von Deutschland aus zu halten. Joshua verschickte bis zu zehn SMS am Tag nach Russland, um sich mit seinen Freunden auszutauschen. Das Mobiltelefon war demnach das zentrale Medium für sozialen Austausch und zur Herstellung von kommunikativer Konnektivität mit dem translokalen sozialen Netzwerk in Russland. Mittlerweile hat sich die SMS-Kommunikation mit dem russischen Freundesnetzwerk wesentlich reduziert, wie das folgende Zitat illustriert:

„Das alte [Handy] liegt so ständig Zuhause und ist eigentlich meistens ausgeschaltet; also ich mach das irgendwie alle zwei, drei Tage an einfach nur um zu gucken, ob vielleicht irgendwie SMS vorliegen oder so; -- aber ansonsten ist es aus oder ich nutze eigentlich nur mein deutsches." (Joshua, 19)

Deutlich werden im Fall des ‚Angekommenen' Joshua demnach zwei Dinge: Zum einen hat sich offenbar ein Wandel der kommunikativen Praktiken vollzogen: Das vormalig meistgenutzte zentrale Medium Mobiltelefon zur kommunikativen translokalen Vernetzung hat inzwischen im Rahmen eines längeren, andauernden Aufenthalts in Deutschland für die Kontaktierung des russischen Netzwerks an Bedeutung verloren. Vielmehr findet eine Verlagerung der Kommunikation auf das Internet und speziell auf Instant Messenger Programme wie ICQ statt. Zum anderen kann – konträr zu Ulina als Angehörige des Heimatorientierten Typus – seit seiner Ankunft in Deutschland vor vier Jahren eine abnehmende Bedeutung der translokalen Kontakte nach Russland festgestellt werden, die offenbar mit Joshuas Entscheidung zu einer dauerhaften Niederlassung in Deutschland verbunden ist.

Trotz der typenspezifischen Unterschiede in der Aneignung werden sowohl im Rahmen von Familien- als auch von Freundeskommunikation übergreifend diaspora-integrierende Momente digitaler Medien offenkundig. Sie haben ein Potenzial zur Konstitution von translokalen Netzwerken derselben kulturellen Zugehörigkeit. Digitale Medien tragen zu einer Stabilisierung bzw. einem Fortbestehen von Diasporagemeinschaften bei, indem sie die fortlaufende kommunikative Vernetzung mit ihresgleichen ermöglichen.

4.3 Diaspora-externe kommunikative Vernetzung

Dass die dargestellte Diaspora-interne Integration durch digitale Medien jedoch nicht zwangsläufig nur eine kommunikative Abschottung, wie sie mit dem Begriff der Segregation verbunden ist, bedeutet, wurde bereits am Beispiel des ‚Angekommenen' Joshua deutlich. Vielmehr erleichtern gleichzeitig digitale Medien eine Diaspora-externe kommunikative Vernetzung. Während in Joshuas Fall darunter fast alle seine lokalen sozialen Beziehungen wie Freundeskreis, Partnerin und Arbeitsbeziehungen (Schule) gefasst werden können, ist die diaspora-externe kommunikative Vernetzung Ulinas als ‚Heimatorientierte' weit weniger ausgeprägt. Sie pflegt weitere im weitesten Sinne freundschaftliche Beziehungen zu Nicht-Diasporaangehörigen sowie kollegiale Beziehungen zu Kommilitoninnen und Kommilitonen im universitären Kontext (Arbeitsbeziehungen).

Im Hinblick auf die *Freundeskommunikation* fällt jedoch auf, dass Ulina stark differenziert zwischen ihren russischen und weiteren, insbesondere deutschen Freundschaftsbeziehungen. Während zu anderen Russen lokal eine tiefe Verbindung besteht, beschreibt Ulina ihren Kontakt zu deutschen Freunden als „oberflächlicher". Diese freundschaftlichen Beziehungen haben sich insbesondere aus dem Arbeitskontext ihrer (Neben-)jobs entwickelt und sind in erster Linie durch die Hilfe und Unterstützung gekennzeichnet, die diese Personen Ulina als Diasporaangehörige beim Sprachenlernen anbieten. Exemplarisch greifbar wird diese eher distanzierte Qualität der Beziehungen an folgendem Zitat:

„Ich kann sagen, dass die[s] Freunde für mich sind; aber die sind alle älter als ich, viel älter; das ist erstens meine Gastmutter – seit ich von ihr ausgezogen bin nach einem Jahr bis jetzt sind wir in Kontakt und wir waren zum Beispiel am Freitag zusammen im Theater und wir treffen uns, gehen manchmal zusammen essen." (Ulina, 25)

Einer solchen distanzierten Qualität entspricht auch, dass die Kommunikationsbeziehungen nicht fortlaufend beispielsweise per SMS aufrechterhalten werden, sondern ausschließlich (und wesentlich seltener) durch Anrufe und persönliche Treffen. Die kommunikative Vernetzung jenseits der Diaspora hat im Hinblick auf Freundschaften also eine sowohl bezogen auf Häufigkeit als auch bezogen auf Intensität geringere Qualität. Der eher instrumentelle Charakter dieser Beziehungen wird auch daran deutlich, dass Ulina ihre diaspora-externen sozialen Beziehungen in der Netzwerkzeichnung nach ihren Institutionen bezeichnet, z.B. „Uni" oder „Spielhalle", während sie ihre russischen privaten Kontakte mit Namen benennt.

Konträr verläuft diese diaspora-externe kommunikative Vernetzung beim ,Angekommenen' Joshua, insbesondere wenn man seine *Freundesbeziehungen* und *kommunikation* betrachtet, wie Joshua selbst sagt:

„Der größte Teil oder die meisten Freunde sind Deutsche oder sind schon hier aufgewachsen. Also mit den Aussiedlern oder mit den Russen sag ich mal also hab ich nicht so viel zu tun; also ich kenne schon welche, aber ich würde sie eher als Bekannte bezeichnen." (Joshua, 19)

Während bei Ulina ihre engen privaten Kontakte ausschließlich im Diasporakontext angesiedelt sind, grenzt sich Joshua eher von anderen Diasporaangehörigen ab und orientiert sich im lokalen deutschen Kontext. Diese Freundesbeziehungen setzen sich bei ihm überwiegend aus Mitschülern und Klassenkameraden zusammen. Charakteristisch ist, dass er sie kommunikativ hauptsächlich per Internet artikuliert und gewohnheitsmäßig eine kontinuierliche, intensive Kontaktpflege per Internetchat stattfindet. Nur bei eigener Mobilität im Alltag spielt für Joshua das Mobiltelefon eine bedeutende Rolle, das dann die Onlinevernetzung temporär ablöst.

Deutlich wird, dass digitale Medien auch für Diaspora-externe Kommunikation verwendet werden, diese Kommunikation allerdings je nach Typus ganz unterschiedliche Ausprägungen kennzeichnet. Während für ,Heimatorientierte' die diaspora-externe Kommunikation einen eher instrumentellen Charakter – angesiedelt im Arbeitsumfeld – hat und eher diaspora-interne Vernetzungen in einer hohen Intensität stattfinden, kann man beim ,Angekommenen' den größten Teil seines lokalen sozialen Umfelds als nicht seinem Diasporakontext zugehörig zuordnen. Diaspora-externe Vernetzungen in fortlaufender Häufigkeit dominieren damit seine sozialen Beziehungen. Somit zeigen sich ganz unterschiedliche Qualitäten der kommunikativen Vernetzung in und jenseits der Diaspora, die verschiedene Beteiligungschancen liefern.

5   Fazit und Forschungsperspektiven

Die Betrachtung dieses Fallbeispiels zweier unterschiedlicher Typen russischer Diasporaangehöriger illustriert eine vielschichtige kommunikative Mehrfachvernetzung mittels digitaler Medien in der Diaspora. Auf der Basis von qualitativen Netzwerkkarten und Interviews wurde erstens gezeigt, dass digitale Medien in Bezug auf die kommunikative Vernetzung von Personen in der Diaspora nicht isoliert, sondern vielmehr transmedial eingebettet in individuelle Medienumgebungen ihrer Nutzer zu betrachten sind. Weiterhin kommt zweitens der staatenübergreifenden Aufrecherhaltung translokaler sozialer Beziehungen zur Diaspora-Gruppe über diese Medienumgebungen ein je nach Typus unterschiedlich wichtiger Stellenwert zu. Drittens unterstützen digitale Medien allerdings nicht nur interne kommunikative Vernetzungen, sondern bilden wichtige Instrumente für diaspora-externe soziale Beziehungen. Argumentiert wurde nun dahingehend, dass dieser Art komplexe kommunikative Mehrfachvernetzungen von Diasporaangehörigen nur mit einer Neuausrichtung der kommunikations- und medienwissenschaftlichen Migrationsforschung wirklich greifbar werden. Dazu gehört in erster Linie die Neukonzeption von Integration als kommunikative Vernetzung und darauf begründende Beteiligungschancen. Weiterhin ist neben einer ausschließlich Nationalstaaten fokussierenden Perspektive ein transkulturelles Analyseparadigma notwendig, das es erlaubt, auch darüber hinausgehende kommunikative Beziehungen Diasporaangehöriger zu fassen. Auch wenn die Ergebnisse dieses Fallbeispiels von Personen mit recht hohem Bildungsniveau nicht überbewertet werden sollten, scheint eine breitere Forschung im Themenfeld digitaler Medien und Migration mit der geforderten Neuorientierung notwendig.

Literatur

Bonfadelli, Heinz/Moser, Heinz (Hrsg.) (2007): Medien und Migration. Europa im multikulturellen Raum? Wiesbaden: VS Verlag.

Bonfadelli, Heinz/Bucher, Priska/Hanetseder, Christa/Hermann, Thomas/Ideli, Mustafa/Moser, Heinz (Hrsg.) (2008): Jugend, Medien und Migration. Empirische Ergebnisse und Perspektiven. Wiesbaden: VS Verlag.

Bug, Judith/Karmasin, Matthias (Hrsg.) (2003): Telekommunikation und Jugendkultur. Eine Einführung. Wiesbaden: Westdeutscher Verlag.

Castells, Manuel (2001): Der Aufstieg der Netzwerkgesellschaft. Teil 1 der Trilogie= Das Informationszeitalter. Opladen: Leske + Budrich.

Dayan, Daniel (1999): Media and Diasporas. In: Gripsrud, Jostein et al. (1999): 18-33.

Düvel, Caroline (2006): Mobilkommunikation in Diasporagemeinschaften: Kommunikative Mobilität und Vernetzung junger russischer Migranten in Deutschland. In: Ästhetik & Kommunikation. 135. 37. 73-80.

Düvel, Caroline (2009): Paul Gilroy: Schwarzer Atlantik und Diaspora. In: Hepp et al. (2009): 176-188. .

Esser, Hartmut (2000): Assimilation, Integration und ethnische Konflikte. Können sie durch „Kommunikation" beeinflußt werden? In: Schatz et al. (2000): 25-37.

Geißler, Rainer/Pöttker, Horst (Hrsg.) (2005): Massenmedien und die Integration ethnischer Minderheiten in Deutschland. Bielefeld: transcript.

Geißler, Rainer/Pöttker, Horst (Hrsg.) (2006): Integration durch Massenmedien. Medien und Migration im internationalen Vergleich. Bielefeld: transcript.

Gripsrud, Jostein (Hrsg.) (1999): Television and Common Knowledge. London/New York: Routledge.

Hepp, Andreas (2005): Kommunikative Aneignung. In: Mikos et al. (2005): 67-79.
Hepp, Andreas (2008a): Zwischen Integration und Segregation: Die kommunikative Vernetzung von ethnischen Minderheiten-Gemeinschaften in der mediatisierten Netzwerkgesellschaft. In: Raabe/Stöber/Theis-Berglmair/Wied (2008): 267-281.
Hepp, Andreas (2008b): Netzwerke der Medien – Netzwerke des Alltags: Medienalltag in der Netzwerkgesellschaft. In: Thomas (2008): 63-89.
Hepp, Andreas/ Düvel, Caroline (2009): Die kommunikative Vernetzung in der Diaspora: Integrations- und Segregationspotenziale der Aneignung digitaler Medien in ethnischen Migrationsgemeinschaften. In: Röser et al. (2009): (im Erscheinen).
Hepp, Andreas/Krotz, Friedrich/Moores, Shaun/Winter, Carsten (Hrsg.) (2006): Konnektivität, Netzwerk und Fluss. Konzepte gegenwärtiger Medien-, Kommunikations- und Kulturtheorie. Wiesbaden: VS Verlag.
Hepp, Andreas/Krotz, Friedrich/Thomas, Tanja (Hrsg.) (2009): Schlüsselwerke der Cultural Studies. Wiesbaden: VS Verlag (im Erscheinen).
Hollstein, Betina/Straus, Florian (Hrsg.) (2006): Qualitative Netzwerkanalyse. Konzepte, Methoden, Anwendungen. Wiesbaden: VS Verlag.
Hugger, Kai-Uwe (2009): Junge Migranten online. Suche nach sozialer Anerkennung und Vergewisserung von Zugehörigkeit. Wiesbaden: VS Verlag.
Kesselring, Sven (2006): Topographien mobiler Möglichkeitsräume. Zur sozio-materiellen Netzwerkanalyse von Mobilitätspionieren. In: Hollstein et al. (2006): 333-358.
Kissau, Kathrin (2008): Das Integrationspotential des Internet für Migranten. Wiesbaden: VS Verlag.
Krotz, Friedrich (2001): Die Mediatisierung kommunikativen Handelns. Der Wandel von Alltag und sozialen Beziehungen, Kultur und Gesellschaft durch die Medien. Opladen: VS Verlag.
Krotz, Friedrich (2003): Die Mediatisierung der Lebensräume von Jugendlichen. Perspektiven für die Forschung. In: Bug et al. (2003): 167-183.
Krotz, Friedrich (2007): Mediatisierung: Fallstudien zum Wandel von Kommunikation. Wiesbaden: VS Verlag.
McLuhan, Marshal/Fiore, Quentin (1969): Das Medium ist Massage. Frankfurt am Main: Ullstein.
Mikos, Lothar/ Wegener, Claudia (Hrsg.) (2005): Qualitative Medienforschung. Ein Handbuch. Konstanz: UVK.
Pries, Ludger (2001): Internationale Migration. Bielefeld: transcript.
Raabe, Johannes/Stöber, Rudolf/Theis-Berglmair, Anna M./Wied, Kristina (Hrsg.) (2001): Medien und Kommunikation in der Wissensgesellschaft. Konstanz: UVK.
Röser, Jutta/Thomas, Tanja/ Peil, Corinna (Hrsg.) (2009): Alltag in den Medien – Medien im Alltag. Wiesbaden: VS Verlag (im Erscheinen).
Schatz, Heribert/Holtz-Bacha, Christina/Nieland, Jörg-Uwe (Hrsg.) (2000): Migranten und Medien. Neue Herausforderungen an die Integrationsfunktion von Presse und Rundfunk. Wiesbaden: Westdeutscher Verlag.
Scheibelhofer, Elisabeth (2006): Migration, Mobilität und Beziehung im Raum: Egozentrierte Netzwerkzeichnungen als Erhebungsmethode. In: Hollstein et al. (2006): 311-331.

Schneider, Beate/Arnold, Anne-Katrin (2006): Die Kontroverse um die Mediennutzung von Migranten: Massenmediale Ghettoisierung oder Einheit durch Mainstream? In: Geißler et al. (2006): 93-119.

Thomas, Tanja (Hrsg.) (2008): Medienkultur und soziales Handeln. Wiesbaden: VS Verlag.

Tomlinson, John (1999): Globalization and Culture. Cambridge, MA: Polity Press.

Urry, John (2000): Sociology Beyond Societies: Mobilities for the Twenty-first Century. London: Routledge.

Urry, John (2003): Global Complexity. Cambridge, MA: Polity Press.

Weber-Menges, Sonja (2005): Die Entwicklung ethnischer Medienkulturen. Ein Vorschlag zur Periodisierung. In: Geißler et al. (2005): 241-322.

Nationenbildung im Internet.
Eine Fallstudie zu Kurden in Deutschland

Menderes Candan, Uwe Hunger

1 Einleitung

Benedict Anderson sagt, dass die Nation mit all ihren Merkmalen eine „imagined community" bzw. eine „imagined nation" ist, also ein in den Köpfen und Herzen der Mitglieder der Nation vorgestelltes Konstrukt. Demnach fühlen sich die Mitglieder der vorgestellten Gemeinschaft trotz geographischer Entfernungen zu einer symbolischen oder realen Heimstätte und einer Gemeinschaft von Gleichen verbunden. Diese Verbundenheit wird über Sprache, Symbole, Mythen und Geschichte, dem „raw matrial of nationalism", aufrechterhalten und über Grenzen und Generationen hinweg weitergegeben. Die gemeinsamen Symbole werden über die Printmedien zwischen den Mitgliedern der sprachlichen oder ethnischen Gemeinschaft verbreitet und nehmen dabei eine zentrale Rolle in der Bildung und der Pflege von Gruppenidentitäten wie z.B. einer nationalen Identität ein (vgl. Anderson 1988). Somit ist die Nationenbildung nicht entscheidend von der physischen Nähe der Mitglieder der Gemeinschaft zu einander abhängig sondern von der Vorstellung: „In der Tat sind alle Gemeinschaften, die größer sind als die dörflichen Face-to-face-Kontakte, vorgestellte Gemeinschaften. Gemeinschaften sollten nicht durch ihre Authentizität voneinander unterschieden werden, sondern durch die Art und Weise, in der sie vorgestellt werden" (Anderson 1988: 16).

Ein konkretes Beispiel ist laut Anderson das Lesen einer Tageszeitung. Das Lesen der Zeitung wird „[...] in zurückgezogener Privatheit vollzogen, in der ‚Löwenhöhle des Kopfes', aber jedem Leser ist bewusst, dass seine Zeremonie gleichzeitig von Tausenden (oder Millionen) anderer vollzogen wird, von deren Existenz er überzeugt ist, von deren Identität er jedoch keine Ahnung hat." Wichtig ist der zeitliche, sich immer wiederkehrende Fluss (morgens zur bestimmten Zeit, abends wieder zur bestimmten Zeit) der Zeremonie." Anderson weiter: „Indem der Zeitungsleser beobachtet, wie exakte Duplikate seiner Zeitung in der U-Bahn, beim Friseur, in seiner Nachbarschaft konsumiert werden, erhält es ununterbrochen die Gewissheit, dass die vorgestellte Welt sichtbar im

Alltagsleben verwurzelt ist. [...] Die Fiktion [sickert] leise und stetig in die Wirklichkeit ein und erzeugt dabei jenes bemerkenswerte Vertrauen in eine anonyme Gemeinschaft, welches das untrügliche Kennzeichen moderner Nationen ist" (Anderson 1988: 41-42).

Mit dem Internet hat diese Art der Nationenbildung eine neue Möglichkeit erhalten. Durch das schnelle Versenden und Verarbeiten von Daten im Internet in Sekundenschnelle werden geographisch längere Distanzen überwunden und ein Austausch von Informationen in einer bisher noch nicht bekannten Form ermöglicht. Neben vielen gesellschaftlichen Gruppen und Gemeinschaften entdecken auch Nationen und Ethnien mehr und mehr das Internet für sich (vgl. Bakker 2001, Dimandaki 2003, Eriksen 2006, Ding 2007 sowie Adamson 2008). Über die Weitergabe von Symbolen, Zeichen und Mythen auf Webseiten, Emaillisten, Chatrooms, Diskussionsforen, Webblogs, Onlinezeitungen und –zeitschriften ist somit das Konstruieren, Pflegen und die Weitergabe „nationaler" Identitäten in transnationalen Cyberräumen einfacher, kostengünstiger und viel schneller als bisher (vgl. Breidenbach/Zukrigl 2002, Bakker 2001, Brinkerhoff/ Brainard 2003, Eriksen 2006 und Adamson 2008).

Der vorliegende Beitrag wendet Andersons Ansatz von der „imagined nation" auf die Nationenbildung im Internet an. In der globalisierten und digitalen Welt des 21. Jahrhunderts ermöglicht das Medium Internet dieselben Aufgaben wie die Printmedien im 18., 19. und teilweise im 20. Jahrhundert (Blütezeit der Nationenbildung in Europa). Allerdings führt es aufgrund der Geschwindigkeit der Verbreitung, ihrer Optionen der Gestaltung und ihrer schweren Kontrolle, z.B. durch staatliche Institutionen, vor allem bei Diasporagemeinschaften, die weltweit zerstreut sind, zu einer Beschleunigung dieses Prozesses. Damit ist es ein äußerst effektives Medium für die Nationenbildung (vgl. Bakker 2001, Diamandaki 2003, Eriksen 2006).

Die Internet- und Diasporaforschung ist sich einig, dass sich der digitale Nationenbildungsprozess vor allem bei Diasporagemeinschaften ohne einen eigenen Nationalstaat (z.B. Tamilen aus Sri Lanka, Tibeter aus China, Kurden aus dem Nahen Osten und Sikhs aus Indien) vollzieht. Diese Gruppen benutzen das Internet auch dazu, um sich der internationalen Gemeinschaft als eine eigenständige Ethnie bzw. Nation vorzustellen und zielen darauf ab, über digitale Lobbyarbeit (durch Onlinepetitionen, Demonstrationen, Aufklärungsarbeit, Protestkampagnen) für ihre „nationalen" Belange Unterstützung zu organisieren. Damit üben sie einen direkten politischen Einfluss auf die internationale Politik aus (vgl. Diamandaki 2003, Smith 2004, Geser 2004, Wayland 2004, Vertovec 2005).

In der englischsprachigen Literatur ist die Beschäftigung mit dem Phänomen der Nationenbildung im Internet viel ausgeprägter als in der deutschspra-

chigen Literatur. Der Prozess der Nationenbildung durch digitale Diasporagemeinschaften im Internet wird von vielen Studien erkannt und die sozio-
politischen und kulturellen Effekte, die daraus für die Politik in der Offlinewelt
entstehen, werden erläutert. Auf die Idee der „imagined nation" von Anderson
wird dabei oftmals Bezug genommen.

Ein Beispiel hierfür ist u.a Diamandaki, die im Internet ein „ideales Medium" für Diasporagemeinschaften ohne einen eigenen Nationalstaat sieht, um
eine Öffentlichkeit zu erreichen und sie für politische Zwecke zu mobilisieren
(2003: 6). Auch Bakker sieht einen florierenden Nationalismus im Internet
(2001: 2) ebenso wie Eriksen, der der Meinung ist, dass dem Internet beim Zu-
sammenhalten von Nationen eine „entscheidende Rolle" zugemessen werden
muss. Das Internet hat seiner Ansicht nach nicht dazu geführt, dass der Nationalismus und die nationale Identität insgesamt geschwächt wurden, eher das Gegenteil ist der Fall (2006: 3). Laut Eriksen bringt die „Kraft nationaler Mythen,
Symbole und Geschichte" bei vielen Diasporagruppen eine nationale Identität
hervor, die sie politisch organisiert und einen Prozess der Nationenbildung erzeugt, der gleichzusetzen ist mit Nationenbildungsprozessen in der Offline-Welt
(vgl. Eriksen 2006).

In Deutschland gibt es bisher keine Untersuchungen, die sich konkret mit
der Frage der Nationenbildung im Internet beschäftigen. Einige Arbeiten gehen
zwar auf digitale Diasporen ein und erläutern etwa die Vorteile, die das Internet
für diese Diasporgememeinschaften bietet, jedoch wird das in einem sozio-kul-
turellen oder ethnographischen Rahmen gemacht und nicht in politikwissen-
schaftlicher Perspektive. Als Beispiele hierfür können Grassmuck/Wahjudi/Ol-
sowski 2000, Breidenbach/Zukrigl 2002 und Asadi 2003 genannt werden. Diese
Studien behandeln allerdings kaum konkrete politische Konsequenzen, die durch
die Bildung einer solchen digitalen Nationenbildung für die jeweilige Diasporagemeinschaft, das Herkunfts- und auch das Aufenthaltsland entstehen.

Die zentrale Fragestellung dieses Beitrags ist, ob es diesen in der englischsprachigen Literatur beschriebenen Prozess der Nationenbildung durch eine
digitale Diaspora ohne einen eigenen Nationalstaat auch innerhalb einer in
Deutschland lebenden Diasporagemeinschaft gibt. Hierfür sollen im vorliegenden Beitrag die Internetauftritte der in Deutschland lebenden größten ethnischen
Gruppe ohne einen eigenen Nationalstaat, nämlich der Kurden, empirisch untersucht werden. Die Auswahl der kurdischen Diaspora in Deutschland erscheint
für die Fragestellung in zweierlei Hinsicht sinnvoll: Zum einen sprechen wir von
einer der weltweit größten ethnischen Gruppen ohne einen eigenen Nationalstaat
mit einer ebenfalls weltweit größten Diasporagemeinschaft. Zum anderen ist
diese Diasporagemeinschaft mit einer geschätzten Mitgliederzahl von 700.000-
800.000 Menschen in Deutschland sehr gut politisch organisiert ist (vgl. Ema-

nuelsson 2005, Russel-Johnston 2006, Navend 2008). Natürlich muss auch hinzugefügt werden, dass die ausgewählte Diasporagemeinschaft Fallbeispielcharakter hat. Eine vergleichbare empirische Studie über das Internetverhalten z.B. der tibetischen, der tamilischen oder der palästinensischen Diaspora in Deutschland würde eine ähnliche Relevanz besitzen.

2 Nationalbildung im Internet von Kurden in Deutschland: Eine Fallstudie

2.1 Die Untersuchungsgruppe: Kurden in Deutschland

Die Kurden verfügen mit geschätzten 1,2-1,5 Millionen Mitgliedern über eine große Diaspora in Europa. Die überwältigende Mehrheit (etwa 700.000-800.000) lebt in Deutschland.[1] Ihre ursprünglichen Lebensräume wurden nach dem Zweiten Weltkrieg den teilweise neu gegründeten Staaten Türkei, Iran, Syrien und Irak zugeschlagen. Ein unabhängiger Staat Kurdistan wurde nicht gegründet. Dies führte im Laufe des 20. Jahrhunderts zu zahlreichen militärischen Aufständen durch die Kurden in allen vier Staaten. Die Niederschlagungen dieser Aufstände gingen z.B. in der Türkei meist mit Deportationen ganzer kurdischer „Stämme" ins Exil oder einem totalen Verbot der kurdischen Sprache und Kultur einher. Es wurde eine offizielle Assimilationspolitik durchgeführt, in deren Folge es immer wieder zu Aufständen kam. So wurden im Laufe des 20. Jahrhunderts Millionen von Kurden aus dem Irak, dem Iran, der Türkei und Syrien dazu gedrängt, ihre Heimat Richtung Westen zu verlassen (vgl. Amann 2001, Curtis 2005, Navend 2008).

Die kurdische Diaspora in der Bundesrepublik Deutschland und in Europa spielt eine wichtige kulturelle und politische Rolle für die Kurden weltweit. Die kurdische Diaspora trug entscheidend dazu bei, dass sich ein kurdisches Nationalgefühl innerhalb der Kurden in der Diaspora und auch in ihren Herkunftsregionen entwickelte. Da die kurdische Sprache, Literatur und Musik lange Zeit z.B. in der Türkei verboten war, wurde in der Diaspora besonderen Wert darauf gelegt, dass die kurdische Kultur erhalten blieb und sich weiter entwickelte. Es wurden Fernsehsender gegründet, die in die Herkunftsregionen ausstrahlten, Zeitungen und Zeitschriften gedruckt, die im Untergrund in die Herkunftsregion

---

1   Ihre Anzahl wird geschätzt, weil sie in den offiziellen Aufnahmeberichten z.B. Der Bundesrepublik nach ihren Staatsangehörigkeiten und nicht nach ihrem ethnischen Hintergrund verzeichnet werden.

gebracht wurden und im Herkunftsland trotz staatlicher Verbote und Verfolgungen innerhalb der Kurden verteilt. Zugleich wurden ab den 1980er Jahren viele wissenschaftliche und kulturelle Einrichtungen für die Bildung und Erforschung der kurdischen Sprache, Kultur und Literatur in Deutschland und in Europa gegründet (vgl. Bruinessen 2000, Ostergaard-Nielsen 2001, Curtis 2005, Van den Bos/Nell 2006).[2]

2.2 Methodisches Vorgehen der Untersuchung

Um die Auswirkungen des Internets auf die kurdische Diaspora in Deutschland empirisch zu untersuchen, wurde eine Onlinestudie durchgeführt. Hierbei wurden vier Analyseschritte vorgenommen (vgl. hierzu auch Kissau/Hunger 2009):

In einem ersten Schritt wurde versucht, einen möglichst umfassenden Überblick über die bestehenden Webseiten von Kurden in Deutschland zu erhalten. Dafür wurden in die Suchmaschine „google" 15 ausgesuchte Wörterkombinationen wie z.b. Kurdisch-Webseite, Kurdische Politik etc. (Suchstrings) in deutscher und kurdischer Sprache eingegeben. Die Kriterien für eine Selektion waren zum einen ein klar identifizierbarer Deutschlandbezug (dies konnte sein: deutsche Sprache, Domain „„de", inhaltlicher Bezug zu Deutschland) und zum anderen ein klar erkennbarer „Kurdistanbezug" der Seite (kurdische Sprache, kurdischstämmige Personen als Anbieter). Ein weiteres Selektionskriterium bildete ein eindeutig identifizierbarer Politikbezug der Webseite (Politik als Rubrik oder Thema in Diskussionen oder Beiträgen, Motivation der Website, Name der Website etc.). Auf diese Weise wurden 103 kurdische Seiten gefunden, die für die vorliegende Studie relevant sind. Hierdurch wurde eine Art Grundstruktur der kurdischen Internetauftritte in Deutschland gewonnen.[3] Zusätzlich wurden die 103 Seiten nach Gestaltungselementen der Webseiten, wie Farben, Musik, Symbole, Karten, kurdische Geschichte und Mythen etc. ausgewertet, die jeweils auf der Startseite oder in Unterrubriken der Webseiten vertreten waren.

Aus diesen 103 relevanten Webseiten wurden im zweiten Schritt zehn hochrelevante Seiten mit einem starken Politikbezug einer detaillierten qualitativen Inhaltsanalyse unterzogen. Zum einen wurden sie im Hinblick auf die formalen Aspekte Internetadresse und Domain, Angaben über den Anbieter, Alter der

---

2   Die kurdischen Institute in Berlin, Paris, Brüssel sind nur ein paar Beispiele.
3   Allerdings muss hinzugefügt werden, dass der Bericht für sich nicht in Anspruch nimmt, alle für die Forschungsfrage relevanten kurdischen Webseiten mit Deutschlandbezug gefunden und analysiert zu haben. Vielmehr stellen die gefundenen 103 Seiten die für einen Internetnutzer am einfachsten und am schnellsten auffindbaren kurdischen Seiten aus Deutschland dar.

Seite, letzte Aktualisierung, Menü-Umfang, Sprachen, Zugänglichkeit aller Sei-
tenbestandteile, vorhandene Interaktionsangebote, Nutzerfrequenz (durch Hits
oder durch Anzahl der neuen Beiträge in einem festgesetzten Zeitraum) untersucht. Zum andern wurden die politischen, inhaltlichen Aspekte der Seite erfasst.
Dabei wurden die behandelten Themen, die zitierten Informationsquellen, die
zentralen Argumente, die Kommunikationsweise der Nutzer sowie weiterführende politische Aktivitäten aufgezeichnet.

Im dritten Schritt wurden dann auf den zehn hochrelevanten Seiten über einen Zeitraum von vier Wochen eine Anbieter- und eine Nutzerbefragung durchgeführt. Bei der Befragung der 10 Anbieter standen die Motive, Ziele, Zielgruppen, Migrationshintergrund, Vernetzung und Kenntnis von ähnlichen politischen
Seiten sowie die Einschätzung des politischen Potenzials dieser Seiten im Vordergrund. Ziel dieser Befragungen war es, Informationen über die Hintergründe
der Webangebote zu erhalten, die durch die Analyse der Seiten an sich nicht
ersichtlich waren. Bei der Befragung der kurdischen Nutzer hingegen stand das
persönliche Nutzungsverhalten des Internets im Hinblick auf politische Themen
im Vordergrund. Insgesamt nahmen 136 kurdische Nutzer aus Deutschland auf
den ausgesuchten Webseiten an der Nutzerbefragung teil.[4]

Schließlich wurde in einem vierten Schritt eine Verlinkungsanalyse der 103
untersuchten Seiten vorgenommen. Dieses Verfahren lieferte Informationen über
die virtuelle Vernetzung der verschiedenen deutsch-kurdischen Webangebote,
was im Internet ein Hinweis auf thematische Nähe ist, etwa vergleichbar mit dem
Aufführen von Quellen in wissenschaftlichen Texten (vgl. Thelwall 2001). Über
die zwischen den Webseiten existierenden Links werden die Nutzer der Seiten
auf die jeweils anderen Webseiten mit ähnlichem Inhalt verwiesen, was eine
Steuerung der Nutzer und ihres Surfverhaltens gleich kommt. Zudem erhöhen
die Anzahl und Qualität von Links auf einer Seite deren Relevanz und Sichtbarkeit im Internet. Dadurch sind sie für die Suchmaschinen im Internet „leichter"
und schneller zu finden und können somit auch von anderen Seiten einfacher
angesteuert werden (McNally 2005: 3011).

---

4   Die Befragten wurden nicht zufällig für die Befragung ausgewählt. Sie nahmen freiwillig von
     sich aus an der Befragung teil und führten diese in eigener Regie durch. Deshalb sind diese Er-
     gebnisse nicht repräsentativ für alle kurdischen Nutzer der Seiten und mögliche Verzerrungen
     durch die Selbstselektion sollten bedacht werden (vgl. Kissau/Hunger 2009).

2.3 Ergebnisse der Untersuchung

Grundgesamtheit sowie Vielfalt der Internetangebote

Diese Analyse hat gezeigt, dass es eine Vielfalt von unterschiedlichen politischen Internetangeboten für kurdische Migranten in Deutschland gibt. Auffällig ist, dass Onlinezeitungen und Onlineforen insgesamt viel häufiger anzutreffen sind, als beispielweise Webblogs oder persönliche Homepages (siehe Tabelle 1). Auffällig ist auch, dass auf allen Internetangeboten der Politikbezug sehr ausgeprägt war.

Tabelle 1:   Formate der kurdischen Webseiten in Deutschland

	Kurdische Webseiten mit Bezug zu Deutschland (N=103)
Portal	13,7
Online-Zeitung/Radio	50,0
Webblog	11,8
Forum	17,6

Quelle: Eigene Erhebung; in Prozent.

Onlinezeitungen (z.B. www.kurdistan-post.com) enthalten aktuelle Nachrichten aus Politik, Kultur und Bildung, die vor allem die Kurden und Kurdistan betreffen. Auf den Onlineforen, z.B. www.rojakurd.de, tauschen ebenfalls in erster Linie Kurden aus der Diaspora ihre Meinungen und Erfahrungen zu politischen und kulturellen Themen bezüglich der Kurden und Kurdistan aus. Auf den Informationsportalen, z.B. www.efrin.net und www.rizgari.com, werden ebenfalls Informationen vornehmlich über politische, wirtschaftliche und gesellschaftliche Ereignisse in den Herkunftsländern der Kurden sowie in der Diaspora (Europa, USA, Kaukasus sowie Arabische Welt) thematisiert. Auch die Blogger, z.B. www.kurdistan-blogg.de, greifen Ereignisse im Zusammenhang mit Kurden und Kurdistan sowie Themen in ihren Herkunftsländern und der Diaspora (häufig mit Kurdenbezug) auf (z.B. die Diskussionen über den EU-Beitritt der Türkei und ihre Folgen für die kurdische Minderheit in der Türkei oder die aktuelle Politik der irakischen, syrischen und iranischen Regierungen gegenüber kurdischen Minderheiten oder dem Verbot des Senders ROJ TV in Deutschland).

Das primäre Ziel von Verbands- und Vereinsseiten (z.B. www.yekkom. com, www.komkar-info.org, www.pen-kurd.org) ist es, ein Bewusstsein für die nationale kurdische Identität in der Diaspora zu fördern und diese auch langfristig zu bewahren.[5] Die Aktivitäten werden meistens wie bei den anderen Formaten auch in vielen Sprachen (auch hier dominieren neben Kurdisch, Persisch, Arabisch und Türkisch die Sprachen Deutsch, Englisch, Französisch, Italienisch etc.) angekündigt. Zudem berichten die meisten Vereins- und Verbandsseiten über aktuelle politische Themen aus Deutschland (mit kurdischem Bezug) bzw. der europäischen Diaspora und Kurdistan.

Eine andere Art der Internetpräsenz bilden die Onlinecommunities (z.B. www.kurdos.de). Diese Onlinecommunities sind primär auf die in Deutschland, der Schweiz und Österreich lebenden Kurden ausgerichtet. Dies wird anhand der Sprachoptionen deutlich. Die Webseiten und die Diskussionsforen sind überwiegend in Deutsch. Kurdisch wird parallel zu Kurdish benutzt. Nachrichten, Bilder, Gedichte, und Veranstaltungsankündigungen werden hauptsächlich in deutscher Sprache angeboten und auch in Deutsch diskutiert. Die Besonderheit dieser Art der Internetpräsenz ist, dass sie neben den bereits genannten Themenbereichen auch Zugriff auf Musikportale und Bildergalerien zum Download anbieten. Die Inhalte sind häufig kostenfrei und umfassen kurdische Musik und Bilder von historischen Stätten (z.B. Hasankeyf oder die Burg Diyarbekirs) oder Landschaften in „Kurdistan".

Eine letzte und auch in dieser Form in deutscher Sprache neue Art kurdischer Internetauftritte sind die Online-Enzyklopädien (z.B. kurdica.com). Hier werden laut der Darstellung der Betreiber die [...] Kultur, Sprache, Religion und Geschichte der Kurden in allen Herkunftsstaaten und in der Diaspora beleuchtet".[6] Die Inhalte dieser Online-Enzyklopädien werden aus unterschiedlichen, hauptsächlich wissenschaftlichen Quellen entnommen, welche auch mit aufgeführt werden. Zudem werden fast täglich neue Inhalte online gestellt.

Die überwiegende Mehrheit der oben genannten Formen der kurdische Internetangebote haben einige zentrale Gemeinsamkeiten:

1. Auf fast allen Seiten wird ausführlich über die gemeinsame kurdische Geschichte, Gesellschaft, Politik, Sprache, Literatur sowie historischen Stätten (z.B. Hasankeyf in der Türkei) und Persönlichkeiten (z.B. der Dichter Ehmede Xani) berichtet. Die politischen Hintergründe unterschiedlicher „Massaker" an den Kurden (z.B. Anfal Kampagne im Irak etc.) werden ebenfalls ausführlich beleuchtet.

2. Die Nutzer können auf den meisten Internetseiten auf kurdische Fernsehsender und Radios (z.B. Roj TV, Kurd 1 oder DengeMezopotamya-Radio)

---

5   Dies ergibt die genaue Analyse der Rubrik „Über uns" auf den Seiten oder die Angaben der befragten Betreiber.
6   www.kurdica.com (30.11.2008).

sowie Online-Nachrichtenagenturen, Zeitungen, Zeitschriften, etc. zugreifen. Teilweise verfügen die Webseiten über eigene Fernseh- und Radioprogramme oder verlinken auf Dokumentationen auf deutschen Fernsehsendern, die sich mit den Kurden beschäftigen.

3. Auf einer überwiegenden Mehrheit der Internetangebote sind Aufrufe zu Demonstrationen, Unterschriftenkampagnen, politischen/kulturellen Veranstaltungen wie z.b. Seminare und Konzerte rund um die Themen Kurdistan und die kurdische Sache in der Online- und Offlinewelt zu finden.

Betreiber

Die Analyse der Betreiber der kurdischen Webseiten in Deutschland ergibt, dass die Betreiber häufig (mehr als 55%) Vereine, nicht-kommerzielle Organisationen (NGOs, Parteien, etc.) und Einzelpersonen (mehr als 32%) sind. Auffällig ist, dass besonders kurdische Diasporavereine häufig Onlinezeitungen und Informationsportale unterhalten und Einzelpersonen die treibende Kraft hinter den Webblogs, Enzyklopädien, Foren und Onlinecommunities sind. Kommerzielle Angebote bilden mit 4 Prozent eine Ausnahme unter den kurdischen Internetangeboten in Deutschland (siehe Tabelle 2).

Tabelle 2:   Betreiber der kurdischen Webseiten mit Deutschlandbezug

	Kurdische Webseiten mit Deutschlandbezug (N=103)
Verein/nichtkommerzielle Organisation	55,4
Einzelperson/privat	32,7
kommerzielle Organisation	4,0
nicht eindeutig erkennbar	6,9

Quelle: Eigene Erhebung; in Prozent.

Die Anbieter der zehn befragten kurdischen Webseiten sind alle Einwanderer der ersten Generation, die Anfang der 1990er Jahre als politische Flüchtlinge in die Bundesrepublik eingereist sind. Sie verfügen über den Status von politisch anerkannten Flüchtlingen bzw. haben teilweise schon die deutsche Staatsbürgerschaft. Die überwältigende Mehrheit von ihnen (neun von zehn) verfügt über einen Hochschulabschluss oder studiert. Die Anbieter betreiben die Webseiten mehrheitlich in ihrer Freizeit. Interessant ist, dass der Kontakt in die Herkunftsregion für die Betreiber vor allem in politischen Fragen einen „sehr wichtigen Stellenwert" (Betreiber eines Nachrichtenportals) einnimmt.

Bei der Frage nach den Gründen für das Betreiben der Webseiten und der Motivation der Betreiber stellte sich heraus, dass die Mehrheit der Betreiber damit einen eigenen Beitrag zur Bildung und Pflege der kurdischen nationalen Identität leisten will. Bei der Frage nach der Rolle „Kurdistans" in ihren politischen und sozialen Online- und Offline Aktivitäten gaben alle Betreiber an, dass es für sie von zentraler Bedeutung ist. Die Aussage des Betreibers einer Onlinezeitung bringt es folgendermaßen auf den Punkt: „Da ich in meinem ganzen Leben für die Freiheit Kurdistans aktiv war, spielt Kurdistan für mich noch eine zentrale Rolle".

Sprache

Ein weiteres Phänomen, das bei kurdischen Internetauftritten zu beobachten ist, dass viele Seiten (38,2%) mehrsprachig abrufbar sind, d.h. sie sind nicht nur in kurdischer oder deutscher, sondern auch z.B. in englischer, französischer, spanischer, italienischer, schwedischer, arabischer oder persischer Sprache verfasst. Interessant ist, dass sich hierbei die Seiten inhaltlich teilweise unterscheiden. Im Fokus der Seiten bleiben stets Kurdistan und die kurdische Frage. Die deutschen Versionen thematisieren jedoch öfters auch Themen, die Kurden und Kurdistan in Deutschland und Europa betreffen, während die kurdischen, türkischen, arabischen und persischen Versionen überwiegend auf die Themen eingehen, die sich in den Herkunftsländern der Kurden abspielen. Das führt insgesamt zu der Annahme, dass die Versionen der Seiten, welche die Sprachen aus den Aufenthaltsländern benutzen, mehr die „Außenpolitik" (aus Sicht der Kurden) thematisieren, während in den Sprachen aus der Herkunftsregion (Kurdisch, Türkisch, Persisch und Arabisch) eher Themen zu finden sind, die die „Innenpolitik" (aus Sicht der Kurden) darstellen. Beispiele für solche multilingualen Seiten sind www.pen-kurd.org, www.yxk-online.com, www.rizgari.com oder www.efrin.net.

Geographische Ausrichtung und Themenschwerpunkte der Webseiten

Die Analyse im Hinblick auf die inhaltlichen Ausrichtung der Webseiten ergab, dass die Herkunftsregion der Kurden und die Territorialstaaten, in denen die Herkunftsregionen liegen, im Zentrum der Themenauswahl der 103 untersuchten Webseiten liegt (bei 92,2%). Eine internationale Ausrichtung wird ebenfalls sehr deutlich. Dies ist oft dann der Fall, wenn internationale Nachrichten oder Ereignisse direkt oder indirekt mit Kurden oder Kurdistan zu tun haben, für diese politisch und sozial eine Rolle spielen oder spielen könnten. Neben der starken Ausrichtung auf die Herkunftsregion steht Deutschland ebenfalls im Zentrum, allerdings sind die Inhalte der Themen überwiegend kurdenbezogen. Die kurdische Diaspora in Deutschland mit ihren politisch und kulturellen Aktivitäten bildet einen weiteren Schwerpunkt der Webseiten (13,3%).

Das Thema „Politik" und hier insbesondere Kurdistan und die kurdische Sache sind in fast allen Foren, Blogs, Diskussionsforen etc dominant. Es ist zu beobachten, dass allein bei mehr als der Hälfte der Webseiten ein politischer Bezug bereits im Namen zu erkennen ist. Bei mehr als 80,4 Prozent der Webseiten wurde der Politikbezug bereits in der Rubrik „Wir über uns" festgestellt. Auch Unterrubriken, Themenblöcke, Onlinebroschüren sind überwiegend darauf ausgerichtet, politische Inhalte mit einem inhaltlichen Schwerpunkt auf Kurdistan und die kurdische Kultur (Geschichte, Mythen, Symbole etc) zu thematisieren.

Vernetzung der Webseiten

Die Verlinkungsanalyse der untersuchten 103 kurdischen Seiten ergab, dass sich die meisten kurdischen Seiten untereinander verlinken (siehe Abbildung 1). Neben den tatsächlichen Verlinkungen zwischen den Seiten gibt es auch spezielle Linkssammlungen, die „nur" die Aufgabe haben, durch das Erstellen von Links von weltweiten kurdischen Webseiten, die Daten und Texte über die Geschichte, Gesellschaft, Kultur und Politik der Kurden enthalten, eine Art Onlinearchiv zu bilden, auf das weltweit jederzeit zugegriffen werden kann. Als ein Beispiel hierfür kann die Seite www.akakurdistan.com genannt werden. Die Betreiber gehen speziell auf die Situation ein, dass die Kurden keinen eigenen Nationalstaat und somit auch kein Nationalarchiv haben. Konkret heißt es auf der Startseite von akakurdisatn.com: "This Site, a borderless space, provides the opportunity to build a collective memory with a people who have no national archive" (www.akakurdistan.com).

In der folgenden Abbildung ist zu sehen, dass sich die kurdischen Webseiten sehr stark international verlinken. So gibt es Verlinkungen zwischen kurdischen Webseiten aus Deutschland mit kurdischen Webseiten in allen europäischen Ländern sowie kurdischen Webseiten aus Nordamerika, Kaukasus und dem Nahen- und Mittleren Osten. Dies macht die internationale Ausrichtung des kurdischen Internets deutlich. Wie man in der Abbildung auch sieht, enden viele Domainadressen mit .org oder .com. oder .net und relativ wenige mit .de.

Dass das Internet den Zusammenhalt unter kurdischen Migranten in Deutschland fördert, wird auch an den Antworten der Anbieter zu der Frage, welche anderen kurdischen Betreiber sie kennen und ob sie Kontakte zu diesen pflegen, deutlich. Die Aussagen der folgenden Betreiber sind typisch für die große Mehrheit der befragten kurdischen Webseitenbetreiber: „[...] aber man kennt sich und tauscht auch schon mal Informationen untereinander aus und publiziert diese dann jeweils auf seiner Website [...]." und „Wir haben unterschiedliche politische Meinung und Linie, aber wir tauschen oft unsere Erfahrungen aus, leisten technische Hilfe und ggf. politische Solidarität, und manchmal machen wir zusammen Kampagnen."

Abbildung 1:   Verlinkung der deutsch-kurdischen politischen Webseiten

Quelle: Eigene Vernetzungsanalyse und Darstellung mit Hilfe des Programms „Issuecrawler".

Symbole und Zeichen auf den Webseiten

Auf den Webseiten finden sich auch immer Symbole und Zeichen Kurdistans. Meistens dominieren die bekannte Kurdistankarte,[7] die kurdische Nationalflagge und die nationalen Farben rot, grün und gelb. Alle 103 für die vorliegende Arbeit untersuchten Webseiten beherbergen mindestens ein nationales Symbol, eine „nationale" Figur, eine „nationale" Stätte[8] oder die „Nationalflagge" der Kurden. Dies wurde näher auch bei den untersuchten zehn sehr relevanten Webseiten aus Deutschland ganz deutlich. Die „nationalen" Symbole sind entweder bereits in der Webadresse (z.B. www.kurdistan-post.com), im Logo der Seite (z.B. www.yxk-online.com) oder in den Unterrubriken der Seiten (z.B. die Rubrik „Kurdistan" bei www.kurdmania.com) zu finden.

Die Unterrubriken Geschichte, Kultur, Persönlichkeiten, Mythen, Nationalhelden, Religionen, „Nationale Stätten" etc. sind auf mehr als 90 Prozent der untersuchten Webseiten (Foren, Portale, Webblogs, etc.) zu finden. Diese Unterrubriken haben die Aufgabe, die Nutzer der Webseiten in Fragen der eigenen historischen Herkunft zu bilden und somit eine gemeinsame nationale Identität zu fördern. Durch die Vermittlung eines gleichen Wissens über die eigene „Nation" mit einer gemeinsamen Geschichte, Nationalhelden, Mythen, Symbole soll diese nationale Identität bei den Nutzern gefestigt werden. Somit wird diesen Unterrubriken neben der Vermittlung von politischen sowie historischen Informationen eine zentrale Rolle in der Bildung eines Nationalbewusstseins zugesprochen (vgl. auch Bakker 2001, Diamandaki 2003 und Eriksen 2006).

Abbildung 2:   Logo der Internetseite „PalPalo.de"

Quelle: http://www.palpalo.de (05.02.2009)

---

7   Die Karte fasst die historischen Lebensräume der Kurden in der Türkei, im Irak, Iran und Syrien innerhalb einer „Staatgrenze" zusammen. Auch diese Karte ist das Produkt einer kollektiven Vorstellung von einem gemeinsamen Land „Kurdistan" und hat in der Form völkerrechtlich noch nie zuvor als ein einheitlicher Staat existiert.

8   Wie z.B. Hasankeyf, eine Ruinenstätte im Südosten der Türkei, die mehr als 3000 Jahre alt ist.

Kampagnen auf den Webseiten

Eine weitere Auffälligkeit, die die kurdischen Webseiten aufweisen, ist die hohe Präsenz von Onlinekampagnen, -petitionen, -aufrufen, -unterschriftensammlungen etc. Allein im Sommer 2008 liefen zahlreiche Onlinekampagnen auf den kurdischen Seiten aus Deutschland. Zwei Beispiele hierfür sind die Onlinekampagnen „Save Hasankeyf" und „Schluss mit dem Verbot von ROJ TV", die auf vielen der untersuchten kurdischen Webseiten und teilweise auf den sozialen Netzwerken wie studivz und Myspace liefen. Bei der ersten Kampagne wird die deutsche und die schweizerische Regierung dazu aufgerufen, sich aus der Finanzierung eines Staudammprojektes in der Südosttürkei zurückzuziehen, weil im Rahmen des von der türkischen Regierung geplanten Staudammprojektes die archäologische Stätte „Hasankeyf" im Südosten der Türkei unter Wasser begraben würde und mehr als 100 kurdische Dörfer in der Region in diesem Zusammenhang umgesiedelt werden müssten. Die zweite Onlinekampagne wendet sich gegen das Verbot des kurdischen Exil-Fernsehsender Roj TV in Deutschland. Gegen den aus Dänemark ausstrahlenden und in Belgien produzierenden kurdischen Exilsender wurde im Juni 2008 durch einen Beschluss des Innenministeriums ein Betätigungsverbot erlassen (vgl. Hahn 2008).

Onlineveranstaltungen (Seminare, Schulungen, Paneldiskussionen, Konzerte)

Zusätzlich zu den Onlinekampagnen und den ausführlichen Darstellungen der kurdischen Geschichte, Symbole, Mythen etc. werden dem Nutzer zusätzlich auf den Webseiten zahlreiche Bildungs- und Fortbildungsmöglichkeiten in Form von Onlineseminaren, Sprachkursen, virtuellen Tagungen, Konzerten etc. angeboten. Nutzer aus Deutschland und aus aller Welt können auf die Angebote zugreifen und sich über Themen wie z.B. kurdische Identität, Kultur, Politik und Diaspora austauschen.

Internetnutzung

Wie bereits erwähnt, wurden neben der Analyse der 103 für diese Studie relevanten Webseiten und der Befragung der Betreiber der 10 ausgesuchten kurdischen Webseiten auch 135 Nutzer der zehn ausgesuchten Webseiten über einen Onlinefragebogen zu ihrem Internetverhalten befragt. Es wurden unterschiedliche Fragen nach den politischen Interessen und Aktivitäten der Internetnutzer gestellt. Dabei kam heraus, dass insgesamt die Nationenbildung, die durch die Betreiber forciert wird, auch von den Nutzern erwünscht, gefordert und teilweise auch selbst forciert wird. Dies zeigte sich etwa an dem politischen Interessen der Nutzer der kurdischen Webseiten, das sich – wie bei den untersuchten Betreibern – auf Themen aus ihren Herkunftsländern und mit „Kurdistan" konzentrierte. Bei der Befragung gab die überwältigende Mehrheit der Nutzer (91,1%) an, sich überwiegend für die Politik ihrer Herkunftsländer (Türkei, Irak, Iran und Syrien) zu interessieren (siehe Tabelle 3).

Tabelle 3: Vorrangiges politisches Interesse der kurdischen Internetnutzer in Deutschland

	Kurdische Internetnutzer in Deutschland (N=135)
Herkunftsland (Türkei, Irak, Iran und Syrien)	91,1
Aufnahmeland (Deutschland)	8,9

Quelle: Eigene Erhebung; in Prozent.

Es wurde auch deutlich, dass die Nutzer der zehn Webseiten politisch sehr aktiv sind. So gaben 83,6 Prozent der Befragten an, dass sie sich online schon einmal über Politik unterhalten haben, mehr als 70 Prozent haben schon mal einen Onlineleserbrief oder einen Gästebucheintrag mit politischen Inhalten verfasst. An Onlinekampagnen wie z.B. Unterschriftensammlungen, Fundraising-Aktion, elektronischen Petitionen haben 72,9 Prozent der Nutzer schon einmal teilgenommen. An einer Online-Demonstration oder einem Online-Abstimmungsverfahren haben mit 56,0 Prozent ebenfalls mehr als die Hälfte der befragten teilgenommen. Die Frage, ob sie denn schon mal eine Email an einen Politiker geschrieben haben, beantworteten 33,8 Prozent mit Ja (siehe Tabelle 4).

Dass dem Internet von den Nutzern eine wichtige Rolle im politischen Prozess zugeschrieben wird, sieht man auch daran, die Mehrheit der befragten kurdischen Nutzer im Internet schon einmal versucht hat, andere über politische Ereignisse zu informieren (79,9%) bzw. sie auch von der eigenen politischen Meinung zu überzeugen (58,6%). Auffällig ist auch, dass ein Großteil von ihnen (60,0%) online Teilnehmer für politische Offline-Ereignisse gewonnen hat oder sogar selbst politische Aktionen im Internet organisiert hat (siehe Tabelle 5).

Tabelle 4:   Politische Aktivitäten der kurdischen Internetnutzer aus Deutschland
             im Internet

	Kurdische Internetnutzer aus Deutschland (N=133)
In Forum/Chat über Politik diskutiert	83,6
Politischen Online-Leserbrief/Gästebuch-eintrag verfasst	70,7
An Unterschriftensammlung, Fundraising-Aktionen online teilgenommen	72,9
An Online-Abstimmung teilgenommmen	56,0
E-Mail an Politiker geschrieben	33,8

Quelle: Eigene Erhebung in Prozent

Tabelle 5:   Auswirkungen politischer Internetaktivitäten der kurdischen
             Internetnutzer in Deutschland

	Kurdische Internet-nutzer in Deutschland (N=136)
Andere über politische Ereignisse informiert	79,9
Jemanden von eigener politischer Meinung über-zeugt	58,6
Online Teilnehmer für politische Offline-Ereignis-se gewonnen oder selbst politische Aktionen im Internet organisiert	60,0

Quelle: Eigene Erhebung; in Prozent

3   Schlussfolgerungen

Wie bereits in der Einleitung erwähnt, geht Benedict Anderson davon aus, dass
die Nation als solche eine vorgestellte Gemeinschaft („imagined community"
bzw. eine „imagined nation") ist und dass die Zusammengehörigkeit einer Gemeinschaft, ihre Vorstellungskraft über die Zusammengehörigkeit und Identifikation mit der „Nation", über Mythen, Geschichte, Symbole und Zeichen weitergegeben werden. Die Weitergabe erfolgt laut Anderson vorwiegend über die

Printmedien. Die vorliegende Untersuchung kommt zu dem Schluss, dass heute das Internet in vielen Fällen die Rolle der Printmedien einnimmt und durch die Ortsunabhängigkeit und Geschwindigkeit der Kommunikation den Prozess einer Nationenbildung erleichtert. Dies hat die Fallstudie der Internetauftritte der kurdischen Diasporagemeinschaft in Deutschland besonders deutlich gemacht.

Das Internet nimmt für die kurdische Diaspora in Deutschland inzwischen eine zentrale Rolle in ihrem Bemühen um die Aufrechterhaltung der historischen Heimat Kurdistan im kollektiven Gedächtnis der Kurden und der Entwicklung einer nationalen Identität ein. Es wird von den Kurden sehr ausgeprägt für die Bindung zum Herkunftsland und den Zusammenhalt der Diasporagemeinschaft instrumentalisiert. Diese Diaspora-Identität wird auch über die Online-Kommunikation mit anderen kurdischen Migranten weltweit verstärkt. Somit kann das Internet im untersuchten Fallbeispiel ein Vehikel der Nationenbildung einer Diasporagemeinschaft ohne eigenen Nationalstaat angesehen werden. Interessant ist dabei, dass es online bereits ein „virtuelles Kurdistan" mit einer virtuellen Staatsgrenze und einem virtuellen eigenen Staatsvolk gibt, das so in der realen Welt rechtlich nicht existiert hat, zu dem sich die überwältigende Mehrheit der Betreiber und Nutzer aber klar bekennt.[9]

Daraus kann man den Schluss ziehen, dass Benedict Andersons Theorie der „imagined nation" auch auf die digitale Welt übertragen werden kann. Wir haben es mit einer Gemeinschaft zu tun, deren Mitglieder sich höchstwahrscheinlich nie alle gegenseitig physisch sehen werden und die sich auch größtenteils nicht kennen, doch sie wissen, indem sie z.B. auf den Webseiten beispielweise unter der Rubrik „Geschichte" einen Abschnitt über die kurdische Geschichte lesen, dass es da draußen noch vermutlich Millionen gibt, die das Gleiche tun und sich mit dieser „gemeinsamen Geschichte" identifizieren. Somit stellen sie sich alle „in der Löwenhöhle ihres Kopfes" das Gleiche vor. Dadurch, dass sie dann an einer Kurdistan bzw. die Kurden betreffenden Online-Offlinedemonstration, Unterschriftenaktion, Onlinepetition etc. teilnehmen, fühlen sie sich in ihrer Vorstellung bestätigt. Somit entsteht die „imagined nation Kurdistan", das in der digitalen Welt zudem auch sichtbar wird (durch Karten, Flaggen auf den Webseiten etc.).

Es kommt hinzu, dass die kurdische Diaspora in Deutschland durch die Bündelung ihrer politischen Interessen in der digitalen Welt, durch die Verlinkungen untereinander und durch gemeinsam organisierte Onlinekampagnen

---

9   Vgl. die Aussagen der Betreiber. Zudem werden z.B. In den Rubriken auf den Webseiten unter „Inland" kurdische Themen behandelt, die geographisch aus den Kurdistan, was ja in der digitalen Welt auf den Seiten visualisiert ist, gesprochen. Bei den Themen „Ausland" handelt es sich dann neben der gesamten Welt auch um die Regionen in der Türkei, Iran, Irak und Syrien, die nicht zu beanspruchten Heimat Kurdistan gehören.

sowohl in ihren Aufnahmeländern als auch bei internationalen Organisationen, eine Lobbystärke erreichen, die Einfluss auf die internationale Politik ausüben kann. Über die Internetauftritte werden politische und kulturelle Kampagnen (z.B. Demonstrationen, Konferenzen, Ausstellungen) auch in der Offline- Welt organisiert. Das ist ein konkretes Zeichen dafür, dass der Zusammenhang zwischen der Online- und Offlinewelt faktisch da ist und beide ineinander übergehen. Ein anderes konkretes Beispiel hierfür ist die Verlagerung der traditionellen kurdischen Medien bei politischer Verfolgung und Betätigungsverbot über die Internetauftritte der Kurden ins Internet, so geschehen etwa Exilsenders Roj TV. Nach der Ausrufung eines Betätigungsverbots für den Sender durch das deutsche Innenministerium ist ROJ TV mittlerweile auf den meisten kurdischen Internetauftritten in Deutschland online abrufbar.

Insgesamt hat das Internet dazu geführt, dass eine hoch organisierte kurdische digitale Diaspora im Internet entstanden ist. Die Diasporagemeinschaft ist durch gemeinsame Symbole und eine gemeinsame Sprache sowie „Zeremonien" online verbunden. Auch wenn nicht viele der Gemeinschaftsmitglieder sich physisch kennen und sich je im Leben gesehen haben, existiert ein kollektives „Wir-Gefühl". Das Internet verbreitet diese gemeinsamen, identitätsstiftenden und stärkenden Symbole über geographische Distanzen hinweg. Das virtuelle Kurdistan und die nationale kurdische Identität werden über das Internet gepflegt und ausgebaut. Somit bestehen eine vorgestellte „imagined nation" und die vorgestellte Zusammengehörigkeit zu einer Kultur, einer Sprache, einer historischen „Heimat". Die „Imagined Nation Kurdistan" ist über gemeinsame Symbole, Sprache, Mythen, Flaggen und eine gemeinsame Geschichte auf den meisten Webseiten zu finden. Dies erzeugt ein Nationalbewusstsein, das mit dem in der Offlinewelt (die nach Anderson auch „nur" vorgestellt ist) vergleichbar ist. Über Onlinekampagnen wie Unterschriftensammlungen, Petitionen, Demonstrationen, etc. werden die politischen Potenziale der Kurden gebündelt (Lobbystärke) und somit versucht, konkreten politischen Einfluss auf die Politik des Aufnahmelandes und der internationalen Organisationen in Bezug auf ihre Herkunftsländer zu nehmen. Zudem wird die Nation über unterschiedliche Sprachen auf den Webseiten der Weltgemeinschaft vorgestellt.[10]

Es stellt sich die bisher noch unbeantwortete Frage, ob am Ende des digitalen Nationenbildungsprozess durch eine Diasporagemeinschaft ohne einen eigenen Nationalstaat virtuelle Institutionen entstehen, die die Interessen und Aktivitäten der jeweiligen Diasporagemeinschaft bündeln sowie z.B. ein virtuelles Parlament, das von der weltweiten Diaspora gewählt wird und eine Regierung

---

10   Durch die Mehrsprachigkeit wollen die Akteure innerhalb der digitalen Diaspora nun viele
      internationale Entscheidungsträger erreichen, um diese über die Belangen und Probleme der
      Kurden zu informieren.

z.B. mit einem Kultur- und Bildungsministerium, das Wettbewerbe ausschreibt, Stipendien vergibt, oder einem „Außenministerium", das mit entsprechenden „virtuellen Diplomaten" online in den einzelnen Ländern Lobbyarbeit betreibt.

Zuletzt kann angeführt werden, dass Diasporagemeinschaften ohne einen eigenen Nationalstaat nicht die einzigen „Akteure" sind, die eine Nationenbildung im Internet anstreben. Andere Studien haben gezeigt, dass auch ältere Staaten und neue Staaten eine Nationenbildung im Internet innerhalb ihrer Diaspora bewusst fördern. So hat China Internetspezialisten im Außenministerium, die durch eigene Webseiten und starker Präsenz innerhalb der weltweiten, digitalen chinesischen Diaspora gezielt das Nationalgefühl der Chinesen in aller Welt fördern. Die Regierung erhofft sich dadurch (durch eine Sensibilisierung für China durch die Diaspora) ein aktives Lobbying der digitalen Diaspora für chinesische Politik und möchte auch die Diaspora für Investitionen in China gewinnen (vgl. Ding 2007). Eritrea ist ein weiteres Beispiel für einen (jungen) Staat, der sich ebenfalls der Möglichkeiten des Internets bedient, um im Zuge des Nationenbildungsprozesses nach der Unabhängigkeit im Mai 1993 auch seine weltweite Diaspora in diesen Prozess ein zu binden. Über das Internet beteiligt sich die digitale eritreische Diaspora an den Diskussionen über den neuen Staat (vgl. Bernal 2006). Hinzu kommt, dass das Internet auch Potenziale birgt, um Pan-Nationalistische Strukturen zu fördern. So steht nicht mehr das „nationale" im Vordergrund, sondern eine auf eine gemeinsame Sprache oder eine gemeinsame Herkunft basierende „imagined community". Als ein konkretes Beispiel dafür können die Internetauftritte der spanisch sprechenden Einwanderer aus Süd- und Lateinamerika in den USA genannt werden. Dank des Internets können sie ihre spanische „Sonderidentität" (Geser 2004) auf Internetseiten in spanischer Sprache gegenüber den mehrheitlich angelsächsisch geprägten Mainstream-Medien aufrechterhalten. Dabei wird die nationale Herkunftsidentität (z.B. Mexikaner, Kubaner Uruguayer, Argentinier) durch eine „Pan-Latino" Identität ersetzt, die nur noch an der gemeinsamen Sprache Spanisch festzumachen ist (vgl. McCreadie/James 1998). Die Möglichkeiten eine „imagined nation" nach der Vorstellung von Benedict Anderson zu kreieren, hat damit durch das Internet eine neue Dimension erhalten.

Literatur

Adamson, Fiona (2008): Constructing the Diaspora: Diaspora Identity Politics and Transnational Social Movements. Paper presented at the Annual Meeting of the ISA's 49 Annual Convention. March 26, 2008. San Francisco, CA.

Asadi, Awat (2003): Die Kurden und das Internet. Ein Überblick. In: Becker/Behnisch (2003): 163-178.

Anderson, Benedict (1988): Die Erfindung der Nation. Zur Karriere eines folgenreichen Konzepts. Frankfurt am Main/New York: Campus (Englische Originalausgabe: Anderson, Benedict (1983): Imagined Communities: Reflections on the Origins and Spread of Nationalism. London: Verso).

Bakker, Piet (2001): New Nationalism. The Internet Crusade. Paper Prepared for the 2001 International Studies Association Annual Convention. February 20.-24., 2001. Chicago, IL. URL: http://www.tamilnation.org/-selfdetermination/nation/bakker.htm [02.09.2008].

Becker, Jörg/Behnisch, Reinhard (Hrsg.) (2003): Zwischen kultureller Zersplitterung und virtueller Identität. Türkische Medienkultur in Deutschland III. Loccumer Protokolle 16/02. Loccum: Evangelische Akademie.

Bernal, Victoria (2006): Diaspora, Cyberspace and Political Imagination: the Eritrean Diaspora Online. In: Global Networks. A Journal of Transnational Affairs. 6.2. 161-179.

Breidenbach, Joana/Zukrigl, Ina (2002): Vernetzte Diasporas. In: Moosmüller (2002): 277-290.

Brinkerhoff, Jennifer M./Brainard, Lori A. (2003): Digital Diasporas, Identity, and International Policy Process (DIP)2. URL: http://gstudynet.org/tasks/-task4.php [28.08. 2008].

Bruinessen, Martin van (2000): Transnational Aspects of the Kurdish Question. Working Paper des Robert Schuman Centre for Advanced Studies. Florenz: European University Institute.

Curtis, Andy (2005): Nationalism in the Diaspora: a Study of the Kurdish Movement. Universität Utrecht. URL: http//www.tamilnation.org/self-determination/-nation/ kurdish-diaspora.pdf [15.10.2008].

Diamandaki, Katerina (2003): Virtual Ethnicity and Digital Diasporas: Identity Construction in Cyberspace. In: Global Media Journal. 2. 2. URL: http://lass.calumet.purdue. edu/cca/gmi/-sp03/-graudatesp03/gmj-sp03 [03.09.2008].

Ding, Sheng (2007): Digital Diaspora and National Image Building: A New Perspective on Chinese Diaspora Study of China's Rise. In: Pacific Affairs. 80.4. 627-648.

Emanuelsen, Ann-Catrin (2005): Diaspora Global Politics, Kurdish Transnational Networks and Accommodation of Nationalism. Ph.D. Dissertation. Göteburg: Department of Peace and Development Research.

Eriksen, Thomas Hylland (2006): Nations in Cyberspace, Short Version of the 2006 Ernest Gellner Lecture at the ASEN Conference, London School of Economics, London, GB, March 27. 2006. URL: http://www.tamilnation.org/selfdetermination-/na-tion-/erikson.htm [02.09.2008].

Geser, Hans (2004): Der Nationalstaat im Spannungsfeld sub- und transnationaler Online-Kommunikationen. In: Sociology in Switzerland: Towards Cybersociety and Vireal Social Relations. Online Publikationen. Zürich (Version 2.0). URL: http://socio.ch/ intcom/t_hgeser.htm [04.10.2008].

Grassmuck, Volker/Wahjudi, Claudia/Olsowski, Piotr (2000): Text zur mikro.lounge #29: „Digitale Diaspora". In: Nettime.org. URL: http://-www.nettime.org/Lists-Archives/ rohrpost-0012/msg00047.htm (15.05.2008).

Hahn, Norbert (2008): Kurdensender ROJ TV, in Belgien produziert – in Deutschland verboten. In: tagesschau.de vom 11.07.2008. URL: http://www.tagesschau.de/ausland/tuerkei188.html [29.11.2008].

Kissau, Kathrin/Hunger, Uwe (2009): Politische Sphären von Migranten. Neue Chancen im „Long Tail" der Politik. München: Reinhard Fischer Verlag (im Erscheinen).

Johnston, Russel L. (2006): The Cultural Situation of the Kurds. In: Council of Europe. Parliamentary Assembly, Committee on Culture, Science and Education. URL: http://assembly.coe.int/Main.asp?link-=/Documents/-WorkingDocs/Doc-06/EDOC1 1006.htm [23.08.2008].

McCreadie L./ James, J. (1998): Cultural Uses of New, Networked Internet Information and Communication Technologies: Implications for US Latino Identities. Master's Thesis, The University of North Carolina at Chapel Hill. URL: http://metalab.unc. edu/jlilie-/thesis.html. (08.10.2008).

McNally, Ruth (2005): Sociomics! Using the Issuecrawler to map, monitor and engage with the global proteomics research network. In: Proteomics 5. 3010-3016.

Moosmüller, Alois (Hrsg.) (2002): Interkulturelle Kommunikation in der Diaspora. Die kulturelle Gestaltung von Lebens- und Arbeitswelten in der Fremde. Münster/New York/München: Waxmann.

Navend, Zentrum für Kurdische Studien (2008): URL: http://www.na-vend.de/ [01.06.2008].

Ostergaard-Nielsen, Eva (2001): Working for a Solution Through Europe. Kurdish Political Lobbying in Germany. In: Al-Ali/Koser (2001): 186-201.

Politisches Potential des Internet. Die virtuelle Diaspora der Migranten aus der Türkei und Russland (2008): Methode. Forschungsprojekt Universität Münster. URL: http://ppi. uni-muenster.de/Empirie.html [01.07.2008].

Smith, Robert (2004): Actual and Possible Uses of Cyberspace by and Among States, Diasporas and Migrants. Berkeley, CA: oV.

Thelwall, Mike (2001): Exploring the link structure of the Web with network diagrams. In: Journal of Information Science, 27(6), 393-401.

Van den Bos, Matthijs/Nell, Liza (2006): Territorial Bounds to Virtual Space: Transnational Online and Offline Networks of Iranian and Turkish-Kurdish Immigrants in the Netherlands. In: Global Networks 6.2. 201-220.

Vertovec, Steven (2005): The Political Importance of Diasporas. URL: http://www.compas.ox.ac.uk/publications/papers/Steve%20Vertovec%20WP0513.p df [25.09.2008].

Wayland, Sarah (2004): Ethnonationalist Networks and Transnational Opportunities: The Sri Lankan Tamil Diaspora. In: Review of International Studies 30.3. 405-26.

Die Bedeutung von Weblogs für Diasporas. Das Beispiel der exiliranischen Blogosphäre

Uta Lehmann

1 Einleitung

„Iranians around the world have increasingly turned to blogs to narrate their lives, discuss political issues, and develop social networks in the Iranian diaspora." (Alexanian 2006: 136)

Keine andere Kommunikationsform steht derzeit so stark im Zentrum der interdisziplinären wissenschaftlichen sowie der öffentlichen Aufmerksamkeit wie das Phänomen *Weblogs* (oder *Blogs*).[1] Auf der Meta-Suchmaschine *Technorati*[2] sind aktuell (Januar 2009) 112,8 Millionen Blogs erfasst und jeden Tag kommen nach dortigen Angaben 175,000 neue hinzu. In der medialen Darstellung gelten Blogs einerseits als Teil der heimlichen Medienrevolution (vgl. Möller 2005, Sonnabend 2005). Andererseits werden sie, wie zum Beispiel vom *Spiegel Online* Chefredakteur Müller von Blumencron, „zu 99%" für „Müll oder zumindest journalistisch einfach nicht relevant" (Mrazek 2004: o. A.) gehalten.

Parallel zum steigenden öffentlichen Interesse wächst die wissenschaftliche Auseinandersetzung mit dieser Kommunikationsform.[3] Immer stärkere Aufmerksamkeit wird hier der Frage gewidmet, inwieweit Blogs eine neue Form des Journalismus „von unten" darstellen und welche Auswirkungen sie auf politische Prozesse haben können (vgl. Wijnia 2004, Eigner 2003, Schmidt 2005). Dabei

---

1   Dabei handelt es sich um eine häufig aktualisierte und öffentlich zugängliche Webseite mit kleinen Beiträgen in umgekehrter chronologischer Reihenfolge (vgl. Schmidt 2006).

2   http://technorati.com/about [10.1.2008].

3   Aus kommunikationswissenschaftlicher Perspektive nähern sich z.B. Gillmor (2004), Gill (2004), In der Smitten (2007) und Neuberger (2000, 2001) an das Phänomen an. Im Bereich der Medienpädagogik untersuchen u.a. Schmidt (2006), Röll (2005) und Panke/Gaiser/Draheim (2007) Blogs als persönliche Lernjournale und Werkzeuge des Wissensmanagements. Verschiedene Autoren befassen sich mit Blogs speziell in der Form eines Tagebuchs „als persönliches, intimes Dokument und dessen Präsentation innerhalb der Öffentlichkeit" (Wolf 2002: 4; vgl. Reichmayr 2005). Shirky (2003), Marlow (2004) und Merelo/Prieto/Tricas (2004) untersuchen dagegen mithilfe netzwerkanalytischer Methoden die zwischen einzelnen Blogs und Gruppen von Blogs bestehenden Verbindungen und gehen Fragen bezüglich der Bedeutung der Blogosphäre nach.

liegt der Fokus der Betrachtung häufig auf Blogaktivitäten in denjenigen Staaten, in denen Menschenrechtsverletzungen und rigide Pressezensuren auf der politischen Tagesordnung stehen. Ein Beispiel dafür ist der Iran: Die überwiegend im Iran gesprochene Sprache Persisch (*Farsi*) gilt derzeit als eine der zehn wichtigsten Blogsprachen. In den Medien dominiert die Wahrnehmung, dass Blogs von Iranern als Orte des freien Meinungsaustausches die aktuellen politischen Prozesse beeinflussen (vgl. Rupp 2008: o. A., Tehrani 2008).[4] Eine steigende Anzahl von wissenschaftlichen Studien bietet zunehmend differenziertere Einblicke in die Blogaktivitäten im Iran und deren Auswirkungen auf die iranische Gesellschaft (z.B. Jensen 2004, Simmons 2005, Halevi 2006, Hendelman-Baavur 2007, Kelly/Etling 2008). Welche Bedeutung Blogs darüber hinaus für all jene Iraner besitzen, die außerhalb ihrer Heimat leben, ist dagegen bisher kaum erforscht.

Eine derartige Fragestellung steht im Zusammenhang mit einem weiteren, vor allem in den Kultur- und Sozialwissenschaften aktuell stark diskutierten Themenkomplex: *Diaspora und Internet* (vgl. Abschnitt 2). Besonders für die Migrationsforschung bzw. die Debatten um Integration und Assimilation einerseits und um die Erschließung transnationaler Netzwerke durch Migration andererseits eröffnen sich im Hinblick auf die stetig komplexer werdenden Kommunikationsmöglichkeiten des Internets neue Dimensionen des Topos ‚Diaspora'.[5] Untersucht werden unter anderem die Art der und die Motivationen für die Nutzung des Internets durch die Diaspora-Mitglieder sowie die Auswirkungen dieser Internet-Aktivitäten auf die Diaspora. Im Zentrum der wissenschaftlichen Aufmerksamkeit standen bisher überwiegend die kurdische, alevitische, türkische, arabische, russische oder die tamilische Diaspora. Was die Internetnutzung der iranischen Diaspora betrifft, existieren bis auf Studien von Van den Bos (2006a, 2006b), Nazeri (1996), Graham/Khosravi (2002), Alexanian (2006) und Petrossian (2006) nur wenige Erkenntnisse. Die vorliegende explorative Untersuchung über die Blogosphäre der iranischen *Exil-Diaspora* ist daher als ein weiterer Beitrag zu verstehen, um diese Forschungslücke zu füllen.

Da dieser Arbeit nur wenige vergleichbare Studien voraus stehen, dient die empirische Untersuchung besonders der Erkundung von Hypothesen (vgl. Bortz/Döring 2002). Ziel dieser Studie ist es, Aussagen bezüglich der Nutzung von Weblogs in der iranischen Diaspora treffen zu können. Hierzu sind zunächst einige theoretische Vorüberlegungen sowie Betrachtungen zur Untersuchungsgruppe erforderlich. Aus den daraus gewonnen Erkenntnissen ergibt sich schließlich die zentrale Forschungsfrage, die mithilfe der empirischen Untersuchung zu

---

4   So z.B. auch Lau 2005: o. A.
5   Eine wachsende Anzahl an empirischen Studien verdeutlicht die Relevanz des Themas in der Wissenschaft (z.B. Van den Bos/Nell 2006; Sökefeld 2002; Kissau 2008; Anderson 1996, 1997; Elias/Zeltser-Shorer 2006; Konradowa 2005 und Bakker 2001).

klären ist: *Welche Bedeutung hat die Weblogkommunikation für Iraner in der Diaspora?*

2 Diaspora und Internet

„For better or worse, diaspora discourse is being widely appropriated. It is loose in the world, for reasons having to do with decolonization, increased immigration, global communication and transport – a whole range of phenomena that encourage multi-locale attachments, dwelling, and travelling within and across nations." (Clifford 1994: 306)

Seit den 1990er Jahren erfährt das Konzept der Diaspora sowohl in der öffentlichen Debatte als auch in den Kultur- und Sozialwissenschaften einen diskursiven Aufschwung. Akademische Auseinandersetzungen mit diesem Begriff erstrecken sich von der klassischen Verwendung für die traumatischen Erfahrungen der jüdischen, armenischen oder schwarz-afrikanischen Gemeinschaften bis hin zu Typologisierungen verschiedener Migrantengruppen als Formen moderner Diasporas.[6] Im Rahmen dieser Studie werden Diasporas verstanden als „ethnic minority groups of migrant origins residing and acting in host countries but maintaining strong sentimental and material links with their countries of origin – their homelands." (Sheffer 1986: 3).

Unabdingbar für die Bildung und Erhaltung von Diasporas ist Kommunikation. Sie verbindet die in der Welt verstreut lebenden Diaspora-Mitglieder, ermöglicht und erhält den Bezug zum Heimatland und unterstützt auf diese Weise Prozesse gegenseitiger Einflussnahme (vgl. Breidenbach/Zukrigl 2002). Der Austausch über die Lebenssituation in den verschiedenen Teilen der Diaspora sowie im Herkunftsland fördert Solidaritätsprozesse unter den Diaspora-Mitgliedern. Kommunikation erhält zudem das Migrations-Gedächtnis sowie die (kollektive) Erinnerung an das unerreichbare Heimatland (vgl. Sullivan 2001: 3). Nicht zuletzt ermöglicht Kommunikation ein ständiges (Neu-)Aushandeln von kollektiven Identitäten in der Diaspora (vgl. Kokot 2002).

Während der Kontakt zwischen den geographisch distanzierten Diaspora-Mitgliedern und mit der Bevölkerung im Heimatland lange Zeit sehr kostenintensiv (Besuche, Telefon) oder langsam (Briefe) war, wird im Zuge der fortschreitenden Technisierung die Kommunikation außerhalb lokaler Bezüge vereinfacht:

---

6 Um die Anwendbarkeit des Konzeptes auch für gegenwärtige Migrations- und davon beeinflussten Gemeinschafts- bzw. Gesellschaftsstrukturen zu ermöglichen, ist eine Auseinandersetzung mit diesem Begriff daher von wesentlicher Bedeutung für die Kultur- und Sozialwissenschaften. Ein derartiges Unterfangen würde allerdings den Rahmen dieses Artikels sprengen und muss daher an anderer Stelle erfolgen.

„Community and communication are decreasingly bounded in singular spaces. The possibilities for sustaining on-going communication that is immediate, everyday, virtual and visual are increasing as the new technologies open up spaces for multiple communication flows that cross localities and nations, but which also give voice to localised communities." (Georgiou 2002: 1)

Unter den neuen Medien rückt vermehrt das Internet ins Zentrum der Aufmerksamkeit von Diasporaaktivitäten. So führt Georgiou (2002: 14) in Bezug auf die Möglichkeiten des Internets für Diasporas an (ausführlicher bei Breidenbach/Zukrigl 2002):

„In their on-line presence, diasporas can claim their space, rights and celebrate their identity and cultural particularity in the national context where they live, in relation to their *homeland* and within a broader diaspora of people claiming a place in a transnational, decentralised community. For many members of diasporas – especially for the younger generations – their presence in the Internet and other media allows them to actively construct, communicate and celebrate their particular diasporic identities, which are not the same as those of their parents and those of the people living in the distant *homeland*." [Hervorhebungen im Original]

Adamson (2002: 158) spricht sogar von der „diasporisierenden" Wirkung des Internets auf Migrantengruppen. Dabei darf jedoch letztendlich nicht außer Acht gelassen werden, dass nicht jeder Migrant über einen Zugang zum Internet verfügt und aufgrund dieser bestehenden digitalen Kluft die Einflusskraft der klassischen Massenmedien weiterhin nicht zu unterschätzen ist. Das Internet kann eine weltweite Öffentlichkeit im Allgemeinen nur mit der Unterstützung von Fernsehen, Radio oder Printmedien erreichen (vgl. Kissau/Hunger 2008).

3 Merkmale der iranischen Exil-Diaspora

Speziell für die Betrachtung der iranischen Diaspora erweist sich der Einbezug des Exil-Aspektes für sinnvoll, da dieser bei ihrer Herausbildung eine entscheidende Rolle spielt. In der aktuellen Flüchtlings- und Migrationsforschung bezeichnet Exil das Verlassen eines Landes aufgrund politischer oder religiöser Verfolgung, Ausbürgerung, Verbannung oder Ausweisung durch den Staatsapparat (vgl. Wahlbeck 1998, Jour fixe initiative berlin 2004). Hierbei werden auch Emigrationen aufgrund unerträglicher (politischer, religiöser, gesellschaftlicher) Verhältnisse im Heimatland einbezogen. Ebenso ist der Begriff auf diejenigen Personen anzuwenden, die erst im Ausland politische Opposition ergreifen und aus diesen Gründen nicht mehr in ihr Heimatland zurückkehren können (vgl. Ghaseminia 1996: 84-85). Während moderne Diasporas auch auf der Grundlage freiwilliger Migrationsbewegungen entstehen können, betont der Exil-Begriff die Unfreiwilligkeit der Migration, die oft jahrelange Unmöglichkeit einer Rückkehr und das damit verbundene Gefühl von einem Leben „neither here nor there" (Anyanwu 2005: 2, vgl. Naficy 1993).

In Anbetracht der Dominanz der politischen Push-Faktoren für die iranischen Migrationsbewegungen sowie der überwiegenden Zwanghaftigkeit dieser Wanderungen werden daher die Begriffe Exil und Diaspora zusammengefügt und die Untersuchungsgruppe als *iranische Exil-Diaspora* bezeichnet, da die iranische Diaspora durch einen starken Heimatbezug bei gleichzeitiger niedriger Re-Migration gekennzeichnet ist (vgl. Ghaseminia 1996).[7] Die emotionale Bindung zum Iran wird nicht zuletzt, wie im Folgenden verdeutlicht, durch eine intensive und vielfältige Mediennutzung erhalten und innerhalb der Diaspora verbreitet.

Die tatsächliche Größe der iranischen Exil-Diaspora kann lediglich geschätzt werden. Aktuell vorhandene Angaben variieren zwischen einer und vier Millionen Diaspora-Iranern, verteilt auf über 40 verschiedene Länder und geographische Regionen (vgl. Hakimzadeh 2006: o. A., siehe Farsinet.com 2008). Die meisten davon leben in den USA (291.040), gefolgt von Kanada (75.115), Deutschland (65.750), Schweden (53.982) und Israel (51.300).[8]

In den USA haben sich die Iraner überwiegend in Kalifornien angesiedelt. Hier leben mehr Iraner als in den anderen 20 Aufenthaltsstaaten der USA zusammen. Vor allem die Metropole Los Angeles übt eine große Anziehungskraft für Iraner aus. Daher werden Teile der Stadt inzwischen als *Teherangeles* bzw. *Irangeles* bezeichnet (vgl. Ghorashi 2004, Montagne 2006). Auch in den übrigen Aufnahmeländern konzentrieren sich die Iraner in (groß-)städtischen Zentren (vgl. Spellman 2004b, Schmidt-Fink 2003).

Der Großteil der iranischen Diaspora ist persischen Ursprungs. Daneben umfasst die Diaspora Iraner mit azerischer, kurdischer, assyrischer, turkmenischer und armenischer Abstammung. Ebenso divers ist die linguistische Zusammensetzung der Diaspora, wobei vor allem die große Gruppe der azeri-türkischsprachigen Iraner hervorzuheben ist (vgl. Hakimzadeh 2006).

In Bezug auf die aktuelle Alters- und Geschlechtsstruktur können keine konkreten Aussagen getroffen werden.[9] Bis zum Ausbruch der Iranischen Revo-

---

7   Die Anwendung dieser Begriffskombination geschieht in dem Bewusstsein, dass die iranische Diaspora (wie Diasporas im Allgemeinen) durch einen hohen Grad an Heterogenität gekennzeichnet ist und angeführten Charakteristika nicht vollständig auf sämtliche Mitglieder zutreffen müssen.

8   Diese Angaben beruhen auf einer Statistik, die nur im Iran geborene Personen erfasst (vgl. http://www.migrationdrc.org/research/typesofmigration/global_migrant_origin_database.html [18.11.2008]).

9   Die umfassendsten Informationen stammen aus den Studien von Ghaseminia (1996) zur iranischen Diaspora in Deutschland und von Bozorgmehr/Sabagh (1988) zu Iranern in den USA und dienen lediglich als grobe Orientierung für die gesamte iranische Diaspora.

lution[10] im Jahr 1979 war die iranische Diaspora aufgrund eines hohen Studentenanteils unter den Migranten sehr jung. Des Weiteren dominierten Männer das Migrationsgeschehen. Obwohl sich dagegen die postrevolutionären Migrantenströme durch weitaus differenziertere Altersstrukturen auszeichnen, ist das Durchschnittsalter in der Diaspora auch heute noch sehr niedrig (vgl. Ghaseminia 1996). Es liegt z.b. für die iranische Diaspora in Deutschland im Jahr 2006 bei 27,25 Jahren (vgl. Statistisches Bundesamt 2008). Zudem erhöht sich der weibliche Anteil unter den Migranten seit der Revolution stark und führt zu einer allmählichen Annäherung der Geschlechter (vgl. Ghaseminia 1996: 161-163).

Da wie erwähnt ein beachtlicher Teil der iranischen Migranten vor allem vor der Revolution zu Bildungs- und Ausbildungszwecken in die USA und nach Europa auswanderte, war die vorrevolutionäre iranische Diaspora durch einen besonders hohen Bildungsstand gekennzeichnet. Der enorme Zuwachs an iranischen Studenten in den USA (von 18.000 im Jahr 1963 auf 227.497 im Jahr 1977) veranlasste Fred Halliday (1979: 222) zu der Aussage: „Iran has a higher number of students abroad than any other country in the world.". Trotz eines kontinuierlichen Rückgangs der migrierenden Studenten nach 1979, blieb der Anteil an Bildungs- und Aufstiegsorientierten unter den Migranten auch in der postrevolutionären Ära sehr hoch (vgl. Ghaseminia 1996, Bozorgmehr 1998). Dass die Bildungsorientierung als eine der wichtigsten „und im alltäglichen Leben am ehesten wahrnehmbaren kollektiven Merkmale" (Ghaseminia 1996: 255) der iranischen Diaspora gesehen werden kann, wird durch eine nähere Betrachtung des Aufenthaltslandes mit den größten iranischen Migrantengruppen unterstützt: Nach dem amerikanischen Bevölkerungszensus aus dem Jahr 2000 stellt die iranische Diaspora eine der höchstqualifiziertesten Migrantengruppen in den USA dar, die einen Anteil von über 20 Prozent an hohen und höchsten Qualifizierungen vorweisen kann (vgl. Hakimzadeh 2006: o. A, Bozorgmehr 1998). Auch in Kanada und Deutschland zeichnen sich die Iraner durch einen hohen Bildungsstand aus (Hakimzadeh 2006: o. A.).[11]

Während viele Iraner, die vor der Revolution migrierten, nach einiger Zeit wieder in ihre Heimat zurückkehrten, war dies nach der Revolution aufgrund der unsicheren bzw. lebensbedrohlichen Zukunft im Iran in den meisten Fällen nicht möglich. So begannen sie sich auf ein Leben im Aufnahmeland einzurichten. Die gegen Ende der 1980er Jahre vermehrt auftretende Kinder-, Familien- sowie

---

10 Zu Ursachen, Verlauf und Auswirkungen der Iranischen Revolution (auch Islamische Revolution genannt) siehe z.B. Gholamasad (1985), Abrahamian (1982) und Keddie (2006).

11 Der Iran gilt als das Land mit einer der höchsten *Brain Drain* Raten von 195 untersuchten Entwicklungs- und entwickelten Ländern (vgl. Docquier/Marfouk 2006). Der Begriff Brain Drain bezeichnet die Abwanderung hochqualifizierter Fach- und Führungskräfte (Akademiker, ausgebildete Facharbeiter) ins Ausland (vgl. Hunger 2003: 9). Jedes Jahr verlassen circa 150.000 bis 180.000 hoch- und höchstqualifizierte Personen den Iran (vgl. Kamyab 2007: o. A).

Frauenmigration, die zunehmend verschlechternden Reintegrationschancen (auf sämtlichen Ebenen) im Iran sowie objektive Veränderungen des sozialen Lebens in den Aufnahmeländern verstärkten die Verbleiborientierung (vgl. Ghaseminia 1996: 135). Dennoch bleiben der Wunsch nach Rückkehr und die Sehnsucht nach der Heimat bis heute stark vertreten. Im Zusammenhang damit kann die Tendenz zur Bewahrung und Förderung des „iranische[n] Kulturerbe[s]" (ebd.: 462) trotz gelungener Integration in die Teilbereiche der jeweiligen Aufnahmegesellschaft gesehen werden:

„Although many Iranians have become absorbed within their new milieu, many also realised that they did not wish to give up their sense of being Iranian and made great efforts in maintaining Iranian cultural forms and the Persian language. [...] These factors have led to a tremendous increase in Iranian educational, socio-cultural and business venues and activities." (Spellman 2004b: 43)

Die Auseinandersetzung mit der iranischen Heimat findet Ausdruck und Verstärkung in der vielfältigen Mediennutzung, insbesondere der Printmedien, des Fernsehens und seit einigen Jahren vermehrt des Internets.[12] Graham/Khosravi (2002) erforschten über mehrere Jahre die Rolle des Internets für das Leben von Iranern in der Diaspora (und im Iran). Sie fanden dabei zunächst heraus, dass als hauptsächliche Teilnehmergruppe im Internet bis dato die iranische Bildungsschicht dominiert.[13] Diese Erkenntnis wird durch die vorliegende Untersuchung bekräftigt (vgl. Abschnitt 4). Bezüglich der Rolle, die das Internet für Iraner in der Diaspora spielt, bestätigten die Autoren die Ausführungen zur Bedeutung des Internets für Diasporas allgemein (vgl. Abschnitt 2). Darüber hinaus ergab ihre Studie, dass besonders persönliche Erzählungen, Berichte aus dem eigenen Leben und das Mitteilen eigener Vorstellungen und Gedanken einen großen Raum in der Internetkommunikation von Iranern einnehmen. Hier dringen Weblogs als Format des „neuen" *Web 2.0*[14] immer mehr ins Kommunikationszentrum der iranischen Diaspora (vgl. Petrossian 2006, Alexanian 2006).

---

12 Vgl. hierzu die Studien von Naficy (1991, 1993, 1998), Sreberney (1998), Spellman (2004a, 2004b) und Graham/Khosravi (2002).

13 Interessant ist darüber hinaus die Feststellung von Graham/Khosravi (2002: 229), dass die Exiliraner im Internet größtenteils die englische Sprache verwenden. In den klassischen Medien dominiert dagegen Persisch. In Anbetracht dessen ist zu überlegen, inwieweit Iraner in der Diaspora mithilfe der Internetkommunikation versuchen, über die Diaspora-Grenzen hinaus zu reichen und weltweite Aufmerksamkeit zu generieren. So fanden die Autoren heraus, dass einige Herausgeber von Online-Magazinen bewusst Englisch als Kommunikationssprache wählten, um ihre Inhalte Nicht-Iranern zugängig zu machen. Dagegen dominiert in der Blogosphäre von Iranern in der Diaspora eindeutig die persische Sprache gegenüber der englischen (vgl. Jensen 2004; Simmons 2005). Diese Feststellung und daran geknüpfte mögliche Implikationen wurden in die empirische Untersuchung einbezogen.

14 Der Begriff Web 2.0 ist im Prinzip lediglich eine Neubenennung des alten Webs, die einen Umbruch in der Entwicklung des Internets verdeutlichen soll. Neue Anwendungen und Formate

Bevor die empirische Untersuchung zur *exiliranischen Blogosphäre*[15] im Einzelnen dargestellt und gewonnene Ergebnisse erörtert werden, gilt es zunächst, einige Aussagen zur Herausbildung und Größe der Blogosphäre zu treffen. Dabei ist zu beachten, dass aufgrund von Erfassungsschwierigkeiten bei Weblogs im Allgemeinen, kaum konkrete Angaben diesbezüglich möglich sind (ausführlicher bei Schmidt 2006). Darüber hinaus ist speziell für die persisch-sprachigen Blogs festzustellen, dass Meta-Suchmaschinen wie *Technorati* bisher kaum über Daten zu diesen verfügen. Sheykh Esmaili et al. (2006) begründen dies mit den späten Eintritt persisch-sprachiger Blogs in die weltweite Blogosphäre. Des Weiteren ist eine separate Erfassung von Blogs von Iranern im Iran und von Iranern in der Diaspora problematisch, da der physische Standort der Blogger oft schwer zu ermitteln ist „especially since Iranian bloggers inside and outside Iran use the same Persian language blog hosting services" (Kelly/Etling 2008: 12-13). Es ist jedoch davon auszugehen, dass die Herausbildung der Blogosphäre in der iranischen Diaspora größtenteils parallel zu der im Iran verläuft.

Ausschlaggebend für die Entstehung der iranischen Blogosphäre war neben relevanten technologischen Fortschritten im Iran vor allem die weltweite Einführung des Unicode-Systems, das den Zeichensatz für Persisch unterstützt. Dies führte zu den ersten Anbietern kostenloser Webseiten und Veröffentlichungswerkzeuge in Persisch (vgl. Hendelman-Baavur 2007: o. A.). Der Iraner Hossein Derakhshan stellte im Jahr 2001, kurz nach seiner Migration nach Kanada, das erste Blog auf Persisch zusammen mit einer Anleitung zur Erstellung persisch-sprachiger Blogs ins Netz.

Nach und nach etablierten sich persisch-sprachige Bloganbieter, die speziell für persisch-sprachige Blogs Software und Webspace kostenlos anbieten (z.B. *Blogfa.com, Mihanblog.com, Parsianblog.ir*). Die Erstellung iranischer Blogs in englischer Sprache dagegen war bereits im Jahr 1999 mit der Einführung internationaler Bloganbieter wie *Blogger.com* oder *Livejournal.com* und deren kostenlos zur Verfügung gestellten Diensten möglich.

Der inzwischen als „Vater der Blogs" bezeichnete Derakhshan schätzt die Größe der iranischen Blogosphäre im Jahre 2006 auf ca. 700.000 Blogs (vgl. Schack 2006: 15, Kamangir 2008). Im Internet lassen sich dagegen Angaben von 60.000 über 800.000 bis zu einer Million finden (vgl. Söhler 2006, Huhtasaari 2007, Butler 2007).

---

des Web 2.0 sind z.B. *Blogs, Google Earth* oder *Wikipedia* (vgl. Ebersbach/Glaser/Heigl 2008: 23-33).

15 Als Blogosphäre wird im Allgemeinen die Gesamtheit aller Blogs bezeichnet (vgl. Schmidt 2006). Wichtig zu erwähnen ist, „that there is no 'blogosphere'. There are *hundreds* of blogospheres. Each sub-community of Blogs has its own social norms, its own traditions and its own thought leaders." (Dash 2005: o.A., [Hervorhebung im Original]). Der Begriff der exiliranischen Blogosphäre umfasst somit sämtliche bisher erfasste Weblogs von Iranern in der Diaspora.

Abbildung 1: *Startseite des persischen Blogs von Derakhshan*

Quelle: http://i.hoder.com/ [18.11.2008]

4 Empirischer Zugang

4.1 Hypothesen der Untersuchung

Zur Beantwortung der zugrundeliegenden Forschungsfrage werden die folgenden fünf Hypothesen aufgestellt:

- *Hypothese 1*: Kelly/Etling (2008: 48) fanden in ihrer Studie über die gesamte iranische Blogosphäre heraus, dass diese sich als ein „large discourse network, incredibly rich in the types of discussions taking place" darstellt. Sie betonen dabei, dass schwerpunktmäßig Thematiken diskutiert werden, die speziell von Interesse für Iraner sind. Hieraus leitet sich die erste Hypothese ab: *In der exiliranischen Blogosphäre wird ein breites Themenspektrum mit auffallender Iran- bzw. Diaspora-Relevanz der Inhalte abgedeckt.*

- *Hypothese 2*: Wie Graham/Khosravi (2002: 229) aufzeigten, verläuft die Internetkommunikation in der iranischen Diaspora vorwiegend auf Englisch. Speziell in der Blogosphäre dominiert hingegen die persische Sprache. Da-

her wird als zweite Hypothese angenommen: *Iraner in der Diaspora bloggen auf Persisch, da ihre Inhalte nur für Iraner bestimmt sind.*

- *Hypothese 3*: Vorhandene Studien zur Bedeutung der Internetkommunikation für Diasporas ergeben, dass diese diasporische Beziehungen stärkt (vgl.
  Georgiou 2002, Breidenbach/Zukrigl 2002). Hieraus wird die dritte Hypothese wie folgt abgeleitet: *Die Blogaktivitäten in der iranischen Diaspora
  fördern einen engen Austausch mit Familie, Freunden und Verwandten im
  Iran und in anderen Teilen der Diaspora.*

- *Hypothese 4*: Wie in Abschnitt 3 dargestellt, fördern die Medien in der iranischen Diaspora den emotionalen Rückbezug zum Heimatland. Daher wird
  als vierte Hypothese angenommen, *dass auch durch die Blog-Kommuni-
  kation der emotionale Bezug zum Iran sowie das Diasporabewusstsein gestärkt wird.*

- *Hypothese 5*: Laut Georgiou (2002) stehen Internetaktivitäten in einem engen Zusammenhang mit dem Offline-Verhalten der Nutzer. Es ist daher als
  letzte Hypothese anzunehmen: *Auch die Weblogaktivitäten von Iranern in
  der Diaspora spiegeln das Offline-Leben der Blogger wider.*

Die hier dargestellten Hypothesen lassen sich unter der zentralen Annahme sub-
sumieren, *dass die Blogosphäre zur Erhaltung der iranischen Diaspora beiträgt.*

4.2 Methode und Teilnehmerrekrutierung

Die zur Überprüfung der Hypothesen angewandte geeignete Methode bestand in
einer schriftlichen Befragung mittels eines standardisierten Fragebogens. Dabei
stehen Meinungen, Einstellungen, Motive und Verhaltensweisen von exiliranischen Bloggern im Zentrum der Aufmerksamkeit. Aufgrund des Untersuchungs-
gegenstandes und der Internet-Affinität der Untersuchungsgruppe wurde im Speziellen die Form der Online-Befragung angewandt (vgl. Batinik/Bosnjak 1997,
Atteslander 2006).

Der Fragebogen wurde mit dem Programm *LimeSurvey*[16] als Online-
Fragebogen in englischer Sprache auf einer privaten Webseite erstellt. Der erste
Teil des Fragebogens befasste sich unter der Überschrift *Personal questions* mit
Fragen zur Migrationserfahrung und Diaspora-Lebenssituation der Umfrage-
teilnehmer sowie zu Kontakt und Kommunikation mit Iranern im Iran und in der

---

16 Für ausführlichere Informationen zum Programm siehe http://www.limesurvey.org/ [18.11.2008]

Diaspora. Der zweite Teil behandelte unter dem Titel *Blog questions* Fragen zu Aufbau, thematischen Inhalten und Verlinkungen des Blogs und zu den Bloggewohnheiten der Befragten. Am Ende des Fragebogens wurden wesentliche soziodemographische Informationen der Blogger erfragt sowie die Möglichkeit für Anmerkungen und Fragen gegeben.

Die Befragten wurden per E-Mail zur Teilnahme gebeten. Dabei wurden die E-Mail-Adressen aus den Blogs von Iranern in der Diaspora zusammengetragen. Da kein Gesamtverzeichnis aller exiliranischer Blogs zur Verfügung stand, war die Ziehung einer echten Zufallsstichprobe, die als „repräsentativ" bezeichnet werden kann, nicht möglich.[17]

Die Ermittlung von Weblogs von Iranern in der Diaspora fand mithilfe der Suchmaschine *Google* statt. Die Recherche ergab verschiedene Verzeichnisse iranischer Blogs. Das erste Verzeichnis namens *Iranians' Blogs*[18] enthielt überwiegend englisch-sprachige Blogs von Iranern im Iran und außerhalb dessen in separater Auflistung.[19] Durch E-Mail-Kontakt mit dem Administrator der Webseite konnte ein zweites umfassendes Verzeichnis, namens *Persian Bloggers List*[20], akquiriert werden. Dieses beinhaltete ausschließlich persisch-sprachige Blogs von Iranern in der Diaspora, in länderspezifischer Auflistung. Beide Verzeichnisse zusammen ergaben insgesamt ca. 800 relevante exiliranische Blogs.[21] Davon beinhalteten 327 Blogs eine E-Mail-Adresse (gültig am 26.6.2008). Die restlichen Blogs waren entweder nicht mehr oder nur für geladene Leser zugänglich (133 Blogs), verwiesen auf Chat-Namen (ca. 13 Blogs) bzw. Kontaktformulare (zehn Blogs) anstelle einer E-Mail-Adresse oder waren anonym verfasst. Diejenigen Blogger, die in ihrem Blog eine E-Mail-Adresse hinterlassen hatten, erhielten eine autogenerierte E-Mail in englischer und persischer Sprache als

---

17 Zur Repräsentativität von Umfragestichproben siehe beispielsweise Atteslander (2006), speziell bei Online-Umfragen siehe Welker/Werner/Scholz (2005).

18 Siehe http://www.iraniansblogs.com [18.11.2008].

19 Durch E-Mail Kontakt mit dem Administrator dieser Webseite konnte in Erfahrung gebracht werden, dass dieses Verzeichnis regelmäßig aktualisiert und mithilfe von Verlinkungen und E-Mails überprüft wird, ob es sich tatsächlich um ein englisch-sprachiges Blog eines Iraners (in diesem Fall) außerhalb des Irans handelt. Die Recherche ergab ein weiteres Verzeichnis namens *BlogsbyIranians* (http://blogsbyiranians.com/), das fast zu 100% mit dem von *Iranian's Blogs* übereinstimmt [18.11.2008]. Da hier kein Kontakt mit dem Administrator der Seite hergestellt werden konnte, wurde mit den eingetragenen Blogs von *Iranian's Blogs* gearbeitet.

20 Siehe http://persianbloggers.blogspot.com [18.11.2008].

21 Die Blogs können als relevant bezeichnet werden, da sie einen gewissen Vernetzungsgrad innerhalb der Blogosphäre erreicht haben. Das heißt, andere Blogs in der Gemeinschaft stuften die Inhalte eines bestimmten Blogs als interessant genug ein, um auf ihn zu verweisen. Auf diese Weise werden sie „sichtbar" in der Online-Gemeinschaft und können so bei Recherchen erfasst (und in einem Verzeichnis zusammengestellt) werden. Die Relevanz dieser Blogs wurde zusätzlich überprüft, indem diese stichprobenartig aufgerufen und die in ihrer Linkliste angegebenen Blogs ebenfalls stichprobenartig auf ihre Auflistung in den Verzeichnissen überprüft wurden.

Einladung zur Teilnahme an der Online-Befragung.[22] Bei den zehn Blogs mit
Kontaktformular wurde der Einladungstext mit dem Link zur Befragung über
dieses versandt.

4.3 Ergebnisse

Insgesamt wurde der Online-Fragebogen 39 Mal ausgefüllt, davon 29 Mal komplett und zehn Mal teilweise. Antworten aus Fragebögen, bei denen einzelne oder
mehrere Fragen unbeantwortet blieben, wurden in der Auswertung mit berücksichtigt. Daher kam es bei der Auswertung der verschiedenen Fragestellungen zu
unterschiedlichen Stichprobenumfängen (N).[23]
      Die Darstellung und Diskussion der wesentlichen Ergebnisse erfolgt anhand
der eingangs zu diesem Abschnitt aufgestellten Hypothesen. Zunächst ist festzustellen, dass Teilnehmer in der exiliranischen Blogosphäre die in Bezug auf
die gesamte iranische Diaspora festgestellten dominanten soziodemographischen
Merkmale eines jungen Durchschnittsalters und einer hohen Qualifizierung widerspiegeln (vgl Tabelle 1): Sie sind überwiegend zwischen 25 und 35 Jahre alt,
besitzen einen Hochschulabschluss bzw. das Abitur und studieren oder arbeiten
als Angestellte bzw. Beamte. Bis auf wenige Ausnahmen sind die Blogger im
Iran geboren. Der Zeitpunkt der Migration liegt bei fast allen in der postrevolutionären Ära, die Mehrheit migrierte erst nach dem Jahr 2000 (vgl. Abbildung 2). Als wesentliche Migrationsgründe wurden Bildung und beruflicher
Aufstieg angegeben.
      Die Blogaktivität wurde zumeist erst nach der Migration, also in der Dias-
pora aufgenommen. Dieses Ergebnis kann im Zusammenhang mit der relativen
Neuheit des Bloggens im Allgemeinen und der späten Einführung persisch-
sprachiger Weblogs im Speziellen gesehen werden (vgl. Abschnitt 3). Die
Grundmotivation zum Führen eines Weblogs stellt bei Iranern in der Diaspora
die Freude am Schreiben sowie das Äußern von Gedanken und Meinungen dar.
Darüber hinaus werden durch das Bloggen speziell der Aufbau von Kontakten zu
Iranern und der Austausch mit diesen angestrebt (vgl. Tabelle 2).

---

22 Hier wurde um eine Beantwortung auf Englisch gebeten. Zudem enthielt das Schreiben eine E-
     Mail Adresse als Feedbackmöglichkeit.
23 Die Angabe der Häufigkeitsverteilung erfolgt der stärkeren Aussagekraft halber in absoluten
     Zahlen.

Tabelle 1:   Soziodemographische Angaben der Befragten nach Geschlecht

Merkmale	Frauen	Männer
Alter (N=30)		
15 bis unter 25	2	-
25 bis unter 35	7	18
35 bis unter 55	1	2
Formale Bildung (N=30)		
Abitur	1	1
Hochschulabschluss	9	19
kein Abschluss	-	-
Beruf/Tätigkeit (N=29)		
Schule/Studium	4	6
Angestellter/Beamter	3	10
Freiberufler	2	4
Rentner	-	-
Arbeitslos	-	-
Geburtsland (N=28)		
Iran	8	18
Ausland	1	1

Quelle: Eigene Erhebung.

Vor dem Hintergrund der angegebenen Motivationen ist auch die inhaltliche Schwerpunktsetzung in der Blogosphäre zu interpretieren: Zunächst bestätigt sich die in der *ersten Hypothese* getroffene Annahme eines breiten Themenspektrums. So sind neben Episoden aus dem täglichen Leben kulturelle und aktuell politische Themenbezüge sowie Kommentare zu verschiedenen Beiträgen oder Seiten im Netz ebenso vertreten wie Beiträge über Literatur, Kunst und Musik. Auffallend ist jedoch, dass die Schilderung von Alltagserlebnissen stark dominiert (vgl. Tabelle 3).

Die Umfrage ergab darüber hinaus, dass Iraner im und außerhalb Irans sowohl die angestrebte Zielgruppe als auch das tatsächlich ermittelte Besucherprofil darstellen. Aus bisher Dargestelltem ist daher zunächst Folgendes zu erkennen: Weblogs von Exiliranern dienen insbesondere dem Austausch persönlicher Erfahrungen und Gedanken unter Iranern. Diese Feststellung wird durch die Angaben zur Sprachwahl im Blog unterstützt: Wie erwähnt, überwiegt Persisch gegenüber dem Englischen als Blogsprache (vgl. Tabelle 4). Die Umfrage zeigt, dass die persische Sprache von einigen Befragten favorisiert wird, da die Inhalte ihres Blogs nur für Iraner bestimmt sind. Andere Blogger geben jedoch auch an, sich nur auf Persisch verständlich ausdrücken zu können.

Tabelle 2:   Motive zum Führen eines Blogs (Mehrfachantworten möglich)

Motive	Blogger (N=32)
zum Spaß	8
weil ich gern schreibe	27
um mit meinen Landsleuten in Kontakt zu bleiben	8
um in Kontakt zu Iranern außerhalb Irans zu kommen	6
um mit Freuden und Bekannten in Kontakt zu bleiben	7
um neue Kontakte zu knüpfen	5
um etwas über mein Alltagsleben zu schreiben	12
um über meine Gefühle und Gedanken zu schreiben	25
um über meine Erfahrungen im Iran und über die iranische Kultur zu berichten	14
um anderen zu zeigen, wie ich als Exiliraner lebe	8
um mich mit anderen über Vorstellungen, Meinungen und Nachrichten bezüglich Irans auszutauschen	8
um Persische Musik auszutauschen	1
sonstige Gründe	2

Quelle: Eigene Erhebung.

Abbildung 2:   Zeitpunkt der Migration aus dem Iran

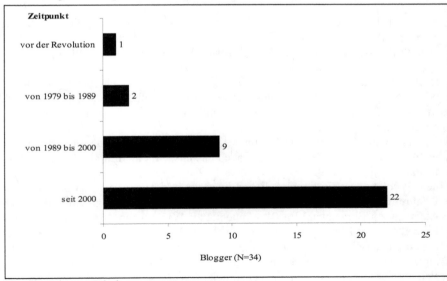

Quelle: Eigene Erhebung.

Tabelle 3: Inhaltliche Themen im Weblog (Mehrfachantworten möglich)

Blogthemen	Blogger (N=30)
Geschichten und Episoden aus meinem täglichen Leben	24
Kommentare zu historischen Ereignissen	9
Kommentare zu aktuellen politischen Themen	16
Kommentare zu kulturellen Themen	21
Kommentare zu „Fundstücken" im Netz	15
Musik, Kunst und Literatur	11
Religion	4
Essen	2
eigene Fotos, Bilder oder Video-Clips	5
sonstige Themen	5
keine Angabe	9

Quelle: Eigene Erhebung.

Tabelle 4: Sprachnutzung im Weblog nach Anzahl der Blogger (N=31)

Sprache und Inhalte im Zweitblog	Hauptblog in Englisch	Hauptblog in Persisch	Hauptblog in anderer Sprache
Englisch	-	7	-
Persisch	2	-	-
Andere Sprache	1	3	-
kein weiterer Blog	5	12	1

Quelle: Eigene Erhebung.

Die *zweite Hypothese* kann daher anhand der vorliegenden Ergebnisse nicht in vollem Maße verifiziert werden. Da die Blogger sehr viel aus ihrem privaten Leben preisgeben, ist es verständlich, dass sie ihre Gedanken, Meinungen etc. in einer Sprache ausdrücken, in der sie sich „wohlfühlen" und sich flexibel bewegen können. Darüber hinaus ergibt die Befragung, dass eine kleine Anzahl von Bloggern ausschließlich in englischer Sprache bloggt (vgl. Tabelle 4). Andere führen einen Zweitblog in einer anderen Sprache (überwiegend Englisch). Als Begründung für diese Sprachwahl wird überwiegend angegeben, die eigenen Themen „jedermann" zugänglich machen zu wollen. Einige Blogger kommunizieren also auch über ihre sprachlich-nationale Herkunft und die Diaspora-Grenzen hinaus. Bei der Vermittlung von Inhalten in Bezug auf Politik, Gesellschaft, Kultur etc. im Iran bieten sie somit, wie auch schon von Graham/Khosravi (2002) festgestellt, „dem Rest der Welt" differenzierte Einblicke in das Leben der Iraner (im und außerhalb des Irans).

In diesem Zusammenhang ist das Ergebnis anzufügen, dass die Blogger wenig
Wert auf Anonymität legen. Sie publizieren überwiegend private Kontaktdaten
sowie andere persönliche Angaben oder Fotos. Da sie diese persönlichen Informationen sowohl in ihren persisch-sprachigen als auch englisch-sprachigen
Blogs darbieten, gewähren sie demzufolge auch Nicht-Iranern bewusst Einblicke
in ihre persönliche Identität und erlauben, dass diese Darstellungen aufgenommen, reflektiert und weitergetragen werden. Zur Bestätigung dieser Erkenntnis
können auch die Aussagen bezüglich der *Blogroll*[24] genommen werden: Hier
spielt die Sprache des Blogs bzw. die iranische Herkunft des Bloggers nur eine
untergeordnete Rolle (vgl. Tabelle 5).

Tabelle 5:   Merkmale der Weblogs in Blogroll (*Mehrfachantworten möglich*)

Merkmale	Blogger (N=20)
Weblogs, die ich selbst regelmäßig lese	17
Weblogs von Freunden	12
Weblogs auf Persisch	3
Weblogs von Iranern	5
Weblogs, die die gleichen Themen wie mein eigenes behandeln	7
Weblgos, die mein Blog verlinken	5
keine Kriterien für Blogs in Blogroll	3

Quelle: Eigene Erhebung.

In Bezug auf die *dritte Hypothese* ergibt die Befragung, dass das junge Medien-
format Weblog eine wichtige Rolle in der Diaspora-Kommunikation spielt: Es
dient den Bloggern zum persönlichen Austausch mit Familie, Freunden und
Bekannten in der Diaspora und im Iran. Dabei werden Weblogs fast ebenso stark
wie die wesentlich länger etablierten Chatprogramme für die Kommunikation
genutzt (vgl. Abbildung 4).[25]
    Die bisher genannten Erkenntnisse bestätigen zudem *Hypothese vier*: So-
wohl durch die Sprachwahl (Persisch) als auch durch die Motivation zum Bloggen (Austausch mit Iranern) wird der emotionale Bezug zum Iran und zu Iranern

---

24 Blogrolls sind Listen mit Links zu anderen Blogs, wahlweise am Webseitenrand oder auf einer
    gesonderten Linkseite. Sie dienen als Indikator für Interesse, Verbundenheit oder Abgrenzung
    gegenüber anderen Blogs (vgl. Marlow 2004: 3).
25 Die erste Namensgebung für das Weblog-Format fand im Jahr 1997 durch Jorn Barger statt, der
    auf seiner Webseite Blogs als eine Kombination von *Web* und *Logbuch* definierte. Bis zum Jahr
    1999 konnten lediglich 23 Blogs nach Bargers Definition ermittelt werden (vgl. Blood 2000: o.
    A.). Das erste (einfache) Chat-Programm wurde dagegen bereits 1973 entwickelt (vgl. Brunold
    2000).

(und somit auch zur Diaspora) gefördert. Er spiegelt sich zudem auch in den Angaben bezüglich persönlicher Zugehörigkeiten wider: Die Mehrzahl der Befragten entscheidet sich hier für die Kategorie „I am Iranian".

Abbildung 3: Kontakte zu Iranern in der Diaspora und im Iran nach Kommunikationsart

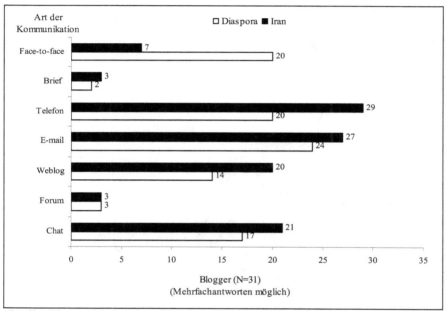

Quelle: Eigene Erhebung.

Allerdings ergab die Umfrage ebenso eine persönliche Verortung in der derzeitigen Lebenssituation und im Diasporaland der Blogger. Hier findet die in *Hypothese fünf* erwartete Verknüpfung zwischen Online- und Offline-Aktivitäten ihre Bestätigung: Zum einen antworteten die Blogger bei der Bitte um Beschreibung der eigenen Webloginhalte unter anderem wie folgt:

"I share my thoughts and experiences about living in the States with other Iranians. I Mainly focus on cultural issues to let others know what is happening in real American life; difficulties of an Iranian student in this culture and progresses."

"[I]t\'s all about my school and events that happen there..."

"My daily notes about society around, women, and immigration."

Zum anderen können auch die Ergebnisse bezüglich der Frage nach politischen oder kulturellen Offline-Aktivitäten der Blogger angeführt werden. Diese weisen nur bei der Hälfte der Befragten einen eindeutigen Iran-Bezug auf. Weiterhin definiert sich die Mehrheit der Blogger national zwar dem Iran zugehörig, jedoch erweisen sich nationale (oder auch ethnische) Zugehörigkeiten nicht als die bedeutendsten Kriterien für ihre Identität. Dagegen spielen die persönliche Bildungsbiografie und die Etablierung im Berufsleben eine weitaus größere Rolle (vgl. Abbildung 5). Diese Angaben können nicht zuletzt im Zusammenhang mit den einstigen Migrationsmotiven (Bildung/Beruf) gesehen werden.

Abbildung 4:   Identitätsbezüge der Blogger

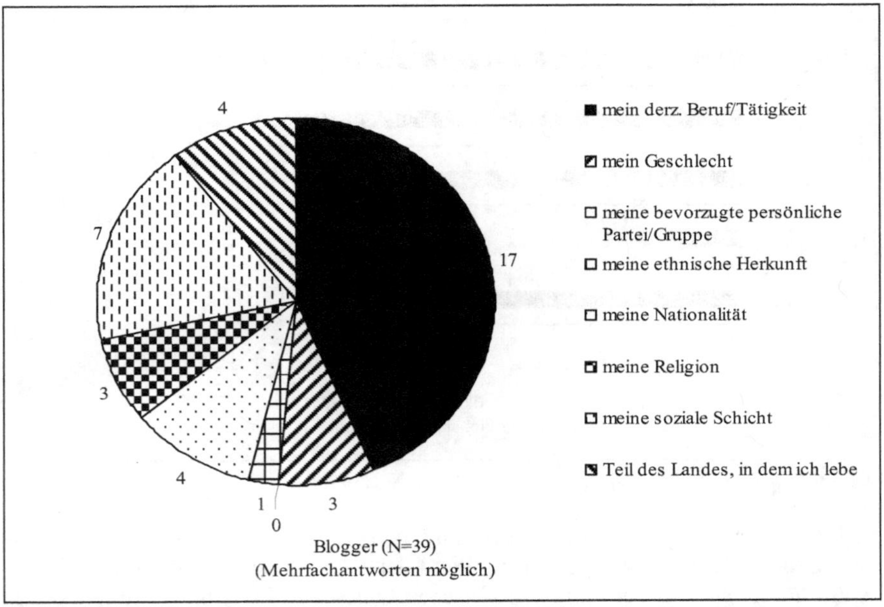

Quelle: Eigene Erhebung.

5   Zusammenfassung und Ausblick

Weblogs nehmen als neue Form des Internets einen wichtigen Platz in der Kommunikation der iranischen Diaspora ein. Für die iranische Exil-Diaspora ergeben sich dabei im Besonderen zwei Bedeutungsebenen:

1. Weblogs fördern in der iranischen Diaspora den emotionalen Rückbezug zum Heimatland auf vielfältige Weise: Sie begünstigen einen schnellen und spontanen Austausch mit anderen Teilen der Diaspora und mit dem Herkunftsland Iran. Auf diese Weise tragen sie zur Pflege und zum Aufbau diasporischer Beziehungen bei. Besonders durch die Kommunikation von Thematiken mit Iran- bzw. Diasporabezug wird das Diasporabewusstsein gestärkt. Dabei dominieren in der exiliranischen Blogosphäre persönliche Erzählungen über das Alltagsleben sowie über Erfahrungen im Iran. Politische Inhalte mit Bezug zum Iran nehmen dagegen, entgegen allgemeinen Erwartungen, eine untergeordnete Rolle ein. Des Weiteren werden durch die Sprachwahl im Blog Zugehörigkeitskonstruktionen gefördert. So führen die meisten Exiliraner ihre Blogs auf Persisch, d.h. sie grenzen sich von einem nicht-persischen Publikum ab und unterstützen inner-diasporische Beziehungen.

2. Das Bloggen in der iranischen Diaspora fördert auch den Bezug zum Diasporaland. Alltägliche Erlebnisse, Gedanken und Meinungen werden dargestellt, reflektiert, von anderen kommentiert und auf diese Weise verarbeitet. Zudem werden durch die Kommunikation in Englisch oder anderen Sprachen der Austausch mit anders-sprachigen Bloggern über verschiedenste Themen erleichtert und Diaspora-Grenzen abgebaut. Die persönliche Verortung über die Diaspora hinaus wird auch in den Offline-Aktivitäten der exiliranischen Blogger deutlich.

Zusammenfassend ist daher festzuhalten, dass die Weblogkommunikation in der iranischen Diaspora die im (Exil-)Diaspora-Begriff implizite Zerrissenheit zwischen *hier* und *dort* widerspiegelt. Weblogs unterstützen also in der iranischen Diaspora die Vermittlung und Verbreitung von Vorstellungen eines Lebens „betwixt and between" (Van den Bos 2006a: 644) und tragen so zum Erhalt dieser bei.

Für zukünftige Studien bleibt zu untersuchen, in wie weit die hier gewonnenen Ergebnisse auch auf andere Diasporas zu übertragen sind. Weiterhin bleibt fraglich, ob Weblogs auch, wie von Adamson (2002) für das Internet im Allgemeinen ausgeführt, zur *Diasporisierung* von Migrantengruppen beitragen können, d.h. ob die Weblogkommunikation die Ausbildung bzw. Verstärkung eines Diaspora-Bewusstseins ermöglicht. Darunter fällt ebenfalls die Frage, welche Rolle Weblogs bei der Veränderung bestehender und der Konstruktion neuer (kollektiver) Identitäten in Diasporas spielen. Hierzu ist eine stärkere Konzentration auf den Vergleich zwischen dem Online- und dem Offline-Verhalten in Diasporas notwendig. Das Feld ist also offen für weitere Forschung, besonders in

Form von Längsschnittstudien, wobei eine Kombination von Online-Befragungen und Inhaltsanalysen von Weblogs ertragreich erscheint.

Literatur

Abrahamian, Ervand (1982): Iran between Two Revolutions. Princeton: Princeton University Press.

Adamson, Fiona (2002): Mobilizing for the Transformation of Home. Politicized Identities and Transnational Practices. In: Al-Ali, Nadje/Koser, Khalid (2002): 155-168.

Alexanian, Janet (2006): Publicly Intimate Online: Iranian Weblogs in Southern California. In: Comparative Studies of South Asia, Africa and the Middle East 26.1. URL: http://cssaame.dukejournals.org/cgi/pdf_extract/26/1/134 [18.11.2008].

Al-Ali, Nadje/Koser, Khalid (Hrsg.) (2002): New Approaches to Migration? London: Routledge.

Anderson, Jon (1996): Middle East Diasporas on the Internet. URL: http://www.isoc.org/inet96/proceedings/e8/e8_2.htm [18.11.2008].

Anderson, Jon (1997): Is the Internet Islam's 'Third Wave' or the 'End of Civilization'? Globalizing Politics and Religion in the Muslim World. In: http://www.usip.org/virtual_diplomacy/publications/papers/polrelander.html [18.11.2008].

Anyanwu, Chika (2005): Virtual Citizenship and Diasporic Discourse. Vortrag präsentiert zum Annual Meeting of the Australian and New Zealand Communication Association.   URL: http://www.mang.canterbury.ac.nz/anzca/FullPapers/11CultureCommFINAL.pdf [18.11.2008].

Atteslander, Peter (2006): Methoden der empirischen Sozialforschung. 11. überarb. und erw. Aufl. Berlin: Schmidt.

Bakker, Piet (2001): New Nationalism, the Internet Crusade. URL: http://www.tamilnation.org/selfdetermination/nation/bakker.pdf [18.11.2008].

Blood, Rebecca (2000): Weblogs. A History and Perspective. URL: http://www.rebeccablood.net/essays/weblog_history.html [18.11.2008].

Bortz, Jürgen/Döring, Nicola (2002): Forschungsmethoden und Evaluation für Human- und Sozialwissenschaftler. 3. überarb. Aufl. Berlin u.a.: Springer.

Bozorgmehr, Mehdi (1998): From Iranian Studies to Studies of Iranians in the United States. In: Iranian Studies. 31.1. 5-30.

Bozorgmehr, Mehdi/Sabagh, Georges (1988): High Status Immigrants: A Statistical Profile of Iranians in the United States. In: Iranian Studies. 21.3/4. 5-36.

Breidenbach, Joana/Zukrigl, Ina (2002): Vernetzte Diasporas. In: Moosmüller (2002): 277-291.

Brunold, Joachim (2000): www.cybercommunities.de: Virtual Communities: Strategie, Umsetzung, Erfolgsfaktoren. Landsberg/Lech: Moderne Industrie Verlag.

Burg, Thomas (Hrsg.) (2004): BlogTalks 2.0 The European Conference on Weblogs. Krems: Donau-Universität Krems.

Butler, Don (2007): The Blogfather. Times are Hard for Iran's Online Free-Speech Pioneer. URL: The Ottawa Citizen. http://www.canada.com/components/print.aspx?id= 83f9c3fd-dd92-4cef-8028-4e458a5721b2.

Clifford, James (1994): Diasporas. In: Cultural Anthropology. 9.3. 302-338.

Cottle, Simon (Hrsg.) (2000): Ethnic Minorities and the Media. Changing Cultural Boundaries. Buckingham: Open University Press.

Dash, Anil (2005): The Blog Cycle. URL: http://www.dashes.com/anil/2005/03/the-blog-cycle.html [18.11.2008].

Dittler, Ullrich/Kindt, Michael/ Schwarz, Christine (Hrsg.) (2007): Online-Communities als soziale Systeme. Wikis, Weblogs und Social Software im E-Learning. Münster: Waxmann.

Docquier, Frédéric/Marfouk, Abdeslam (2006). International migration by educational attainment 1990-2000. In: Özden/Schiff (2006): 151-199.

Ebersbach, Anja/Glaser, Markus/Heigl, Richard (2008): Social Web. Konstanz: UVK.

Eickelman, Dale F./Piscatori, James (Hrsg.) (1990): Muslim Travellers. Pilgrimage, Migration and the Religious Imagination. London: Routledge.

Eigner, Christian et al. (Hrsg.) (2003): Online-Communities, Weblogs und die soziale Rückeroberung des Netzes. Graz: Nausner & Nausner.

Farsinet.com (2008): The Persian Diaspora. URL: http://www.farsinet.com/pwo/diaspora.html [15.11.2008].

Fathi, Ashgar (Hrsg.) (1991): Iranian Refugees and Exiles since Khomeini. Costa Mesa, CA: Mazda.

Georgiou, Myria (2002): Diasporic Communities On-Line: A Bottom Up Experience of Transnationalism. In: Hommes et Migrations 10. URL: http://www.allacademic. com/meta/p_mla_apa_research_citation/1/1/1/9/5/p111957_index.html[18.11.2008].

Ghaseminia, Morteza (1996): Iraner und Iranerinnen in Deutschland. Migrationsgeschichte, Lebenssituation und Integrationsprobleme. Diss. Universität Hannover.

Gholamasad, Dawud (1985): Die Entstehung der islamischen Revolution. Hamburg: Junius.

Ghorashi, Halleh (2004): How Dual is Transnational Identity? A Debate on Dual Positioning of Diaspora Organizations. In: Culture and Organization 10. 4: 329-340. URL: http://www.culcom.uio.no/aktivitet/seminar/pdfs/halleh-ghorashi.pdf [16.11.2008].

Gill, Kathy E. (2004): How Can We Measure the Influence of the Blogosphere? URL: http://faculty.washington.edu/kegill/pub/www2004_blogosphere_gill.pdf [18.11.2008].

Gillmor, Dan (2004): We the Media: Grassroots Journalism By the People, For the People. O'Reilly. URL: http://www.oreilly.com/catalog/wemedia/book/index.csp [18.11.2008].

Graham, Mark/Khosravi, Shahram (2002): Reordering Public and Private in Iranian Cyberspace: Identity, Politics, and Mobilization. Stockholm: Taylor & Francis.

Hakimzadeh, Shirin (2006): Iran: A Vast Diaspora Abroad and Millions of Refugees at Home. URL: http://www.migrationinformation.org/feature/display.cfm?ID=424 [6.11.2008].

Halevi, Jordan (2006): The Iranian Weblog Research Project. Unveröffentlicht. URL: http://wiki.lexrigby.com/pimki/published/Bibliography [16.11.2008].

Halliday, Fred (1979): Iran: Dictatorship and Development. New York: Penguin.
Hendelman-Baavur, Liora (2007): Promises and Perils of Weblogistan: Online Personal Journals and the Islamic Republic of Iran. In: MERIA Journal 11.2. URL: http://meia.idc.ac.il/journal/2007/issue2/jv11no2a6.html [16.11.2008].
Huhtasaari, Hanna (2007): Stimmen im Netz. Für die iranische Jugendkultur ist das Internet die Heimat. In: Fluter. URL: http://www.fluter.de/de/protest/aktuell/6199/ [16.11.2008].
Hunger, Uwe (2003): Vom Brain Drain zum Brain Gain. Die Auswirkungen der Migration von Hochqualifizierten auf Abgabe- und Aufnahmeländer. Bonn: Friedrich Ebert Stiftung.
In der Smitten, Susanne (2007): Online-Vergemeinschaftung. Potentiale des politischen Handelns im Internet. München: Reinhard Fischer.
Jensen, Peder A. (2004): Blogging Iran: a Case Study of Iranian English Language Weblogs.   Oslo   University.   URL: http://www.duo.uio.no/publ/tik/2004/21737/jensen.pdf [16.11.2008].
Jour fixe initiative berlin (2004): Fluchtlinien des Exils. Münster: Unrast.
Kamangir (2008): Statistics of 78,000 Persian Blogs – Report on KiBeKi's Results so far. URL: http://kamangir.net/category/kibeki/ [16.11.2008].
Kamyab, Shahrzad (2007): Flying Brains: A Challenge Facing Iran Today. URL: http://www.bc.edu/bc_org/avp/soe/cihe/newsletter/Number47/p23_Kamyab.htm [16.11.2008].
Keddie, Nikkie (2006): Modern Iran: Roots and Results of Revolution. New Haven: Conn et al.: Yale University Press.
Kelly, John/Etling, Bruce (2008): Mapping Iran's Online Public: Politics and Culture in the Persian Blogosphere. Berkman Center for Internet & Society. URL: http://cyer.law.harvard.edu/publications/2008/Mapping_Irans_Online_Public [16.11.2008].
Kissau, Kathrin/Hunger, Uwe (2008): The Internet as a Means of Studying Transnationalism and Diaspora? PPI working paper 7. Universität Münster. URL: http://ppi.uni-muenster.de/Materialien/workingpaper7.pdf [16.11.2008].
Kokot, Waltraud (2002): Diaspora. Ethnologische Forschungsansätze. In: Moosmüller (2002): 29-40.
Konradowa, Natalja (2005): Gesellschaftliche Bewegungen in Russland und ihre Präsenz im Internet. URL: http://www.ruhr-uni-bochum.de/russ-cyb/library/texts/de/konradowa_movements.pdf [16.11.2008].
Lau, Jörg (2005): Iran. In Weblogistan. In: Die Zeit. 25. URL: http://www.zeit.de/2005/25/IranInternet [16.11.2008].
Marlow, Cameron A. (2004): Audience, Structure and Authority in the Weblog Community. Vortrag auf der International Communication Association Conference 2004. URL: http://web.media.mit.edu/~cameron/cv/pubs/04-01.html [17.11.2008].
Merelo, Juan J./Prieto, Beatriz/Tricas, Fernando (2004). Blogosphere Community Formation, Structure and Visualization. In: Burg (2004): 23-37.
Möller, Erik (2005): Die heimliche Medienrevolution – Wie Weblogs, Wikis und freie Software die Welt verändern. Hannover. Heise Zeitschriften-Verlag.
Montagne, Renee (2006): Living in Tehrangeles: L.A.'s Iranian Community. NPR.org. URL: http://www.npr.org/templates/story/story.php?storyId=5459468 [16.11.2008].

Moosmüller, Alois (Hrsg.) (2002): Interkulturelle Kommunikation in der Diaspora. Münster u.a.: Waxmann.

Mrazek, Thomas (2004): Spiegel Online: „Kein Investmentbanker-Modell". Interview mit Mathias Müller von Blumencron. In: Onlinejournalismus URL: http://goa-03.onlinejournalismus.de/webwatch/interviewblumencron.php [16.11.2008].

Naficy, Hamid (1991): From Liminality to Incorporation: Iranian Exile, Television in the USA. In: Fathi (1991): 228-253.

Naficy, Hamid (1993): The Making of Exile Cultures: Iranian Television in Los Angeles. Minneapolis: University of Minnesota Press.

Naficy, Hamid (1998): Identity Politics and Iranian Exile Music Videos. In: Iranian Studies 31.1. 51-64.

Nazeri, Haleh (1996): Imagined Cyper Communities, Iranians and the Internet. In: Middle East Studies Association Bulletin. 30.2. URL: http://fp.arizona.edu/mesassoc/Bulletin/nazeri.htm [16.11.2008].

Neuberger, Christoph (2000): Journalismus im Internet: Auf dem Weg zur Eigenständigkeit? In: Media Perspektiven. 4.7. 310-318.

Neuberger, Christoph (2001): Journalismus online – Struktureller Wandel der politischen Öffentlichkeit. URL: http://www.edupolis.de/konferenz2001/texte/neuberger.pdf [18.11.2008].

Özden, Çaglar/Schiff, Maurice (Hrsg.) (2006): International Migration, Remittances and Development. Palgrave Macmillan: New York.

Panke, Stefani/Gaiser, Birgit/Draheim, Susanne (2007): Weblogs als Lerninfrastruktur zwischen Selbstorganisation und Didaktik. In: Dittler/Kindt/Schwarz (2007): 81-96.

Petrossian, Celine (2006a): Liberating the Silenced: Iranian Bloggers in the Diaspora. Northridge: California State University (unveröffentlicht).

Petrossian, Celine (2006b): New Research Reveals How Blogs Have Liberated a Traditionally Silenced Iranian Society. Eintrag auf Iranian Truth vom 2.10.2006. URL: http://www.iraniantruth.com/?p=834 [16.11.2008].

Reichmayr, Ingrid F. (2005): Weblogs von Jugendlichen als Bühnen des Identitätsmanagements. Eine explorative Untersuchung. In: kommunikation@gesellschaft 6.8. URL: http://www.soz.uni-frankfurt.de/K.G/B8_2005_Reichmayr.pdf [18.11.2008].

Röll, Martin (2005): Corporate E-Learning mit Weblogs und RSS. URL: http://roell.net/publikationen/roell05-elearning-weblogs-rss.pdf [16.11.2008].

Rupp, Stephanie (2008): Meinungsfreiheit. Iraner lieben Blogs – Ahmadinedschad macht mit. In: Die Welt. URL: http://www.welt.de/politik/article2040074/Iraner_lieben_Blogs_Ahmadinedschad_macht_mit.html [16.11.2008].

Schack, Ramon (2006): Land der Arier. Von Teheran bis Teherangeles. In: Ef-Online 65. URL: http://ramon-schack.de/uploads/ef_artikel.pdf [16.11.2008].

Schmidt, Jan (2005): Praktiken des Bloggens. Strukturierungsprinzipien der Online-Kommunikation am Beispiel von Weblogs. Berichte der Forschungsstelle „Neue Kommunikationsmedien". URL: http://www.bamberg-gewinnt.de/wordpress/wp-content/pdf/ PraktikenDesBloggens.pdf [18.11.2008].

Schmidt, Jan (2006): Weblogs. Eine kommunikationssoziologische Studie. Konstanz: UVK.

Schmidt-Fink, Ekkehart (2003): Iraner in Deutschland. Mustergültig integriert? In: Ausländer in Deutschland (AiD) 1.19. URL: http://www.isoplan.de/aid/index.htm?http://www.isoplan.de/aid/2003-1/schwerpunkt.htm.

Sheffer, Gabriel (Hrsg.) (1986): Modern Diasporas in International Politics. London: Croom Helm.

Sheffer, Gabriel (1986): A New Field of Study: Modern Diasporas in International Politics. In: Ders. (1986): 1-15.

Sheykh Esmaili, Kyumars et al. (2006): Experiments on Persian Weblogs. URL: http://www.blogpulse.com/www2006-workshop/papers/persian-weblogs.pdf [16.11.2008].

Shirky, Clay (2003): Power Laws, Weblogs, and Inequality. URL: http://www.shirky.com/writings/powerlaw_weblog.html [16.11.2008].

Simmons, Erin (2005): The Impact of the Weblog: A Case Study of The United States and Iran. URL: https://kb.osu.edu/dspace/bitstream/1811/371/1/BlogImpact.pdf [16.11.2008].

Söhler, Maik (2006): Menschenrechte im Iran. Tausend Gründe, den Propheten zu beleidigen. URL: http://www.iranhr.ch/News/311006-5.htm [16.11.2008].

Sökefeld, Martin (2002): Alevism Online. Re-Imagining a Community in Virtual Space. In: Diaspora 11.1. 85-123.

Sonnabend, Lisa (2005): Das Phänomen Weblogs – Beginn einer Medienrevolution? Magisterarbeit, Universität München. URL: http://www.netzthemen.de/sonnabend-weblogs [16.11.2008].

Spellman, Kathryn (2004a): A National Sufi Order with Transnational Dimensions: The Maktab Tarighat Oveyssi Shahmaghsoudi Sufi Order in London. In: Journal of Ethnic and Migration Studies 30.5. 945-60.

Spellman, Kathryn (2004b): Religion and Nation. Iranian Local and Transnational Networks in Britain. New York et al.: Berghahn Books.

Sreberney, Annabelle (2000): Media and Diasporic Consciousness: An Exploration among Iranians in London. In: Cottle (2000): 179-196.

Statistisches Bundesamt (2008): Sonderauswertung: Bevölkerung und Erwerbstätigkeit. Bevölkerung mit Migrationshintergrund. Ergebnisse des Mikrozensus 2006. Wiesbaden.

Sullivan, Zohreh, T. (2001): Exiled Memories: Stories of Iranian Diaspora. Philadelphia: Temple University Press.

Tehrani, Hamid (2008): The Blogging Revolution: from Iran to Cuba. Interview mit Antony Loewenstein. Global Voices. URL: http://globalvoicesonline.org/2008/10/07/ the-blogging-revolution-from-iran-to-cuba/ [16.11.2008].

Van den Bos, Matthijs (2006a): Landmarks for 'Nowhereland': Scratching the Surface of Transnational Dutch-Iranian Hyperlink Networks. In: Journal of the Royal Anthropological Institute (N.S.). 12.3. 643-661.

Van den Bos, Matthijs (2006b): Hyperlinked Dutch-Iranian Cyberspace. In: International Sociology. 21.1. 83-99.

Van den Bos, Matthijs/Nell, Liza (2006): Territorial Bounds to Virtual Space: Transnational Online and Offline Networks of Iranian and Turkish–Kurdish Immigrants in the Netherlands. In: Global Networks. 6.2. 201–220.

Wahlbeck, Östen (1998): Transnationalism and Diasporas. The Kurdish Example. URL: http://www.transcomm.ox.ac.uk/working%20papers/wahlbeck.pdf [18.11.2008].

Welker, Martin/Werner, Andreas/Scholz, Joachim (2005): Online-Research. Markt- und Sozialforschung im Internet. Heidelberg: dpunkt.

Wijnia, Elmine (2004): Understanding Weblogs: a Communicative Perspective: In: Burg (2004): 38-82.

Wolf, Anneke (2002): Diaristen im Internet. Vom schriftlichen Umgang mit Teilöffentlichkeiten. In: kommunikation@gesellschaft. 3.6. URL: http://www.uni-frankfurt.de/fb03/K.G/B6_2002_Wolf.pdf [18.11.2008].

Wie weltoffen sind unsere Kommunen? Eine explorative Untersuchung der Internetauftritte der zehn größten Städte Deutschlands

Tina Hentschel, Florian Schröder, Guido Wiggerink

1 Einleitung

„Integration ist kein einseitiger Anpassungsakt von Zugewanderten, sondern ein *interaktiver Prozess* zwischen Zuwanderern und Aufnahmegesellschaft, der sowohl eine Integrationsleistung der Zuwanderer als auch Veränderung der Mehrheitsgesellschaft beinhaltet." (Nordrheinwestfälische Landesregierung zitiert nach Reichwein/Vogel 2004: 3) Nach diesem grundsätzlichen Integrationsverständnis kann ein Integrationsprozess am besten gelingen, wenn nicht nur einseitig Ansprüche an die Individuen gestellt werden, sondern auch gesellschaftliche Strukturen sich verändern und offen für Zuwanderer sind. Nur so kann eine wechselseitige Anerkennung zwischen Migranten und staatlichen Akteuren gelingen (vgl. Wehkamp 2007: 106f.).

Dieser Aufsatz stellt die Ergebnisse einer Internetseitenanalyse kommunaler Webseiten im Hinblick auf ihre Angebote und Offenheit für Migranten vor, die im Rahmen eines Projektseminars am Institut für Politikwissenschaft der Universität Münster durchgeführt wurde.[1] Im Rahmen der Untersuchung wurden die Internetseiten der zehn größten deutschen Städte analysiert. Ziel der Untersuchung war es, herauszufinden, inwieweit die zehn größten Kommunen in Deutschland sich auf die veränderte Zusammensetzung ihrer Bevölkerung eingestellt haben und das Internet als Informations-, Kommunikations- und Partizipationsplattform nuten. Schließlich beträgt in einigen deutschen Großstädten der Ausländeranteil nahezu ein Drittel. Der Anteil liegt beispielsweise in Offenbach bei 31,4 Prozent (2003) oder in Frankfurt am Main bei 25,9%. Migranten prägen also unweigerlich das Stadtbild deutscher Großstädte und stellen diese vor die Aufgabe Integrationsarbeit zu leisten.

---

1   Wir danken Dr. Kathrin Kissau und Dr. Uwe Hunger für die Betreuung der Studie und die Hilfestellung bei der Aufbereitung der Ergebnisse.

Das Internet bietet aufgrund seiner Möglichkeiten eine besondere Plattform der Informationsbeschaffung und -bereitstellung. Dieses Informationspotential können die Kommunen für die Bürger mit Migrationshintergrund bzw. Neuzuwanderer nutzbar machen. Die spezifischen Vorteile des Internets liegen darin, dass Informationen zeit- und ortsunabhängig angeboten und aufgerufen werden können. Jeder Nutzer hat dabei die Möglichkeit, die Informationen in der ihm eigenen Geschwindigkeit und Tiefe zu erfassen.

Dabei können Migranten in die Strukturen des politischen, kulturellen, wirtschaftlichen, schulischen und sozialen Systems Deutschlands eingeführt werden und damit auch ihre Partizipationsmöglichkeiten erhöht werden. Alltägliche Integrationshemmnisse, denen sich Migranten gegenübergestellt sehen, können durch bessere Information im Internet bewältigt werden (vgl. Kissau 2008: 96f.).

Bei der Untersuchung haben sich diesbezüglich erhebliche Qualitätsunterschiede auf den kommunalen Internetauftritten gezeigt. Erfreulicherweise konnten auch positive Ansätze herausgearbeitet werden, die als beispielhaft für Internetauftritte weiterer Großstädte aber auch kleinerer Kommunen gelten können. Im Folgenden erläutern wir zunächst die vorgehensweise der Untersuchung, stellen anschließend die wichtigsten Ergebnisse dar und und ziehen am Ende des Beitrags ein Fazit über den Grad der Offenheit der deutschen Kommunen im Internet.

2   Untersuchungsmethode und angelegte Kriterien

Wie bereits erwähnt, wurden die zehn größten Städte in Deutschland in Hinsicht auf ihre Informationsbereitstellung für Migranten untersucht.[2] Die Internetauftritte wurden auf fremdsprachliche Angebote hin untersucht, um zu sehen, ob es Angebote für Menschen mit geringen oder gar keinen Deutschkenntnissen gibt, und wie sie umgesetzt sind. Insbesondere für Neuzuwanderer ist diese Option von großer Bedeutung, da bei dieser Gruppe die Deutschkenntnisse wahrscheinlich am geringsten sind und der Bedarf an Information in der neuen Stadt am größten ist.

Die zweite Beurteilungsdimension umfasste die Bereitstellung von migrantenspezifischen Informationen über verschiedene gesellschaftliche Teilbereiche. So sind Informationen über das deutsche Schul- und Bildungssystems für Migranten besonders relevant. Auch das System der sozialen Versorgung ist für Migranten von besonderem Interesse. So können Informationen über das gegliederte deutsche Schulsystem oder die verschiedenen Sozialleistungen (z.B. Woh-

---

2   Der Untersuchungszeitraum lag im Mai 2008 und schließt somit spätere Änderungen aus.

nungsgeld, Kindergeld etc.) für das Leben von Migranten in der Großstadt wichtige Wegweiser darstellen. Kommunen sind hier besonders in der Pflicht, da sie Träger der Schulen und für die Gewährung der Sozialleistungen verantwortlich sind. Aus dieser Zuständigkeit ergibt sich auch eine Beratungsaufgabe, die gut durch die Bereitstellung und Erklärung einfacher Formalitäten, Vorschriften und Strukturen auf den Internetportalen ergänzt werden kann. In diesem Zusammenhang ist auch die Existenz von Downloadmöglichkeiten und einer Suchfunktion auf den Internetseiten wichtig. Es wurde untersucht, ob eine Suchfunktion vorhanden ist und, falls vorhanden, die Qualität der Treffer mit dem Suchwort *Pass* getestet.

Das dritte Beurteilungskriterium umfasst das Vorhandensein religiös-kultureller Angebote. So wurde auf den Internetpräsenzen untersucht, inwieweit die kommunalen Internetangebote Informationen für Migranten bereit stellen, wie und wo sie in der Kommune ihren Glauben leben können. Dabei wurde untersucht, inwieweit Institutionen jedweder Glaubensrichtung auf den Internetseiten präsent sind. Dabei wurde davon ausgegangen, dass Religion und Glaube gute Anknüpfungspunkte sein können, in bestehende Gemeinschaften aufgenommen zu werden. Zudem wurde untersucht, inwieweit es auf den Internetseiten Informationen zu Selbstorganisationen von Migranten gegeben werden. Die kommunalen Internetseiten wurden daraufhin untersucht, ob ihre Arbeit vorgestellt und Kontaktmöglichkeiten benannt werden. Schließlich wurde untersucht, ob Informationen zu den Ausländerbeiräten[3] der Städte gegeben werden. Ausländerbeiräte befassen sich als beratende Gremien der Stadt vorrangig mit Themen- und Handlungsfeldern rund um Integration und Zuwanderung.

Die drei genannten Untersuchungsdimensionen umfassen insgesamt neun Einzelkriterien: fremsprachliches Angebot, fremdsprachliche Umsetzung, Schule, Sozialsystem, Suche (Pass), Migrantenselbstorganisationen, Ausländerbeirat, religiöse Angebote, verfügbare Downloads. Jede Webseite wurde hinsichtlich jedes einzelnen Kriteriums untersucht. Pro Kriterium wurden bis zu drei Punkte vergeben, wobei 0 Punkte „nicht vorhanden" und 3 Punkte „sehr gut umgesetzt" bedeuten.

Eine qualitative Seitenanalyse nach den Merkmalen des Usability Approach konnte nicht berücksichtigt werden und schränkt die Aussagen in gewisser Weise ein, weil gängige Kriterien einer Internetseitenanalyse fehlen. Gleichwohl liegt die Stärke des verwendeten Untersuchungsdesigns in der Einfachheit. Sie ermöglicht eine schnelle Analyse und zeigt Stärken und Schwächen der Internet-

---

3 Die Bezeichnung Ausländerbeirat umfasst in diesem Aufsatz dasjenige Gremium, welches sich speziell mit Angelegenheiten für nichtdeutsche Mitbürger auf kommunaler Ebene einsetzt. Der Begriff kann zwischen den einzelnen Städten und Bundesländern variieren, wird in diesem Aufsatz aber einheitlich verwendet.

seiten hinsichtlich der Informationsbreite migrantenspezifischer Inhalte auf. Zu bemerken ist außerdem, dass Angebote zwar bestehen könnten, sie aber innerhalb unserer Untersuchung nicht gefunden wurden. In solchen Fällen ist von schlechter Platzierung der Inhalte auf den Homepages auszugehen.

3 Ergebnisse

3.1 Fremdsprachliche Angebote

Nahezu alle analysierten Internetauftritte bieten auch fremdsprachliche Umsetzungen an. Am häufigsten sind dabei englisch- und französischsprachige Inhalte zu finden. Das nominelle Angebot fremdsprachlicher Auftritte variiert aber deutlich. Spitzenreiter ist der Auftritt der Stadt Frankfurt mit zehn fremdsprachlichen Angeboten. Der Internetauftritt der Stadt Bremen konnte hier als besonders defizitär ausgemacht werden. Sämtliche Informationen sind nur auf Deutsch zu finden. Ausländische Interessierte oder neu zugezogene Mitbürger, die der deutschen Sprache (noch) nicht mächtig sind, dürften somit große Schwierigkeiten mit der Navigation der Internetseite *www.bremen.de* haben.

3.2 Fremdsprachliche Umsetzung

Die untersuchten Internetangebote sind generell auf die vielen Interessengruppen der jeweiligen Stadt zugeschnitten. Vielfach dominieren dabei touristenspezifische Informationen. Auf allen untersuchten Seiten findet man somit viele Informationen zu Sehenswürdigkeiten, Hotels und dem Gastgewerbe. Dies zeigt sich vor allem in der fremdsprachlichen Umsetzung der untersuchten Städteseiten. Bei keiner Großstadt ist eine 1:1 Umsetzung der deutschen Seite in die angebotenen Fremdsprachen zu finden. Die Informationen beziehen sich meist nur auf Inhalte touristischen Ursprungs. Ein negatives Beispiel bildet in diesem Zusammenhang der Internetauftritt der Stadt Bremen, wo sämtliche Informationen sind nur auf Deutsch zu finden sind. Ausländische Interessierte oder neu zugezogene Mitbürger, die der deutschen Sprache (noch) nicht mächtig sind, dürften somit große Schwierigkeiten mit der Navigation der Internetseite *www.bremen.de* haben.

Insgesamt ist festzuhalten, dass fremdsprachliche Angebote überwiegend vorhanden sind, die Umsetzungen im Vergleich mit der deutschen Ausgangsseite jedoch häufig abweichen und somit vielfach für eine Navigationsschwierigkeit sorgen können. Wenig ausgeprägt ist in diesem Zusammenhang auch die unmittelbare Erkennbarkeit fremdsprachlicher Angebote, z.b. durch landestypische Flaggen. Der Internetauftritt *www.berlin.de* lässt z.b. auf der Ausgangsseite nur ein Symbol für die englische Sprachvariante erkennen. Das vielfältige anderssprachige Angebot ist nicht direkt anzuklicken, weil es sich ebenfalls hinter dem Symbol für die englische Sprache versteckt.

Eine positive Ausnahme bildet der Internetauftritt *www.frankfurt.de*,. Es gibt insgesamt zehn fremdsprachliche Angebote die zudem noch im identischen Design wie die deutsche Seite gestaltet sind. Klickt man den Unterpunkt Rathaus an, erscheint als erstes ein Verweis auf das Amt für multikulturelle Angelegenheiten der Stadt Frankfurt am Main. Eine direkte Kontaktmöglichkeit bei Fragen rund um den Zuzug nach Frankfurt ist also gegeben. Inkonsequent ist dabei, dass die Seite des Amtes nur auf Deutsch vorzufinden ist.

3.3 Schul- und Ausbildungssystem

Informationen zum Schul- und Ausbildungssystem sind unerlässlich. Bildung leistet einen wertvollen Beitrag zur Integration. Oftmals erscheint das zergliederte deutsche Schulsystem dabei sehr unübersichtlich. Einfache Erklärungen oder Schaubilder können hier Abhilfe schaffen. *www.berlin.de* stellt in diesem Zusammenhang einen Leitfaden in acht Sprachen zum Download zur Verfügung, welcher knappe, aber gehaltvolle Informationen zu den unterschiedlichen Schultypen enthält. Ebenso wird auf Ansprechpartner in Fragen der Schul- und Ausbildung verwiesen. Andere Städte, wie beispielsweise Dortmund, beschränken ihre Angaben zum Schulwesen dagegen auf die vorhandenen Schulen der Stadt, Einschulungstermine oder Angaben zur Schulaufsichtsbehörde. Die strukturellen Komponenten bleiben allerdings unerwähnt. Migranten, die keine Kenntnis des deutschen Schulbildungssystems haben, suchen auf *www.dortmund.de* vergebens nach brauchbaren Informationen.

3.4 Sozialsystem

Die Kommunen sind für die Gewährung der Sozialleistungen zuständig. Aus dieser Zuständigkeit ergibt sich gleichzeitig eine Beratungsaufgabe. Internetplattformen erscheinen dabei in guter Weise geeignet, die einfacheren Formalitäten und rechtlichen Vorschriften zu erläutern. Es geht dabei weniger um detailgetreue und textgestützte Wiedergaben rechtlicher Vorschriften, sondern um einfache Darstellungen der Möglichkeiten Sozialleistungen zu beziehen. So ist beispielsweise die Bereitstellung sozialen Wohnraums eine zentrale Aufgabe der Kommunen für Zugewanderte. Die Stadt München informiert hierzu auf ihrer Homepage *www.muenchen.de* sehr umfangreich, stellt nötige Anträge online und benennt Ansprechpartner. Dies liegt wahrscheinlich in der Kopplung des Amtes für Migration mit dem Amt für Wohnen begründet.

Insgesamt fällt auf, dass Leistungen, die Zugewandete nach den Sozialgesetzbüchern in Anspruch nehmen können, nur sehr sporadisch benannt werden. Einfache Grafiken oder erklärende Texte konnten überhaupt nicht gefunden werden. Allerdings werden häufig Nennung zuständige Ansprechpartner in den Sozialämtern der Stadt gemacht.

3.5 Downloads

Downloadangebote und die Möglichkeit der Online-Beantragung sind unserer Ansicht nach wichtige Aspekte, um Hemmnisse und Hindernisse für Migranten gering zu halten. In diesem Punkt war von zentraler Wichtigkeit, ob Elemente des Sozialsystems sowie des Schul- und Bildungssystems online verfügbar oder sogar online ausführbar sind. Vorzeigebeispiel ist *www.stuttgart.de*. Insbesondere Personenstandsurkunden und andere behördlich wichtige Papiere lassen sich dort online bestellen. Daneben stehen ausführliche Informationen zu Gebühren und für die Beantragung wichtige Einzelheiten. In diesem Bereich können Kommunen die Schwellen zu Migranten noch weiter abbauen, indem sie wichtige Informationen als Download anbieten. Dass eine Großstadt wie Hamburg (*www.hamburg.de*) gar keine für Migranten relevanten Downloads anbietet, ist vor diesem Hintergrund unerklärlich.

3.6 Suchfunktion

Weiterhin wurde getestet, ob Zugewanderte, unabhängig ihres jeweiligen aufenthaltsrechtlichen Status, Informationen zum Staatsangehörigkeitsrecht und zur Beantragung der nötigen Visa und Pässe auf den Internetseiten finden können. Kontrolliert wurde zunächst, ob eine Suchfunktion vorhanden war und, bei positivem Befund, wurde mit dem Wort *Pass* die Suchfunktion qualitativ getestet. Hierbei war festzustellen, dass eine Suchfunktion auf allen untersuchten Internetseiten mit Ausnahme des Webauftritts der Stadt Dortmund (*www.dortmund.de*), vorhanden ist, jedoch war die Treffergenauigkeit sehr unterschiedlich. Bei der Kontrolle der angezeigten weiterführenden Weblinks, erschienen häufig

Hinweise sogenannter Stadtpässe, welche beispielsweise vergünstigte Eintritte in Museen oder andere öffentliche Kultureinrichtungen beinhalten. Dies bestätigte die primär touristische Ausrichtung der Internetangebote, die kaum migrantensprezifische Informationen bereithalten.

3.7 Religiöse Angebote

Religiöse Partizipationsmöglichkeiten unterschiedlichster Art und Ausprägung prägen mittlerweile nahezu jede deutsche Großstadt. Dabei beschränkt sich das Angebot keineswegs nur auf die traditionell christlich geprägten Religionsgemeinschaften. Unsere Untersuchung zeigte, dass sich dieser Trend auch auf den kommunalen Internetseiten spiegelt. Auf allen der 10 Internetseiten wird auf unterschiedliche Religionsgemeinschaften verwiesen. Es sind häufig Ansprechpartner genannt oder direkte Verlinkungen zu Internetauftritten gegeben. Beispielhaft sei die Seite *www.stuttgart.de* genannt, hier werden unter anderem auch fremdsprachige Gottesdienste benannt oder Verlinkungen zu muslimischen Gemeinden gesetzt, welche eine direkte Kontaktaufnahme ermöglichen. Die Verlinkung ist allerdings nur auf der deutschen Seite zu finden. Sobald man auf der englischen Version navigiert, finden sich überwiegend touristische Informationen (s.o.) oder solche zur Hochschulbildung und zum Wirtschaftsstandort Stuttgart.

3.8 Migrantenselbstorganisationen

Gerade auf kommunaler Ebene können Migrantenselbstorganisationen einen wichtigen Beitrag zur Integration leisten. Vielfach schaffen sie soziales Kapital oder stellen Unterstützungsleistungen bereit, die das Zurechtfinden in der Aufnahmegesellschaft beschleunigen (vgl. Weiss/Thränhardt 2005). Unsere Untersuchungen zeigen, dass die meisten Städte sich dieser Integrationsarbeit der Migrantenselbstorganisationen und Vereine bewusst zu sein scheinen. So gelangt man beispielsweise auf *www.muenchen.de* im Unterpunkt *Rathaus-Migration und Integration* auf die Seite des Ausländerbeirates der Stadt, wo sämtliche registrierten Gruppen oder Vereine benannt sind. Allerdings ist auch hier das Angebot über die fremdsprachigen Seiten nicht zu finden. Der fremdsprachige Teil des Internetauftritts beschränkt sich wieder auf touristische Informationen oder den Wirtschaftsstandort betreffende Angaben.
    Dies ist exemplarisch für nahezu alle untersuchten Internetauftritte. Die gesuchten Informationen sind auf der deutschen Seite zu finden, sobald man aber

den fremdsprachigen Bereich betritt, ist die Informationslage eine völlig andere. Die Konzeptionen der Internetauftritte sind im kulturellen Bereich demnach eher tourismusorientiert als auf eine Interessengruppe für vorübergehende oder dauerhafte Migration eingestellt.

3.9 Ausländerbeiräte

Auch Ausländerbeiräte leisten wertvolle Integrationsarbeit. Ihre beratende und informierende Funktion rund um Fragen der Migration und Integration, wird auch auf den untersuchten Internetauftritten deutlich. Vielfach haben sie einen eigenen Präsentationsbereich, in dem die Aufgaben und Mitglieder vorgestellt sowie Ansprechpartner und Kontaktmöglichkeiten bereit gehalten werden. Die Stadt Köln (*www.stadt-koeln.de*) gibt beispielsweise detaillierte Einsichten in die Zusammensetzung der Mitglieder des dortigen Integrationsrates, stellt Protokolle zum Download bereit und erläutert Aufgaben und Funktionen in der Stadt. Hierdurch kann deren Arbeit so einer breiteren, interessierten Öffentlichkeit bekannt gemacht werden und wird aus dem „Elfenbeinturm" Rathaus herausgeholt.

3.10 Gesamtergebnis

In unserer Untersuchung erzielte der Webauftritt der Stadt Berlin (www.*berlin.de*) knapp vor dem der Stadt München (www.*muenchen.de*) die Höchstpunktzahl. Dies liegt vor allem an einem sehr detaillierten Informationspaket, das auf der Homepage der Stadt in acht Sprachen zum Download bereit gestellt wird. Sehr umfangreich werden zu allen zentralen Feldern der Integrationsarbeit Informationen gegeben. Die Stadt Frankfurt am Main kann vor allem über einen gelungenen fremdsprachlichen Internetauftritt punkten, gleichzeitig konstatieren wir deutlichen Nachholbedarf im Bereich der Erklärungen zum Sozialsystem und der Downloadmöglichkeiten. Dies ist exemplarisch für die Internetauftritte der Städte, die sich in unserem Ranking im Mittelfeld platzieren. Einzelne untersuchte Kriterien werden gut bis sehr gut, andere nur unzureichend erfüllt, so dass sich insgesamt ein kriterienspezifischer Nachholbedarf ergibt.

Die Stadt Hamburg schnitt in unserer Studie am schlechtesten ab. Dies kann zunächst verwundern, findet sich doch auf der Homepage der Hansestadt ein Verweis auf die Domäne www.zuwanderung.hamburg.de, auf den ersten Blick ein spezielles Webangebot für Migranten. Allerdings beinhaltete die Seite zum Untersuchungszeitraum kaum Informationen zu Feldern der Integration, welche gemäß unserer Ausgangsthese sinnvoll erscheinen. Weder das schulische System noch das Sozialsystem werden erläutert. Migrantenselbstorganisationen sind nicht verzeichnet. Der Internetauftritt der Stadt Hamburg richtet sich eher an Touristen, oder an hoch qualifizierte Wissenschaftler. So gibt es breite Informationen zum Wirtschafts- und Wissenschaftsstandort Hamburg. Fragen zu alltäglichen Problemen, die Migranten in einer neuen und gleichsam fremden Heimat zu bewältigen haben, werden nur am Rande thematisiert und nach unserer Auffassung nur unzureichend beantwortet.

Tabelle: Ranking der Webauftritte hinsichtlich des Informationsgehaltes für Migranten

Stadt	Erzielte Punktzahl	Rang
Berlin	25	1
München	24	2
Düsseldorf	19	3
Bremen	18	4
Essen	18	4
Frankfurt	16	6
Köln	15	7
Dortmund	14	8-
Stuttgart	13	9
Hamburg	12	10

Quelle: Eigene Erhebung.

4 Fazit und Gestaltungsvorschläge

Die Stadt Berlin geht aus unserer Untersuchung zwar als positives Beispiel hervor und zahlreiche andere (Groß)städte können sich ein Beispiel an der Informationsdichte für Migranten nehmen. Angesichts der Integrationsherausforderung der Stadt Berlin stellt der gelungene Webauftritt einen wichtigen Baustein dar. Gleichwohl sind auch hier Verbesserungsmöglichkeiten anzusprechen.

In unserer Studie navigierten ausschließlich deutsche Muttersprachler durch die einzelnen Seiten der Städte. Viele Informationen waren zwar zu finden und wurden somit positiv bewertet, dies sagt allerdings nichts über die Auffindbarkeit und gelungene Platzierung der relevanten Informationen auf den Internetseiten aus. Das Berliner Informationspaket erfüllt viele unserer Kriterien in einem guten Maße, war allerdings eher schwer aufzufinden. Unser Vorschlag lautet deshalb, auf der Startseite an prominenter Stelle mit Hilfe mehrere Sprachen auf einen migrantenspezifischen Bereich zu verweisen, welcher sämtliche Informationen für Zugezogene bündelt. Dabei erscheint es besonders wichtig, fremdsprachliche Zugriffe jederzeit zu ermöglichen und eine 1:1 Übersetzung zur deutschen Seite zu implementieren. Unabhängig vom praktischen Nutzen für den Einzelnen, signalisiert ein solcher Internetauftritt ein „Herzliches Willkommen" und kann ein positives Signal für neu zugezogene Bürger der Stadt sein.

Gesellschaftliche Integration kann durch Information begünstigt werden, gleichwohl ist dieser Faktor kaum ausreichend, um Integrationsprozesse zu optimieren. Wir schlagen daher vor, die Information um Elemente der Kommunikation und Partizipation zu erweitern (vgl. auch Kissau 2008). Zusammen machen diese drei Dimensionen zentrale Nutzungsmöglichkeiten des Internets aus. Für kommunale Internetauftritte erscheint es sinnvoll, gerade neben der reinen Informationsbereitstellung, weitere Dimensionen zu implementieren. Beispielsweise könnten Kommunikationsprozesse mit migrantenspezifischen Newslettern oder kommunalen Chaträumen erweitert und optimiert werden. Es sind auch kleinere Umfragen zu kommunalen Themen denkbar, für die bei Migranten ein besonderes Interesse besteht (z.B. kommunaler Wohnungsbau, Zusammensetzung des Ausländerbeirats, u.a.). Ein Angebot in diesen Dimensionen des Integrationsprozesses stellt für beide Seiten eine Möglichkeit gesteigerter Identifikation dar.

Daneben sollte auch das bestehende Informationsangebot koninuirlich erweitert werden. Frankfurt bietet beispielsweise eine online-Beratung für junge Migrantinnen an, die in schwierigen familiären Kontexten leben oder anderweitige Probleme zu bewältigen haben. Ein, unserer Meinung nach, sehr gelungenes Beispiel für migrantenspezifische Angebote von Seiten der Kommune. Solche Angebote können erste Schritte zu einer weltoffeneren Kommune sein.

Literatur

Kissau, Kathrin (2008): Das Integrationspotential des Internet für Migranten. Wiesbaden: VS Verlag.

Reichwein, Alfred/Vogel, Stephanie (2004): Integrationsarbeit – effektiv organisiert. Ein Handbuch für Kommunen. 2. Auflage. Düsseldorf: Ministerium für Gesundheit, Soziales, Frauen und Familie des Landes Nordrhein-Westfalen.

Wehkamp, Anne (2007): Grundsätze der Integrationsarbeit und Beispiele für die interkulturelle Arbeit einer Kommune. In: Neuhaus/Wilforth (2007): 105-114.

Internetseiten der Kommunen:[4]

- www.berlin.de
- www.bremen.de
- www.dortmund.de
- www.duesseldorf.de
- www.essen.de
- www.frankfurt.de
- www.hamburg.de
- www.muenchen.de
- www.stadt-koeln.de
- www.stuttgart.de

---

4   Letztes Aufrufdatum aller Seiten: 24.07.2008.

Über die Autorinnen und Autoren

Asu Aksoy arbeitet über türkische Migranten in Europa an der Istanbul Bilgi Universität im Cultural Management Department. Dort ist sie auch am Projekt „Istanbul 2010 European Capital of Culture" beteiligt.

Asmaa Azizi ist zurzeit an der Graduate School of Communication Science (CELSA) an der Universität Paris-Sorbonne in Frankreich. Ihr Arbeitsschwerpunkt liegt in der Erforschung des Kommunikationsverhaltens von Migranten über das Internet mit Hilfe neuer Informations- und Kommunikationstechnologien.

Menderes Candan ist Doktorand am Institut für Politikwissenschaft der Westfälischen Wilhelms-Universität Münster und Stipendiat der Studienstiftung des deutschen Volkes. Er hat sich in seiner Magisterarbeit mit der Nationenbildung im Internet befasst.

Thomas Dierschke ist wissenschaftlicher Mitarbeiter und Doktorand am Institut für Soziologie der Westfälischen Wilhelms-Universität Münster. Seine Arbeitsschwerpunkte liegen in den Bereichen Integration, Organisation, Gemeinschaft und Zivilgesellschaft.

Caroline Düvel ist Doktorandin und Stipendiatin am Institut für Medien, Kommunikation und Information der Universität Bremen. Ihre Forschungsschwerpunkte liegen in den Bereichen der digitalen Medien, insbesondere Mobilkommunikation, transkulturelle Kommunikation und Medienaneignung in Diasporagemeinschaften sowie Cultural Studies.

Paul de Guchteneire ist Direktor des International Journal on Multicultural Societies und Leiter des International Migration Research Programme der UNESCO. Er hat zahlreiche Arbeiten zum Thema Menschenrechte und Migration sowie zum Zusammenleben in multikulturellen Gesellschaften veröffentlicht. Aktuell führt er ein Projekt zum Thema „Migration without Borders" durch. Paul de Guchteneire studierte Soziologie und Epideminologie an der Universität Amsterdam.

Dr. Urmila Goel ist Fellow in der Jacobs Summer Research Group der Universität Zürich. Einer ihrer Arbeitsschwerpunkte liegt auf der Nutzung der Informationstechnologie durch junge Menschen, die in Deutschland sozialisiert wurden und dort als Inder oder Inderinnen wahrgenommen werden.

Tina Hentschel ist Studentin im Master-Studiengang „Governance" an der Fernuniversität Hagen. Ihre Arbeit zum Internetauftritt von Kommunen ist im Rahmen eines Projektseminars „Politische Potentiale des Internet" im Wintersemester 2007/08 und Sommersemester 2008 am Institut für Politikwissenschaft in Münster entstanden.

Dr. habil. Andreas Hepp ist Professor für Kommunikationswissenschaft am IMKI (Institut für Medien, Kommunikation und Information) der Universität Bremen. Seine Forschungsschwerpunkte sind Medien- und Kommunikationstheorie, Mediensoziologie, transnationale und transkulturelle Kommunikation, Cultural Studies, Medienwandel, Medien und Religionswandel, digitale Medien, Methoden der Medienkulturforschung, Medienrezeption/-aneignung und Diskursanalyse.

Dr. Kai-Uwe Hugger ist Professor für Medienpädagogik und Mediendidaktik an der Humanwissenschaftlichen Fakultät der Universität zu Köln. In seiner Forschungsarbeit beschäftigt er sich mit der Nutzung und Auswirkung von Medien auf jugendliche Migranten. Seine Habilitationsschrift untersucht die Bedeutung von Sozialräumen im Internet für die Vergewisserung von Zugehörigkeit und die Suche nach Anerkennung junger Deutschtürken.

Dr. Uwe Hunger ist wissenschaftlicher Assistent am Institut für Politikwissenschaft der Universität Münster. Er war Leiter des Forschungsprojektes „Politisches Potential des Internet. Die virtuelle Diaspora der Migranten aus Russland und der Türkei in Deutschland" (gefördert von der Fritz-Thyssen-Stiftung). Seine Forschungsschwerpunkte liegen in dem Bereich von Migration und Entwicklung, Integration und Migrantenselbstorganisationen.

Dr. Kathrin Kissau ist wissenschaftliche Mitarbeiterin bei FORS an der Universität Lausanne. Sie war wissenschaftliche Mitarbeiterin im Forschungsprojekt „Politisches Potential des Internet" am Institut für Politikwissenschaft der Universität Münster. In ihrer Forschung beschäftigt sie sich mit der Bedeutung der neuen Medien für die politische Partizipation und Repräsentation sowie für die Integration von Migranten und Entwicklung ihrer Herkunftsländer.

Uta Lehmann beendete im März 2009 ihr Masterstudiem am Institut für Migrationsforschung und Interkulturelle Studien (IMIS) der Universität Osnabrück.

Derzeit arbeitet sie als wissenschaftliche Hilfskraft im Fachbereich für Sozialwissenschaften an der Universität Osnabrück.

Cornelia Lins ist Mitarbeiterin des Kompetenzzentrums Technik-Diversity-Chancengleichheit e.V. in Bielefeld. Dort koordiniert sie u.a. das Projekt „Online-Kompetenz für Migrantinnen und Migranten".

Jean-Baptiste Meyer ist Forschungsdirektor am Institute of Research on Development (IRD) in Frankreich und war Mitglied im Diaspora Knowledge Network Projekt der UNESCO. In seiner Arbeit beschäftigt er sich mit der Entwicklung von konzeptionellen Werkzeugen und empirischen Maßen zur Verstärkung der Zukunftsfähigkeit von Diasporanetzwerken in der Entwicklungszusammenarbeit.

Dr. Heinz Moser ist Leiter der Abteilung Unterrichtsprozesse und Medienpädagogik an der Pädagogischen Hochschule Zürich und Honorarprofessor für Medienpädagogik und Forschungsmethoden im Fachbereich Erziehungswissenschaft/Humanwissenschaften der Universität Kassel. In seinem neuesten Forschungsprojekt „Medien und Migration", das vom Schweizerischen Nationalfonds gefördert wird, beschäftigte er sich mit der Frage, ob TV und Internet einen multikulturellen Raum in Europa darstellen.

Prof. Dr. Kevin Robins ist Professor für Soziologie an der City University in London. Seit Januar 2008 leitet er das Forschungsprojekt „Europe in Motion: Charting Changing Media Spaces and Policy in Europe". Seine Forschungen konzentrieren sich auf die Themen transnationale Cultural Studies, Urbane Entwicklungen, Neuen Medien und Technologien, sowie Migration in Europa, der Türkei und dem Balkan.

Daniela Schlicht ist Doktorandin im Exzellenzcluster „Politik und Religion" an der Westfälischen Wilhelms-Universität Münster. In ihrer Dissertation beschäftigt sie sich mit dem Einfluss des Internet auf Identitäts- und Integrationsprozesse von Migranten und Entwicklungen des Islam in Europa im Sinne eines „virtuellen Euro-Islam".

Florian Schröder ist Student am Institut für Politikwissenschaft der Westfälischen Wilhelms-Universität Münster. Seine Arbeit zum Internetauftritt von Kommunen ist im Rahmen eines Projektseminars „Politische Potentiale des Internet" im Wintersemester 2007/08 und Sommersemester 2008 am Institut für Politikwissenschaft in Münster entstanden.

Laura Sūna ist Mitarbeiterin am IMKI (Institut für Medien, Kommunikation und Information) der Universität Bremen. Ihre Forschungsschwerpunkte sind Medien und Migration sowie Jugend- und Populärkulturen.

William Turner ist Leiter des Forschungsprogramms Sozialinformatik am Computer Science Laboratory for Mechanics and Engineering Science (LIMSI) des französischen nationalen Forschungszentrums (CNRS). Er war Koordinator des Diaspora Knowledge Network Projekts der UNESCO. Sein Forschungsinteresse gilt der Beziehung zwischen Mobilität, der Nutzung von Informations- und Kommunikationstechnologien und des Entstehens eines transnationalen Systems für kollektives Engagement für die Entwicklung der Herkunftsländer.

Dr. rer. pol. Stefan Welling ist Mitarbeiter am ifib (Institut für Informationsmanagement Bremen GmbH) und IMKI (Institut für Medien, Kommunikation und Information) der Universität Bremen. Seine Forschungsschwerpunkte sind Medienbildung Jugendlicher, schulische Medienintegration und qualitative Verfahren empirischer Bildungsforschung.

Guido Wiggerink ist Lehramtsanwärter am Studienseminar Münster I und Doktorand am Institut für Erziehungswissenschaft an der Westfälischen Wilhelms-Universität Münster. Seine Arbeit zum Internetauftritt von Kommunen ist im Rahmen eines Projektseminars „Politische Potentiale des Internet" im Wintersemester 2007/08 und Sommersemester 2008 am Institut für Politikwissenschaft in Münster entstanden.

Kommunikation

VS VERLAG FÜR SOZIALWISSENSCHAFTEN

Abraham-Lincoln-Straße 46
65189 Wiesbaden
Tel. 0611.7878-722
Fax 0611.7878-400

GPSR Compliance
The European Union's (EU) General Product Safety Regulation (GPSR) is a set
of rules that requires consumer products to be safe and our obligations to
ensure this.

If you have any concerns about our products, you can contact us on

ProductSafety@springernature.com

In case Publisher is established outside the EU, the EU authorized
representative is:

Springer Nature Customer Service Center GmbH
Europaplatz 3
69115 Heidelberg, Germany